· 성 경 의 맥 ·

남은 자의 구원

한국성서학연구소는
종교개혁의 신학 전통을 이어받아
다양한 성서해석 때문에 갈등을 겪는 한국교회를
하나님의 말씀 위에 바로 세우기 위하여 일하고 있습니다.
한국교회가 안고 있는 현실 문제에 대한 성서적이고
올바른 신학적 해석을 제시함으로써 이 땅의 문화가
그리스도의 이름 아래 세워질 때까지
이 일을 계속해 나가겠습니다.

성경의 맥

남은 자의 구원

초판 1쇄 발행 2024년 12월 15일
지은이 박수암
펴낸이 김지철
펴낸곳 도서출판 한국성서학
등록 제2022-000036호 (1991.12.21.)
주소 서울 광진구 광장로5길 25(광장동), 2층
전화 02-6398-3927
이메일 bibleforum@bibleforum.org
홈페이지 http://www.bibleforum.org
총판 비전북(전화 031-907-3927 / 팩스 031-905-3927)
인쇄·제본 성광인쇄

값 20,000원
ISBN 979-11-91619-25-6 03230
ⓒ 박수암 2024

· 성 경 의 맥 ·

남은 자의 구원

박수암 지음

한국성서학연구소
KOREA INSTITUTE OF BIBLICAL STUDIES

헌사

이 책을
평생 늘 곁에서 기도와 내조로
희생적인 도움을 아끼지 아니하다가
지금은 하늘나라 주님의 품에 안기신
나의 사랑하는 아내 김주애에게
드립니다.

머리말

...

이 책은 성경의 맥(脈)을 풀이한 책이다. "맥"은 여러 가지 관련된 것끼리 연결되어 하나의 그림을 보여주는 것이다. 필자는 이전에 『신약성서 신학: 신약 사상의 맥』이라는 책을 낸 일이 있다. 그때 필자는 예수님의 일생의 선포의 주제인 "하나님의 나라"를 가지고 이 주제가 신약성서의 여러 문헌 군에 어떻게 나와 있는지를 기술했다. 신약 주석 13권 한 질을 출간하고, "신약 설교단상"을 쓴 뒤, 필자는 어느 날 요한계시록 2장 24절, "두아디라에 **남아 있어** 이 교훈을 받지 아니하고 소위 사단의 깊은 것을 알지 못하는 너희에게 말하노니 다른 짐으로 너희에게 지울 것이 없노라 다만 너희에게 있는 것을 내가 올 때까지 굳게 잡으라"의 말씀에 깊은 충격을 받고, 구약에 관한 저서를 저술하고자 했다. 창세기 3장 15절에 "여자의 후손"("남은 자")에 관한 언급이 있고, 요한계시록 2장 24절에 "남은 자" 언급이 있음은 신·구약성경이 "남은 자"의 책임을 보여준다. 이 "남아 있음"의 주제가 성경에 어떻게 나와 있는지, 신약성서 다른 문헌 군들인 복음서와 바울서신과 요한문서에는 어떻게 나오며, 더 나아가서 구약성서 전체에 어떻게 나오는지, 이 "남은 자" 어군은 구약성서에 430회가량 나오는데, 신약성서에는 어떻게 22회 정도 나오는지, 주님이 어떻게 그렇게도 "남아 있음"을 칭찬하셨는지를 고찰하게 되었다. 그 책이 바로 이 『남은 자의 구원-성경의 맥』이다. 성경 전체의 맥을 아는 것은 신·구약성경 66권 중에서 어떤 주제들이 더 중요한 주제들이며, 성경 전체의 한

뭉뚱그려진 사상은 무엇인지를 파악하는 데 중요한 것이다. 산 밑에서 산 전체를 보는 것보다 산 멀리서 산 전체를 보는 것이다. 단편적으로 보는 것보다 총체적으로 보는 것이다. 성경은 일반 역사가 아니고 구속사이기에, 신·구약 사이에는 두 성경을 저류하는 "맥"이 있다. 이 맥을 알고 그 "맥"과 관련지어 읽을 때 바르게 성경을 해석할 수 있다. 구약과 신약은 그림자와 실체, 모형과 원형의 관계에 있으며, 그 가운데는 빠진 것이 하나도 없고, 제 짝이 없는 것이 하나도 없기에(사 34:16), 신약이 없이는 구약의 의미를 알 수 없고, 구약이 없이는 신약의 배경을 알 수 없다(히 11:40). 본서는 창세기 3장 15절, 12장 1-3절을 기점으로 하여, "남은 자의 구원"이란 주제로 성경의 맥을 논한 책이다. 막연히 성경을 읽어서는 저자가 의도한 바를 알 수 없다. 성경은 지도해 주는 자가 있어야 알 수 있는 책이다(행 8:32). 그러나 성경의 중요한 맥이 "남은 자의 구원"이라는 것을 알고 읽으면, 읽는 사람 자신이 남은 자가 되어, 자신을 반성도 하며, 자신이 빚진 자가 되어, 사명자도 된다. 본서는 성경을 하나의 역사서로 읽지 않고(이성), 구속사로 읽게 하기(영성) 위함이다.

이 책은 구약에서는 이사야 10장 22절, "이스라엘이여 네 백성이 바다의 모래 같을지라도 남은 자만 돌아오리니"와 이사야의 아들의 이름 "스알야숩"("남은 자가 돌아오리라", 사 7:3)을 배경으로 하며, 신약에서는 로마서 11장 26절, "그리하여 온 이스라엘이 구원을 얻으리라"("이방인이 먼저 구원의 총수에 들어온 후에 모든 택함 받은 이스라엘이 구원을 받게 되리라")의 주제를 구약을 중심으로 기술(記述)한 것이다. 지금까지의 본인의 책들이 "하나님의 나라"를 말했다면, 이 책은 "남은 자의 구원"을 논한다. 지금까지의 저서가 그리스도론적인 입장에서 논해졌다면, 이 책은 교회론적 입장에서 논한 것이라 할 수 있다. 지금까지의 필자의 저서가 구약을 가지고 신약을 해석한 것이었다면, 이 책은 신약을 가지고 구약을 해석한 것이라고 할 수 있다. 어떤 의미에서 구약 시대, 아담부터 세례 요한까지의 성민의 역사를 기록한 책이라 할 수 있다. 그것은 창세기 3장 15절(메시아의 승리)과 창세기 12장 1-3절(메시아의 구원)이 성경 전체의 핵심 주제라 보고, 이 두 주제가 남은 자 사상의 시작이라 보아, 이를 논증한 것이다(성경의 맥). 그러한 시각에서 선민의 대통사(代統史), 즉 인류의 죄악사(罪惡史)와 구속사(救贖史)를 논하며, 구약성서를 중심으로, 각 책이 가진 남은 자 계시를 논하고, 그것이 신약에서는 어떻게 나와 있는지를 논한 것이다. 성경의 중심사상을 하나의 맥으로 간추려 본 것이다. 즉 "남은 자"의 주제를 가지고, 성경의 맥을 논한 것이다.

남은 자는 고난과 투쟁을 전제한다(창 3:15). 예수님은 "끝까지 견디는 자는 구원을 받으리라" 하셨고(막 13:13), "내 안에 거하라('메네이테': 현재형으로 반복적인 행위를 나타냄) 나도 너희 안에 거하리라" 하셨다(요 15:4). 바울은 "내 사랑하는 형제들아 견고하며 흔들리지 말고 항상 주의 일에 더욱 힘쓰는 자들이 되라"고 하였고(고전 15:58), "선을 행하다가 낙심하지 말지니 포기하지 아니하면 때가 이르매 거두리라"고 했다(갈 6:9). 히브리서 저자는 배교를 특히 경고한 기자이다. 그는 세 차례나 독자들에게 배교를 경고했다(히 6:4-8; 10:26-31; 12:15-17). "우리가 시작할 때에 확신한 것을 끝까지 견고히 잡고 있으면, 그리스도와 함께 참여한 자가 되리라"(히 3:14), "그러므로 우리는 들은 것에 더욱 유념함으로 우리가 흘러 떠내려가지 않도록 함이 마땅하니라"(히 2:1). 이 믿음은 순교와도 관련이 있다: "그들은 믿음으로 나라들을 이기기도 하며 의를 행하기도 하며 약속을 받기도 하며 사자들의 입을 막기도 하며 불의 세력을 멸하기도 하며 칼날을 피하기도 하며 전쟁에 용감하게 되어 이방 사람들의 진을 물리치기도 하며 …"(히 11:33-38). 이런 신약의 "배교 금지" 주제들을 구약 식으로 표현한 주제가 바로 "남은 자" 주제이다. 그리하여 본서는 히브리식 성경 분류를 따라 "남은 자의 구원" 문제를 고찰코자 한다. 이 책은 구속사의 입장에서 성경의 중심 주제, 맥, 구약 각 책의 핵심, 요약을 이해하는 데에 도움이 될 것이다. 우리가 이러한 "성경의 맥"을 알고, 성경의 핵심 주제들과 구절들을 알아서 성경을 해석할 때, 우리는 그 성경 본문을 기록한 저자의 의도대로 해석할 수 있는 것이다. 필자는 창세기에서 "남은 자"의 주제를 발견하고, 그 주제가 어떻게 출애굽기 이하로 전개되어 갔는지를 고찰할 것이다. 창세기는 "시작의 책"이고, 창세기에 나온 주제는 반드시 그다음 책에서 전개될 것이기 때문이다. 이 책은 구약성경의 주제와 그 맥을 알고자 하는 자, 구약성경 저자의 강조와 핵심이 어디 있는지를 알고자 하는 목회자, 신학생, 성경을 공부하고자 하는 평신도들에게 좋은 지침이 될 것이다. 특히 평신도들이 성경을 읽을 때 본서를 놓고 같이 읽으면, 그 글의 의도를 알면서 읽게 될 것이다. 이 책은 성경, 특히 구약을 알고자 하는 자의 입문서(入門書)가 될 것이다. 본서는 일종의 성서 해설서다.

지금까지의 모든 저서를 낼 수 있게 도와주신 주님께 언제나 늘 감사하면서, 모든 영광을 주님께 돌려 드린다. 엄마를 보내고 그 짙은 그리움을 이겨낸 사랑하는 자녀들에게 고마움을 표한다. 이 책을 기꺼이 출판해 주신 한국성서학연구소에 감사를 드린다. 이 책이 한국교회와 신학계, 세계 교회와 신학계에 조금이라도 이바지하기를 바란다.

모쪼록 이 책을 통해 하나님과 예수님을 믿는 자들이 더 많아지고, 우리 모두 끝까지 예수 안에 거하는, 순교적 신앙을 가지게 되기를 바란다.

2024. 11. 15
도봉산 기슭에서
저자 박수암

목차

✝️

추천사
......

　　존경하는 박수암 교수님의 『남은 자의 구원』의 출판을 축하합니다. 신약학을
전공하신 교수님께서 구약학에 관한 이처럼 방대한 책을 쓰신 것에 대하여 놀라
움을 금할 수 없습니다. 이 책에는 교수님께서 평생 연구하신 신약의 주석, 설교,
그리고 신학의 터 위에 구약의 맥을 쌓아 발견한 성경 전체의 맥이 담겨 있습니
다. 교수님의 평생 역작인 이 책은 깊이 있는 신학을 쉬운 용어에 담았습니다.
성경을 남은 자의 구원이라는 관점으로 꿰뚫어 그리스도인들이 성경 전체를 이
해하도록 돕기에 목회자뿐 아니라 평신도가 함께 읽어야 하는 책입니다. 이 책은
창세기 3:15와 12:1-3에 나타난 남은 자 사상을 성경 전체의 핵심으로 보면서, 구약
에 나타나는 남은 자 계시를 논하고 그것이 신약에 어떻게 나타나는지를 논함으
로 성경을 구속사적으로 보고 있습니다. 구약과 신약이 따로 연구되는 기존 학계
를 넘어서서 구약과 신약 전체를 아우르는 통일성 있는 성경 읽기를 제시하였다
는 면에서 의의가 있습니다. 이 책을 통해 모든 목회자와 평신도가 하나님의 숨겨
진 계시를 발견하는 놀라운 일이 나타나기를 기대합니다.

　　　　　　배정훈 | 한국성서학연구소 소장, 장로회신학대학교 구약학 교수

　　추천인의 은사이신 저자는 은퇴란 말이 무색할 만큼 은퇴 후에도 변함없는
학구열로 연구하시고 저서를 집필해 오셨는데, 이번에도 놀라운 역작을 펴내셨
다. 일찌감치 신약 27권 전권에 대한 주석서를 집필하여 각 권에 대한 정밀한
학문적 탐구를 마쳤고, 이후 『신약신학주제사전』, 『신약성서신학』처럼 주제별로
도 신약을 꿰는 명작을 집필하셨다. 씨줄과 날줄을 엮어 멋진 옷을 만드는 디자이
너처럼 저자는 이 같은 저작들로 신약성경에 옷을 입혀 왔다고 하겠다.

여기에 더해 이번 『남은 자의 구원』은 신약은 물론 구약까지 아우르는 성경의 핵심 관점을 체계적으로 정리했다. 성경의 남은 자 사상을 총정리한 수작이 아닐 수 없다. 흔히 '원복음'(proto-evangelium)이라고 부르는 창세기 3:15로부터 시작하여 요한계시록에 이르기까지 남은 자 사상이 어떻게 나타나고 있는지를 속속들이 밝혀내고 있다. 저자가 말하는 대로 창세기와 요한계시록은 대칭이다. 처음 시간은 마지막 시간(Urzeit ist Endzeit)이라는 신학 진술처럼 창세기의 에덴동산은 요한계시록의 새 하늘과 새 땅의 모형이요, 새 하늘과 새 땅은 에덴의 회복이라고 하겠다. 남은 자 사상도 마찬가지로 창세기 3:15가 말하는 여자의 후손이 뱀을 이긴다는 복음이 초림의 예수에게서 선취되었고, 재림의 예수에게서 완성될 것이다. 개인적으로는 예수님이 왜 마리아에게 한 번도 '어머니'라고 하지 않고, '여자여'라고 하셨는지 그동안 온전히 이해되지 않았는데, 사도 요한이 예수께서 창세기 3:15가 말하는 '여자의 후손'임을 알리기 위해서라는 저자의 설명에 눈이 밝아지는 것 같았다.

『남은 자의 구원』은 개혁신학의 소위 '튤립(TULIP) 교리'를 연상하게 한다. 예수 그리스도의 속죄의 은혜가 하나님이 택하신 자들에게만 유효하다는 '제한적 속죄'(Limited Atonement)와 택하신 자들에게 임하는 하나님의 은혜는 불가항력적이며(불가항력적 은혜, Irresistible Grace), 택하신 자들을 하나님은 끝까지 지키고 이끄신다는 '성도의 견인'(Perseverance of Saints)처럼 남은 자는 버림받은 자, 배교한 자와는 달리 고난 속에서도 인내한다. 끝까지 주님이 이끄시기 때문이다. 그들은 고난을 당하겠으나, 최후의 승리가 있다. 이번 저작은 개혁신학의 핵심 교리를 원숙한 성서학자의 안목으로 설명해 낸 수작이라 하겠다.

최원준 | 전 한국신약학회 부회장, 안양제일교회 위임목사

I

서론

…

성경은 하나님의 인류 구원의 역사를 보여주는 책이다(딤후 3:15). "구약"은 그리스도를 그림자로 보여주고(약속), "신약"은 그리스도를 실체적으로 보여준다(성취, 눅 24:44). "옛적에 선지자들로 여러 부분과 여러 모양으로 우리 조상들에게 말씀하신 하나님이 이 모든 날 마지막에 아들로 우리에게 말씀하셨으니"(히 1:1-2). 신·구약성경 66권은 어찌 보면 한 권의 책이다. 성경의 첫 권인 창세기와 마지막 권인 요한계시록은 서로 대칭을 이룬다. 창세기는 천지를 창조하심을 보여주는데(창 1:1), 요한계시록은 새 하늘과 새 땅을 보여준다(계 21:1). 전자는 에덴에서 네 강의 발원됨을 보여주고(창 2:10), 후자는 생명의 강을 보여준다(계 22:1). 전자는 지상의 에덴동산을 보여주는데(창 2:8), 후자는 갱신된 지상에서의 천년왕국을 보여준다(계 20:4). 전자는 생명나무 실과를 먹지 못함을 보여주는데(창 3:34), 후자는 생명나무 실과를 먹을 수 있음을 보여준다(계 22:2). 전자가 죽음을 언급하고 있는데 반해(창 3:19), 후자는 죽음이 없는 것을 언급한다(계 20:14). 전자가 "빛"이 있음을 언급한다면(창 1:3), 후자는 "어린 양"이 "빛"이심을 언급하고(계 21:23), 전자가 태양과(창 1:16) 밤이 있음을(창 1:5) 언급한다면, 후자는 태양과(계 21:3) 밤이(계 22:5) 필요 없음을 언급한다. 전자가 무지개("하나님의 자비로운 언약")가 있음을 언급한다면(창 9:13, 17), 후자도 무지개가 있음을 언급한다(계 4:3; 10:1). 전자가 속죄를 언급한다면(창 3:15) 후자는 속죄의 성취를 언급하고(계 5:9-10), 전자가 첫째 아담의 만물 주관을 언급한다면(창 1:26, 28), 후자는 둘째 아담 예수의 만물 주관을 언급한다(계 1:18). 전자에서는 메시아의 승리를 약속하시나(창 3:15), 후자에서는 메시아가 승리를 이룩하신다(계 12:5, 11, 16; 15:2; 17:14; 19:11-16; 20:1-2, 10). 전자에서는 사탄이 인생을 이기는데(창 3:6), 후자에서는 여인의 후손이 사탄을 이긴다(계 12:5, 9; 20:10). 전자에서는 속죄의 약속이 있는데(창 3:15), 후자에서는 속죄의 실현이 나와 있다(계 5:9-10). 전자에서는 사람이 하나님과 사귈 수 없었으나(창 3:24; 4:12, 16), 후자에서는 하나님과 사람이 사귈 수 있으시다(계 21:3-4; 22:3-4). 전자가 사탄이 인생을 미혹케 함을 언급한다면(창 3:1, 6), 후자는 사탄이 영원한 형벌을 당함을 언급한다(계 20:10). 전자가 여인과 뱀, 여인의 후손과 뱀의 후손과의 투쟁을 예고한다면(창 3:15), 후자도 여인과 뱀, 여인의 후손과 뱀의 후손과의 투쟁을 보여준다(계 11:1-12; 12:5,17; 13:1-18). 전자에서는 "너는 너의 본토 친척 아비 집을 떠나 내가 네게 지시하는 땅으로 가라"고 하는데("출하란", 창 12:1), 후자에서는 "내 백성아 거기서 나와 그의 죄에 참여하지 말고, 그의 받을 재앙들을 받지 말라"라고 한다("출세상", 계 18:4). 전자에서는 노아 홍수(물심판)을 말하는데(창 6-7장), 후자에서는 일곱 나팔과 일곱 대접 재앙(불심판)을 말하고(계 8-9장), 전자는 "노아의 방주"(구원)를 말하는데(창 6:13-22), 후자는 "교회"(구원)를 말한다(계 2-3장; 11:1-14). 전자에서는 "바벨탑"이 무너진 이야기가 나오는데(창 11:1-9), 후자에서는 "바벨론"의 멸망 이야기가 나온다(계 16:19; 17-18장). 전자에서는 열 고조가 거의 천년씩이나 사는데(창 5장), 후자에서는 천년왕국이 나온다(계 20장). 전자에서 처음 두 장에는 죄에 대한 말이 나오지 않는데(창 1-2장), 후자에서 마지막 두 장에도 죄에 대한 말이 나오지 않는다(계 21-22

장). 전자에서 처음부터 세 번째 장에는 "뱀"에 대한 말씀이 나오는데(창 3:15), 후자에서 마지막부터 세 번째 장에 "뱀"에 대한 말씀이 나온다(계 20:2). 전자에서는 "땅의 모든 족속이 너를 인하여 복을 받으리라"고 했는데(창 12:3), 후자에서는 "각 나라와 족속과 백성과 방언에서 아무도 능히 셀 수 없는 큰 무리가 나와 흰옷을 입고, 손에 종려 가지를 들고 보좌 앞과 어린 양 앞에 서" 있다(계 7:9).

이러한 창세기와 요한계시록의 대칭 현상은 구약과 신약 사이에는 하나의 구속사(脈)가 흐르고 있음을 보여준다. "성경은 능히 너로 하여금 그리스도 예수 안에 있는 믿음으로 말미암아 구원에 이르게 하는 지혜가 있게 하느니라"(딤후 3:15). "구약성경은 그리스도께서 타락한 인간의 구속 방법을 준비하신 신적 계시를 내포하고 있고"(Keil-Delitzsch), 신약성경은 그리스도께서 실제로 인간을 구속하신 사실을 보여준다. 구약과 신약은 "약속과 성취", "모형과 원형", "그림자와 실체", "준비와 실현" 패턴에 의해 상호 연결되어 있다. 구약은 예언적이나 신약은 묵시적이며, 구약은 현세적이나 신약은 내세적이다.

그리하여 구약과 신약은 신학적인 주제들에 의해서도 서로 연결된다. "구약의 주요 주제들이 각기 신약에 그 상응 주제를 가지고 있으며, 어떤 면에서는 신약에서 재개되고 답변되어 있다"(Bright). "창조", "약속", "신앙", "선택", "의", "사랑", "죄", "용서", "심판", "구원", "종말론", "메시아주의", "하나님의 백성", "남은 자", "하나님의 나라", "언약" 등 많은 주제가 신·구약 모두에서 나타난다. 그 가운데에서 본서는 "남은 자"를 택한 것이다. 신·구약성경은 남은 자의 이야기이다. 아담과 하와가 범죄하여 절망적인 상태에 있는 가운데서, 사람들이 어떻게 하여 하나님을 섬김으로 "남은 자"가 되었으며(구약), 예수께서 오시어 "참 남은 자"가 되심으로, 얼마나 많은 사람에게 얼마나 큰 구원이 임하였는지를(신약) 보여주는 책이다. 그것은 하나님께서 아브라함에게 하신 말씀, "땅의 모든 족속이 너를 인하여 복을 얻을 것이라"(창 12:3)를 보여주는 책이다. "땅의 모든 족속"은 "남은 자의 전파"를, "너를 인하여"는 "남은 자의 형성"을, "복을 얻을 것이라"는 "남은 자의 구원"을 보여준다. 구약은 "남은 자의 형성"을 보여주고, 신약은 "남은 자의 전파와 구원"을 보여준다.

　이러한 가운데서 예수님의 인류 구속사는 "탈락"(버림받은 자)과 "선택"(남은 자)의 역사이다. 그것은 "버림과 남김"(하나님의 주권 면에서), "배역과 남은 자 됨"(인간의 자유의지 면에서), "죄악과 구원"의 반복의 역사이다. "남은 자"는 구약과 신약을 관통하는 주제들 가운데 하나다(Bright). 그것은 "남은 자"는 하나님께 인정받아 구원을 받고, "비(非) 남은 자"는 범죄하여 멸망을 받는다는, 신·구약을 관통하는 사상이다. "하나님을 배반하고 죄에 빠진 우리를 예수 구원하시려고 보혈 흘려 주셨네." 이는 성경의 대요이며, 인류의 구속사다. 구약성경은 전자를 보여주고, 신약성경은 후자를 보여준다. 셋의 자손도(창 5-6장), 노아의 자손도(창 10-11장), 아브라함의 자손도(창 12장 이하) 다 죄 중에 빠져 있다. 노아의 홍수로도, 바벨탑 사건으로도, 출애굽 사건으로도, 옛 언약(율법)으로도, 70년 포로 생활로도, 인류의 죄 문제는 해결할 수 없었다. 이런 가운데서 창세기 12장에 "아브라함" 이야기가 나오는 것은 이제부터 아브라함과 그의 자손들을 통하여 예수 이야기를 하기 위해서이다. 그리하여 창세기 12장부터 50장까지는 전부가 아브라함과 그의 자손에 대한 이야기이다. 그것은 예수 이야기가 신약성서의 중심이 될 것을 예견시킨다. 예수 그리스도(새 언약, 은혜)는 인류 구원을 위한 하나님의 최후 방안이었다(히 1:1-2). 아브라함은 여자의 후손이 그 가운데서 나올 것을 하나님으로부터 통고받고, 이를 즐거워하다가 보고, 기뻐한 자다. "너희 조상 아브라함은 나의 때 볼 것을 즐거워하다가 보고 기뻐하였느니라"(요 8:56). "이는 그리스도 예수 안에서 아브라함의 복이 이방인에게 미치게 하고 또 우리로 하여금 믿음으로 말미암아 성령의 약속을 받게 하려 함이라"(갈 3:14). "이 약속들은 아브라함과 그 자손에게 말씀하신 것인데 여럿을 가리켜 그 자손들이라 하지 아니하시고 오직 한 사람을 가리켜 네 자손이라 하셨으니 곧 그리스도라"(갈 3:16). "너희가 그리스도의 것이면 곧 아브라함의 자손이요 약속대로 유업을 이을 자니라"(갈 3:29). "이는 저를 믿는 자마다 멸망치 않고 영생을 얻게 하려 하심이라"(요 3:16). "그런즉 믿음으로 말미암은 자들은 아브라함의 자손인 줄 알지어다"(갈 3:7). "그러므로 믿음으로 말미암은 자는 믿음이 있는 아브라함과 함께 복을 받느니라" (갈 3:9). 아브라함과 예수는 이만큼 가깝다는 것이다. 모든 성경은 "예수"를 보여준다. "너희가 성경에서 영생이 있는 줄 알고 성경을 상고하거니와, 이 성경이 곧 **내게 대하여** 증언하는 것이니라"(요 5:39). "모세를 믿었더라면 또 나를 믿었으리니 이는 그가 내게 대하여 기록하였음이라"(요 5:46). 구약은 그리스도에 대한 약속, 신약은 그리스도에 대한 성취를 기록한 것이다. 구약의 모든 사건, 제도, 절기, 율법, 인물 등이 모두 예수의 그림자가 되고 있다. "이에 모세와 모든 선지자의 글로 시작하여 모든 성경에 쓴 바 자기에 관한 것을 자세히 설명하시니라"(눅 24:27). 신·구약성경은 "예수"가 누워 있는 구유다(Luther).

그리하여 본서는 이러한 입장에서 성경의 대요(大要)를 논하고, 성경의 맥을 논하고자 한다. 남은 자의 사상은 하나님의 특별한 사랑과 회복을 보여주는 사상이다(창 3:15). 그것은 모세처럼, 다른 사람은 죽는데, 나는 살아나는 것이다(출 1:15-2:10). 그것은 또한 죄로 말미암아 진멸될 운명에서 하나님의 긍휼에 의해 살아나는 것이다. 노아의 때가 그러했고, 엘리야의 때가 그러했고, 예레미야의 때가 그러했다(렘 23:31; 31:7; 50:20 등). 그럴 때마다 하나님은 바알에게 무릎을 꿇지 아니한 자들을 남겨주셨다(왕상 19:18). 신약의 성도는 남은 자 된 유대인들(12제자들, 참 남은 자 되신 예수 안에 남아 있는 제자들)이 뿌리내리고 열매를 맺음에 의해 구원을 얻은 자들이다 (왕하 19:30-31). "남는 것"은 내가 할 일이고, 남기는 것은 하나님이 하시는 일이다. 그러나 나의 "남는 것"도 하나님이 해주셔야 한다.

아래에서는 구약성서 각 문헌 군별로 인물, 제도, 사건, 내용 등의 남은 자 사상을 고찰할 것이다.

Ⅱ

남은 자 개념 소개

...

1. "남은 자"란 무엇인가?

"남은 자"를 뜻하는 헬라어 '토 레임마'(the Remnant)는 신약성서엔 오직 로마서 11:5에 한 번 나온다. "그런즉 이와 같이 이제도 은혜로 택하심을 따라 남은 자가 있느니라." 그런데 이 "남은 자" 어군은 구약성서에는 약 430회 가량 나온다. 그만큼 이 개념은 구약적인 사상이다(사 1:9; 4:2; 6:13; 11:11ff.; 28:5; 37:32; 45:20ff.; 렘 23:3; 31:7; 50:20; 겔 11:13; 14:21ff.; 36:36; 욜 3:5; 암 4:11; 5:15; 옵 17; 미 2:12; 4:6ff.; 5:6ff.; 7:18; 습 2:9; 슥 13:7-9 등). 그러나 그 사상은 바울서신과 요한계시록에도 더러 있다. "또 이사야가 이스라엘에 관하여 외치되 이스라엘 뭇 자손의 수가 비록 바다의 모래 같을찌라도 남은 자만('호이 로이포이') 구원을 얻으리니"(롬 9:27). "두아디라에 남아 있어('토이스 로이포이스') 이 교훈을 받지 아니하고 소위 사단의 깊은 것을 알지 못하는 너희에게 말하노니 다른 짐으로 너희에게 지울 것이 없노라"(계 2:24). "너는 일깨워 그 남은바('타 로이파') 죽게 된 것을 굳게 하라 네 하나님 앞에 네 행위의 온전한 것을 찾지 못하였노니"(계 3:2).

구약성서에서 "남은 자"의 사상은 그 사상을 나타내는 히브리어 단어들을 통하여, 그리고 그 사상을 나타내는 인물과 사건들을 통하여, 나타나 있다. 먼저 이 사상을 나타내는 히브리어 단어들을 보면, 그들은 שׂרד, פלט, יתר, שׁאר의 네 어근들로 나타난다. 첫 번째 어근은 "재앙으로부터 면함을 받은 자"(수 10:28, 30, 37, 39, 40), 혹은 "소유에 있어서 남아 있는 것"을 의미한다(욥 20:21). 두 번째 어근은 "재앙을 면하고 남은 것"(출 10:5), "재앙을 면한 자"(삿 21:17; 사 15:9), 앗수르의 침략으로부터 피하고 남은 자(왕하 19:30f), "열방 중에서 피난한 자"(사 45:20), "여호와의 최후 심판으로 부터 피난한 자"(사 4:2; 옵 17; 욜 2:32[3:2])를 의미한다. 세 번째 어근은 "사용하고 남은 것", "나머지"를 뜻한다(왕상 11:41; 출 10:15 등). 네 번째 어근은 "남아 있음"을 뜻한다(창 45:7; 삼하 14:7). 그 일부가 떠나지 않고 이후로도 계속 있는 것을 가리킨다. 그것은 여러 종류의 "남은 자"를 총칭하는 말이다. 이 가운데는 "후손"을 뜻하는 단어도 있다('쉐리트', 창 45:7). 그리하여 "남은 자"는 이름을 보존하는 것과도 관계가 있다(삼하 14:7). 그것은 상당히 전투적인 용어이다.

위의 어근들 가운데 첫째와 둘째 어근들이 중요하다. 요엘 선지자는 이렇게 말했다: "누구든지 여호와의 이름을 부르는 자는 구원을 얻으리니(פלט) 이는 나 여호와의 말대로 시온산과 예루살렘에, 그리고 나 여호와의 부름을 받을 남은 자 중에(שׂרד의 복수형) 구원(פלה)이 있을 것임이니라"(욜 2:32[3:5]). 이는 "남은 자"가 여호와의 부르심을 받고 시온과 예루살렘과 관련되어 있으며, 앞으로 있을 어떤 미래적 실재이며, 구원의 한 장소(혹은 핵)라는 사실을 보여준다. 이 남은 자들은(פלה) 칼을 피할 것이며, 여호와의 복수를 알릴 것이며(렘 50:28), 여호와를 기억할 것이며(렘 51:50), 하나님의 임재의 축복을 받을 것이다(대하 30:6). 그들은 풍성한 열매를 맺으며(왕하 19:30; 사 37:32), 거룩한 백성이 될 것이다(사 4:2-3; 6:13; 옵 17). 생명의 핵이 될 것이며(겔 9:8), 생명을 보존할 것이다(창 45:7). 남은 자들은(שׁאר) 온 이스라엘의 남은 자들이며(신 4:27; 28:62; 사 46:3), 북이스라엘의 남은 자들이며

(왕하 17:18; 21:14; 대하 30:6; 사 10:20; 28:5; 렘 30:7), 유다의 남은 자들이며(왕하 19:30; 사 37:31; 렘 40:11, 15; 42:15, 19; 43:5; 대하 36:20), 유다와 예루살렘의 남은 자들이며(왕하 19:4; 사 37:4; 렘 8:3; 겔 5:10), 시온의 남은 자들이며(사 49:21; 겔 9:4, 8), 예루살렘의 남은 자들이며(렘 24:8; 38:4; 52:15; 느 1:2-3), 미스바의 남은 자들이다(렘 41:10). 그들은 모두 "거룩한 씨", "그 땅의 그루터기"이다 (사 6:13). "하나님 편에 있는 자들"이다.

"남은 자"의 사상은, 어휘군이 나타내는 것보다 더 광범위하게, 인물들이나 사건들로 구약성서에 나타나 있다. 노아의 이야기는 남은 자의 사상을 잘 보여준다. 그와 그의 가족들은 홍수에서 살아난 남은 자들이다. 그리하여 그들은 제일 첫 인류의 생존자들이다. 노아는 의인이었고, 그의 가족들은 홍수 속에서도 생명을 보존하였다. 그리고 그들은 새 인류의 설립자들이 되었다. 남은 자 사상의 본질적인 요소들이 이 이야기 속에 다 들어 있다. 바벨탑 사건 이후의 이야기에서도(창 11장) 남은 자의 사상이 나와 있다. 바벨탑이 무너지는 사건 가운데서 제2의 인류는 멸망되지 않고, 살아남아 전 세계에 흩어지게 된다. 그리고 이야기는 셈, 에벨, 아브람에게 집중된다(창 11:14-16). 이야기는 아브람 중심으로 전개되고, 셈과 에벨 자손의 다른 계통들은 무시된다(창 20:1-3). 그리하여 아브라함은 구원사의 남은 자가 된다. 출애굽기의 모세 이야기 역시 남은 자의 사상을 보여준다. 모세는 이스라엘의 남자아이들이 모두 죽임당하는 가운데서도 유일하게 살아남는다(출 1:15-2:10). 그러고는 오랜 후에 지도자가 된다. 이스라엘 백성이 시내산 아래에서 금송아지를 만들어 우상을 숭배할 때 하나님은 그들을 멸하시고 모세로 큰 나라가 되게 하겠다고 하신다(출 32:10). 모세는 이를 만류한다. 만일 만류하지 않았다면 하나님은 그 백성을 멸망시키셨을 것이고, 그들 가운데 유일한 생존자 모세는 새로운 이스라엘을 건설하였을 것이다. 그 후 애굽에서 나온 구세대는 여호수아와 갈렙을 제외하곤 모두 광야에서 멸망한다. 한 세대가 가고, 새 세대가 그 생명을 유지한다. 그 후 지도자 사무엘은 엘리 제사장 집안이 멸망하는 가운데서 유일한 남은 자가 된다.

우리가 염두에 두어야 할 사실은 선택(election)의 사상은 남은 자의 사상을 포함한다는 것이다. 노아는 택함을 입어 홍수로부터의 남은 자가 된다(창 6:8). 아브라함도 택함을 입어 남은 자가 된다(창 12:1). 모세도 택함을 입어, 바로의 칼에 죽지 않고, 남은 자가 된다(출 2:10). 다윗은 하나님으로부터 영원한 왕가를 약속받아 남은 자가 된다(삼하 7:18). 선지자들도 택함을 입어 백성의 운명을 선포하나, 그들은 여호와의 말씀의 소지자와 신앙자들이기에, 멸망 당하지 않으며 남은 자의 일부를 형성할 가능성을 가지고 그렇게 한다. 선택과 남은 자 사이의 연관성은 이사야에게서 볼 수 있다. 이사야는 선지자로 부름받는다(사 6장). 그리고 그와 그의 가족들은 이사야 7장의 임마누엘이 이끄는 공동체의 일원이 되며, 이사야 8장의 남은 자(사 8:13-14)의 핵심을 이룬다. 예레미야 역시 하나님으로부터 예루살렘이 망하는 가운데서도 그는 살아나리란 약속을 받는다(렘 39:18). 이처럼 "선택"이 남은 자 사상의 우선적이고도 적극적인 맥락이기 때문에, 남은 자는 단지 "구원받은 남은 자"(a saved remnant)만 아니고, 동시에 "구원하는 남은 자"(a saving remnant)가 된다. 즉 "구원받고"와 "구원하고"의 두 기능이 동시에 이루어진다고 하겠다. "멸망을 예언하는 선지자는 남은 자들에게 해당되는 생명의 희망을 자기도 견지한다. '선택'이 멸망 받아 마땅한 죄에 대한 하나님의 대응이고, 도움받지 못하면 생명이 끝날 수 있는 인간 요구에 대한 하나님의 응답이기에, 그것은 택함 받은 자와 택함 받지 못한 자, 남은 자와 남아 있지 못한 자를 눈에 띄게 만든다"(Richardson). 그리하여 다윗 자손의 왕, 선지자들, 메시아, 여호와의 고난 받는 종, 다니엘서의 인자, 지극히 높으신 자의 성도들의 경우에서처럼, 선택을 전제할 경우 거기엔 언제나 남은 자 사상도 내포되어 있는 것이다.

2. "남은 자"의 기준

"남은 자"의 지표들로서는 축복과 저주, 죄와 회개, 믿음과 불신앙, 선과 악, 의인과 악인, 순종과 불순종, 구원과 심판, 남은 자와 버려진 자의 대조들을 들 수 있다. 이러한 지표들로 우리는 다음과 같은 사실을 추론할 수 있다.

(1) 남은 자는 흔히 죄의 벌로 여겨지는 큰 재앙으로부터의 생존자들로 구성된다. (2) 남은 자는 하나님의 어떤 목적을 위해 선택받은 자들이다. (3) 남은 자는 의로운 자들이거나(사 4:2-3; 옵 17; 습 3:13; 겔 9:4, 8), 믿음을 가진 자들이거나(사 10:20; 11:4; 28:16), 가난한 자들이다(왕하 25:12, 22; 렘 39:10; 52:16; 습 3:12). 그들은 신실하며, 여호와를 순종하고 섬기려고 애쓴 사람들이다(faithful minority). (4) 남은 자는 생명과 관계된 자들이다. 생존하는 남은 자는 그의 구성원들이 살도록 하기 위해서뿐 아니라, 그 구성원들을 통해서, 그리고 그 구성원들 가운데서, 그 구성원들이 속한 백성들의 생명이 계속되도록 하기 위해서도 재앙 중에서 살아남는다(남은 자의 사명). 이런 의미에서 "남은 자"는 다수 가운데서 멸망되어지는 생명들의 "보고"(depository)라 할 것이다. "하나님이 큰 구원으로 당신들의 생명을 보존하고 당신들의 후손을 세상에 두시려고 나를 당신들 앞서 보내셨나이다"(창 45:7). 여기에 "구원"과 "후손"이 모두 "생명"과 관계되어 있다. 요셉은 그 많은 역경과 고난 중에 살아남으로 그의 형제들과 그의 형제들의 자손들을 구원하는 생명 창고('미흐야'), 생명의 핵(a nucleus of life)이었다. 이는 에스라 9:8에서도 보인다. "이제 우리 하나님 여호와께서 우리에게 잠깐 은혜를 베푸사 얼마를 남겨 두어 피하게 하신 우리를 그 거룩한 처소에 박힌 못과 같게 하시고 우리 눈을 밝히사 우리로 종 노릇하는 중에서 조금 소성하게 하셨나이다." 70년 포로 생활 중에서도 살아남아 돌아오게 하신 것은 남은 자 된 에스라의 무리를 통해 거룩한 처소에 잘 박힌 못 같은

사명을 감당하게 하기 위해서였다. 즉 그들을 통해 성곽을 건설하고 성전을 세우게 하고 그들의 후손을 세상에 두시기 위함이었다. 그리하여 이사야는 남은 자는 예루살렘에 생존토록 녹명된 자들로 구성됨을 말한다(사 4:3). 포로에서 돌아온 후 이스라엘 자손은 살아계신 하나님의 아들이라 일컬어질 것이다(호 1:10. 히 11:22 비교). 이런 의미에서 "남은 자"(the saved)는 남을 구하도록 "부름 받은 자", "구원자"(the saver), "사명자"라 할 것이다. (5) **남은 자는 하나님의 은혜의 산물이다.** 남은 자를 남겨 두는 것은 하나님이 하시는 일이요, 남은 자를 남기시는 분은 하나님이시다. 바알에게 무릎 꿇지 않은 자 7,000명을 남겨 두신 것은 여호와 하나님이셨다(왕상 19:18). "만군의 여호와께서 우리를 위하여 조금 남겨 두지 아니하셨더면 우리가 소돔 같고 고모라 같았으리로다"(사 1:9). (6) **남은 자는 분리된 자들이다.** 죄가 하나님의 선택의 배경이고 전제이며, 선택이 인간 죄에 대한 대응으로서의 하나님의 은혜의 현현이라면, 해방(freedom)과 분리(separation)는 남은 자의 표식(mark)이 될 수밖에 없다. "그중에 십분의 일이 오히려 남아 있을지라도 이것도 삼키운 바 될 것이나 밤나무, 상수리나무가 베임을 당하여도 그 그루터기는 남아 있는 것 같이 거룩한 씨가 이 땅의 그루터기니라"(사 6:13). 거룩한 그루터기가 곧 "남은 자"이다. 거룩한 자들은 포로 생활을 통해 단련되고 갱생한 소수의 남은 자로서 돌아와 신생 국가의 그루터기가 된다.

그리하여 구약의 예언자들은 "남은 자"의 뜻을 보다 신령화(spiritualization)하였다. 남은 자들은 재앙이나 전쟁이나 포로 생활에서 죽지 않고 살아남은 자들을 가리키지 않고, **우상숭배와 죄악 된 행실에 물들지 않은 자들을 가리키는 말이 되었다**(렘 23:6; 겔 14:22; 습 3:12-13 등). 남은 자는 주님이 함께 하시는 자들이고(사 28:5), 거룩한 자들이다. "나와 주의 백성이 주의 목전에서 은총 입은 줄을 무엇으로 알리이까 주께서 우리와 함께 행하심으로 나와 주의 백성을 천하 만민 중에 구별하심이 아니니이까"(출 33:16).

남은 자만이 구원을 얻을 것이라는 말씀 때문에 바리새인들은 자신들이 하나님의 거룩한 제사장적 공동체를 대표한다고 자부하면서 자신들을 다른 사람들의 단체로부터 분리했으며, 이 분리는 쿰란의 엣센파의 수도원적 공동체를 통하여 더욱더 극단으로 나아갔다. 쿰란 공동체는 자신들을 스스로 "남은 자"(CD 1:4 이하), "이스라엘의 택함 받은 자들"(CD 4:3 이하), "거룩의 사람들"(1QS 5:13), "은혜의 가난한 자들"(1QH 5:22), "하나님의 성"(city of God, 1QH 5:20-7:5), "하나님의 성전"(1QS 8:5 이하)이라 불렸다. 세례 요한 역시 거룩한 남은 자를 모았다. 그의 심판의 설교, 회개에의 부름, 그리고 세례는 바로 이것을 의미했다. 바리새인과 쿰란 공동체가 "폐쇄된 남은 자"(closed remnant)를 모은 데 반해, 요한은 "개방된 남은 자"(open remnant)를 모았다. (7) **남은 자는 왕노릇한다.** 아브라함이나 모세는 모두 나라를 약속받았다(창 12:2; 17:6; 출 32:10). 만군의 주가 남은 자와 함께 하시기에 그들은 지상에서 왕노릇한다(고전 6:2; 계 1:6; 2:26-27). 그리하여 미가 선지는 다음과 같이 예언했다: "야곱의 남은 자는 많은 백성 중에 있으리니 그들은 수풀의 짐승 중의 사자 같고 양떼 중의 젊은 사자 같아서 만일 지나간즉 밟고 찢으리니 능히 구원할 자 없을 것이라"(미 5:8). (8) **남은 자는 의뢰하는 자이다.** 이사야 선지자는 남은 자에 관한 위대한 신학자였다. 그는 자신의 아들을 '스알야숩'이라 이름 지었다. 그러고는 이렇게 해석했다. "그 날에 이스라엘의 남은 자와 야곱 족속의 피난한 자들이 다시는 자기를 친 자를 의뢰치 아니하고 이스라엘의 거룩하신 자 여호와를 진실히 의뢰하리니 남은 자 곧 야곱의 남은 자가 능하신 하나님께로 돌아올 것이라"(사 10:26). (9) **남은 자는 메시아 소망을 가진 자이거나, 메시아의 그림자가 되는 자들이다.** 메시아는 하나님이 인류의 구원을 위해서 종말에 보내주시기로 약속된 자이다("여자의 후손"). 그에게 소망을 두고 기다리는 자가 남은 자라 할 수 있다. 고난을 이겨 낼 수 있는 힘은 소망이다. 이 소망이 있을 때에 그들은 고난을 이겨낼 수 있다. 남은 자는 단지 "구원받은 남은 자"(a saved remnant)만 아니고, 동시에 "구원하는 남은 자"(a saving remnant)가 된다. 즉 "구원받고"와 "구원하고"의 두 기능이 동시에 이루어진다고 하겠다(노아, 모세, 예수님 등). 그리스도는 남은 자이면서, 남은 자의 소망이 되신다. 그리하여 "남은 자의 구원"이란 "구원받은 남은 자", "구원하는 남은 자" 모두를 가리키는 것이다. (10) **남은 자는 순교하는 자들이다.** 그들은 박해 가운데서도 믿음을 포기하지 않는 자들이기에(죽도록 충성함), 세상으로부터 순교를 당한다(단 7:25). (11) **남은 자는 개인적이다.** 우리가 위에서 본대로, 노아는 육신적으로 보아, 제일 첫 인류의 남은 자였다. 그리고 아브라함과 그 씨는 노아의 집에서 나온 제2인류의 남은 자였다. 모세 시대 그리고 그 이후 수 세기 동안은 남은 자 사상이 나타나지 않았다. 그때는 민족 전체로서 모든 것이 취급되었다. 구약의 신관은 이스라엘의 민족신으로서의 하나님이었고, 따라서 선민의 관념도, 구원의 관념도 언제나 민족을 전체적으로 취급한 것이었다. 그러나 이스라엘 나라가 기울기 시작하자 남은 자의 사상은 다시 나타났다. 북왕국 이스라엘이 망하면서 유다는 남은 자가 되었고(왕하 21:14; 호 1:7; 사 1:8; 미 2:12 등), 유다가 망하면서 다시 "유다의 남은 자"가 나타나게 되었다(사 4:2ff.; 37:31-32; 습 2:7; 렘 40:11, 15; 겔 11:13 등). 그리고 남은 자의 교리는 그 민족 전체가 타락하고 부패하여 무용하게 된 데서 출발하기에, **남은 자 사상은 포로기를 거치면서 더욱 개인화**(individualization) **되었다**(렘 31:29-30). 우리는 여기에서 구약의 남은 자는 그 범위가 점점 축소되는 경향을 본다. 첫 번째 인류에서 노아의 가족으로, 두 번째 인류에서 아브라함의 가족으로, 아브라함의 자손의 나라인 이스라엘에서 유다로, 유다에서 유다 지파 내 소수의 사람들로, 유다 지파 내 소수의 사람들에게서 바리새인들로, 바리새인들에게서 쿰란 공동체로, 쿰란 공동체에게서 세례 요한 그룹으로, 민족적인 데서 개인적으로 점점 줄어드는 것이다. 또 육신적인 것에서 영적인 것으로 옮겨간다.

본서는 육적인 남은 자, 영적인 남은 자 모두를 논할 것이다. "남은 자" 계시를 논하기에, 처음에는 남았다가 나중에는 탈락한 자도 꼭 필요한 경우, 함께 논할 것이다.

III

오경에 나타난 "남은 자" 계시

...

1. 창세기에 나타난 "남은 자" 계시

"창세기는 시작의 책이다. 그것은 모든 교리의 모태요, 성경의 묘판(苗板)이다. 천지의 시작, 인류의 시작, 인류의 죄와 타락의 시작, 구원의 시작, 그리고 신앙의 시작이 여기에 있다"(이상근). 죄가 시작되고, 구원이 시작되는 책이라면, "남은 자"도 시작되는 책임을 알 수 있다. 창세기는 하나님의 인류 구원 계획이 발표되며, 준비함을 알리는 책이다. 아담이 범죄한 후, 그리하여, 그의 영이 죽은 후, 하나님은 뱀에게 "최초의 복음"("primus evangelium", Justin, Irenaeus, Delitzsch, Ryrie, Hengstenberg, Aalders, Groningen, 이상근 등)을 말씀하셨다: **"내가 너로 여자와 원수가 되게 하고 네 후손도 여자의 후손과 원수가 되게 하리니 여자의 후손은 네 머리를 상하게 할 것이요, 너는 그의 발꿈치를 상하게 할 것이니라"**(3:15).

이는 뱀(사탄, 마귀의 도구)이 여자를 속여, 뱀을 심판하는 맥락에서 하나님께서 뱀에게 하신, 최초의 메시아 선언이다. 인간이 범죄하여 탈락자가 된 가운데서 인간은 구원하고, 뱀은 심판하기 위해서 하신 말씀이다. "그것은 하나님의 제일 첫 은혜와 희망의 선포였고, 주권적 선포였다"(Groningen). 그것은 불순종하고 반역하고 범죄한 인류를 위한 사랑의 선포였다. 이러한 선수적인 은혜 덕분에, 아담과 하와는 가죽옷을 입게 되기도 하고(3:21), 아벨, 에녹, 노아, 아브라함 등은 "믿음"을 얻게 되기도 했다(히 11장). "남은 자"는 "큰 난리나 전쟁에서 살아남은 자"를 뜻하는 전투적인 용어이다. 그런데 이 구절은 메시아를 가리키는 "여자의 후손"("사람의 아들"[人子], 롬 16:20; 히 2:14; 갈 4:4; 계 12장)이란 말이 나오고(구약에서는 오직 이곳에만 나옴), "원수가 되게 하리니"란 말이 반복으로 나오고 있어, 구약성경 가운데 제일 첫 "남은 자"의 구절이 되어 있다고 말할 수 있다("선택된 자"). 뱀의 유혹으로 하나님이 금지하신 선악과를 따먹고, 죗값으로 인해 죽을 수밖에 없는 아담과 하와를 위해, 하나님은 뱀을 향해 심판을 선언하시면서, 최초의 복음을 선포하셨다. 뱀과 여자, 뱀의 후손과 여자의 후손, 하나님과 사탄 사이에 싸움이 있을 것이고, 그 싸움에서 여자의 후손(메시아)이 승리할 것이란 것이다. 여기 "후손"(seed)은 부정적(不定的)인 단어로서, 문맥에 따라 단수와 복수가 결정된다. 그리하여 첫 번째 나온 "여자의 후손"은 복수로, 두 번째 나온 "여자의 후손"은 단수로 봐야 한다("그의 발꿈치"). 이 중 "여자의 후손은 네 머리를 상하게 할 것이요"는 속죄자를 약속하신 말씀인데(Irenaeus, Ryrie, Delitzsch 등), **첫째는** 속죄자가 사람으로 나실 것(동정녀 탄생: 그분만이 죄가 없으심), **둘째는** 속죄자가 여인의 후손으로 나실 것, **셋째는** 속죄자가 인생을 벌써 이긴 사탄을 능히 이길만한 능력자, 즉 신격(神格)으로 오실 것, **넷째는** 발꿈치를 상한다는 것, 즉 속죄자가 속죄하는 일 가운데 고난당하실 것, **다섯째는** 뱀의 머리를 상하는 것, 즉 속죄자가 마침내 승리하실 것을 의미한다(롬 16:20). 이 속죄자는 곧 "남은 자"라 할 수 있다. 과연 "여자의 후손", 그리스도는 하나님의 독생자로서, 죄에 물들지 않은 "유일한 분", "남은 자"이시다. 그는 "인자"(人子)로 불리며(단 7:13), 그의 어머니 마리아는 "여자"라 불린다(요 2:4; 19:26). "인자"와 "여자의 후손"은 의미상 서로 관계가 있다. "인자"는 "여자의 후손"이 되기 위해 사람이 되신 성자 예수 그리스도를 가리키고, "여자의 후손"은 "뱀과의 싸움을 위해 사람이 되신 성자 예수 그리스도"를 가리킨다. 이 "여자의 후손"은 성경에 "예수"(마 1:21), "하나님의 아들"(마 16:17), "인자"(사람의 아들, 마 9:6), "그리스도"(메시아, 마 16:17), "임마누엘"("하나님이 우리와 함께 계시다", 마 1:23), "독생자"(요 3:16) "다윗의 자손"(막 10:47), "마지막 아담"(고전 15:45), "둘째 사람"(고전 15:47) 등으로 나와 있다. "그의 이름은 기묘자라, 모사라, 전능하신 하나님이라, 영존하시는 아버지라, 평강의 왕이라 할 것임이라"(사 9:6). "여자의 후손"이 사람이면서 하나님이시듯, "그리스도"는 다윗의 자손이면서, 다윗의 주(主)이시다(막 12:35-37). "마지막 아담"은 "메시아"를 가리키는 랍비적인 표현이다(Farrar, Pulpit Commentary). 그의 동정녀 탄생은 전무후무한 사건이기에, 이런 점에서 그는 "마지막 아담"이 되는 것이다. 메시아를 "마지막 아담", "둘째 아담"이라 부르는 것은 또한 그가 새로운 인류 라인(line)의 조상이 될 것을 암시한다. 이름이 많은 것은 그가 사탄을 충분히 이길 능력자임을 보여준다. 창세기 3:15는 "그리스도와 사탄 간의 투쟁사"이고, 구체적으로 갈보리 언덕의 십자가를 예견한다. 거기서 사탄은 여자의 후손인 그리스도를(갈 3:16, 19) 못 박고, 그리스도는 십자가의 대속으로 사탄의 권세를 깨뜨리실 것을 예언한다(막 8:31; 9:31; 10:33-34). 그리하여 "최초의 복음"은 여자와 뱀 간의 전투, 뱀의 후손과 여자의 후손 간의 전투, 여자의 후손과 뱀 간의 전투를 예고한다. 이 구절은 전 인류를 하나님 편과 사탄 편, 두 편으로 나눈다(최후의 심판 때 편 가르기, 마 25:32). 그리하여 구약에서의 남은 자의 기준을 "하나님 편에 있는 자"로 보게 한다. 그것은 "남은 자"는 언제나 사탄과의 대결 의식(전투 의식)을 가지고 살아야 함을 보여준다. 남은 자는 반드시 하나님 편에 있는 자임을 분명히 한다. "남은 자"는 하나님이 뱀과 여자 사이를 원수 되게 함에서 시작된다. 남은 자는 자신의 입장을 분명히 해야 한다(마 12:30). 그리하여 창세기 3:15는 성경의 "남은 자" 사상을 보여주는 제일 첫 구절이 된다(programmatic statement: "프로그램을 알리는 진술"). 그것은 **"가장 오래된 하나님의 첫 번째 구원 계획 선언"**이라 할 수 있다(엡 1:4-9). 그것은 또한 하나님의 사랑과 은혜의 선포라 할 것이다.

여기 "여자의 후손"은 인류 가운데 유독 뱀(사탄)을 이길 수 있는 유일한 자다("남은 자"). 여자(하와)는 사탄에게 속아 패전했으나, 이 여자의 후손은 사탄의 머리를 파쇄한다. 3:15의 메시아적 측면들은 다음과 같다. "① 왕적 근원으로부터 일어나는 한 대리자, ② 주권적 왕적 권위와 능력을 요하는 임무의 수행, ③ 다른 사람들을 대신해서 얻어질 대리적 승리, ④ 타락하였지만 하나님의 형상을 지닌 왕적 인물들이 자신들의 원래 신분과 위치와 섬김을 완전히 회복하기 위한 무대의 마련 등"(Groningen). 그리하여 우리는 이 후손이 그리스도(메시아)를 가리킨다고 본다. 그리스도는 인류 가운데 유일하게 죄가 없으신 "남은 자"이시다. 그럴 경우, 이 후손은 "최고의 남은 자"라 할 수 있다. 3:15는 이 "최고의 남은 자" 그리스도를 예언한 구절이다. 예수님은 3:15의 "여자의 후손"도 되시고, 12:1-3의 "아브라함의 후손" 즉 "구주"도 되신다. 그는 인류를 죄로부터 구원하시기 위해, 여자의 후손이 되셨다(마 1:21). 이 "여자의 후손"은 1:3의 세상의 모든 "혼돈과 공허"를 물리친 "참 빛"의 실체가 되고(요 1:9), … 억조창생 가운데 유일하게 성령으로 잉태되신, 창조자이면서, "남자의 후손"이 아닌, "여자의 후손"으로서(동정녀 탄생), 율법이 제시하는 모든 사물, 사건, 제도, 절기들의 실체("하늘의 설계도", 출 25:9, 40; 26:30; 27:8; 민 8:4 등)가 되는 "참 남은 자"이시다(갈 4:4-5). "남은 자(메시아)"가 세상을 구원한다. 그리하여 이 구절은 "메시아의 승리"를 보여주면서, 남은 자 사상을 성경에서 제시하는 제일 첫 구절이 된다. 그리하여 메시아를 "여자의 후손"이라 하심은 구약의 모든 사항을 그리스도 중심으로 해석하도록 하며(구약을 그리스도의 예표로 보게 하며), 그리스도를 가리키는 모든 사항은 이 구절과 관련이 있는 것으로 보게 한다. 그리하여 구약 시대 그리스도는 "여호와의 사자"(창

16:7-10; 21:17; 22:11-12; 31:11-13; 32:25-31; 48:16; 출 3:2-4; 4:24; 16:7-10; 21:17; 22:11-12; 31:11-13; 32:25-31; 48:16; 삿 6:11; 13:3; 호 12:4; 슥 1:11-17; 3:1-2; 말 2:7; 대상 21:16 등), "여호와의 군대 장관"(수 5:13, 15), "반석"(출 17:6), "순"(筍)(슥 3:8; 6:12) 등으로 불렀다. "순"이란 이름은 "싹"이란 뜻으로, "가지"란 이름과 뜻이 같다(렘 23:5; 33:15). 그리스도가 새로운 인류의 "라인"(line)을 시작할 것을 암시한다(사 4:2; 9:7; 11:1; 슥 3:8. Calvin, Keil-Delitzsch 등). "둘째 아담"이 된다는 것이다(고전 15:45). 이 모두 창세기 3:15를 배경으로 한 이름들이다. "이는 그들을 따르는 신령한 반석으로부터 마셨으며, 그 반석은 곧 그리스도시라"(고전 10:4).

그리고 하나님은 최초의 복음 행동을 하셨다(Delitzsch, Hofmann, Ryrie, 이상근 등). **"여호와 하나님이 아담과 그의 아내를 위하여 가죽옷을 지어 입히시니라"**(3:21). "가죽옷"은 짐승의 "피"를 흘려야 지을 수 있는 것으로, "피흘림이 없이는 사함이 없기에"(히 9:22), 하나님은 이러한 비유 행위를 통하여 뱀의 머리를 파쇄할 수 있는, 그리스도의 십자가 죽음을 예견하셨다(3:15의 "그의 발꿈치를 상하게 할 것이니라"에 해당). 하나님은 아담과 하와가 만든 무화과나무 잎의 인위적인 옷 대신에, 그가 예비하신 가죽옷으로 그들의 나체를 가려주셨다. "인간은 인위적 방법으로 죄의 수치를 가리지 못하고, 하나님의 대속으로만 수치에서 완전히 회복된다"(이상근). 이는 죄가 없는, 한 인간의 대속을 필요로 한다. 인간이 범죄한 후 최초의 복음이 선언되고, 최초의 복음 행동이 행해짐은 이 창세기가 남은 자의 행동을 시작하는 제일 첫 책임을 보여준다. 그것은 그리스도를 예표하는 인물들이나 사건들이 신약 때까지 나올 것을 예견시킨다. 그리고 그것은 또한 **3:15가 얼마나 중요한 구절인지를 보여준다. 그것이 하나님의 구원 계획임을 보여준다.** 이러한 하나님의 복음 행동은 "여자의 후손"을 더욱 "속죄자"로 보게 한다. 그리하여 창세기는 "전투"와 "구원"을 시작하는 책이라 할 수 있다.

이 하나님의 말씀과(3:15) 행동은(3:21) 그리스도의 속죄적인 죽음과 부활하심으로, 마귀의 머리가 파쇄될 것을 예표한 것이다. 사망의 쏘는 것은 죄요, 죄의 권능은 율법인데, 이 사망의 권능을 사탄이 가지고 있는 것이다(히 2:14). 그리스도는 이 사탄의 머리(권능)를 십자가 죽음과 부활로 파쇄하신다는 것이다.

이 중 최초의 복음, 즉 하나님께서 뱀에게 하신 약속, 즉 여자의 후손과 뱀(사탄)의 싸움은 성경에 나오는 남은 자 사상의 중요한 배경이 된다. "하나님 편이냐? 사탄 편이냐? 여자의 후손 편이냐? 뱀 곧 사탄의 편이냐? 그리스도 안에 있느냐? 사탄 안에 있느냐?" 이는 신·구약성경을 관통하는 남은 자 사상의 기준이다. **이 영적 싸움은 성경의 주요한 맥이다.** 그것은 신약성서에까지 이른다. "우리의 씨름은 혈과 육에 대한 것이 아니요, 통치자들과 권세들과 이 어둠의 세상 주관자들과 하늘에 있는 악의 영들을 상대함이라"(엡 6:12). 이 이원론적인 구도는 성경에 나오는 "하늘과 땅"(요 3:31), "위"와 "아래"(요 8:23), "빛"과 "어두움"(요 1:5), "생명"과 "사망"(요 3:36), "복"과 "저주"(신 30:29), "영"과 "육"(요 3:6), "선"과 "악"(요 5:29), "진리"와 "거짓"(요 8:44), "이스라엘"과 "유대인"(요 1:19, 47) 등의 배경이 된다. 성경의 사상은 일원론적 이원론이다.

이런 가운데서 하와는 첫아들 가인("얻음"이란 뜻)을 임신하여 출산했고, "내가 여호와로 말미암아 득남하였다"고 했다(4:1). 그것은 하나님과 사탄 사이에서 하나님 편에 서겠다는 하와의 암시이기도 하다. 그러나 아들 가인은 달랐다. 그는 하나님과 뱀 사이에서 뱀의 편을 택했다. 그의 마음에는 하나님이 없었다. 하나님께 대한 믿음이 없었다. 반신적(反神的)인 마음으로, 믿음이 없이 하나님께 제사를 드렸고, 하나님은 그의 제사를 받지 않으셨다. 그가 분하여 안색이 변해 있을 때, 하나님은 말씀하셨다. "네가 선을 행하면 어찌 낯을 들지 못하겠느냐 선을 행하지 아니하면 죄가 문에 엎드려 있느니라 죄가 너를 원하나 너는 죄를 다스릴지니라"(4:7). 여기 "네가 선을 행하면"은 "네가 하나님 편에 있으면"의 뜻으로(Skinner, 그리하여, "선을 행하지 아니하면"은 "하나님 편에 있지 아니하면"이라는 뜻이다), 중심을 보시는 하나님께서(삼상 16:7) 가인의 제물보다 가인의 마음을 보신 것을 보여준다. 즉 제물이 양이냐, 땅의 소산물이냐가 문제가 아니라, 가인은 그 마음이 하나님을 떠나 있었다는 것이다. 하나님이 심중에 없으면, 아무리 선한 마음도 악한 것이며, 하나님이 심중에 있으면, 아무리 악한 마음도 선한 것이 된다. 하나님이 심중에 없으면, 모든 것이 죄일 뿐이다. 먹는 것, 보는 것, 마시는 것, 생각하는 것, 모두가 죄일 뿐이다. 하나님이 마음에 없는 것이 가장 큰 죄이다. 이 세상 문제 중 가장 큰 문제는 "죄"의 문제이다. 네 사람이 메고 온 중풍병자에게 하신 예수님의 첫 말씀은 "네 죄 사함을 받았느니라"였으며(막 2:6), "예수"라는 그리스도의 이름은 그 뜻이 "자기 백성을 그들의 죄에서 구원할 자"인 것이다(마 1:21). 가인은 하나님 앞을 떠나, 죄의 나라로 갔다. 그의 앞에는 죄가 엎드려져 있었다. 죄가 그를 원하고 있었다. 그는 무슨 죄나 지을 수 있었다. 그는 죄를 다스려야 했다. 그러나 그는 죄를 다스리지 못하고 죄의 노예가 되어서, 아벨을 쳐 죽이는 자가 되었다(4:8). "타락한 인류는 죄의 노예가 된 왕족(enslaved royalty)이었다"(Groningen). 그는 죄의 왕국의 노예가 된 것이다.

우리는 여기에서 뱀과 죄와의 관계를 알 수 있다. 뱀은 아담과 하와를 속여 인간으로 죄를 짓게 했다. 그 결과 죄가 이 세상에 들어왔으며, 이 세상은 죄로 인하여 사망에 처해 있다. 가인이 하나님을 떠나 뱀의 편이 되었을 때 그 앞에는 죄가 놓였고, 죄를 안 지을 수 없게 되었다. **하나님을 떠나가는 것은 곧 죄**(뱀)**의 나라로 가는 것이었다.** 죄는 가인에게 죄를 짓지 않을 수 없게 했다. 여기 "죄가 너를 원하나"는 "죄가 너를 사로잡기를 원하나"의 뜻으로, 죄의 노예가 되었음을 나타낸다. "여성형 '하타아트' 는 남성으로 번역될 수 있는데, 그 이유는 뱀에 대한 암시로서, 죄는 사람의 마음 문에 숨어서 그의 영혼을 삼키려고 열심히 추구하는 야생동물로 의인화되기 때문이다"(벧전 5:8, Keil-Delitzsch). 그것은 이미 인간의 마음속에 숨어 들어와 인간이 죄를 짓기를 기다림을 가리킨다. 하나님은 죄를 마치 그의 마음속에 잠자고 있으며, 그의 문 앞에 야생동물처럼 숨어 있는 존재로 여기신다. 그리하여 가인이 뱀 편이 되는 것은 그가 곧 죄의 노예가 됨을 의미했다. "죄"는 뱀(사탄)의 무기이다. 가인은 여호와 앞을 떠나서 에덴 동편 땅, 놋("유랑자")에 거주하였고, 아내와 동침하여 에녹("시작" 혹은 헌신을 뜻함)을 낳았으며, 성을 쌓고, 그 성의 이름을 "에녹"이라 했다. 그리고 그는 가인 계통의 문화와 죄악을 시작했다. 그들은 도시를 건설하고(4:17), 악기를 발명하며(4:21), 무기를 만드는 등(4:22) 문명을 발달시킨다. 그러나 "여호와"의 이름은 한 번도 나타나지 않는다. "하나님 없는 문화였다"(이상근). 그리고 가인 이하 7대의 족보가 소개되고(4:17-22), 그 마지막의 라멕은 인류 최초의 간음자가 되며, 철저히 복수자가 된다. "하나님이 없고, 문화만 발달한 곳에 으레 죄악이 관영하게 된다. '하나님은 농촌을 만드시고, 마귀는 도시를 만들었다'는 말을 실감나게 해준다"(이상근). 그리하여 그는 소위 "가인의 길"의 조상이 된다(유 11). 그는 모든 불경건함의 조상이다. 그는 형제를 미워하며, 시기함의 전형이며(베냐민 유언서 7:7; 클레멘트 1서 4:7; 요일 3:11), 욕심과 강포와 정욕의 사람이며(Josephus, Ant., I, 52-66), 인류를 크게 타락시킨 장본인이었다. 그는 극도의 이기주의자였고(Philo, Det. 32, 78), 불경건의 탁월한 선생이었다(Philo, Post. 38). 그는 "모든 사물의 척도는 인간의 정신이다"라는 견해의 옹호자였으며(Post. 42), 아벨을 그럴듯하고 믿음직한 궤변으로 사로잡으려 했던 궤변자였다(Det. 1). 그는 또한 불신앙자의 전형이었다. 그는 하나님의 의를 근본적으로 의심하고, 내세도 심판도 부인했다. 그는 말했다. "심판도 없고 심판자도 없으며 다른 세상도 없다. 의인에게 좋은 상의 선물도 없으며, 악인에게 징벌도 없다"(타르굼). 이들은 이같이 인간 중심적이고, 무도덕적이며, 이기적이고, 궤변을 일삼으며, 심판과 내세를 부인했다. 이런 가운데서 남은 자의 역사는 시작된다. 이하에 나오는 아벨, 셋, 에노스, 에녹, 노아, 아브라함 등의 "믿음", "예배 행위들"은 모두 하나님의 은혜와 사랑의 결과였다(6:8). 죗값으로 인해 영이 죽은 인간이 할 수 없는 일을 하나님께서 하게 하신 것이다. "남은 자"가 되는 것도 하나님의 은혜로 된다.

가. 아벨(4:2-4)

아담의 둘째 아들 아벨(정확히는 '하벨'로서, "숨" 혹은 "공허"를 뜻함)은(4:4) 구약에서 제일 첫 남은 자라 할 수 있다. 그가 죽었을 때, 하나님이 그 대신 "셋"("지정된 자", "선택된 자"란 뜻)을 주셨다고 설명함은(4:25-26) 그가 남은 자 계열에서 얼마나 중요한 자인지를 보여준다. **아벨은 확실히 "남은 자", "꼭 있어야 될 자"였다는 것이다.** 아담은 자식들에게 피 제사를 가르쳤다고 보는데, 아벨은 가인과 달리 피 제사를 드렸다. 이는 하나님의 약속하신 참 속죄자, 여자의 후손 편이 되었음을 보여준다(Delitzsch). 속죄자를 기다리는 자가 자기 죄의 무거움을 생각하고 경건과 두려움으로 피 제사를 바치는 것은 그 신앙을 나타내는 일이다. 그리하여 히브리서 기자는 이를 "믿음으로 아벨은 가인보다 더 나은 제사를 하나님께 드림으로 의로운 자라 하시는 증거를 얻었으니"라고 한다(히 11:4). 그는 가인과 달랐다. 그는 하나님과 사탄 중에서 하나님을 택했다. 그는 하나님을 떠나지 않고, 하나님 편에 그대로 남아 있던 자다. 그러나 그는 죄 없이 가인에게 죽임을 당했으며, 인류 최초의 순교자가 되었다. 그것은 역대 의인들의 운명이기도 했다(마 5:11-12; 눅 11:50-51; 요일 3:12). 그런 의미에서 아벨은 구약에서 제일 첫 남은 자라 할 수 있다. 그는 죽었으나, 살아 있다(히 11:4). 이를 보여주는 것이 "하나님께서 아벨 대신에 셋("지정된 자", "선택받은 자"란 뜻)을 주셨다"는 언급이다(4:25). 아벨의 계열은 하나님의 계열, 경건한 계열, 남은 자의 계열이란 것이다. 하나님과 사탄의 투쟁 속에서 최후의 승리자는 두말할 것 없이, 하나님 편이다. "아벨은 그의 제사와 순교로 그리스도의 그림자가 되었다"(Ainsworth). "가인과 아벨의 역사는 '가인아, 아벨이 어디 있느냐?'는 물음에서 시작되었으나, '아벨아 가인이 어디 있느냐?'는 물음에서 끝날 것이다"(Niles).

나. 셋 (4:25-26)

셋("지정된 자", 혹은 "선택된 자")은 아벨 대신에 주신 자로서, 역시 하나님 편에 그대로 남아 있던 자다. 그는 아들을 낳고 그 이름을 에노스("사람"이라는 뜻)라 불렀으며, 그때 사람들이 비로소 하나님의 이름을 불렀다고 한다(4:26). 이는 하나님께 예배했다는 말로서, "여호와의 이름을 불렀다는 것은 여호와에 관한 교리체계를 갖추었다는 것이다." 지금까지 사람들은 단순히 경배하였으나(4:3-4), 이제는 교리적 체계를 갖추어 예배한 것이다. 그런 의미에서 에노스는 여호와 예배의 창시자가 된다. 하여튼 가인 계열이 세속문화에 기울던 사이에 셋 계열은 여호와 예배에 종사하여 좋은 대조가 된다(이상근). "하나님은 농촌을 만드시고 마귀는 도시를 만들었다." 가인과 대조된다는 것은 셋이 남은 자란 것을 보여준다. 그리하여 역대기 기자 역시 셋을 아담의 정통 계열, 선민의 대통을 이은 것으로 본다(대상 1:1). 모두 창세기 3:15의 "여자의 후손"을 의식한 것이다.

다. 에녹 (5:21-23)

그는 아담의 7대손으로(유 17), 하나님과 동행하며, 자녀를 낳았다. 그는 승천하기 전 하나님을 기쁘시게 하는 자라는 증거를 받았다(히 11:5). 이는 앞의 죽음을 보지 않고 옮기게 된 원인을 설명한 것으로, "옮기기 전에"는 "하나님을 기쁘시게 함"에 걸리고, "증거를 받았느니라"에 걸리지 않는다. "하나님을 기쁘시게 하는 자"는 5:24의 칠십인역 읽기를 따른 것으로, 히브리 원전에는 "하나님과 동행하더니"로 되어 있다. 에녹("헌신"의 뜻)은 하늘로 옮겨지기 전 이 땅에 있을 때에 하나님과 동행했고, 그것은 바로 그가 하나님을 기쁘시게 하는 행위가 되었던 것이다. "증거를 받았느니라"는 5:24를 가리킨다. 그가 하나님과 동행하는 것이 구체적으로 무엇을 가리키는지는 성경 여러 곳을 살펴봄으로 알 수 있다.

첫째, 그는 하나님에 대한 믿음이 있었다(히 11:5, 7-8). 그는 그 믿음으로 하나님을 기쁘시게 했다(히 11:6). 그는 셋, 에노스, 노아와 더불어 홍수 이전 교회의 구성원들이라 할 수 있다. 그들은 아마도 뱀에게 하신 여자의 후손(메시야) 약속에 대한 믿음이 있었을 것이다. **둘째**, 하나님을 예배했다. 희생을 드리는 예배는 인류 역사 처음부터 있었다(4:3-4). 처음 두 세대 동안은 개인적인 예배였다(4:26). 그러다가 셋의 아들 에노스에 이르러 셋의 가족들이 공적으로 예배를 드렸다. 그것은 그들 자신의 경건을 나타내는 동시에 당시의 불경한 자들에 대해 자신들을 방어하는 수단이었다. "여호와의 이름을 불렀더라"는 하나님께 예배했다는 말로서, "여호와의 이름"은 여호와에 관한 교리적 체계를 가리킨다. "지금까지 사람은 단순히 하나님께 경배하였으나(4:3-4), 이제는 교리적 체계를 갖추어 예배한 것이다. 그런 의미에서 에노스가 여호와 예배의 창시자가 된다"(이상근) 이는 가인 계열이 세속문화에 기울인 사이에 셋 계는 여호와 예배에 관심을 기울였다는 좋은 대조가 된다. **셋째**, 그는 세속을 멀리했다고 할 수 있다. 당시 셋의 자손들은 여호와의 이름을 부름으로, 가인의 자손들과 다름을 분명히 했다. 창세기 6:1의 "하나님의 아들들"을 셋 계열의 사람들로 볼 때(Chrisostom, Hengstenberg, Luther, Delitzsch, Keil, Lange 등), 이것은 더욱 가능하다. 그들은 자신들을 하나님의 아들들이라 부르면서 가인의 자손들을 멀리했다. 이때부터 신자와 불신자의 삶이 본격적으로 구분된다. **넷째**, 그는 세상에 대한 심판을 증언했다. 에녹과(유 1:14-15; 에녹 1서 1:9) 노아는 (벧후 2:5) 모두 당시 사람들에게 앞으로 올 심판을 증거했다. 에녹은 특별히 "주의 재림"을 예언했다(유 1:14). 이런 의미에서 그들은 홍수 이전 교회의 지도자들이었다고 할 수 있다. **다섯째**, 그는 경건한 생활을 했다. 에녹과 노아, 아브라함은 모두 당시 불신 세계의 세속문화에 물들지 않고, 경건한 삶을 영위했다(23:4; 히 11:6, 13). 에녹은 그렇게 하기를 므두셀라를 낳은 후 300년 동안이나 했다. "하나님과 동행하면서도 은둔생활을 한 것이 아니라, 가정생활에 충실했다"(이상근). 그는 죽지 않고 승천함으로써 그리스도 재림 시에 죽지 않고 휴거 될 성도들(고전 15:51, 53; 살전 4:17)의 모형이 된다. 에녹은 주("여자의 후손")의 재림을 예고함으로써 승천했고, 엘리야는 주의 선구자(세례 요한)의 그림자가 됨으로써 승천했다. "주"("여자의 후손")와 관계된 모든 자는 승천한다. "악한 세상으로부터 에녹이 승천한 것은 유다서 14-15절에서 그가 예언한 진리, "주께서 그 수만의 거룩한 자와 함께 임하셨나니 이는 뭇사람을 심판하사 … 정죄하려 하심이라"에 대한 적절한 증거였다"(Steward). 열 고조 시대에 벌써 신약의 메시아 시대를 내다보고 있는 것이다. 창세기 3:15의 선언이 그 배경이 되고 있다.

라. 노아(5:28-9:17)

노아("휴식", "안위함"의 뜻)는 에스겔에 의하여 다니엘, 욥과 더불어 의인의 표본으로 추천된 자다(겔 14:14). 그는 대홍수 이전의 인물로, 당시 사람들은 장수하였고, 따라서 인구는 급속히 증가했다(창 6:1). 경건한 셋 계의 아들들은 범죄한 가인 계의 딸들의 아름다움을 보고, 그들과 혼인을 했고, 그들은 육체가 되었다("타락했다." 두 계통이 혼혼하였다는 것은 셋 계통도 타락했다는 것을 보여주고, 이는 대홍수의 원인이 된다). 그 아들들은 무서운 거인들로서('네피림', "떨어진 자들", 민 13:33), 침략행위를 함으로, 마귀가 되었다. 고대 네피림("거인들")이 생겨나고(6:1-4), 인간 세상에는 죄악이 관영했다(6:5-8). 즉 그들은 마귀의 화신이었다. "인간은 전적으로 타락했고, 부단히 악을 행하였다. 그것은 분명히 하나님이 인간을 창조하신 목적과는 정반대의 현상이었다"(이상근). 이러한 가운데서 노아는 의인이요, 당대에 완전한 자였다. "노아는 전 세계의 퇴폐와 멸망 중에서, 다니엘은 민족의 수난기에서, 욥은 개인적 시험 중에서 그들의 의를 드러냈다"(이상근). 노아는 하나님과 동행한 자며 하나님께 은혜를 입은 자다(6:9). "은혜란 말이 비로소 나타난다"(Murphy). 온 세상이 죄악에 빠졌을 때 노아는 홀로 의로웠고(6:9), 세상이 홍수로 멸망하게 되었을 때, 그와 그의 가족은 홀로 멸망에서 구원받았다. "남은 자"가 된다는 것은 이 세상 사람들과 다르게 사는 것, 구별되게 사는 것, 거룩하게 사는 것을 뜻하는데, 노아는 이 점에서 남은 자가 됨이 뚜렷했다. 그는 믿음으로 아직 보이지 않는 일에 경고하심을 받아 경외함으로 방주를 준비하여 그 집을 구원한 자다(히 11:7). 그는 셋, 에노스, 에녹과 더불어 홍수 이전 교회의 구성원이었다. 그는 에녹처럼, 세상에 대한 심판을 증거했다. "옛 세상을 용서하지 아니하시고 오직 의를 전파하는 노아와 그 일곱 식구를 보존하시고 경건치 아니한 자들의 세상에 홍수를 내리셨으며"(벧후 2:5). 그가 전파했다는 기사는 창세기에는 없으나, 유대인의 위경 가운데는 있다(Sybiline Oracles 1:148-198). 그는 일반적으로 회개를 외친 것으로 나와 있다(Sybiline Oracles 1:129; Gen. Rab. 30:7; Eccles. Rab. 9:15 등). 그는 이로 말미암아 세상을 정죄하고, 믿음을 따르는 이의 상속자가 되었다(히 11:7). 그의 신앙은 순종함으로 입증되었다. 그는 길이 135m, 넓이 22.5m, 높이 13.5m, 면적 2,037m², 3층 건평은 9,112.5m², 용적 약 14,000톤의 큰 배를 약 100년 동안 지은 자다. 그는 사람들로부터 광신자로 조소의 대상이 되었을 것이다. 비가 올 아무런 징조도 없는데, 그렇게 큰 배를 산에서 짓는다는 것은 놀라운 일이다. 그리고 배를 완성한 후에 아직도 비는 오지 않는데, 막대한 식물을 싣고 배에 오른 것도 역시 큰 모험이었다. 그는 1년 10일을 방주에 있었다. 방주는 교회의 모형이다. "이는 장차 성도들이 종말적인 대 환난에서 구원받을 예표로 간주된다"(이상근). 그는 홍수로부터 자기 가족들을 구원함으로 자기 백성을 죄로부터 구원하신 예수님의 그림자가 된다. 셋의 자손은 하나님 편에 있었으나, 원래의 죄성은 없어지지 않았다. 그리하여 하나님은 가인의 자손과 더불어 셋의 자손들도 멸절시켜 버리고, 노아의 후손을 택하여 그로 인한 새로운 인류를 출현시키고자 하셨다. 선한 인류에게서 여자의 씨가 나오도록 하기 위해서다. 이런 의미에서 노아는 오실 메시아의 조상이 되며, 아담 계열의 신인류의 조상이 된다.

그러나 노아와 그의 일곱 식구가 홍수의 멸망으로부터 구원을 받은 것은, 즉 남은 자가 된 것은 하나님께서 뱀에게 한 약속 때문이었다. 노아 홍수는 전 인류는 멸망시키고, 여자의 씨를 보존하기 위한 하나님의 수단이었다. 방주는 생명을 보호하고 구원하고 유지하는 수단이었다(벧전 3:20). 그것은 "하나님께서 여자의 후손을 계속 보존하시고, 인류만이 아니라 우주의 구속까지 염두에 둔 당신의 계획을 실행시키려고 사용하신 것이다"(Groningen). 노아 당시 사람들은 셋의 자손들이나 가인의 자손들이나 다 일반으로 죄악이 관영하고 그 마음의 생각이 늘 악했다(6:5-7). "인간들은 왕이 되려고 하였다. 마침내 그렇게 된 사람들도 폭력과 피흘림의 수단을 사용한 자들이었다. 그들은 모든 부류의 여자들을 취하여 강제로 자신들의 규방에 거하도록 하였다. 그렇게 해서 그들은 자신들의 왕자들과 공주들을 먹이고 살찌게 했다. 이러한 방법으로 각 왕은 자신의 왕가와 통치 영역을 세우며 끊임없이 커져만 가는 영향력을 소유하려고 혈안이 되어 있었다 … 타락한 왕족이 안전한 주권을 가지려 했다 … 그들 각자는 자신들과 대적자들의 머리를 부수려 하였다"(Groningen). 선한 영향력은 더 약해지고, 악한 영향력은 더 강해지고 있었다. 사람들은 마치 가인이 아벨의 머리를 부수듯, 자기 대적자들의 머리를 부수려 했다. 뱀의 씨들이 너무나 왕성하고, 여자의 씨를 바라보고 사는 남은 자의 세력은 너무나 무력했다. 이런 가운데서 방주는 여자의 씨를 보존하고, 가인의 씨를 멸절시키려는 하나님의 수단이었다. "참으로 방주는 하나님께서 여자의 후손을 계속 보존하시고, 인류만이 아니라 우주의 구속까지 염두에 둔 당신의 계획을 실행시키려고 사용하신 것이다"(Groningen). 하나님께서 홍수와 같은 우주적 심판의 한가운데서 대적자들을 쓸어버리시고, 노아와 그 가족을 은혜로 구원하신 것은 3:15의 메시아 약속과 관련성을 갖는다. 홍수가 우주적인 것은 메시아 심판이 우주적임을 예표한다. 그것은 여자의 씨가 뱀의 씨의 머리를 부숴버릴 것이라는 하나님의 약속이 갖는 의미에 대한, 그리고 그 약속의 적용에 대한 통찰력을 제공해 준다. 머리를 부순다는 것은 파쇄시켜 제거해 버린다는 뜻이다. 이는 메시아의 직무 가운데 하나다. "네가 철장으로 그들을 깨뜨림이여 질그릇 같이 부수리라 하시도다"(시 2:9). 노아의 가족이 일 년 동안 방주 안에 거한 사실은(8:13) "너는 그의 발꿈치를 상하게 할 것이라"는 약속을 연상시켜 준다. "대가와 희생, 불편함이 없이는, 그리고 왕적 인류가 하나님의 심판 가운데서 전혀 아무것도 할 수 없다는 깨달음이 없이는 구원과 회복은 오지 않을 것이다"(Groningen). "여자의 씨는 통혼과 살인을 통하여 반역한 인류가 범한 사회 질서와 하나님이 준비하신 심판으로 인해 위험에 처해졌다. 그럼에도 불구하고 여자의 씨는 구원을 받았을 뿐만 아니라 보존되어 주권자 여호와와 교제를 갖고 그의 대리인 직분을 행하는 본래의 위치로 회복되었다"(Groningen). "생육하고 번성하라"는 왕적 명령이 첫 창조 때처럼, 노아와 그 가족들에게 주어졌다(9:1). 창조 질서가 유지될 것이며(8:21-22), 인류에게 주어진 명령도 또한 계속될 것이다(9:1-17). 이는 여자의 후손이 제2의 창조를 하실 것을 미리 보이신 것이다. 그리하여 "여자의 씨가 역할을 잘 감당할 수 있도록 무대가 다시 한번 세워졌다. 여자의 씨는 우주의 질서 속에서 대리인으로 봉사할 것이며, 죄와 마지막 심판으로부터의 구원을 완성하는 수단이 될 것이다. 여자의 씨는 하나님과의 교제를 완전히 회복시키며, 모든 피조물을 향한 하나님의 뜻을 완성하는 대리자가 될 것이다"(Groningen).

마. 셈(9:20-29)

셈이 노아의 후계자로서 여자의 후손을 계속 보존했다는 것은 노아의 범죄 후, 노아의 하체를 덮어준 셈과 야벳에 대한 노아의 선언에서 보여진다. "셈의 하나님 여호와를 찬송하리로다 가나안은 셈의 종이 되고 하나님이 야벳을 창대하게 하사 셈의 장막에 거하게 하시고 가나안은 셈의 종이 되게 하시기를 원하노라"(9:26). "셈의 하나님"이란 말 속에는 "셈은 하나님을 소유하며, 하나님은 셈을 위하여 계셨다"는 뜻이 담겨 있다(Groningen). 즉 셈이 "남은 자"란 것이다. 그것은 "아브라함의 하나님, 이삭의 하나님, 야곱의 하나님"이란 표현처럼, 셈과 하나님 사이의 호혜적 관계를 나타낸다. "하나님을 찬송하리로다"라는 말은 노아가 하나님께서 셈을 그의 후계자로 지목하셨음을 알고 선포하고 고백했음을 보여준다. 셋이 아벨을 이어 여자의 씨의 계보를 이은 것처럼(4:25-26), 셈은 노아를 이어 이 계보를 계속 이어나갈 것이다. 하나님께서는 인류를 보전하시기 위해 노아를 사용하셨다. 이와 마찬가지로 "하나님께서는 여자의 씨를 계승하기 위해 셈을 선택하셨다"(Groningen). 그리하여 "그는 우주에게는 하나님을, 하나님께는 우주를, 또는 타락한 인류에게는 하나님을, 하나님께는 타락한 인류를 대표해야 했다. 그는 하나님을 우주와 그 속의 거민들의 창조자요, 공급자요 구속자로 선포함으로써 하나님의 모습을 그려야 했다"(Groningen). 노아의 선포는 일종의 언약적 선포였으며, 이 선포를 통하여 하나님이 인정과 찬양과 존경을 받으셨다. "그의 언약적 약속들을 유지하시기 위한 하나님의 전략이 표현되었고, 기쁨으로 받아들여졌다. 하나님께서 우주적 상황에서 그를 대표할 특별한 대리자를 선택하셨다는 사실이 찬양과 함께 선포되고 고백되었다"(Groningen). 그런가 하면, "가나안(함의 말째 아들)은 저주를 받아 그의 형제의 종들의 종이 되기를 원하노라 … 가나안은 셈의 종이 되고 하나님이 야벳을 창대하게 하사 셈의 장막에 거하게 하시고 가나안은 그의 종이 되리라"(9:25-27)는 말씀은 노아가 축복할 자를 축복하고, 저주할 자를 저주하였음을 보여준다. 이를 통해 셈은 야벳과 더불어 그를 통하여 왕손의 계보가 계속 이어질 자로 그려지고, 함은 셈과 대립할 어떤 자로 그려진다. 노아는 가나안의 미래를 예견하고 예언했을 것이다. 그는 3:15의 하나님의 약속을 의식했는지도 모른다. "노아의 예언은 여자의 씨(셈, 셈족, 히브리인들과 같이 하나님을 존경하는 종들)와 뱀의 씨(가나안과 가나안 족속들과 같이 하나님을 대적하는 자들) 사이의 큰 분열이 계속될 것임을(다시 한번) 영원히 보여준다"(Groningen). 저주는 실제로 임할 것이다. 반대로 적의와 떨어져 있는 다른 한쪽에는 축복이 임할 것이다. 이로써 다음에 아브라함이 "너를 축복하는 자에게는 내가 복을 내리고 너를 저주하는 자에게는 내가 저주하겠다"(12:3)는 하나님의 약속을 들을 준비가 된다. "특별히 선택된 한 왕적 대리자가 반역자들에게는 완전한 저주를 실행하고, 하늘과 땅의 주권자이신 여호와를 사랑하고 존경하고 복종하고 섬기는 많은 사람에게는 준비된 축복을 풍성히 가져다주기 위해 등장할 수 있도록 무대가 마련되었다"(Groningen). 이리하여 이런 계획(scheme)은 하나님 나라의 계획을 한 단계 더 전개하고 발전시키는 데 있어 필수적인 무대가 된다.

그러나 이런 셈의 후손과 함의 자손 간의 갈등은 바벨탑 사건으로 인해 일시 중단되었다. 인류는 셈의 후손이나 야벳의 자손이나 함의 후손이나 다 타락하여, 바벨탑을 쌓는 일에 하나가 된다. 그들은 모두 똘똘 뭉쳐 하나님을 대적하여 자신들의 이름을 내며, 온 지면에 흩어짐을 면하려고 바벨탑을 쌓았다(창 11장). "서로가 똑같이 불경건하였다. 왜냐하면 신적인 목적에 의하면 사람은 땅에 충만하기 위해 온 지면에 흩어져야 했다(1:28). 이는 분리하기 위함이 아니라, 그들의 분산에도 불구하고 내적인 통일성을 유지할 수 있도록 하기 위함이다. 그러나 그들이 흩어짐을 두려워한 것은 통일성과 교제의 내적인 영적 결속 즉 그들의 하나님과 그들의 예배의 단일성뿐만 아니라, 형제적인 사랑의 통일성이 이미 죄에 의해 파괴되어 버렸음을 증거한다"(Keil-Delitzsch). 셈의 자손이나 함의 자손이나 야벳의 자손이나 다 타락하여 죄에 빠지고 만 것이다. 그들은 교만하여 하나님을 적대했고, 성과 대를 쌓아 그들의 이름을 내고, 땅 위에 흩어짐을 면하자고 하나님을 배반했다. "바벨탑을 쌓았다는 것은 통일된 인류를 온 땅에 흩으사 온 땅을 채우고 정복하고 다스리도록 하시려는 하나님의 뜻을 인간이 거역하였음을 보여주는 것이다"(Groningen). 그것은 "땅의 모든 족속이 너를 인하여 복을 받으리라"라는 하나님의 계획을(1:28; 12:3) 무산시키려는 것이었다. 그것은 통일성 속에 다양화를 정면으로 거부했다는 점에서, 하나님께 대한 반역이었다. 그것은 "대홍수 이후의 인류의 비극적 사건으로, 대홍수와 같은 심판으로도 인간의 거역성은 치유되지 않았던 것을 말한다"(이상근).

바. 멜기세덱 (14:17-20)

이런 가운데서도 예루살렘 왕 멜기세덱은 하나님의 제사장으로 있었다. 그는 히브리서 기자에 의해 "아비도 없고, 어미도 없고, 족보도 없고, 시작한 날도 없고, 생명의 끝도 없이 하나님 아들과 방불하여 항상 제사장으로 있는 자"로 묘사되었고(히 7:3), 실제로 아브라함 당시의 인물이었다. 아브라함이 롯을 잡아간 4명의 북방 왕과 싸워 롯을 구출해 돌아왔을 때, 아브라함에게 떡과 포도주를 주고, 아브라함으로부터는 십일조를 받으며, 아브라함을 축복한 자다(14:8). 그를 히브리서 기자가 신비적인 인물로 소개한 이유는 그를 족보가 분명하고 계통이 확실한 지상의 레위 계통의 제사장들과 비교하기 위해서였다. 그리스도의 제사장직은 레위 계통의 지상 차원의 제사장과는 비교가 안 되는, 그 족보를 알 수 없는, 하늘 차원, 이데아 급의 대제사장직임을 나타내기 위해서다. 멜기세덱도 하나님의 아들 예수 그리스도에 비하면 그리스도의 예표요, 모형(type)일 뿐, 원형(archetype)이 아니란 것이다. 그리스도의 피와 제사장직만이 인류의 모든 죄를 온전히 씻을 수가 있다는 것이다. 그리스도만이 참 왕이면서 대제사장으로, 참 장막과 참 성소에서, 참 제물로 제사를 드렸다는 것이다. 여자의 후손의 족보가 신비한 족보일 것임을 알려준다.

사. 아브라함 (12:1-25:18)

아브라함이 여자의 씨를 낳을 계보를 계승한 자란 것은(주전 2100년경) 하나님께서 셈의 9대손 아브람을 불러 그가 모든 인간에게 복이 될 것을 약속하신 데서부터 확인된다. 열 고조의 기간이 1,656년이라면(이상근), 아브라함은 1,840여 년 동안 하나님께서 물색하사 선정하신, 여자의 후손 조상이기에, "남은 자"라 할 수 있다: **"여호와께서 아브람에게 이르시되 너는 너의 고향과 친척과 아버지의 집을 떠나 내가 네게 보여줄 땅으로 가라 내가 너로 큰 민족을 이루고 네게 복을 주어 네 이름을 창대하게 하리니 너는 복이 될지라 너를 축복하는 자에게는 내가 복을 내리고 너를 저주하는 자에게는 내가 저주하리니 땅의 모든 족속이 너를 인하여 복을 얻을 것이라"**(12:1-3).

이는 여자의 후손을 나오게 하기 위해 노아 홍수로 남겨진 인류에게 아브람을 통해 주신 인류 "최초의 복(구원) 선언"으로서, 두 번째 복음이라 할 것이다(갈 3:8). 이는 "고조 시대와 족장 시대와 이스라엘의 그 이후 시대를 한 데 묶는 선언이다"(Wenham, WBC). 이 복은 "땅의 모든 족속"이 받는 복이며, 여자의 후손이 뱀의 머리를 상하게 함에서 오는 "복"임을 암시한다. "여자의 후손" 선언이 있은 뒤에 하신 축복 약속이기 때문이다. 그것은 아브라함이 여자의 후손, 예수 그리스도를 통한 하나님의 구원 역사를 시작하는 인물임을 보여준다(갈 3:14). 이는 창세기 3:15와 함께, 하나님의 인류 구원의 계획을 미리 알리는 **두 번째 프로그램 선언**(programmatic statement)이라 할 것이다. 아브라함은 장차 강대한 나라가 되고, 자손인 그리스도를 통해 천하 만민이 복을 받게 될 인물이기에, 즉 하나님의 경륜에 참여할 인물이기에, "하나님의 친구"(대하 20:7; 약 2:23), "하나님의 선지자"(창 20:7)라 불린 자다. "나의 하려는 것을 아브라함에게 숨기겠느냐"(창 18:17). "이는 창세기 해석에 기본적인 구절이며, 선사시대와 족장 시대를 연결하면서 앞으로 올 역사를 예견하고 있다"(Wenham, WBC). 여기 "복"은 전 인류를 몰살시키려는 하나님의 의도 속에서도 노아의 여덟 식구만은 살려 주시어 인류에게 주시려고 했던 복이다. 그것은 바울이 신약 성도들에게도 추천하는 복이다(갈 3:14). **3:15가 "구원자"를 예고한 것이라면, 이는 "구원"을 예고한 것이다.** 그리하여 12:3은 노아가 셈을 축복한 내용(9:25-27)을 많이 닮았다("축복과 저주"). 또한 12:1은("출 하란") 하나님이 모세에게 하신 말씀을 많이 닮았다. "이제 내가 너를 바로에게 보내어 너에게 내 백성 이스라엘 자손을 애굽에서 인도하여 내게 하리라"("출 애굽", 출 3:10). 그것은 이사야가 한 명령을 많이 닮았다. "너희는 떠날지어다 떠날지어다 거기서 나오고 부정한 것을 만지지 말지어다"("출 바벨론", 사 52:11). 예레미야가 한 명령과도 같았다. "나의 백성아 거기서 나와"("출 바벨론", 렘 51:4). 요한계시록에 나오는 하늘의 음성과도 닮았다. "내 백성아 거기서 나와 그의 죄에 참여하지 말고 그의 받을 재앙들을 받지 말라"("출 로마", 계 18:4). 이런 성별(聖別)에 대한 말씀은 바울의 외침과도 닮았다. "의와 불법이 어찌 함께 하며 빛과 어둠이 어찌 사귀며 그리스도와 벨리알이 어찌 조화되며 믿는 자와 믿지 않는 자가 어찌 상관하며 하나님의 성전과 우상이 어찌 일치가 되리요 우리는 살아계신 하나님의 성전이라"(고후 6:15-16). 이 성전이 바로 불러냄을 받은 자들의 모임인 "교회"("에클레시아", 고전 3:16), 하늘의 "시온성"인 것이다(히 11:16; 12:22). 이 성별된 자들에게 주신 복이 "참 복"이다. 그만큼 창세기 12:1-3은 아주 중요한 구절이라 할 수 있다. 그것은 **두 번째 "성경해석의 열쇠"**라 할 것이다. 그리하여 창세기 12:1-3은 구약성경의 주제들("탈출"[1절, 출애굽기] – "구원"[2절, 레위기의 피 제사] – "전파"[3b절, 민수기] – "견지"[3a절, 신명기])을 갖추고 있고, 신약성경의 주제들("탈출"[1절, 눅 9:31] – "구원"[1-2절, 복음서들] – "전파"[3b절, 사도행전] – "견지"[3a절, 계시록])을 담고 있다. 이런 맥락 가운데서 하나님께서는 아브람을 부르시고 선택하셔서(1절), 그에게 약속을 주셨으며(2절), 그 앞에 약정들을 내어놓으셨고(2절 중반절), 다가올 축복들과 저주들을 말씀해 주신 것이다(3절). 이는 아브라함 당대에 이루어질 것도 있지만("네 고향과 친척과 아버지의 집을 떠나 내가 네게 지시하는 땅으로 가라", "너로 큰 민족을 이루고"), 아브라함을 지나 먼 훗날, 메시아 시대에 이루어질 것들도 있는 것으로("네게 복을 주어 네 이름을 창대하게 하리니" 이하), 이들 중 대부분은 여자의 후손이며 아브라함의 후손이 되시는 메시아께서 뱀의 머리를 파쇄하시고 난 후에(그리스도의 죽음과 부활 이후) 일어날 일들이다. 이런 일들을 아브람에게 약속하신 것은 창세기 3:15의 "여자의 후손"이 그의 자손 가운데서 나올 것임을 예측하게 한다. 아브람이 축복의 약속을 받고, 부르심에 순종하였다는 사실은 아브람이 "남은 자"였음을 보여준다. 이같이 아브람에게 주신 약속이 당대에 성취될 것도 있고 먼 훗날 신약 시대에 이루어질 것도 있음은 출애굽기부터 말라기서까지를 창세기 3:15와 창세기 12:1-3의 조명 아래에서 해석할 것을 암시한다. 이 두 선언과 약속은 동일한 하나님께서 하신 말씀이기에, 이 둘을 서로 관련지어 해석하는 것이 합당하다.

이 축복의 약속은 메시아의 구원에 관한 것으로, 3:15의 "메시아 승리"의 결과를 보여주는 것이다. 하나님이 아브람에게 말씀하신 "복"은 여자의 후손이 뱀의 머리를 상하게 하기 위해 겪으신, "여자의 후손의 발꿈치를 상하게 함에서 오는 구원"이란 것이다. 즉 "십자가를 통한 구원"이란 것이다. 그러기에 예수님은 그토록 "십자가"를 강조하셨던 것이다. 그는 귀신을 쫓아내는 이적(막 1:34)과 치유 이적(막 1:44; 5:43) 이후에도, 베드로에게 신앙고백을 받았을 때에도(마 16:20과 그 병행) 항상 "자기를 나타내지 말라"고 경계하셨다. "십자가가 빠져 있는 예수에 대한 신앙고백"은 참된 신앙고백이 아니라고 생각하셨기 때문이었다. 예수님은 "주는 그리스도 시요 살아계신 하나님의 아들이라"는 베드로의 신앙고백을 "복이 있다", "하나님이 알게 해주셨다"라고 칭찬하시고, "이 반석 위에 내 교회를 세우리라"라고까지 하셨지만, 십자가를 부정하는 베드로에게는 "사탄"이라고 하셨다(마 16:23). 베드로가 자신의 "십자가 행"을 저지했기 때문이다. 그런가 하면, 마태는 예수님이 십자가에 달렸을 때, 예수의 처형과 그 일어난 일들을 지켜보던 백부장과 이를 지켜보던 자들이 "이는 진실로 하나님의 아들이었다"고 고백했다고 기록한다(마 27:54). 십자가를 통하지 않는 복(마 16:17)은 복이 아니며, 십자가를 통하지 않은 구원은 진정한 구원이 아니란 것이다.

여기 "내가 네게 보여줄 땅"은 "아브람이 소유할 땅, 하나님께서 계획하고 계신 사역을 집행할 땅"을 가리킨다. 그것은 지상의 가나안 땅으로 예표되고, 예수님이 길이 되시는 "천국"을 가리킨 것이다(히 11:16). "이러한 부르심은 하나님께서 셋의 후손인 아브람을 선택하신 목적이 그로 하여금 아담과 하와에게 전해졌으며 노아를 통하여 이미 선포된 하나님의 말씀(3:15)을 실행시키기 위함이었음을 강조한다. 그러므로 아브람을 선택하신 것은 특별한 섬김("복이 되는 것")을 위한 부르심이었다. 다시 말해, 하나님과 그의 후손과 모든 열방을 섬기기 위한 것이었다. 이러한 섬김을 통하여, 주어진 약속들과 의도된 목적들이 실현될 것이다"(Groningen). 아브람에게 이런 축복의 약속이 주어짐은 3:15에서 뱀에게 말씀하신 "여자의 후손"이 아브라함에게서 나올 것임을 짐작하게 한다. 이 약속들과 목적들이 실현되도록 아브람은 아내와 가족의 종들을 제외한 모든 인간관계로부터 자신을 분리해야 했다. 즉 남은 자가 되어야 했다("너의 고향과 친척과 아비집을 떠나"). 아브람은 여기에 순종하여 고향을 떠나갔다(4-9절). 히브리서 기자는 다음과 같이 기록했다. "믿음으로 아브라함은 부르심을 받앉을 때에 순종하여 장래의 유업으로 받을 땅에 나아갈 새 갈 바를 알지 못하고 나아갔으며"라 한다(히 11:8). 그는 고향을 떠난 후, 한 번도 떠나온 고향을 생각하지 않았다(히 11:15). 그 아들 이삭도 그곳에 가지 못하도록 했다(24:8). 고향을 떠나되, 철저히 떠났다(분리). 그리하여 아브라함은 인류 가운데 "믿음의 조상"이라 불린다(롬 4:11, 12, 16-17 등). 이 "믿음"은 여자의 후손이 사탄의 머리를 파쇄하느라 발꿈치를 상함에서 오는 피를 믿는 믿음도 포함된다.

이러한 선택은 동시에 사명을 불러온다. 인간들로부터 구별된 자는 많은 사람을 섬기도록 예정된 자다(남은 자). 여기 "큰 민족", "땅의 모든 족속"은 여자의 씨가 뱀의 머리를 파괴했을 때에 혜택을 누릴 자들이고, "복과 저주"는 노아가 셈을 축복했을 때에 한 말과 같다. 3:15를 상기시킨다. 사탄으로 말미암아 죄가 세상에 들어왔고, 죄가 세상에 들어옴으로써 온 인류에게 사망이 미쳤기에, 뱀의 머리를 쳐부수는 일은 온 인류를 복되게 하는 일이 된다. 이 약속은 아담과 하와가 인류의 조상일 때 받았지만, 노아가 인류의 공동 조상일 때 아브람은 소명을 받은 것이다. "창세기 12:1-3은 마침내 이루어질 저주와 축복에 대해 말한다. 그것은 신약 시대 "메시아의 구원"을 약속한 말씀이다. 아브람은 축복을 받을 것이다. 모든 족속은 저주를 받을 것이냐 축복을 받을 것이냐는 양자택일에 직면해 있었다"(Groningen). 이러한 양자택일은 "여자와 뱀"과의 대립 때문이다.

하나님께서는 12:1-3을 통하여, 아브람에게 다섯 가지 구체적인 약속들을 주셨다. ① 아브람은 기업으로 받으며 섬기게 될 땅을 받을 것이다(1절). ② 지금은 비록 자녀가 없지만, 앞으로 많은 후손을 주어서 큰 민족을 이루게 하겠다. 그들은 수가 많고 하나의 조직을 이룬 족속으로 불릴 것이다(2절). ③ 그는 앞으로 유명한 사람이 될 것이다(2절). ④ 그는 하나님 편에, 여자의 후손 편에 설 것이다(2절). 그리고 하나님의 종, 친구가 될 것이다(3절). 하나님 편에 서는 자는 축복을 받을 것이고, 뱀 편에, 사탄

편에 서는 자는 저주를 받을 것이다. ⑤ 그는 "복이 될 것이다"(2-3절). 그
는 하나님의 축복을 받을 것이고, 다른 사람들에게도 복이 될 것이다. 여
기 "복"은 신약 시대 그리스도인들이 누리는 "구원의 복", 구약 시대 성도
들이 멀리서 보고 환영했던(히 11:13) 메시아 시대의 복을 가리킨다. 그것
은 문자적으로 "너는 복될지어다"는 뜻으로(Lange), "복의 근원이 되라"는
뜻도 된다(Keil-Delitzsch). 즉 그의 자손인 그리스도로 말미암아 복이 된다
는 뜻이다. 이는 아브라함의 자손 가운데서 여자의 후손이 나올 것을 암
시한다. 동일한 하나님이 뱀과 아브라함에게 말씀하시기 때문이다. "네
이름을 창대하게 하고"와 "땅의 모든 족속이 너를 인하여 복을 받으리니"
는 아브라함 당시로서는 실현 불가능한 것들이다. 그것은 아브라함의 후
손 가운데서 메시아가 나와서 인류를 위한 제물이 되어 인간의 죄를 속죄
하신 후에, 그리고 이 복음이 만국에 전파된 후에야 가능한 일들이다. 그
리하여 "복이 될지라"는 아브라함의 후손을 통하여 뱀의 머리를 상하게
함으로 사람들의 죄를 사함 받게 하는 일, 즉 메시아 축복의 대리자, 통로
가 되라는 것이다. 이는 아브라함의 후손인 그리스도로 말미암아, 이스라
엘의 종교가 세계적인 종교가 되어, 모든 족속이 복음을 통해 복(구원)을
얻는다는 것이며(갈 3:8; 행 3:5), 모든 족속이 아브라함의 복에 동참한다는
것이다(갈 3:14). 그리하여 "너를 축복하는 자에게는 내가 복을 내리고, 너를
저주하는 자에게는 내가 저주하리니"는 아브라함과 하나님을 동일시하고
있어, 아브라함을 하나의 "표준적인 인물"(믿음의 조상)로 제시한다는 말씀
이다. 이는 창세기 12:1-3이 하나님의 두 번째 구원 프로그램임을 나타낸
다. 아브라함은 구약에서만 아니라, 신약에서도 "믿음의 조상"으로 나타
나 있다(롬 4:1-25). 아브라함을 축복한다는 것은 아브라함이 추구하는 가
치들을 사랑한다는 것이고, 아브라함을 저주한다는 것은 아브라함이 추
구하는 가치들을 저주한다는 것이다. 전자는 아브라함이 가진 믿음을 가
진다는 것이고, 후자는 아브라함이 가진 믿음을 거부한다는 것이다. 전자

는 남은 자가 되는 것이고, 후자는 탈락자가 되는 것이다. "신앙의 의인이요 표준적 축복의 사람에 대한 사람의 태도는 자신의 운명을 결정한다. 의인을 축복하고 그 의를 사랑하는 자는 자신도 의인이 되고, 의인을 저주하고 그 의를 미워하는 자는 저주를 자초하는 것이다"(마 10:40-42, 이상근) 이는 "네가 너의 후손인 그리스도로 말미암아 복을 얻는다", "모든 족속이 너의 복에 동참한다"는 뜻이다. 그것은 아브라함이 많은 사람의 축복의 근원이 되도록 선택된 사람이란 뜻이다. 아브라함은 메시아(여자의 후손)에 대한 믿음이 있었다. 그리하여 그는 이삭의 출생을 보고, 메시아를 만난 듯 기뻐하였다(요 8:56). 그리하여 하나님은 아브라함에게 자식을 비롯한 자손들에게 여호와의 도를 지켜 의와 공도를 행하도록 가르치게 하려고 아브라함을 택했다는 말씀을 하신다(18:19). 이는 아브라함의 가문이 평소에 자녀들에게 신앙교육을 하는 가문이었음을 보여준다.

이는 먼저 14장에 나오는 아브람의 군사적 원정에서 볼 수 있다. 그돌라오멜과 그와 동맹한 세 왕이 소돔의 네 왕들과 싸워, 소돔과 고모라의 모든 재물과 양식을 빼앗아 가고, 아브람의 조카 롯도 사로잡고, 그 재물까지 노략하여 갔을 때, 아브람은 자기 집에서 양성한 318명을 데리고 나가 싸워, 그들을 쳐부수고, 모든 빼앗겼던 재물과 자기의 조카 롯과 그의 재물과 부녀와 친척을 다 되찾아 왔다(14:13-16). 이는 창세기 3:15의 여자의 후손과 뱀의 후손 간의 전쟁을 멀리 내다보며, 창세기 12:1-3의 아브람의 구원을 실연해 보인 전쟁이다("싸워 구원함"). 이는 아브람이 "복이 되리라"는 사실을 입증해 보여준 것으로(12:2), "세상 권력들과의 투쟁에서 아브라함의 후손들이 정복되지 않을 뿐 아니라, 도움을 청한 자들을 멸망에서 구원시킬 수 있음을 나타내는 예언적인 표징이다"(Keil-Delitzsch). 이는 "아브라함의 구원"을 보여주는 것으로, 모세의 출애굽은 뱀에 대한 여자의 후손의 승리가 될 것을 미리 예견시켜 준다. "하나님의 종말론적 프로그램이 아브라함에게 그 모습을 드러내었다"(Groningen). 그것은 죄악에 포로된 인류를 건져내시는 여자의 후손의 그림자다. 그리하여 성경은 에돔, 모압, 암몬 같은 아브라함의 자손이면서 방계(傍系)에 속하는 자들도 이 메시아의 종말론적인 구원을 바라보기에, 그 기술(記述)을 잊지 않는다.

이는 15장에서도 동일하다. "15장은 12:1-3의 반복인 동시에, 한 걸음 더 나아간 사건 전개이기도 하다"(Groningen). 아브람은 먼저 하나님께서 그와 함께 하실 것이라는 보증을 받는다("아브람아 두려워 말라 나는 너의 방패요 지극히 큰 상급이니라", 15:1). 이것은 아브람의 앞으로의 사역이 뱀과의 싸움임을 넌지시 암시한다. 사실 아브람은 이전에 그돌라오멜의 소돔 침략군과 싸운 일이 있다(14장). 그 싸움은 어떤 의미에서 여자의 후손이 뱀의 머리를 상하게 하는 싸움의 그림자가 될 수 있다. 다음으로 하나님은 아브람을 위한 명확하고 확실한 미래가 준비되어 있음을 확신시킨다. 하나님은 아브람을 데리고 나가 "하늘을 우러러 뭇 별을 세어보라" 하시며, "네 자손이 이와 같으리라" 하신다(15:5). "아브람이 여호와를 믿으니 여호와께서 이를 그의 의로 여기신다"(15:6). 그리하여 아브람은 "믿음의 조상"이 된다(롬 4:11, 16; 갈 3:7). 그러면서 하나님은 아브람을 확신시키기 위해 언약 의식을 행하신다. 바로 쪼갠 고기 사이로 타는 횃불이 지나가는 것이었다(15:17). 그리고 그 자손이 애굽에서 400년간 종살이할 것이며, 하나님은 애굽을 징치할 것이고 아모리 족속을 징치하기까지 기다렸다가 4대만에 큰 부를 이루어, 그 땅으로 돌아오리라고 하신다(15:13-16). 아브람의 자손은 축복하시고, 그 대적들은 심판하신다는 것이다. 그러고는 나일강에서부터 유브라데까지를 이스라엘의 판도로 삼겠다고 하신다(15:18-21). 아브라함의 자손은 복을 주시고, 그 대적들은 심판하신다는 것이다. 여자의 후손이 나올 아브람의 자손은 복을 주시고, 그들을 대적하는 자들은 저주하신다는 것이다. 창세기 3:15와 12:3의 약속들을 상기시킨다.

이는 17장에서도 나타난다. 하나님은 먼저 아브람에게 깨어질 수 없는 우정의 유대를 확신시킨다. "내가 내 언약을 나와 너 사이에 두어 너를 크게 번성하게 하리라"(2절). 그리고 아브람("높은 아버지")을 "아브라함"("열국의 아버지")으로 개명까지 하신다. 그러고는 다시 한번 수많은 자손을 가지게 될 것을 확신시키신다(2, 6절). 많은 백성과 족속들과 왕들이 나올 것이다. 그의 씨는 축복의 씨가 될 것이며, 섬김의 씨가 될 것이다. 하나님은 그와 그들의 하나님이 되실 것이고, 그와 그의 후손에게 가나안 온 땅을 주어 영원한 기업이 되게 하실 것이다(구약 시대의 예표적 구원). 다음으로 하나님은 할례 의식을 통해 그 언약을 더욱 공고히 하신다(9-14절). 할례는 아브라함의 자손 중에서 여자의 후손이 나온다는 표식으로, 그 언약의 표를 남자의 양피, 곧 살에 하는 의식이다(Lapide, by Groningen). 그것은 뱀이 여자의 후손에게 가할 피 흘림을 몸에 표시하는 것으로서, 그 표시를 가진 자는 여자의 후손의 가문 사람임을 증명하는 것이다. 그것은 구성원의 상징이 된다. 즉 그 공동체 구성원은 여자의 후손의 조상 혹은 후손이 된다는 것을 표시하는 의식이다. "이 사람은 여자의 후손이 나올 가문의 사람", "이 사람은 하나님 편의 사람", "이 사람은 여자의 후손 편의 사람"이라는 것이다. 그 표시를 양피에 한 것은 남자들이 가정의 가장이라 생각했기 때문이다.

22장은 하나님께서 아브라함을 시험하는 사건을 기록한 장이다. 아브라함은 자기 독자 이삭을 하나님께 드렸다. 이는 그리스도가 자신의 몸을 하나님께 드린 것의 모형이 된다. 아브라함은 믿음의 조상이라 불린다(롬 4:11). 그런데 그리스도는 믿음의 주가 되신다(히 12:2). 이 장의 요지는 하나님의 명령에 대한 아브라함의 완전한 순종이다. 하나뿐인 독생자 – 약속의 아들(갈 4:28) – 를 죽여 하나님께 바치라는 요구보다 더 구체적이고도 철저하게 순종을 증명할 수 있었던 것은 없었을 것이다. 아브라함을 통하여 하신 하나님의 일을 계속 이어받을 사람은 이스마엘이 아니라, 이삭이었다. "이삭은 완전한 생명과 부요한 사랑과 언약의 성실성이 획득될 씨였다. 따라서 아브라함은 하나님께서 그 씨를 주실 것을 완전히 믿

없을 때처럼, 하나님께서 그의 씨를 계속 유지해 주시며, 그 씨가 인류에게 제공해야 할 섬김에 대해서도 그렇게 해 주실 것에 대해 하나님을 전적으로 믿는다는 것을 보여주라는 요구를 받았던 것이다"(22:8-9). 참으로 그 씨는 인간에게서 비롯되었다. 그럼에도 불구하고 그 씨는 신적인 동기와 섭리에 의해 주어졌으며 신적인 통제와 지지에 의해 계속 유지된 것이다. 게다가 아브라함의 직접적인 씨인 이삭은 사탄 즉 뱀의 씨를 이기고 승리를 가져다 줄 바로 그 씨가 되지는 않을 것이다. 이삭은 다른 사람들을 위한 "승리의 제물이 될 수 없었다(의역). 그렇기 때문에 그는 대속물－양(22:13)을 요구했다. 하지만 그는 승리를 쟁취하는 씨의 탄생을 가져다 줄 계보에서 중요한 연결고리가 된 것이다"(Groningen). 하나님이 숫양을 예비하신 것은 뱀의 머리를 상하게 할 자는 이삭이 아니고, 그의 후손인 "예수"란 것이다. 하나님께서 말씀하신 "여자의 후손"은 이삭이 아닌, 다른 어떤 이삭의 후손이란 것이다. 그것은 또한 아브라함을 불러 맡기시고자 하는 섬김(사역)이 어떤 종류의 섬김인지를 보여준다. 그것은 곧 제물이 되는 것, "자기 목숨을 많은 사람의 대속물로 주는 것"이다(막 10:45). 아브라함의 자손 예수는 자기 피로써 뱀의 머리를 상하게 한다는 것이다. 그리하여 우리는 이 "숫양"을 보아서, 12장부터 "예수" 이야기가 나온다고 봐야 한다. 아브라함과 그리스도는 아주 밀접한 관계가 있기 때문이다(갈 3:7, 9, 14). "예수 구원하시려고 보혈 흘려 주셨네". 이러한 사실들은 3:15와("남은 자 그리스도의 승리") 12:1-3이("남은 자 그리스도의 구원") 서로 관련이 있으면서도, 창세기에서 아주 중요한 핵심적인 구절들임을 알게 한다. 이 이삭을 바친 사건을 통하여, 하나님은 자기 자신을 두고 맹세까지 하시면서 아브라함을 다시금 축복하시고(22:17), 아브라함의 씨에서 그 대적의 성문을 차지하는 자가 나올 것이라 예고하신다. 3:15의 두 번째 확인이다(24:60). 아브라함은 그의 자식과 자손들이 여호와의 도를 지켜 의와 공도를 행하도록 철저하게 가르쳤을 것이다(18:19).

아. 롯 (19:1-38; 벧후 2:7-8)

아브라함의 조카로서, 아브라함과 함께 거주하다가 헤어져 소돔에 정착했고, 그돌라오멜의 군대에 잡혀갔다가 아브라함에 의해 구출된 자다. 소돔과 고모라가 멸망할 시, 그의 두 딸은 구출되었으나, 아내는 뒤를 돌아보다가 소금 기둥으로 변하고 말았다. 롯은 두 딸과 함께 소알로 가서 동굴에 거하였으며, 후손이 끊길 것을 걱정한 두 딸은 아버지 롯과 동침하여 모압족과 암몬족의 시조를 낳았다. 이 두 족속은 이스라엘 족속의 대적으로 성장하였다(벧후 2:7). 롯을 "의인"이라 부른 곳은 베드로후서와 외경 지혜서 10:6뿐이다. "롯의 고통은 두 가지 면으로 추측할 수 있다. 첫째, 그는 날마다 그 행동을 보고 들음으로 멸망한 그 성민들을 위한 고민을 하였다. 둘째, 그곳에 거한 것은 자신의 결정이었으므로(13:11), 그는 전일의 자기의 비신앙적이며 물질에 치우친 결정에 대한 자책도 느꼈을 것이다. 하여튼 하나님은 자기의 양심을 스스로 고문하는 자를 의롭게 보시고, 멸망 중에서 구원하신 것이다"(이상근). "의인"이라 한 것은 "아브라함에 비한 것이 아니라(13:1-11), 소돔과 고모라인들에 비해서 한 말이며, 그 의는 죄악을 보고 고통하는 데 있었다. 아브라함의 의는 적극적, 롯의 의는 소극적이었다"(이상근).

자. 이삭 (25:19-28:9)

이삭이 여자의 씨를 계승할 자라는 것은 그가 아브라함의 언약의 자손이라는 것과, 두 아들에게 장래 일에 대해 축복했음에서 알 수 있다(27:27-29, 39-40; 히 11:20). 에서에게 한 축복은 일개의 선언이지만, 유대인(큰 자)이 이방인(작은 자)을 섬기는 메시아 시대를 두고 한 말로 이해될 수 있다(롬 9:12-13). 바울은 이삭이 하나님의 대리자로서의 계속성(25:5; 롬 9:7) 및 자유성을 위해(갈 4:21-28), 그리고 에서와 야곱의 아버지로서의 섬김을(롬

9:10) 위해 선택되었다는 사실을 지적하였다. 이삭의 메시아적 중요성은 다음 몇 가지 특징에서 알 수 있다.

첫째, 이삭은 아브라함의 유일한 "그 씨"(the seed)였다. 그는 아브라함의 허리에서 나왔으며(히 7:5), 첫 번째(유일한 합법적) 아내인 사라에게서 난 씨로 약속을 받았다. 그는 인간적으로는 도저히 불가능한 상태에서 임신되었으며(18:12), 온전히 죽은 것과 같은 상태에서 하나님의 간섭으로 나온 자다(히 18:12). 그는 "하나님으로부터 인정받은 합법적인 아들이었다"(Groningen). 그는 일반 사람들로부터 구별되어, 하나님께서 약속의 씨로 선택하신 자였다(17:17-22). 그리하여 그를 통하여 3:15의 언약이 지탱되고, 그 씨의 계보가 지속되고 메시아 계획이 실행될 그런 사람이었다(요 8:56). 그는 하나님의 유일하신 독생자 예수("여자의 후손")의 그림자가 충분히 될 수 있었다. 둘째, 이삭은 그의 아버지 아브라함처럼 많은 사람을 섬기기 위하여 지명된 후손이었다. 그는 아브라함처럼 우물을 팠고, 아브라함처럼 아내를 빼앗길 실수를 범한다. 같은 사건은 반복되고, 같은 실수도 반복된다(거짓말: 12:10-20; 20:1-18; 26:1-11; 우물을 팜: 21:31; 26:15, 18). 모두 섬기기 위해 지명된 자들임을 보여준다. "이삭은 아브라함이 처한 상황과 거의 같은 상황에서 중재자적 책임을 수행해야 했다"(Groningen). 셋째, 이삭은 매우 유순한 성격의 소유자였다. 유순한 성격은 메시아의 성격이다(사 42:1 이하; 마 12:18-19). 그는 다투기보다 포기했고, 적대하기보다 복종했으며, 복수하기보다 용서했다. 모든 백성을 위해 축복의 대리자로서 섬기기 위해 반드시 필요한 성격들이다. "이삭은 메시아 씨가 갖추어야 할 아주 필수적인 자질을 보여 주었다"(Groningen).

차. 야곱 (28:10-36:43)

야곱이 "여자의 씨"를 계승한 자("남은 자")라는 것은 하나님의 은혜가 야곱에게 주어졌으며, 하나님께서 계속해서 야곱을 참고 보셨다는 사실에서 알 수 있다. 그는 형을 속이고, 아버지를 속이고 장자의 명분을 빼앗고, 장자의 축복을 가로챈 자다. 자기를 해하려는 형의 눈을 피해 밧단 아람으로 도망을 갔고, 거기서도 라반의 눈을 속이는 일을 했다. 그는 하란에서 돌아와서도 "상당한 선물을 에서에게 줌으로써 형을 속인 일들을 덮어버리려 하였다"(Groningen). 그는 그가 서약한, 벧엘에 하나님의 집을 세우겠다는 약속을 지키지 않았다. 그는 실로 "하나님의 구원과 새롭게 하심과 회복이 절대적으로 필요한 타락한 인류의 참모습을 그대로 드러내었다. 정말이지, 야곱은 섬기기 위하여 부르심을 받은 씨였다. 그런데 그는 자신의 행해야 할 바로, 그 섬김을 절실히 필요로 하는 처지에 있었다"(Groningen). 이런 야곱임에도 불구하고 하나님께서는 그를 사랑하셨다. 에서와 야곱이 리브가의 태중에 있을 때에도 하나님은 야곱을 에서보다 더 사랑했으며(25:23; 말 1:2), 리브가와 야곱의 계략을 성공케 하셨다. 하나님은 메시아가 나올 장자권을 야곱이 탐하도록 하신 것이다. 야곱이 도망가는 길에도 밤에 벧엘 들판에 나타나셔서 격려하시며 함께 하실 것을 약속하셨다. 그는 하란에 가서도 야곱의 양들을 더욱 번식케 하셨으며, 자녀도 12명이나 되게 하셨다. 야곱의 귀향길에도 얍복강 가에서 씨름하는 야곱에게 지는 척하셨으며 이름을 "이스라엘"("하나님과 겨루어 이긴 자")이라 하셨다. 그리고 죽일 마음으로 야곱을 향해 오는 에서를 용서의 사람으로 변화시켜 주셨다. 이길 수 있음에도 져 주셨으며, 말하지 않아도 되는데도, "네가 이겼다"고 해주셨다. 분에 넘치는 사랑이다. 다 내어주고도 더 주겠다는 것이다. 여기에 복음의 바보성이 있다. 이 바보성이 인간을 구원하며, 변화시킨다. 그는 야곱이 하란에서 돌아온 후에도 야곱의 집을 축복하시어, 요셉으로 애굽의 총리가 되게 하셨고 야곱의 노년을 건강하고 편하게 해주셨다. 야곱을 위한 이삭의 축복대로 된 것이다. "만민이 너를 섬기고 열국이 네게 굴복하리니 네가 형제들의 주가 되고 네 어머니의 아들들이 네게 굴복하며 너를 저주하는 자는 저주를 받고 너를 축복하는 자는 복을 받기를 원하노라"(창 27:29). "하나님의 은혜와 자비는 야곱에게 주어졌으며, 그분은 계속해서 야곱을 참고 보셨다"(Groningen). 야곱에게 여자의 후손의 조상이 되는 영광을 주겠다는 것이다. 야곱은 타락한 인류를 구속하시며, 자기를 죄인시하는 자들을 구원하시겠다는, 하나님의 확고한 의지를 보여주는 인물이다. 구원받는 것이 "행위로 말미암지 않고 은혜로 말미암도록 하는 일"의 조상이 되게 하신 자다(롬 8:11). 즉 선수적인 사랑을 받는 자의 조상이 된 자다.

그는 자신의 유언 가운데서도 메시아 소망을 잊지 않았다. 그는 넷째 아들 유다를 축복하면서, "유다야 너는 네 형제들의 찬송이 될지라 네 손이 네 원수의 목을 잡을 것이요 네 아비의 아들들이 네 앞에 절하리로다 유다는 사자 새끼로다 내 아들아 너는 움킨 것을 찢고 올라갔도다 그의 엎드리고 웅크림이 수사자 같고 암사자 같으니 누가 그를 범할 수 있으랴 홀이 유다를 떠나지 아니하며 치리자의 지팡이가 그 발 사이에서 떠나지 아니하시기를 실로가 오시기까지 미치리니 그에게 모든 백성이 복종하리로다 그의 나귀를 포도나무에 매며 그의 암나귀새끼를 포도나무에 맬 것이며 또 그 옷을 포도주에 빨며 그의 복장을 포도주에 빨리로다 그의 눈은 포도주로 인하여 붉겠고, 그의 이는 우유로 인하여 희리로다"라고 했다(49:8-12).

여기 "실로"("안식을 주시는 자", "중보자", "안정을 주시는 자", "그[유대]의 자손")는 메시아를 가리키고(Luther, Calvin, Rosenmüler, Leil, Murphy, by 이상근), 포도나무 역시 메시아 시대의 식물이다(마 26:29). 이는 확실히 유다 지파에서 메시아가 나올 것을 예언한 것이다. "요약하면, 야곱은 왕적 인물인 유다와 그의 계승자를 위해 야곱의 치리에 복종하는 모든 자들이 공유할 큰 번영을 말하고 있다. 그러나 투쟁과 고통과 피흘림이 암시되어 있는 것도 당연하다(창 49:8). 번영은 대가 없이는 이루어지지 않는다"(Groningen). 그것은 앞으로 있을 "여자의 후손"의 모습이다. "유다가 아브라함과 이삭과 야곱의 씨의 탁월하고 강력한 머리요, 승리를 가져다주며 복된 지도자가 될 것이다. 유다는 그 씨가 그의 후손에게 일어날 때까지 그 씨가 될 것이다. 야곱은 기다렸었다. 그는 기다렸지만, 이미 예견 속에서 실제(요셉)를 경험하였다"(Groningen). 이 축도는 3:15의 여자의 후손이 유다 지파에서 나올 것을 예언한 것이다.

야곱이 요셉 대신에 유다를 그의 계승자로 지명한 데에는 몇 가지 이유가 있다. 첫째, 유다의 이름은 "찬양"이란 뜻으로, 유다는 요셉을 살리기 위하여 요셉을 팔자고 했다. 그리하여 훗날 모든 형제가 한 몸이 되어 찬양할 수 있었다("열두 지파"). "다윗을 통해 이스라엘이 열국 위에 군림했을 때, 유다 지파는 온 이스라엘의 찬송이 되었다"(이상근). 둘째, 유다는 다말과 동침한 것이 자신의 소행이었음을 알고, 회개를 했다. 셋째, 유다는 희생정신이 있었다. 그는 베냐민을 인질로 삼으려는 총리 요셉에게 자신이 베냐민을 대신하는 인질이 되겠다고 자청했다. 한편, 포도주와 우유는 좋은 건강과 안녕을 암시하면서, 동시에 투쟁과 고통과 피흘림도 암시한다(Groningen). 이처럼 유다의 생애가 요셉의 생애보다 더 복음적이다(연합, 회개, 희생정신, 투쟁, 고통, 피흘림, 심판 등).

카. 요셉(37-50장)

히브리서 기자는 믿음의 영웅들을 열거하면서 요셉을 소개한다. "믿음으로 요셉은 임종 시에 이스라엘 자손들의 떠날 것을 말하고 또 자기 해골을 위하여 명하였으며"(히 11:22). 요셉이 출애굽을 이야기했다는 것은 아브라함과 같은 소망을 가졌음을 보여주며(15:16), 아브라함과 같은 계열임을 보여준다. 여자의 후손과 같은 입장에 있다는 것이다. 야곱의 유언에 의하면 요셉은 머리로서 인정받았으며, 큰 축복을 받았다. "요셉은 무성한 가지 곧 샘 곁의 무성한 가지라 그 가지가 담을 넘었도다 활 쏘는 자가 그를 학대하며 적개심을 가지고 그를 쏘았으나 요셉의 활은 도리어 굳세며 그의 팔은 힘이 있으니 이는 야곱의 전능자 이스라엘의 반석인 목자의 손을 힘입음이라 내 아버지의 하나님께로 말미암나니 그가 너를 도우실 것이요 전능자로 말미암나니 그가 네게 복을 주실 것이라 위로 하늘의 복과 아래로 깊은 샘의 복과 젖먹이는 복과 태의 복이리로다 네 아버지의 축복이 내 선조의 축복보다 나아서 영원한 산이 한 없음 같이 이 축복이 요셉의 머리로 돌아오며 그 형제 중 뛰어난 자의 정수리로 돌아오리로다"(49:22-26). 그러나 야곱의 장자로 지명되지는 않았다. 애굽의 총리가 된 아들이지만, 영적인 계보로 인정받지 못했다. 오히려 자기 며느리와 내통한 유다가 장자로 지명되었으며, 메시아적인 용어를 사용하여 그렇게 되었다. "유다는 사자 새끼로다 … 그가 웅크림이 수사자 같고 암사자 같으니 누가 그를 범할 수 있으랴 홀(笏)이 유다를 떠나지 아니하며 통치자의 지팡이가 그 발 사이에서 떠나지 아니하기를 실로가 오시기까지 이르리니 그에게 모든 백성이 복종하리로다"(49:9). 그러나 "요셉은 구속의 대리자로 섬기기 위하여 왕적 권위와 능력을 부여받았다"(Groningen). 이런 점에서 그는 그리스도의 모형이었다.

첫째, 그는 라헬의 장자로 태어나, 비하의 깊이와 승귀의 높이를 경험하였다. 형들에게 미움받아, 팔려서 애굽에 노예로 끌려갔으며, 보디발의 아내의 유혹을 받아 옥에 갇혔으며, 술을 맡은 장관에게 잊힌 바 되고, 마침내 버린 바 되었다. 마치 "산 자의 땅에서 끊어짐을 당한 것" 같았다(사 53:8). 그러나 바로의 꿈을 해석해서 30세에 애굽의 총리가 되었다. 남은 자가 된 것이다. 이는 30세에 천국 사역을 시작하신(눅 3:23) 그리스도의 비하와 승귀를 연상케 해준다. **둘째**, 그는 요셉의 아들 그리스도(마 1:16)의 사역을 예견시켜 준다. 그것은 7년 흉년 가운데서 애굽과 이스라엘과 주변 나라들을 섬긴 것이었다. 그는 애굽과 이스라엘, 여러 나라들의 백성들을 기근과 궁핍과 죽음에서 구원해 냈다. 이리하여 창세기는 여자의 후손 곧 메시아의 출현을 예시한다(Groningen). 남은 자는 누구나 다른 사람을 구원할 사명을 가진 자다. 그리스도인은 그리스도로 말미암아 구원을 받았기에, 누구나 다른 사람을 구원할 사명이 있다. 남은 자는 사명자로 사는 믿음이 있어야 한다.

2. 출애굽기에 나타난 "남은 자" 계시

출애굽기는 요셉이 죽은 지 280년 후, 이스라엘 백성이 애굽으로부터 해방되어 시내산에 이르러 율법을 부여받기까지의 360년간의 역사다. 그 해방은 "그리스도로 말미암은 구속"의 그림자가 된다. 그것은 **"구원의 책"**으로서, 창세기와 모세오경의 남은 책들 사이의 교량 역할을 하는 것이다. 창세기 15:13-16에 출애굽에 관한 예언이 있는데 과연 창세기 다음에 출애굽기가 나오며, 창세기 마지막 부분에 요셉의 이야기가 나오는데(창 50장), 출애굽기 서두에도 요셉의 이야기가 나온다(1장). 창세기 3:15와 12:1-3은 망가진 인생을 고치시려는(딤후 3:15) 하나님의 두 "인류 구원 프로그램"들로서, 하나님께서 뱀과 아브라함에게 주신 약속들이기에(programmatic statements), 그 두 주제("전투"와 "구원")가 출애굽기 이하에서도 전개된다고 보게 된다. 즉 성경 해석자는 창세기의 두 "인류 구원 프로그램"의 빛 아래에서 출애굽기 이하를 해석해야 한다는 것이다. 그렇게 볼 때, 출애굽기는 창세기의 성격과 내용을 보다 더 현실적으로 설명해 주는 것이다. 즉 창세기를 가지고 출애굽기 이하를 해석하는 것이다. 창세기는 "시작"의 책이기에, 창세기를 가지고 출애굽기를 해석하는 것은 당연한 시도라 본다. "여기에 출애굽기가 그리스도교의 경전이 되는 연유가 있을 것이다"(이상근). 창세기의 성격과 내용을 보다 더 현실적으로 설명해 주는 것이 무엇이겠는가? 그것은 창세기가 "구원의 시작"이라는 것이며, 그리스도의 그림자가 되는 두 가지 사항은, "여자의 후손이 뱀의 머리를 상하리라는 것"과("메시아의 승리", 창 3:15) 아브라함에게 하나님께서 주신 축복의 약속이란 것이다("메시아의 구원", 창 12:1-3). 이 둘은 상대의 것을 상호 규정한다. "메시아의 승리"는 "메시아의 구원"이 영적인 성격의 것임을 보여주고, "메시아의 구원"은 "여자의 후손"이 아브라함의 후손임을 알린다. 그 둘은 "여자의 후손은 아브라함의 자손 가운데서 날 것을 암시해 주고", "아브라함의 복은 사탄의 머리를 상하게 하는, 영적인 복임을 암시해 준다." 여인의 후손이 뱀의 머리를 상하리라는 것은 동시에 여자의 후손의 발꿈치가 상한다는 것을 전제함으로, 이는 여인의 후손이 피를 흘리게 됨(고난당함)을 내포하며, 하나님께서 아브라함에게 주신 약속은 그 피로 말미암은 인류의 구원(죄 용서, 천국의 복)을 약속하는 것이라 볼 수 있다. 그리고 하나님이 아브라함에게 지시하신 땅은 지상의 가나안 땅이 아닌, 하늘의 천국임을 알려준다. 이 **"승리"**와 **"구원"**의 구도는 신약에 나타나는 "십자가상에서의 **죽음**"과 **"부활"**(케뤼그마 구조), **"고난과 영광"**(롬 8:18 등), **"복음서"**(십자가)와 **"사도행전-요한계시록"**(구원), **"예수 시대"**(십자가)와 **"교회 시대"**(구원)의 구도를 예견시킨다.

이러한 사실은 위의 두 구절 즉 시작의 책인 창세기의 두 주제를 가지고 출애굽기 이하를 해석하는 것이 성경 저자의 의도라고 볼 수 있게 한다. 즉 이 두 절(두 약속, "전투와 구원", "싸워서 구원함"[단 7:21-22])의 시각을 가지고 출애굽기 이하를 읽어야 한다는 것이다. 이 두 구절은 출애굽기 이하에 나오는 모든 성경을 "여자의 후손("그리스도")과 아브라함" 중심으로 풀이하도록 하는 열쇠(key)같은 구절이라 할 것이다. 모세오경이 한 질(set)로 되어 있고, 창세기 3:15와 12:1-3이 하나님의 인류 구원 프로그램이라면, 이 두 구절을 가지고 출애굽기 이하를 해석하는 것은 너무도 바른 성경해석이라 여겨진다. 모세는 오경을 기록한 자이기에, 창세기 3:15와 12:1-3(하나님의 구원 프로그램)을 기억하면서 오경을 기록했다고 볼 수 있다.

그리하여 "창세기적 오경 해석"은 얼마든지 가능하다. 창세기 3:15와 12:1-3을 하나님의 인류 구원을 위한 "프로그램 선언"이라 할 때(창세기는 "계획"과 "준비"의 책), 출애굽기에서 요한계시록까지는 그 프로그램 실천의 책이라 볼 수 있으며(구약은 그림자적으로, 신약은 실체적으로), 출애굽기에서 요한계시록까지를 두 프로그램의 빛 아래에서 해석할 수 있다.

그리하여 출애굽기는 단순한 **"이스라엘의 역사"**가 아닌, **"이스라엘의 구속사"**, **"인류의 구속사"**란 특징을 지니게 되며, 그것은 "창세기 15:13-14의 언약의 성취"라 할 수 있다(이상근). 구속사는 일반 역사와는 달리, 메시아의 승리와 메시아의 구원을 보여주는 역사다. 그것은 "이스라엘의 출애굽"을 "인류의 출세상"으로 보는 역사다. 그리하여 출애굽기는 하나님께서 뱀에게 하신 선언(창 3:15)과 아브라함에게 하신 약속(창 12:1-3)을 성취하기 시작하는 책이라 할 수 있다. 그것은 **모세의 승리**(출 5:1-15:21) – **모세의 구원**(출 15:22-18장)을 보여주며, 율법서와 전기예언서는 애굽에서 가나안 입성까지의 일과 입성 후 범죄하여 나라가 망하고 포로 생활을 한 사실을 보여주고 있다. 후기예언서들은 이스라엘 민족의 죄를 고발하면서, 아브라함의 자손 가운데서 죄로부터의 구원을 위해 뱀의 머리를 상하게 할 메시아 출생을 예언하고 있다(특히 이사야서, 예레미야서, 에스겔서, 다니엘서 등). 이같이 볼 때, **출애굽기는 전자의 배경에서**(아브라함의 예표적 구원) **하나님께서 아브라함에게 약속하신 것이 어떤 것인지 보여주기 시작하는 책인 것이다. 그것은 아브라함에게 약속하신 축복**(구원)**이 여자의 후손이 피 흘림으로 인해 오는 축복**(구원)**이며, 이스라엘 민족을 애굽에서 탈출시키며, 성도를 현세로부터 탈출시키는 구원임을 보여준다.** "내 백성아 거기서 나와 그의 죄에 참여하지 말고 그가 받을 재앙을 받지 말라"(계 18:4). **아브라함은 모세의 그림자이고, 모세는 하나님**(여자의 후손, 그리스도)**의 그림자였다**(히 10:1). "너는 삼가 이 산에서 네게 보인 양식대로 할지니라"(25:9, 40; 26:30; 27:8; 민 8:4 등). **모세는 아브라함이 받은 약속의 말씀들을 그대로 실**

연(實演)해 보여준 자다. 아브라함은 하나님의 지시를 따라 갈대아 우르를 떠나 가나안으로 갔으며, 아브라함은 그 후 그 이름이 창대하게 되었고, 모세 역시 미디안 광야를 떠나 애굽으로 갔으며, 그 이름이 그 후 창대하게 되었다. 그리하여 출애굽기의 내용은 창세기 12:1-3의 아브라함에게 주신 명령과 약속을 닮았다. "여호와께서 아브람에게 이르시되 너는 너의 고향과 친척과 아버지의 집을 떠나 내가 네게 보여줄 땅으로 가라 내가 너로 큰 민족을 이루고 네게 복을 주어 네 이름을 창대하게 하리니 너는 복이 될지라 너를 축복하는 자에게는 내가 복을 내리고 너를 저주하는 자에게는 내가 저주하리니 땅의 모든 족속이 너로 말미암아 복을 얻을 것이라 하신지라"(창 12:1-3). 이는 출애굽기 3:8-10의 구도와 거의 같다(Wenham). "내가 내려가서 그들을 애굽인의 손에서 건져내고 그들을 그 땅에서 인도하여 아름답고 광대한 땅 젖과 꿀이 흐르는 땅 곧 가나안 족속 헷 족속 아모리 족속 브리스 족속 히위 족속 여부스 지방에 데려가려 하노라"(출 3:8). 그리고 이는 요한복음 14:3의 구도와 같다. "내가 너희를 위하여 거처를 예비하면 내가 다시 와서 너희를 내게로 영접하여 나 있는 곳에 너희도 있게 하리라." 모두 "떠남"과 "목적지"가 같은 구도이다. 이러한 사실은 창세기 3:15와 12:1-3이 성경에서 굉장히 중요한 구절들임을 보여준다. **이러한 사실은 우리가 출애굽기에서 신명기까지를 읽을 때 창세기의 두 주제인 "메시아의 승리"와 "메시아의 구원"의 조명 아래에서 읽어야 함을 보여준다.** 출애굽기 역시 "**승리**"(1-14장) – "**구원**"(15-18장)의 구조를 보여준다. 이러한 시각에서 출애굽기 이하의 율법서들을 볼 때, 그 모든 책은 **창세기적 율법서**들이 된다. 이는 여호수아서에서 열왕기하까지를 **신명기적 역사서**라 부르는 것과 같다. 창세기의 두 주제, "메시아의 승리와 구원"(창 3:15; 12:1-3)을 가지고 출애굽기 이하의 율법서를 볼 때 바른 해석이 나올 수 있다. 그러할때, 성경의 역사들은 단순한 "이스라엘의 역사"가 아니라, "인류의 구속사"가 된다. **창세기로 출애굽기를 해석하고, 신명기로 여호수아서 이하를**

해석하는 것은 성경의 단일성 측면에서도 합당한 해석이다. 출애굽기, 레위기, 민수기, 신명기는 이스라엘이 애굽을 떠나 가나안에 이르기까지의 여정을 기록한 책들로서, 네 권으로 된 한 세트의 책들이라 할 수 있다.

이 출애굽기의 기간은 하나님께서 아브라함에게 말씀하신 "큰 민족"을 이루는 기간이요, 복을 주시는 기간이다. 여인의 후손이 뱀의 머리를 상하게 하는 일의 처음 시작이 일어나기 시작한다(모세[공주의 양자]와 바로[뱀의 세력]의 대결, 이스라엘 백성을 "군대"로 나타냄[출 6:26; 7:4; 12:17; 민 2:4 등], 레위기의 피 제사 강조 등, "메시아의 승리"를 그림자로 보여줌). 하나님은 이스라엘의 출애굽이 도망치듯 나온 것이 아니라, "승리자"로 떠난 것임을 알리기 위해, 이스라엘 사람들로 애굽인들에게 은금 패물을 구하라고 하셨다(창 15:14; 출 3:21-22; 11:2; 12:35-36). 그것은 싸움에서 승리를 상징하는(이상근) 전리품과 같은 것이었다. 아브라함 역시 애굽에서 부자가 되어 나왔다(창 13:2). 그리고 바로를 이기고, 애굽에서 나온 것은 "메시아의 구원"을 그림자로 보여준다("죄로부터의 구원", 마 1:21). 시편 기자는 출애굽을 "용들의 머리를 깨뜨리심"으로써(시 74:13), "악어의 머리를 파쇄하신 것"으로 묘사한다(시 74:14; 77:16). "용들"은 애굽의 군대를 상징하며(사 61:9; 겔 29:6), 이는 홍해가 갈라지고, 바로의 군대가 그 바다에서 전멸한 사실을 가리키는 것이다(출 14:27-30). 모두 창세기 3:15를 배경으로 한 표현들이다. 여자의 후손이 이기고, 뱀의 머리를 파쇄할 것을 미리 보여준다.

지금까지는 개인이나 가정 단위로 남은 자 사상이 있었지만, 이제부터는 민족 차원에서 남은 자 사상이 적용되게 된다. 이 일을 한 자가 모세이다. 모세는 아브라함보다 더 하나님의 대리자, 남은 자로서의 사명을 민족적으로 감당한 자다. 그는 독특한 섬김을 위해 준비된 자였다. 그 독특한 섬김은 이스라엘을 애굽에서 가나안까지 인도하고 그 중재자가 되는 일, 야곱의 열두 아들로 이루어진 큰 민족, 이스라엘 백성들을 가나안까지 인도하는 일이었다. "그는 이스라엘과 바로에게 하나님을 대신하는 대변인 역할을 했다"(Groningen). 그는 옛 언약의 중재자요, 그리스도(여자의 후손)의 선구자이자 예표이며, 하나님이 그의 백성과 모든 시대에 모든 곳에서 맺으신 언약의 중재자요 완성자이신 예수 그리스도의 궁극적 도래를 준비하는 핵심 인물이다. 하나님께서 그의 백성의 구속자요 안식의 수여자로서, 선언된 말씀과 역사적 행동으로 스스로를 가장 먼저 계시하신 것이 바로 모세라는 인간을 통해서였다. 이러한 계시가 하나님의 모든 진정한 이스라엘 - 믿음으로 예수 그리스도를 구주요 주로 받아들인 모든 유대인들과 이방인들 - 을 위해 완성되고 확증된 실체로 계시된 것은 **예수 그리스도 안에서, 예수 그리스도를 통해서였다.** 참으로 한 사람이 구약의 하나님의 종 모세에 대해 어떤 평가를 내리느냐에 따라, 예수 그리스도에 대해 그가 마지막에 내리는 평가가 영향을 받거나, 심지어 결정되기까지 한다고 말할 수 있다. 모세는 예수 그리스도의 그림자다. "예수 그리스도에 대한 한 사람의 견해는 주로 구약 시대의 신적 경륜 속에서 모세를 어떻게 보느냐에 따라 결정된다"(Groningen). 모세를 핵심 인물로 제시하는 구약의 책들 - 출애굽기, 레위기, 민수기, 신명기 - 은 예수의 지상 사역을 기록한 복음서들보다 더 많은 분량을 차지한다. 독자로 하여금 구약에서 예수를 반드시 발견토록 하기 위해서다. 이 책들은 하나님께서 뱀에게 하신 선언(창 3:15), 아브라함에게 하신 약속을(창 12:1-3) 그림자적으로 실행해 보이심을 기록한 책들이다. 모세와 그의 백성은 바로 아브라함에게 하신 창세기 12:1-3의 약속을 실제로 실행해 보인 자다. 그리하여 출애굽기는 창세기 12:1-3을 많이 닮았다.

하나님은 아브라함에게 주신 축복의 약속을(창 12:1-3) 아브라함 개인에게 적용되게 하시지만, 모세를 통하여 구속사적으로 전 인류에게 이루어지게 하셨다. 이것을 보여주는 것이 출애굽기, 레위기, 민수기, 신명기이며, 더 나아가 여호수아서에서 요한계시록까지이다. 이를 제일 처음 시행한 자가 바로 모세였다. 아브라함이 간 길은 출하란(우스)이요, 모세가 간

길은 출애굽(1st Exodus)이요, 우리 믿는 자가 갈 길은 출세상(2nd Exodus, 눅 9:31)이다. 그리하여 출애굽기, 레위기, 민수기, 신명기는 모세가 핵심 인물이 되어 있으며, 창세기 12:1-3을 많이 닮은 것이다. 창세기 12:1의 "내가 네게 지시하는 땅"은 아브라함이나 모세의 경우는 가나안 땅이요, 신약 성도들의 경우는 하늘나라다(히 11:16). 이 "하늘나라"는 아브라함도 후일 인정한 나라이다(히 11:15-16). 그리하여 예수 그리스도를 통해 이방인도 아브라함의 복을 누릴 수가 있게 된 것이다. "이는 그리스도 예수 안에서 아브라함의 복이 이방인에게 미치게 하고 또 우리로 하여금 믿음으로 말미암아 성령의 약속을 받게 하려 함이라"(갈 3:14). "… 이는 그 약속을 그 모든 후손에게 굳게 하려 하심이라 율법에 속한 자에게뿐 아니라 아브라함의 믿음에 속한 자에게도 그러하니 아브라함은 우리 모든 사람의 조상이라"(롬 4:16). 모세와 그의 백성은 아브라함에게 주신 축복의 약속을 구속사적으로 제일 먼저 시행한 자란 것이다. 모세는 이스라엘 백성을 애굽의 노예 생활로부터 해방하여 가나안 땅으로 인도했으며, 이는 후일 여자의 후손 메시아가 인류를 죄의 노예로부터 해방하여 하늘의 가나안으로 인도하신 사역의 그림자였다. 출애굽기는 예수가 "자기 백성을 그들의 죄에서 구원할 자"(마 1:21)이심을 보여주는 책이다.

"남은 자" 아브라함은 75세에 하란을 떠났고(창 12:4), "남은 자" 모세는 80세에 이스라엘의 출애굽을 인도했다(행 7:30). **출애굽기**는 창세기 12:1-3의 "너는 네 아비 집을 떠나 내가 네게 지시하는 땅으로 가라"(애굽을 떠나 가나안 땅으로 가라, 3:8-10), "민족을 이루고"(언약 체결, 24장), "땅의 모든 족속" ("가나안 족속, 헷 족속, 아모리 족속, 브리스 족속, 히위 족속, 여부스 족속", 3:8)을 연상시키고, **레위기**는 "피"를 강조하고 있어(레 1-7장), 여자의 후손이 피 흘림을 통해 사탄의 머리를 파쇄할 것을 연상시킨다. **민수기**는 이스라엘을 대적하는 이방 왕들을 보여주고 있어(민 21장, 25장, 31장), "너를 축복하는 자에게는 내가 복을 내리고, 너를 저주하는 자에게는 내가 저주하리니"를 떠오르게 하며, **신명기**는 "복"과 "저주"를 강조하고 있어(신 28장), "너는 복이 될 지라"를 연상시킨다("복에 대한 강조"). 이스라엘은 시내산에서 언약을 중심으로 한 큰 민족이 되고, 이 세상 나라들을 복되게 하는 제사장 나라가 된 것이다. 그리하여 출애굽기, 레위기, 민수기, 신명기는 창세기 12:1-3의 아브라함에게 약속된 축복을(출하란, 출세상) 모세의 출애굽 사역을 통하여 미리 실현해 보였으며, 그 사역을 보다 더 상세하게 설명한 책들이라 할 수 있다. 다시 말해, 그와 이스라엘 백성들은 창세기 12:1-3에 약속된 아브라함의 축복을 실제로 실연(實演)해 보여준 자들이란 것이다. 출애굽기와 레위기는 애굽에서 시내산까지의 여정을 보여주고, 민수기는 시내산에서 가데스까지, 가데스에서 모압 평지까지의 여정을 보여주며, 신명기는 모압 평지에서의 회고와 전망을 보여준다. 주제적으로 보면, "남은 자"(출애굽기) – "구원"(레위기) – "남은 자"(민수기) – "구원"(신명기)의 순서이다. 대체로 출애굽기와 레위기는 "구원자"를, 민수기와 신명기는 "구원"을 보여준다. 이같이 율법서의 저자 모세는 창세기에서 신명기까지를 "율법서" 즉 "다섯 권으로 된 한 질(帙)"의 책으로 보고 있다. 이 기간의 "남은 자" 개념이 어떻게 되는지 살펴볼 것이다.

가. 모세(1-4장)

모세는 바로에게 살해된 이스라엘 남자 중 유일하게 살아남은 자로서, 유다 지파 사람이 아닌, 레위 지파 사람이었다(2:1; 6:16-26). 따라서 그는 예수 그리스도의 조상이 아니다. 그러나 아브라함의 자손, 야곱의 자손이란 점에서는 예수 그리스도의 조상이라 할 수 있다. 그는 그리스도의 모형, 아니 여자의 후손의 조상이었다(하나님께서 그의 생명을 위협하시면서까지 그의 아들로 할례를 받게 하신 것은 그로 하여금 그가 여자의 후손의 조상임을 확인시키기 위함이었다. 출 4:24-26). 그는 그의 출생, 성격, 위치, 임무, 삶, 그리고 사역들속에서 구약의 어떤 다른 인물보다도 예수 그리스도, 여자의 후손의 모형을 보여준다. 그는 대표적인 남은 자라 할 수 있다. 바로의 칼날로부터 구원받은 남은 자요(saved remnant), 이스라엘 백성을 애굽에서 인도하여 낸 구원하는 남은 자였다(saving remnant, 2-3장). 그는 메시아적 특징을 가진 사람, 메시아적 대리인이었다(Groningen).

(1) 그는 출애굽을 인도한 사람이었다. 그는 나일강에 던져져 죽을 수밖에 없는 가운데서 살아나, 애굽에서 종살이하는 이스라엘 사람들을 애굽에서 해방시켜 가나안 땅에 이르도록 인도하였다. 이는 헤롯의 칼에서 피해 살아나(마 2:13), 죄에 매여 죽을 인생을 해방하여 하나님의 나라에 이르게 하는 그리스도의 모형이 된다. 첫 번째 출애굽에서는 효과와 결과가 있었지만, 하나의 모형이었다. 원형인 그리스도의 구속사건, 곧 새로운 출애굽이 이 모형을 유효하게 했다. 첫 번째 출애굽에서 모세가 한 역할은 두 번째 출애굽을 실현하기 위해 보내심을 받은 메시아의 역할의 모형이다(눅 9:31). 그는 율법의 대표로, 이 세상 마지막에 오실 메시아의 그림자였다(신 18:15).

(2) 그는 강한 사람이었다. 그는 아론에게 하나님 같았고(4:16), 바로에게 하나님 같았다(7:1). 아론과 달리(32:1-6), 타협을 몰랐다. 남은 자가 가져야 할 좋은 성품이다. 예수님도 그러했다(눅 13:32; 마 23:33). 모세는 뱀의 후손인 바로를 대할 때, 여자의 후손과 같았다.

(3) 그는 순종적인 사람이었다. 그는 결코 하나님의 명령을 거부한 일이 없다. 하나님께서 자신을 부르셨다는 사실을 확신한 후에는 결코 등을 돌리지 않았다(요 5:24,30; 6:40). 이는 그리스도께서 그를 "보내신" 이의 뜻을 행하러 왔다고 자주 말씀하심과 같다(요 5:24,30; 6:40). 모세는 가나안에 들어가는 것이 허락되지 않았을 때도 거기에 순종했다(신 34:5).

(4) 그는 온유한 사람이었다. 형 아론과 누이 미리암이 모세가 구스 여자를 취했다며 그 지도력을 비난해 왔을 때 입증되었다(민 12:3). 미리암은 그를 살리기 위해 그 어머니를 바로의 공주에게 소개했던 사람이다. 그리

스도는 "나는 마음이 온유하고 겸손하니 나의 멍에를 메고 내게 배우라"고 하셨다(마 11:29).

(5) 그는 희생정신이 강한 사람이었다. 모세의 제사장 사역은 백성들이 금송아지를 섬기는 기사에서 아름답게 빛났다. 불순종한 백성들을 대신해서 제사장적 중재 역할을 했다(32:11-13). 금송아지 우상을 만들어 놓고 절한 이스라엘 백성을 진멸하고 모세로 큰 나라가 되게 하겠다는 하나님 앞에 그들의 죄를 사해주시기를 간청했고, 스스로 대속물로 드리려는 데까지 이른다(32:33). "그러나 이제 그들이 죄를 사하소서 그렇지 아니하시오면 원하건대 주께서 기록하신 책에서 내 이름을 지워버려 주옵소서." 이는 인류의 죄를 대속하시기 위하여 저희 죄를 사해달라고 하시며, 자신의 목숨을 버리신 그리스도를 생각나게 한다(눅 23:34).

(6) 그는 인정이 많은 사람이었다. 그는 자비한 제사장이었다. 이스라엘 백성들이 독사에 물려 죽어갈 때 모세는 죄인들을 위하여 중재 역할을 했으며, 하나님의 지시를 따라, 놋뱀을 장대에 매달아 세워, 많은 사람을 살렸다(민 21:7-8). 예수님도 아무도 청하지 않는데도 나인성 과부의 아들의 죽음을 보고 그를 살리셨다.

(7) 그는 어릴 때 물에서 건짐을 받았다. 그는 남아였기 때문에 바로의 명령에 따라 죽어야 했다(1:16, 22; 2:1-3). 그러나 하나님의 섭리에 의해 구원되어 바로의 궁에서 안전할 수 있었다. 그래서 "모세"라는 이름을 얻었다. 그 뜻은 "내가 그를 물에서 건져냈다 함이라"이다(2:10). 그는 독특한 책임을 위해 애굽 왕궁에서 준비되었다. 하나님의 백성들을 위하여 하나님의 대리자로서 섬겨야 할 자로 그 영역에서 힘든 임무를 위해 준비되었다. 그리스도께서 나셨을 때 헤롯이 이를 죽이려 했고, 그리하여 그리스도는 하나님의 섭리에 의하여 애굽으로 피난할 수 있었다. "예수"란 이름도 모세와 비슷하다. 그 뜻은 "저희 죄에서 구원할 자"이다(마 1:21). 이 외에도 더 있다.

(8) 그는 뱀에 물려 죽는 자들을 위하여 놋 뱀을 만들어 장대에 높이 달았다. "놋 뱀"은 "죽은 뱀"으로, 여자의 후손의 승리를 알리는 것이며 이를 쳐다보는 자는 다 살게 하셨다. 마찬가지로 예수님은 죄로 말미암아 죽어가는 인류를 위하여 자신이 높이 십자가에 달리셨다. 예수의 죽음을 믿는 자는 누구나 다 살게 된 것이다.

(9) 그는 이스라엘을 가나안으로 인도하려고 애굽의 바로 및 그 군대와 아말렉과 전쟁을 했다. 이 전쟁은 아브라함의 씨를 바로와 애굽인들의 압제로부터, 아말렉의 군대로부터 구원해 내려는 전쟁이었다. 그것은 롯과 그의 가족들을 그돌라오멜의 군대로부터 구해 내려고 온 아브라함의 전쟁을 닮았다(창 14:16). 예수님도 인류를 구원하시기 위해 뱀(사탄)과 싸우셨다. 그의 축귀 이적을 비롯한 많은 이적들은 여자의 후손과 뱀과의 싸움인 것이다. "오늘과 내일은 내가 귀신을 쫓아내며 병을 낫게 하다가 제 삼일에는 완전하여지리라"(눅 13:32).

(10) 그는 야곱의 열두 아들들의 자손들로 구성된 이스라엘 나라를 세웠다. 예수님도 열두 제자들을 중심으로 하나님의 나라를 세웠다. 모세가 세운 이스라엘 나라는 아브라함의 혈통을 이은, 여자의 후손과 연결되는 나라였다. 하나님을 경외하는 나라였다. 예수님이 세우신 나라도 아브라함과 연결되는 하나님을 경외하는 나라이다.

(11) 그는 이스라엘 나라의 왕이요, 제사장이요 선지자였다. 하나님의 대변자로서, 섬기는 동안에 구약에 언급된 이전과 이후의 다른 어떤 사람과도 차별된 계시의 수단이었다. 하나님 앞에 특별한 은총을 입고, 하나님이 이름으로도 아시는 자였다(33:12, 17). "그의 인생 120년에서 제1기 40년은 애굽에서 학술을 익히고, 제2기 40년은 광야에서 하나님을 체험한 후, 제3기 40년은 마침내 역사했다."(이상근). 왕이 없었던 때에 구원자, 재판관, 목자, 그리고 입법자라는 왕의 의무들과 책임들을 행했다. 아브라함의 씨를 압제하는 자들에게 심판과 멸망을 전하는 대리자가 되었다. 하나님의

심판과 다가오는 멸망을 경고했다. 그리고 각각의 경고에는 심판의 행동들이 뒤따랐다. 애굽에서의 10가지 재앙이었다. 또한 제사장으로서도 섬겼다(24:3-4). 제단을 세우고 번제와 화목제를 위하여 수소를 잡는 젊은 남자들을 감독했다(24:5). 특별한 제사장의 역할을 하면서 피를 취하고, 먼저 제단을 정결케 한 뒤에 백성들을 정결케 하였다(24:6, 8). 출애굽 사역에서 하나님과 이스라엘 간에 중재자의 역할을 했다. 예수님도 가장 이상적인 왕이요, 선지자요, 제사장이신 것과 같다.

(12) 그는 출애굽을 인도하면서 홍해를 지났다. 예수님도 성역을 시작하시기 전 물에서 세례를 받았다. 모세는 산에 올라가 변형했는데(34:35), 예수님도 산에 오르시어 변형하셨다(막 9장). 모세는 산에 올라가 십계명을 받았는데, 예수님도 산에서 제자들에게 산상보훈을 주셨다. 모세는 반석을 쳐서 물을 내었는데, 반석되신 예수님은 매맞음으로 인해 그 배에서 생수(성령)를 내셨다(요 7:38).

(13) 그는 "모세오경"이라 불리는 구약성경의 첫 부분을 기록하였다(출 17:14; 24:4; 34:27; 민 33:12; 신 34:19; 마 19:3-8; 눅 5:14; 요 5:46 등).

나. 이스라엘 (5:1-24:18)

이스라엘은 하나님의 선민으로, "민족적인 남은 자"이다("큰 민족을 이루고", 창 12:1). 모세가 그 일을 수행했다. 하나님은 모세를 통하여 율법과 언약서를 주시며, 시내산에 도착한 아브라함의 자손들을 선민(選民), 곧 민족적인 남은 자로 계약을 체결하신다. "모세가 와서 여호와의 모든 말씀과 그의 모든 율례를 백성에게 전하매 그들이 한 소리로 응답하여 이르되 여호와께서 말씀하신 모든 것을 우리가 준행하리이다 모세가 여호와의 모든 말씀을 기록하고 이른 아침에 일어나 산 아래에 제단을 쌓고 이스라엘 열두 지파대로 열두 기둥을 세우고 이스라엘 자손의 청년들을 보내어 여호와께 소로 번제와 화목제를 드리게 하고 모세가 피를 가지고 받은 여러 양푼에

담고 반은 제단에 뿌리고 언약서를 가져다가 백성에게 낭독하여 듣게 하니 그들이 이르되 여호와의 모든 말씀을 우리가 준행하리이다 모세가 그 피를 가지고 백성에게 뿌리며 이르되 이는 여호와께서 이 모든 말씀에 대하여 너희와 세우신 언약의 피니라"(24:3-8). 이 예식을 통하여 이스라엘은 세상에서 유일한 하나님의 선민이 된다. "내가 내 성막을 너희 중에 세우리니 내 마음이 너희를 싫어하지 아니할 것이며 나는 너희 중에 행하여 너희의 하나님이 되고 너희는 내 백성이 될 것이니라"(레 26:11-12; 출 6:7; 19:5-6; 20:1; 19:5-6; 29:45-46). 이스라엘은 이 예식을 통하여 하나님의 소유가 되었고, 하나님은 이스라엘의 소유가 되었다. 즉 하나님 편, 남은 자, 여자의 후손 백성이 된 것이다. 여자의 후손과 뱀과의 대결에서 여자의 후손 즉 하나님 편에 섰음을 확인받은 것이다. 그들은 민족적으로 남은 자가 된 것이다. 이런 과정에서 모세도, 이스라엘도 모두 하나의 이스라엘 공동체가 된다. 이스라엘 공동체는 예수님이 세우실 교회 공동체의 모형이며, 여자의 후손과 연결되는 고리가 된다. 이 부분은 그 전체가 "출애굽의 역사" ("여자의 후손 백성의 형성")로서, 바로와의 첫 번째 회견(5:1-7:7)에서 시작하여 언약의 공포(24:18)로 끝난다. 이 과정에서 십계명과 언약서는 중요한 여자의 후손의 모형들을 보여준다.

(1) 바로(뱀)와의 결투 (5:1-12:26)

"해방자(남은 자) 모세는 소명을 받아 애굽으로 돌아와 이스라엘 백성에게 하나님의 구원의 소식을 전하였고, 그들도 이를 믿고 환영하였다. 이제는 모세가 바로를 만나, 이스라엘 백성을 해방할 교섭이 남아 있다. 그것은 모세와 바로(세상 왕들은 용 혹은 뱀으로 상징됨. 그래서 뱀을 그들의 왕관에 만들어 넣었음), 이스라엘 백성과 애굽인, 그리고 하나님과 애굽의 우상과의 전투였다"(이상근). 그리하여 이때부터 출애굽하는 이스라엘 백성을 "군대"라 부르기 시작한다(출 6:26; 7:4, 12, 17). 이스라엘 백성을 뱀의 군대와 싸울,

창세기 3:15의 "여자의 후손"의 군대로, "여자의 후손"(그리스도)은 "여호와의 군대 장관"(수 5:14)으로 본 것이다. 그것은 장차 있을 여자의 후손과 뱀의 대결의 그림자였다. 모세와 아론은 바로를 만나 하나님의 명을 전하고 이스라엘 백성을 놓아 달라고 요구하였으나, 즉석에서 거절당했다(5:1-9). 바로는 이스라엘 백성에 대한 학대를 더하고 고역을 더욱 무겁게 한다(5:10-14). 결국 백성들은 모세를 원망하게 되었다(5:15-23). "그것은 선구자들이 언제나 겪는 고초이기도 했다"(이상근). 이는 여자의 후손이 뱀의 머리를 파쇄할 때 언제나 겪는 고통이다. 모세는 기도를 통하여 자신의 사명을 재확인받고(6:1-12), 자신의 족보를 밝힌다(6:13-27). 자신이 여자의 후손 백성임을 다시금 확인하는 것이다. 하나님께서도 자신이 여호와이심을 다시 확인시켜 주신다. 두 번째 회견이 나온다(7:8-13). 이번에는 말로만이 아니라 지팡이로 뱀을 만드는 이적을 행사하면서 이스라엘 백성의 해방을 요구했으나, 바로는 마음을 강퍅하게 하여 거절하였다. 하나님은 모세에게 열 가지 재앙을 일으키라고 하시고, 애굽 백성에 대한 재앙이 일어난다(7:14-12:36). 반면 이스라엘 백성들은 문설주에 어린 양의 피를 발라 놓음으로 재앙의 천사가 넘어간다(유월절). 이 결과로 바로는 굴복하고, 이스라엘 백성은 애굽의 압제로부터 해방된다. 예수께서(여자의 후손) 귀신을 쫓아내시며 병을 낫게 하시다가 천신만고 끝에 십자가로 승리하시는 것을(눅 13:32) 예표한다.

(2) 출애굽과 홍해를 건넘 (12:27-14:31)

열 재앙의 결과 이스라엘 백성은 애굽인으로부터 금품까지 받아 애굽을 떠난다. 그들은 라암셋에서 출발하여 숙곳에 이르고(12:37), 숙곳에서 에담으로(13:20), 다시 에담에서 바알스본에 이르고(14:2), 여기에서 바로의 추격을 받아 홍해를 건너게 된다. "그것은 우회한 행로로 바로의 군대를 유인하여 낸 셈이 되는 것이다"(이상근). 여기에서 홍해가 갈라지는 기적으로 이스라엘 백성은 건너고, 바로의 군대는 거기에서 죽임을 당하게 된다. 확인 사살을 한 셈이다. 그것은 용들의 머리를 깨뜨리신 것이었고(시 74:13; 89:10; 사 51:9), 악어의 머리를 파쇄한 것이다(시 74:14). 여자의 후손으로 본다면 뱀의 머리를 파쇄한 사건, 부활 사건에 해당하는 것이다("출애굽기에 나타난 "남은 자" 계시" 참조). 바울은 이를 바다에서의 세례 받음이라 한다(고전 10:2). 이는 장차 있을 여자의 후손의 승리와 구원을 그림자로 보여준다. 그것은 여자의 후손의 백성인 교회의 승리와 구원의 근거가 된다. 출애굽기 이후의 모든 성경에 나오는 하나님의 백성의 전쟁에서의 승리와 구원은 여자의 후손의 승리와 구원을 기점으로 그 그림자도 되고, 근거도 된다. 모세의 영도 아래서의 "노예 생활로부터의 해방"은, 여자의 후손의 뱀의 머리 파쇄로 인한 "죄로부터의 해방"의 그림자가 된다.

(3) 율법과 언약서 (20:1-17; 20:22-22:30)

시내산은 이스라엘이 율법에 근거해, 민족을 이루고 나라를 형성한 곳이다(창 12:2). 그런 점에서 이는 창세기 12:2의 약속을 이루고, 신약시대 교회의 그림자라 할 수 있다("시온성과 같은 교회"). 유월절(십자가) - 홍해 도하(부활) - 민족 형성(교회)의 순서이다.

율법과 언약서는 십계명과 율례로서, 전자는 하나님이 친히 하신 말씀이나, 후자는 하나님이 모세를 통하여 받아쓰게 하신 말씀이다(출 17:14; 24:4; 34:27; 민 33:1-2; 신 22:9 등). 십계명은 하나님께서 직접 공포하셨고(20:1-17), 그때 백성들이 두려워하며 하나님께서 직접 말씀하지 마시기를 구했으므로(20:18-19), 십계명 외의 율례(언약서)는 모세를 통해 간접으로 공포된 것이다. 이 두 가지는 언약 체결의 근거와 내용이다. 이 내용을 보면, 율법과 언약서에 모두, 여자의 후손 그리스도가 예표되고 있다(히 10:1). 그것은 모두 여자의 후손이 오시기 전에 있을 율법 시대에 관한 것이다

("초등학문", "초등교사", "후견인", "청지기", 갈 3:23-24; 4:2-3). 먼저 율법의 경우, 십계명의 첫 번째 돌판의 신륜에 관한 부분은 하나님께 대한 것으로, 여자의 후손인 그리스도와 관련된 것이다. 예수님은 요한복음 5:39에서 "너희가 성경에서 영생을 얻는 줄 생각하고 성경을 연구하거니와 이 성경이 곧 내게 대하여 증언하는 것이니라"라고 하신다. 당시는 신약성경이 없었으므로 구약성경을 두고 말씀하신 것이다. 그러기에 우리는 십계명까지도 그리스도를 증거하는 것으로 생각해야 한다. 그렇다면 십계명의 신륜 부분은 그리스도와 하나님을 함께 가리키는 것으로 해석해야 한다(유대교와의 차이). 율법은 장차 올 여자의 후손, 곧 예수를 예표한다고 보아야 한다. 히브리서 기자는 "율법은 장차 올 좋은 일의 그림자요 참 형상이 아니므로"(히 10:1)라고 하며, 율법을 그리스도의 그림자로 보았다. 언약서 역시 그러하다. 언약서의 민사에 관한 규례(21:1-11)에는 **노예법이 제일 먼저 나와 있다.** 이는 본문 외에 레위기 25:39-46, 신명기 15:12-18에도, 신약에서도 갈라디아서 5:1, 에베소서 6:5-9, 골로새서 3:22-4:1, 빌레몬서 1:10-16, 베드로전서 2:18 등에 나와 있다. **메시아의 제일 임무가 "해방", 즉 "포로된 자에게 자유를 선포하며, 갇힌 자에게 놓임을 주는 것"이기 때문일 것이다**(사 61:1 이하; 눅 4:18). 노예제도는 고대사회의 보편적인 사회악이었다. 인류는 누구나 죄의 노예가 되어 있다. 마귀(뱀, 귀신의 왕)는 인간을 누르는 세력의 가장 원흉이다(행 10:38; 요 12:31; 16:11 등). 죄, 사망, 율법은 인간을 노예처럼 누르고 있는 3대 세력이다(롬 5-7장). 출애굽, 출바벨론, 출죄악, 출세상은 신·구약을 흐르는 성경의 맥이다.

다. 여자의 후손(그리스도)으로서의 성막(25-40장)

이 부분은 크게 나누어 성막 제작 명령과(25-31장) 제작이며(35-40장), 그 중간에 이스라엘의 배교와 두 돌판 개조의 사건이(32-34장) 삽입되어 있다. 이하에 나오는 모든 그리스도의 모형들은 창세기 3:15의 "여자의 후손"과 관련 있다. "그들이 섬기는 것은 하늘에 있는 것들의 모형과 그림자라"(히 8:5). 하나님은 여자의 후손(메시아, 하늘에서 내려오신 분, 설계도, 본, 식양) 이야기를 하기 위해서, 즉 "말씀"이 육신이 되어 우리 가운데 거하실 것을 예고토록 하시기 위해서(요 1:14) 그 모형들을 만들라고 하신다. 그리하여 이 부분에는 "내가 네게 보이는 대로 … 식양을 따라 지으라"는 말씀이 많이 나온다(25:9, 40; 26:30; 27:8; 민 8:4 등). 여자의 후손을 강조하기 위해서다. 그것들은 여자의 후손의 그림자란 것이다. "성막은 장차 오실 예수 그리스도의 그림자요, 그 실체는 그리스도시다"(히 8:1-13). 즉 "그리스도로 말미암아 만민이 하나님께 완전히 그리고 자유롭게 나아갈 수 있는 사실을 예언하고, 예시하는 것이 성막의 진정한 사명인 것이다"(이상근). "성막"은 하나님이 육체로 지상에 거하시는 곳으로서(구약 시대), 이는 하나님이 육체로 지상에 거하시는 신약 시대의 그림자가 된다. 하나님이 사람이 되시겠다는 것이다(성육: incarnation). "말씀이 육신이 되어 우리 가운데 거하시매 우리가 그 영광을 보니 아버지의 독생자의 영광이요 은혜와 진리가 충만하더라"(요 1:14). 하나님이 영으로 지상에 거하시는 때와 육신을 입고 거하시는 때의 완연한 차이를 보여준다. "성막(회막)은 교회의(25:8; 엡 2:19-22), 신자의(고후 6:16), 하늘에 있는 것들의(히 9:23), 그리고 특히 그리스도의(히 8-10장) 그림자가 된다"(이상근). 그것은 하나님이 우리와 함께 계심(임마누엘), 즉 "구원"을 의미하는 증거물이다. "여자의 후손"은 하나님이 육체로 지상에 거하시는 분이다. "거하심"('에스케노센')은 "천막을 쳤다"는 뜻이다. 이러한 사실은 구약은 그림자요, 신약은 실체임을 나타낸다.

(1) 성막 건설의 명령과 건설 (25-31장, 35-40장)

"성막"('미쉬칸')은 "하나님의 거소"로서, 하나님께서 지상에 거하시는 장소이다. 이는 "회막"(the Tent of Meeting, 27:21; 33:7), "성소"(25:21) "증거 장막"(38:21; 민 1:50), "장막"(33:7), "여호와의 성막"(민 16:9) 등으로 불리며, 모세가 늘 하나님을 만나는 장소이다(25:22). 그곳은 성막 안 속죄소(법궤 뚜껑, '카포렛') 위, 두 그룹 사이, 속죄소의 피를 붓는 곳으로서, 하나님이 그곳에 늘 임재하셔서 모세를 만나 주시는 장소이다. 모세가 백성의 대표로서 하나님과 인간이 만나는 장소요, 하나님과 인간의 중보자이신 임마누엘 예수 그리스도의 가장 분명한 그림자가 된다. 지상에 하나님이 거하시는 집이니, 성육신하신 하나님 곧 예수 그리스도의 예표가 되는 것이 확실하다. 성막은 "성전"의 전신으로, "이동하는 성전"이라 할 수 있다. 이스라엘이 광야 행진을 할 때 성막은 늘 진과 떨어져서 이동했으며, 성막은 장차 오실 예수 그리스도의 그림자요 그 실체는 그리스도이다(히 8:1-13). 즉 그리스도는 그 안에 하나님이 거하시는 분으로, "그리스도로 말미암아 만민이 하나님께 완전히, 그리고 자유롭게 나아갈 수 있는 사실을 예언하고, 예시하는 것이 성막의 진정한 사명인 것이다"(이상근). 그것은 여자의 후손, 그리스도, 성전, 성도, 교회까지 가리키는 모형이다(예수님은 자신의 육체를 "성전"으로 보셨다. 요 2:21). 내부는 청색, 자색, 홍색 가는 베실로 꾸미고 지붕은 염소털과 붉은 물 들인 수양의 가죽으로 덮어, 외빈내화(外貧內華)의 모습으로, 그리스도의 모습을 닮았다. 그것들은 그리스도를 가리키는 여러 기구를 의미한다. 이스라엘 민족을 형성한 후에 성막을 보여주는 것은(25:9) 여자의 후손 백성이 그리스도를 의지하여 마귀의 권세(죄)를 깨뜨릴 것을 교훈한다. 즉 메시아 소망을 가지고 살라는 것이다. 하나님께서 가인에게 하신 말씀, "선을 행하지 아니하면(즉 "하나님 편이 되지 않으면", 다른 말로, "남아 있는 자가 되지 아니하면") 죄가 문에 엎드려 있느니라 죄가 너를 원하나 너는 죄를 다스릴지니라"(창 4:7)를 생각나게 한다. 죄를 지을수록 더욱 하나님을 가까이해야 한다. 하나님을 가까이해야 죄를 다스릴 수 있기 때문이다. "성막"은 구약이 신약의 그림자가 됨을 보여주는 대표적인 제도이다(25:9; 26:30; 27:8; 민 8:4; 히 10:1 등).

1) **증거궤**(25:10-22; 37:1-9): 이는 흔히 "법궤"로 불리며, 성막 가장 깊은 곳, 지성소에 안치되는 기구이다. 그 속에는 돌비(25:21), 아론의 싹난 지팡이(민 17:10, "권위" 상징), 만나(16:33, "양식" 상징) 등이 들어 있고, 그 뚜껑은 속죄소라 불린다. 이곳은 대속죄일에 대제사장이 속죄제물의 피를 이곳에 발라 하나님의 자비를 나타낸다 하여, "자비의 보좌"(the Mercy Seat), "시은소"(施恩所)라 불린다. "이래서 법궤 속에 있는 하나님의 돌판은 하나님의 공의를 대언하고, 법궤 위의 속죄소는 하나님의 사랑과 자비를 표시한다. 하나님의 공의와 사랑은 그가 인간을 대하시는 양면인 것이다"(이상근). 이리하여 이곳에 바로 십자가가 나타나 있다. 이 십자가는 하나님의 공의와 사랑의 표시로서, 여자의 후손 그리스도가 뱀의 머리를 파쇄하는 유일의 무기이다.

2) **떡 상**(25:30; 37:10-16): 이스라엘 열두 지파를 따라 열두 개의 떡이 진열되었고, 그 떡은 매 안식일에 갱신되었다(레 25:8). "그것은 성도들이 늘 받아야 할 생명의 말씀을 그림자로 보여준다"(요 6:33-58, 이상근). 그것은 첫째로 그들이 떡을 먹음에 대한 감사의 표시였고, 다음으로 그들이 받아야 할 영적 음식(요 6:27)에 대한 상징으로 드렸던 것이다(Keil). 예수님은 자신이 "생명의 떡"이라 하셨다(요 6:48).

3) **등대**(21:31-40; 37:17-24): 이는 성소를 비추는 등불로, 지성소는 하나님의 영광의 그룹들과(히 9:5) 영광의 빛(40:34-35) 외에는 불을 켜지 않아 늘 어두웠으나, 성소는 등대로 인해 늘 밝았다. 세상의 빛 되시는 그리스도를 상징한다(요 8:12).

4) **제단**(27:18; 38:1-7): 이는 성소 밖(외소)에 있는 제단으로서, 제물을 잡고 손질하는 곳이다. 이는 영적으로 예수님의 십자가가 세워져 있던 골고다 언덕을 가리킨다. 히브리서 기자는 이곳을 "손으로 짓지 아니한 것 곧 이 창조에 속하지 아니한 더 크고 온전한 장막"이라 부른다(히 9:11). 십자가는 형틀이지 제단이 아니다. "십자가의 보혈"이 아니라, "골고다의 보혈"

이라고 해야 한다.

5) **복장**(28장, 39장): 28장, 39장에 나오는 제사장의 복장에 관한 계시는 대제사장의 복장과(28:1-38, 영화롭고 아름답게 지음), 제사장의 복장으로(28:40-43) 구분되어 있어, 장차 여자의 후손인 그리스도께서 인류의 죄를 대속하는 대제사장이 되실 것을 예표한다(이상근).

6) **향단**(30:1-10; 37:25-26): 이는 지성소 입구의 휘장 앞, 즉 떡상과 등대 중간 전면에 위치한 단으로서, 향을 하나님께 드리는 곳이다. 이는 성도의 기도를 상징한다(계 8:3-4). "첫째, 그리스도의 그림자로, 번제단은 그의 십자가의 대속을 표시하고, 금 향단은 그 후 하나님 앞에서 성도를 위해 중보의 기도를 드리시는(히 7:25) 것을 표시한다. 둘째, 우리 성도의 기도를 가리킨다. 즉 성소에 있는 떡 상(성경), 등대(성령)와 더불어 향단은 기도를 가리켜 성령의 빛 아래 말씀을 상고하고, 기도하는 것이 성도의 신앙생활의 요소임을 밝히는 것이다"(이상근).

이처럼 성막과 그 기구들에는 메시아와 메시아 시대, 여자의 후손과 그 백성의 무기들이 예표 되어 있다. 이것들은 장차 여자의 후손과 여자의 후손 백성들이 뱀과 그 후손의 머리를 파쇄할 무기들이라 할 수 있다. 하나님은 이 성막 건설의 명령과 더불어 안식일의 준수를 명령하신다(16:5, 22-30; 20:8-11; 31:21; 35:1-3). 여자의 후손은 안식일의 주인이기 때문이다(막 2:28과 그 병행).

(2) 배교와 개조 (32-34장)

모세가 시내산에서 율법을 부여받고 있을 동안 산 아래에서는 이스라엘 백성이 아론과 더불어 금송아지를 만들어 숭배하고 있었다(32:1-6). 엄연히 하나님 앞에서 맺은 언약에 대한 배신이었다. 이 광경을 목도하게 된 하나님께서는 크게 진노하셨고, 이스라엘을 쓸어 버리고 모세를 제2의 아브라함이 되게 하여 그 자손으로 큰 민족을 이루게 하겠다고 하셨다(32:10). 모세는 백성을 멸하지 않기를 간구하는 중보기도를 드린다(32:7-14). 하나님은 모세의 중보기도를 들으시고, 이스라엘을 멸하기로 한 뜻을 돌이키사 그들을 용서하셨다. 산 정상에서 백성을 위한 중보기도를 마친 모세는 두 돌판을 들고 하산하였고, 금송아지 앞에서 춤추는 백성을 보고 대노한다. 모세는 돌판 둘을 산 아래로 던졌으며, 금송아지를 불살라 가루로 만들어 물에 뿌려 이스라엘 자손에게 마시게 했다. 이후 아론을 책망하며, 레위인들을 시켜 삼천 명가량의 백성들을 도륙했다. 시내산 언약 체결 후 첫 번째 탈락자들이다. 그들은 아브라함을 본받지 않았다("아브라함을 저주했다", 창 12:3). 모세는 다시 중보기도를 드렸다(32:30-35). 이번에는 결사적이었다. "그러나 합의하시면 이제 그들의 죄를 사하시옵소서 그렇지 않사오면 원컨대 주의 기록하신 책에서 내 이름을 지워버려 주옵소서." 이는 이스라엘의 구원을 위해 "그리스도에게서 끊어질지라도 원하는"(롬 9:3) 바울의 기도와 같은, 자신의 생명을 건 기도였다. 처음 기도는 단지 하나님께서 멸망시키시는 것을 막은 것이고, 두 번째 기도는 그 용서를 구한 것이다. 전자에서 하나님은 번뇌하셨고, 어떤 말씀도 없으셨으나, 두 번째는 명백한 사유의 응답이 있었다. 그것은 "십자가에서 생명을 버려 만민을 대속하신 그리스도의 대속의 그림자였다"(이상근). 하나님은 모세에게 다시 산으로 올라가 다시 돌판 둘을 만들라 하시고, 하나님은 언약을 갱신하신다(34:1-28). "율법은 이를 부여받은 당초부터 파국의 운명을 지녔던 것을 보여주고 있다"(이상근). 이 둘째 돌판은 메시아 시대의 율법의 갱신을 보여준다("시온의 법"[사 2:3], "산상보훈"[마 5-7장], "생명과 성령의 법"[롬 8:2]). 이러한 이야기가 성막 제작 명령과(25-31장) 성막 제작 실현(35-40장) 사이에 삽입된 것은 성막과 율법을 대조하려는 것으로서, 성막인 그리스도에 비해, 율법의 무능성을 보여주려는 것이다. 성막은 뱀, 사탄, 죄를 깨뜨릴 수 있지만, 율법은 뱀, 사탄, 죄를 깨뜨릴 수 없다는 것이다. 율법은 오히려 죄를 강화하며, 죄는 인간을 망하게 한다. "사망의 쏘는 것은 **죄요 죄의** **권능은 율법이라**"(고전 15:56). "율법"은 뱀(사탄)의 무기로서, "죄"를 강화하는 무기이다. 언약 백성이 된 이스라엘은 성막 되신 그리스도("여자의 후손")를 바라보고, 율법을 소망하지 말란 것이다. 율법의 실체이신 그리스도(성막)를 의지하고, 실체의 그림자가 되는 율법을 의지하지 말란 것이다. "결국 이 사건은 율법이 그 부여의 당초에 이미 그 무능성을 드러내고, 그 실패를 예고한 것이다. 그러므로 율법 외의 그리스도로 말미암은 하나님의 은혜를 대망하게 하신 것이다"(롬 3:21-22, 이상근). 율법은 온전히 장차 올 "좋은 일"(그리스도, 여자의 후손)의 그림자요 참 형상이 아니므로, "해마다 드리는 같은 제사로는 나아오는 자들을 언제나 온전하게 할 수 없느니라"(히 10:1). 그것은 죄를 알게 하고, 죄를 강화할 뿐, 인간으로 죄를 짓지 않게 할 수가 없다. 또한 인간으로 하여금 죄를 회개게 할 수 없다. 이스라엘이 하나님의 선민이 되고, 계약을 두 번이나(24:1-11; 34:10-28)했고, 율법과 언약서를 가졌을지라도 그들의 죄성은 변한 것이 없다. 그들의 마음에 있던 애굽에서의 죄성이나(우상숭배, 원망 등), 출애굽하여 하나님의 백성이 된 지금의 죄성이나(우상숭배, 원망 등) 하나도 차이가 없다. 제물을 드려 죄를 속(贖)한다 해도 그 속함은 죄의 거죽인 그림자만 속(贖)할 뿐이지, 그 속, 핵심(알맹이)은 아니다. 그리하여 율법으로서는 사탄의 머리를 깨뜨릴 수 없고, 죄를 없앨 수가 없는 것을 보여준다. 그것은 여자의 후손(메시아)을 통해서만 가능하다. 유대교가 잘못된 것은 머리를 붙잡지 아니하고 꼬리만 잡는다는 것이며, 실체를 붙잡지 않고 그림자만 붙잡는다는 것이다(골 2:17-19). 그들은 신약은 보지 않는다. 참 "여자의 후손 백성"(남은 자)이 되려면 그리스도("참 남은 자") 안에 있어야 한다. 인간을 구원하는 것은 하나님이시고, 여자의 후손인 그리스도이시지, 사탄이나 그의 후손이 아니다. "율법은 모세로 말미암아 주어진 것이요 은혜와 진리는 예수 그리스도로 말미암아 온 것이라"(요 1:17).

3. 레위기에 나타난 "남은 자" 계시

레위기는 출애굽기 20:22-23:33의 언약서를 더 보충한 것으로, 죄 문제를 해결하려는(창 3:15) 하나님의 첫 번째 시도, "여호와 하나님이 아담과 그의 아내를 위하여 가죽옷을 지어 입히시니라"(창 3:21)를 보다 상세히 설명한 책이다. 가죽옷을 지어 입히려면 반드시 해야 할 일이 있다. 그것은 "짐승의 피를 흘리는 것"이다. "피 흘림이 없이는 죄 사함이 없기" 때문이다(히 9:22). 또한 이는 여자의 후손이 뱀의 머리를 상하게 하는 방법을 보여준다. 즉 여자의 후손인 그리스도가 십자가에 손과 발이 못 박혀 피 흘려 죽으심으로써("그의 발꿈치를 상하게 할 것이니라." 창 3:15), 뱀의 머리를 상하게 하신다는 것이다. 또한 이는 여자의 후손이 뱀과 싸워 흘릴 피의 효과들을 보여준다. 그것은 "재앙의 넘어감", 곧 "구원"이다(출 12:21-28). 이스라엘 백성이 애굽에서 나오기 전날 밤, 그들의 집의 문설주에 발랐던 어린 양의 피를 설명한 것이다. 그리하여 레위기는 제사법, 특히 동물의 제사법을 보여줌으로 시작한다. 그것은 보이지 않는 영적인 수치, 죄 문제를 해결하시려는 하나님의 두 번째 행동이라 할 수 있다(**남은 자의 피**). 그것은 크게 나누어, 제사 법전과(1-16장), 성(聖) 법전(17-27장)으로 나뉜다. 전자는 여자의 후손 백성(구약 성도)의 죄를 사하는 피는 동물의 피인 것을 보여주고, 후자는 여자의 후손 백성(구약 성도)의 각종 결례는 사물의 거죽, 겉만을 정결케 하는 결례임을 보여준다. 전자는 여자의 후손이 흘려야 할 피가 참 피임을 보여주기 위한 것이고, 후자는 여자의 후손으로 말미암아 이루어질 결례가 참 결례임을 보여주기 위한 것이다. 그것은 그리하여 여자의 후손 백성(구약 성도)이 하나님께 나아가야 하는 길과 여자의 후손 백성(구약 성도)이 추구해야 할 거룩이 어떤 거룩인지 알게 한다(**성민 법전**). 결론적으로 26장은 "순종의 축복"을 권면하고(26:1-13), "불순종의 재앙"을 선언한다(26:14-39). 전자는 하나님 편에 설 때에 오는 축복이고, 후자는 사탄

편에 설 때에 오는 저주이다. 그리고 "회개와 회복"을 최종으로 권면한다 (26:40-46). 이리하여 아브라함에게 약속하신 축복과 저주 패턴이(창 12:3) 여기서도 보여준다.

레위기는 위와 같이 완성된 성막에서 거행될 거룩한 예배(제사)의 제도를 상론하고, 또 강조하는 책이다. 그러므로 본서는 "희생"(42회), "제사장"(180회), "피"(86회), "속죄" 등 제사 용어가 빈번한 제사법전인 것이다. 이와 같은 제사의 기본 정신은 "거룩함", '카도쉬'로 87회나 나타나고, "내가 거룩하니 너희도 거룩하라"(11:44; 19:2; 20:7, 26; 21:8)는 본서의 주제에 속한다. 연약하고 부족하며, 죄성이 깊은 인간이 "거룩함"을 받으려면 부단한 제사를 통하여 속죄를 받아야 하며, 그것이 레위기의 대지(大旨)인 것이다. 그러나 레위기의 제사법전은 그대로 그리스도의 속죄의 그림자가 된다. 그것은 하나님이 아담과 하와를 위한 가죽옷을 만들기 위해 흘렸던 짐승의 피를 연상시키며(창 3:21), 여자의 후손이 뱀의 머리를 파쇄할 때 흘릴 발꿈치의 피를 예견시킨다(창 3:15). 이는 "신약의 레위기"라 불리는 히브리서가 상론하는 바다(히 9:7). 즉 레위기의 모든 제사는 임시적이고 미완성적인 그림자였으며, 그것은 "한 번으로 완전하고, 영원한 속죄 제물이 되신 그리스도에게서 완성된 것이다"(히 9:28, 이상근). 레위기의 모든 제사법은 여자의 후손의 발꿈치에서 나올 피를 대망하는 것이다. 피중에 가장 능력 있는 피는 여자의 후손(죄가 없는 자)의 피이며, 제사장 직분 중에 가장 온전한 제사장 직분은 여자의 후손의 제사장 직분이라는 것이다. 그리하여 학개는 자신을 여자의 후손의 그림자로 생각했으며("때에 '여호와의 사자'[구약 시대의 그리스도] 학개가", 학 1:13), 말라기는 제사장이 메시아가 되는("제사장은 만군의 여호와의 사자[구약 시대의 그리스도])가 됨이거늘") 시대를 대망했다(말 2:7). 율법은 장차 올 좋은 일(그리스도)의 그림자이기에(히 10:1), 레위기에 나오는 모든 제사와 제도, 시설들을 그리스도의 그림자로 보게 된다.

가. 제사법에 나타난 남은 자 계시(1-7장)

레위기 제사에는 "봉헌"(consecration)과 "대신"(substitution)이라는 두 가지 큰 뜻이 있다. 즉 제사자는 제물을 통하여 자신을 하나님께 바치는 것이며, 또 제물은 자신을 대신하여 죽는 것이었다. "제사자가 제물의 머리에 안수하는 것은 자신을 제물에 옮기고 제물은 그의 대신이 된다는 뜻이며, 그 제물을 잡는 것은 자신의 죽음을 상징하고, 그 제물을 불 태우는 것은 자신을 하나님께 헌신하는 것을 상징하는 것이었다"(이상근). 레위기의 제사법에는 위와 같은 제사의 "정신"을 따른 5대 제사가 있고("봉헌": 번제, 속건제; "대신": 소제, 화목제, 속죄제), 또 제사의 "방식"을 따른 4대 제사가 있다(화제, 火祭[불태우는 제사, 그리스도가 그의 생명 전체를 하나님께 바치신 사실을 예표함, 레 1:9; 시 53:12; 엡 5:2], 요제, 搖祭[흔드는 제사; 제사장이 먼저 하나님께 바치고 그것을 하나님께 도로 얻는다는 의미, 그리스도의 부활, 레 7:30; 14:12, 14], 거제, 擧祭[제물을 높이 들고는 아래로 다시 내리는 제사, 그리스도께서 십자가에 높이 달리신 것의 그림자, 레 7:14, 32], 전제, 奠祭[붓는 제사, 그리스도께서 십자가에서 그의 보혈을 쏟으신 것을 예표함, 레 23:13, 19]).

(1) 번제(1장) : "번제"(whole offering)는 가장 오래되었고 또 가장 중요하며, 모든 제사의 대표이다. 그것은 동물 제물을 완전히 태워 하나님께 바침으로 하나님과의 관계를 정상으로 유지하기 위한 제사였다. 제사 방법은 바치는 자가 자기 제물의 머리에 손을 얹고(4절), 제사장이 제물의 피를 제단 사방에 뿌린 후(5, 11절), 제물을("흠 없는 수컷") 제단 위에서 온전히 불태웠다(9절). 그것은 자신을 하나님께 온전히 바치는 제사로, "그 자신을 인류의 속죄제물로 온전히 바치신 예수 그리스도의 지상의 생애와 죽음을 그림자로 보여주는 것이다"(이상근). 그것은 "내가 하나님 편에 있다, 여자의 후손 백성이다"를 공언하는 의식이다.

(2) 소제(2장): "소제"(meal offering)는 5대 제사 중 유일하게 식물성 제사이다. 그것은 감사의 제사이며(이상근), 번제가 바치는 자의 헌신을 뜻하나,

이는 노동한 산물을 바침으로 그의 행위를 가리키고, 나아가 그리스도의 역사를 예표하는 것이다. "고운 가루"는 그리스도의 인성을 예표하고, "기름"은 성령의 상징이며, "유향"은 기도의 그림자로 본다(시 141:2; 계 8:3).

(3) 화목제(3장) : "화목제"(peace offering)는 인간이 하나님과 평화를 얻게 하는 제사이다. 이 제물의 일부는 하나님께, 일부는 제사장에게, 일부는 제사 드리는 본인에게 돌렸다. "그 주지는 "만족"인 것이다. 즉 하나님께 만족을 드림으로 하나님과 사람 사이에 화목이 이루어지는 것인데, 그리스도의 속죄의 분명한 예표였다. 하나님은 그리스도의 속죄에서 완전히 만족하시고, 인류를 구원하시는 것이다"(이상근).

(4) 속죄제(4:1-5:13) : "속죄제"(sin offering)는 "이스라엘 백성이 범죄하였을 때 속죄받기 위한 제사로, 5대 제사들 가운데에서 속건제와 더불어 가장 중요한 제사이다"(이상근). 다른 제사들은 모두 자원제인데, 이 제사와 속건제만은 의무제에 속한다. 이 두 제사는 부지중 혹은 무의식중에 범죄한 경우에 드리는 제사였고("그릇 범한 죄", 4:22, 27; 5:15, 18; 22:24; 민 15:24-29; 35:11, 15; 수 20:3, 9 등). 고의적 범죄에 대해서는 속죄할 수 없었다. 짐짓 범한 죄의 경우는 사형에 처했다(민 15:30). "이 제사는 예수 그리스도의 속죄에 대한 가장 분명하고 직접적인 모형이 된다"(이상근). 범죄한 인류는 그리스도의 속죄를 통해서만 사유와 구원을 받는다.

(5) 속건제(5:14-6:7) : "속건제"(trespass offering)는 하나님의 성물이나 사람의 위탁물의 손실, 강도질, 횡령 등의 범죄를 했을 경우에 드리는 제사이다. 이런 경우도 고의적인 경우와(5:14-16) 비고의적인 경우(5:17-19)로 나눈다. 사람의 물건에 대해 범죄했을 경우, 먼저 사람에게 배상하여 그와 화해한 이후에 하나님께 속건제를 드렸다. 어느 경우든 제사장이 그를 위해 속죄하면 그의 죄가 무엇이든 사유하심을 얻었다. "이는 완전하시고, 영원하신 대제사장이신 예수 그리스도의 대속으로 인류의 모든 죄가 사유받는 사실의 그림자인 것이다"(이상근).

"위와 같은 레위기는 결국 임시적이고 예표적이며, 예언적인 것이었다. 즉 해마다 드리는 짐승의 피가 존귀한 사람의 죄를 속량할 수 없는 것이었다. 그것은 장차 오실 완전하신 속죄주 예수 그리스도께서 친히 제물이 되시고, 또 친히 제사장이 되사 단번에 완전하고 영원한 제사를 드리심으로 만민에게 영원한 구원의 길을 예비하신 것을 예표하는 것이었다(히 9:28). 이 사실은 '신약의 레위기'라 불리는 히브리서에서 상론되고 있는 것이다"(이상근). 사람이 지은 죄는 사람의 피, 즉 그리스도(여자의 후손)의 피로만 속량할 수 있는 것이다(시 40:6 이하; 히 10:5-7).

나. 제사장법에 나타난 남은 자 계시(9-10장)

이 부분은 제사장에 관한 법으로, 앞에서는 제사법을 제시하였으나, 여기서는 그 제사를 집행할 제사장의 법을 선포한다. 제사를 드림에 있어, 제물도 중요하지만, 그 제사를 누가 집행하느냐가 중요하다. 제사장은 지성소에 못 들어가지만, 대제사장은 1년에 한 번씩 대속죄일에 지성소에 들어간다. 본문에서는 아론을 대제사장으로, 그의 두 아들 엘르아살과 이다말을 제사장으로 본다. 이는 아론이 인류의 진정한 대제사장, 레위 계통의 대제사장이 아닌, 신비한 살렘 왕 멜기세덱의 반차를 좇은, 예수 그리스도(여자의 후손)의 그림자가 됨을 보여준다. 그리스도는 자기 죄를 위하여 제사 드릴 필요가 없고, 변역함이 없는 영원무궁한, 한 번의 제사로 영원히 천하 만민의 죄를 대속하신 전 인류의 대제사장이신 것이다. "이러한 대제사장은 우리에게 합당하니 거룩하고 악이 없고 더러움이 없고 죄인에게서 떠나 계시고 하늘보다 높이 되신 이라 그는 저 대제사장들이 먼저 자기 죄를 위하고 다음에 백성의 죄를 위하여 날마다 제사 드리는 것과 같이 할 필요가 없으니 이는 그가 단번에 자기를 드려 이루셨음이니라 율법은 약점을 가진 사람들을 제사장으로 세웠거니와 율법 후에 하신 맹세의 말씀은 영원히 온전하게 되신 아들을 세우셨느니라"(히 7:26-28).

아론은 이스라엘 백성의 출애굽 때 모세를 도와 바로와 교섭하여 그 큰 일을 성취했고, 40년간 광야를 행진할 때 온갖 고난을 모세와 같이 한 큰 공로자였다. 유대인의 전설에 의하면 아론은 이상적인 평화의 사람 이었다고 한다. 가말리엘의 조부 힐렐은 항상 "아론과 같이 되십시오, 그 는 화평을 사랑하고, 화평을 추구하며, 이웃을 사랑하여 그들을 율법과 가깝게 하였습니다"라고 사람을 가르쳤다고 한다. 또 아론이 죽었을 때 천사는 이를 슬퍼하며, "그의 입에는 진실된 율법이 있었고, 그의 입술에 는 불의가 보이지 않았다. 그는 평안과 공의로 우리와 동행하였고, 또 많 은 사람을 불의에서 떠나게 하였다(말 2:6)고 하였다는 것이다"(이상근). 그 는 자비하고 충성된 대제사장 그리스도의 그림자로서, 남은 자 대열에 들어갈 것이다.

다. 결례법에 나타난 남은 자 계시(11-15장)

이곳에는 동물 결례법, 출산 결례법, 나병 결례법, 유출병 결례법 등이 나와 있다. "결례법이란 정하고 부정한 것을 분류하고, 그 부정한 것을 정결케 하는 법이었고, 그 분류와 결례가 곧 제사장의 임무였던 것이다" (이상근). 하나님의 선민(여자의 후손 백성, 남은 자)은 성결해야 함을 보여주기 위한 것이다. "이는 내가 거룩하니 너희도 거룩하라(11:45)는 레위기의 주 제를 따라 거룩하신 하나님께 나아가는 성민이 그 거룩성을 유지하기 위 한 규례였던 것이다"(이상근). 제사법(1-10장, 16장) 사이에 결례법(11-15장)이 샌드위치처럼 삽입되어 있음은 여자의 후손이 이룩하는 속죄 사역이 참 결례, 참 깨끗함을 가져오는 사역임을 보여준다. 이는 모세의 결례법이 장차 여자의 후손으로 말미암아 있을 완전한 결례의 그림자임을 보여주 기 위한 것이다(요 2:1-11). 전자는 인간의 거죽만 깨끗하게 하는 결례이나, 후자는 인간의 속 심령까지 깨끗하게 하는 참 결례이다. 메시아가 오신 후에는 모든 것이 거룩하고 깨끗하며, 선한 것이다(슥 14:20; 막 7:15). "하나님께서 지으신 모든 것이 선하매 감사함으로 받으면 버릴 것이 없나니 하나님의 말씀과 기도로 거룩하여짐이니라"(딤전 4:4).

라. 대속죄일의 법에 나타난 남은 자 계시(16장)

"해마다 7월 10일에 거행된 대속죄일에 관한 본 장은 레위기의 제사법전(1-16장)의 절정이다. 제사법(1-7장), 제사장법(8-10장), 및 결례법(11-15장) 등은 성민이 거룩하신 하나님께 나아가는 길을 제시하였으나, 그 모든 규례는 대속죄일의 대속죄제에서 완성하여, 인간의 완전한 속죄가 이룩되고 하나님과의 거룩한 교제가 성취되는 것이다"(이상근). 대속죄일은 유대교 신앙에서 특히 중요한 뜻을 가지며, 유대인들은 이를 단순히 "그날"(The Day)이라 부른다. 1년에 한 번 이 날에 대제사장은 지성소에 들어가 자신을 위한 수송아지의 속죄제와 백성을 위한 염소의 속죄제를 드리고, "여호와"의 이름을 불렀다. 그 순서를 보면 다음과 같다.

(1) 대제사장 아론은 성소에 들어오기 위해 예복을 입고, 속죄제와 번제의 준비를 하며(1-5절), 대속죄제의 제물로 수송아지와 두 염소를 준비한다(6-10절).

(2) 대제사장은 자신과 그의 가족을 위해 먼저 수송아지로 속죄제물을 드린다(11-14절).

(3) 대제사장은 백성을 위해 한 마리 염소의 속죄제를 드린다.

(4) 속죄의 의식을 완료한 대제사장은 아사셀의 염소를 상징적인 행사로 광야로 보낸다. 이때 대제사장은 두 손으로 산 염소의 머리에 안수하여 이스라엘 자손의 모든 불의와 모든 죄를 고하고, 미리 정한 사람에게 맡겨 광야로 보낸다. 이로써 이스라엘의 모든 죄가 완전히 제거되고 속죄를 받는 것이다.

(5) 대제사장은 옷을 갈아입고, 번제를 드리며, 아사셀에게 염소를 보낸 자도 결례를 행하고, 속죄제물의 가죽과 고기를 불사른다. 불사른 자는 그 옷을 빨고 물로 몸을 씻은 후에 진으로 들어온다.

(6) 이날을 기념하기 위하여 백성은 금식으로 육신을 괴롭힌다(행 27:9).

이 모든 것이 여자의 후손이신 예수 그리스도의 속죄의 그림자가 되고 있다. "신약의 레위기라는 히브리서에는 대속죄일이 예수 그리스도의 속죄의 그림자로 밝게 해설되고 있다. 즉 히브리서 7-10장에서 대제사장으로서 그리스도의 완전하신 인격과 역사를 증명하며, 그가 한 번으로 영원하신 속죄를 드린 것을 강조하고 있는 것이다"(히 9:28, 이상근).

마. 절기법에 나타난 남은 자 계시(23장)

이들 중 얼마는 출애굽기에 나온 것을 율법화한 것이다.

(1) **안식일**(1-3절): 안식일은 하나님께서 6일 동안의 창조 사역을 마치시고, 제7일에 쉬심을 기념하여 주신 날이다. 하나님은 제7일에 모든 일을 중단하고 쉬게 하신 것이다(출 20:8-11). 그러나 이 안식은 단순한 쉼이 아니라 안식의 축복을 주신 것을 뜻한다. 창세기 2:1-3은 이 안식을 하나의 창조로 생각한다. "하나님이 그가 하시던 일을 일곱째 날에 마치시니"(창 2:2). 이를 십계명의 법대로 표현한다면, "하나님이 그가 하시던 일을 여섯째 날에 마치시니"라 해야 한다. 그러나 "일곱째 날"이라 한 것에는 저자의 의도가 있다. 즉 하나님이 창조하신 영원한 안식에 들어갈 길을 내기 위해서 그리스도(여자의 후손)가 오신 것이다. 그는 안식 후 첫날 부활하셨고(마 28:1과 그 병행 구절들), 안식일의 주인이 되셨으며(막 2:28), 여호수아가 주지 못한 안식을 주시려고 안식일에도 구원 사역을 행하셨다(사 62:6-7; 요 5:17). 이런 점에서 안식일 법은 그리스도(여자의 후손)의 모형이 된다(사 62:1, 7).

(2) **유월절과 무교절**(4-8절): 이는 이스라엘 백성의 출애굽을 기념하는 절기이다. "유월절"의 "유월"('페사트')은 "뛰어 넘는다"(pass over)는 뜻으로, 이스라엘 백성이 출애굽 하던 날 저녁, 마지막 재앙인 장자의 죽음에서 죽음의 천사가 유월절 양의 피가 문설주와 인방에 묻힌 이스라엘인의 집을 "뛰어넘어"간 사실에서 유래한다(출 12:1-14). 피를 바르기 위해 죽임을 당한 유월절 양은 예수 그리스도의 희생의 그림자가 되며(요 1:29), 그때 일어났던 출애굽 사건은 예수 그리스도로 인한 영적 출애굽의 모형이 된다. 예수 그리스도, 여자의 후손의 피를 믿는 자는 멸망하지 않고 영생을 얻는다. "무교절"은 이스라엘 백성이 급히 나오느라 누룩 없는 떡을 만들어 먹었기 때문에 붙여진 이름이다. 무교병 역시 그리스도의 모형이 된다. 그리스도는 누룩 없는 떡과 같이, 거짓과 속임이 결코 없으신 주님이시다 (고전 5:7-8). 유월절은 니산월 14일 저녁이고, 무교절은 그다음 날부터 7일 동안이다. 그리스도는 하늘로부터 내려온 생명의 떡이시다(요 6:32-35). 이 떡을 먹어야 산다(요 6:51). "구리 뱀"은 "뱀의 죽음"을, "유월절"은 "여자의 후손"의 죽음을 예표한다.

(3) **초실절**(9-14절): 보리의 첫 이삭을 거두어 하나님께 요제로 드리고, 그 때 번제와 소제를 같이 드리는 절기이다(2:4-10; 출 23:19; 34:26; 민 18:17 등). "첫 이삭"은 "첫 열매"로서, 부활의 첫 열매가 되신 예수 그리스도의 그림자가 된다(고전 15:20). 그것은 예수 라인(line)에 선 인류는 모두 부활할 것을 예견시킨다.

(4) **오순절**(15-22절): 초실절 후 7주가 되는 날이다. 초실절에서 오순절까지 50일이 지난날에 시작하여 7일간 지키는 절기로서 "맥추절"이라고도 불린다. 보리나 밀 추수의 감사절이다. 그것은 예수님으로 말미암아 보냄을 받으신 성령께서 임하신 날로서 그리스도의 모형이 된다.

(5) **나팔절**(23-25절): 새해를 알리는 명절로서, 7월 1일(유대인 종교력으로는 1월 1일)에 지키게 된다. 만물을 새롭게 하시는 그리스도의 모형이 된다.

(6) 속죄일(26-32절): 7월 10일에 지키는 절기이다. 대제사장이 자신과 백성의 죄를 속하기 위해 수송아지 한 마리와 염소 두 마리를 잡아, 그 피를 성막 안, 지성소 안, 속죄소에 뿌리고, 남은 염소를 광야 아사셀에게 보내는 날이다. 1년 중에 이날에만 대제사장이 지성소에 들어가 속죄제를 드리는 것은 인간의 죄를 씻을 피가 예수의 피밖에 없음을 예표한("nothing but the Blood of Jesus!"). 인류의 유일한 대제사장이며, 인류의 유일한 대속물이신 예수 그리스도의 그림자이다.

(7) 초막절(33-44절): 이는 이스라엘 민족이 광야에서 장막에 거한 것을 기념하여 7월 15일부터 7일간 지키는 절기이다. 이때 포도·무화과 등을 거둠으로 일 년 동안의 농사를 마감해서 "수장절"이라고도 한다. 이때 이스라엘 사람들은 집을 떠나 나뭇가지와 잎 등으로 초막을 짓고, 7일간 거처했기 때문에 "초막절"이라 한다. 광야 생활에 절실히 필요했던 것은 "물"과 "빛"이었다. 그리하여 제사장들은 매일 금항아리에 실로암 못의 물을 길어서 "기쁨으로 구원의 우물에서 물을 길으리로다"(사 12:3)라고 백성들이 노래하는 중에 제단 서편에 그 물을 부었다. 광야 생활에서 반석에서의 물을 마신 사건을 기념하기 위함이다(출 17:6; 민 20:10). 이는 생수의 근원되시는 그리스도의 그림자가 된다(요 7:37-39). 또 그들은 어두웠던 광야 생활을 회상하며, 초막절 첫째 날 밤에 성전 안에 "큰불"(a great illumination)을 밝힌다. 이는 세상의 빛이 되시는 그리스도를 예표한다(요 8:12).

바. 제도법에 나타난 남은 자 계시(25장)

(1) 안식년(1-7, 18-22절): 안식년은 여호수아가 가나안을 정복했던 해(가나안에 들어간 지 8년째, 수 11:23-25)에서 기산하고, 7년 되던 7월 1일에서 다음 해 신년제 전날까지 지켰다고 본다(Keil-Delitzsch). 안식년은 땅을 갈지 않고 묵혀두며, 가난한 자와 짐승들을 먹이고, 빚을 탕감해 주며, 이스라엘

의 종들을 해방하는 해로 정해진, 히브리 역법상의 7년 주기의 마지막 해이다. 사람의 안식을 확대하여, 이웃과 가축과 토지에 적용한 것이다. 이는 예수 그리스도로 말미암아 이루어질 하늘의 영원한 안식처(낙원의 회복)의 그림자로 해석될 수 있다(계 21:9-22:5).

(2) **희년**(8-17절): 희년은 50년 주기의 마지막 해로서, 히브리 노예들만이 아니고, 이방인 노예들까지도 해방하여 주며, 토지를 원래의 주인에게 돌려주는 해이다. 그것은 7번의 안식년이 지난 후 7월 10일, 대속죄일에 공포한다(그리하여 안식년이 끝나고 10일 후가 된다. 8-9절). 희년에는 전국에서 나팔을 불어 희년을 공포하고, 전 국민적으로 죄의 속함을 받고, 즐거운 희년을 지키게 된다. 희년에도 경작이나 추수는 금지되고, 객과 종들과 품꾼과 육축과 들짐승들이 주인과 함께 그해에 스스로 난 것을 공유한다. 안식년의 목적이 토지를 쉬게 하는 것이라면 희년의 목적은 사람과 토지를 본래 속했던 가족과 원래의 주인에게 돌려주는 것이다. 예수 그리스도로 말미암아 이루어질 하늘의 영원한 안식처(낙원의 회복)의 그림자로 해석될 수 있다.

"안식년과 희년의 제도는 종교적으로도 취급되나, 정치적으로도 취급되어, 국가 정치의 성화(聖化)를 목적한 것이다. 채무와 노예에서의 해방이나 매매된 토지의 반환 등은 빈부의 차이를 축소하고, 사회적 지위를 균등케 하는 중요한 사회정책으로, 국가 정치에 귀속시킬 수 있는 것이다"(이상근). 이것들은 하늘의 영원한 안식처(낙원의 회복)의 그림자들로 해석될 수 있다. 7년째 지키는 안식년이 다시 일곱 번을 거쳐 희년(禧年, Jubilee, '요벨')이 되고, 뿔 나팔의 소리와 함께 공포가 되면, "잃었던 기업을 다시 찾고, 종이 자유를 얻으며, 모든 빚은 탕감되고, 죄수들도 자유를 얻는다. 이리하여 이스라엘에 빈부의 차이를 없애고 자유와 평등을 유지하는 제도였던 것이다"(이상근). 이처럼, 안식일과 안식년과 희년은 모두 "안식"과 관계된, 매우 인도주의적이고, 사회주의적인 날과 해이다. 이는 주님의 호령과 천사장의 소리와 하나님의 나팔로 시작되어(살전 5:16), 땅은 하나님의 토지로 회복되고, 채무가 일체 면제되며, 부활 인류로서, 남녀노소 빈부귀천의 차별이 없이 함께 거할 천국의 안식을 앞당겨 보여준다.

사. 결론적 권면(26장)

이것은 국가 정치의 성화(25장)의 결론이고, 성전(聖典, Holiness Code, 17-27장)의 결론이다. 더 나아가 본서 전체의 결론이 된다. 내용은 먼저 "우상에게 경배하지 말라"라는 소극적인 계명과 안식일을 지키라는 적극적인 계명이 주어진 후(1-2절), 순종의 축복(3-13절), 불순종의 재앙(14-39절), 회개의 회복(40-46절)을 말한다. 앞에 나온 법전들이 모두 메시아의 그림자이기에 축복과 재앙도 메시아 축복과 재앙의 그림자이다. 그 이유는 축복과 저주는 아브라함과(창 12:3) 야곱을(창 27:29) 축복할 때에 나오는 공식문이며, 발람이 메시아 축복을 예언할 때에 한 것이며(민 24:9, 17), 예수님이 제자들에게 한 것이기(마 10:40-42) 때문이다. 이는 이 축복과 재앙 선언이 창세기 3:15의 여자의 후손과 뱀의 싸움, 하나님과 사탄의 싸움, 남은 자와 버려진 자, 죄와 회개, 믿음과 불신앙, 선과 악, 순종과 불순종과 관련이 있음을 보여준다. 이 축복과(풍요, 평화, 승리, 번성, 해방) 재앙들이(칼, 기근, 황폐, 흩어짐, 공포, 멸망, 포로) 현세적이며, 물질적이며, 육체적인 것은 그들이 내세적이며, 영적이며, 천적인 메시아 시대의 축복과 저주의 그림자이기 때문이다. 이런 현세적, 물질적, 육체적 축복과 저주는 신명기에도 나와 있어(신 11:8-32; 28:1-19; 29-30장 등), 서로 대칭이 된다. 하나님은 "회개의 회복" 가운데서 "남은 자"들에 대해 말씀하신다. "너희 남은 자가 너희 대적의 땅에서 자기의 죄로 인하여 쇠잔하며 그 열조의 죄로 인하여 그 열조 같이 쇠잔하리라 그들이 자기 죄와 그 열조의 죄와 및 그들이 나를 거스린 허물을 자복하고 또 자기들이 나를 대항하였음으로 나도 그들을 대항하여 그 대적의 땅으로 끌어갔음을 깨닫고 그 할례 받지 아니한 마음이 낮아져서 그 죄악의 형벌을 순히 받으면 내가 야곱과 맺은 내 언약과 이삭과 맺은 내 언약을 생각하며 아브라함과 맺은 내 언약을 생각하고 그 땅을 권고하리라"(40-42절). 즉 회개하지 않는 남은 자가 되지 말고, 회개하는 남은 자가 되란 것이다.

4. 민수기에 나타난 "남은 자" 계시

"이스라엘의 애굽에서 가나안에 이르는 40년간의 여정에서 출애굽기는 애굽에서 시내산까지의 여정이고, 레위기는 시내산에서의 기록이며, 민수기는 시내산에서 모압 평지까지의 여정이고, 신명기는 모압 평지에서의 기록인 것이다"(이상근). 역사(출애굽기) – 법전(레위기) – 역사(민수기) – 법전(신명기)의 순서다. 레위기 법전을 가지고(레 26장) 민수기를 읽으며, 신명기 법전을 가지고(신 28장) 여호수아서 이하를 읽으라는 것이다. 민수기는 **율법의 무능으로 인한 이스라엘의 남은 자의 수가 줄어들기 시작함을 보여주는 책**으로(레 26:22), **이스라엘이 광야에서 유랑하며 범죄한 일들을, 아브라함이 가진 믿음을 저버린 사실들**을(아브라함을 저주한 사실들을) 많이 기록한 책이다. 즉 광야 유랑생활 가운데서의 **남은 자와 탈락자**를 보여주는 책이다. 민수기는 특별히 "남은 자의 수"에 관심을 둔다. 애굽에서 탈출했다고 다 가나안 땅에 들어가는 것이 아니라는 것이다. 시내산에서 율법과 언약서를 근거로 하여 하나님과의 언약을 체결한 이스라엘 민족은 하나도 변한 것이 없었다. 겉으로 보기에만 언약 백성이고, 십계명과 제사장과 성막이 있고 하나님의 선민이 되었지만, 그들의 내면은 아무 달라진 것이 없었다. 여전히 애굽에 있을 때와 같았고, 이방 백성과 다를 바 없었다. 이것은 민수기가 잘 보여준다. 민수기는 특별히 하나님이 아브라함에게 하신 창세기 12:3의 약속을 생각나게 한다. "너를 축복하는 자에게는 내가 복을 내리고 너를 저주하는 자에게는 내가 저주하리니." 이는 발람이 발락에게 한 말과 같고(23:8), 발람이 이스라엘을 두고 한 말 같다(24:9). 또한 아브라함이 이삭에게 한 말과 같고(창 27:29), 그리스도께서 제자들에게 하신 말씀과도 같다(마 10:40-42, 연대성의 의미에서). **이는 백성 가운데 균열이 일어나고, 아브라함이 하나의 "표준적인 인물"임을 보여준다.** 그리하여 민수기에 나오는 이스라엘의 대적자들은 모두가 패망을 당하고(아모리 왕 시혼[21:21-32], 바산 왕 옥[21:33-35], 미디안인[31:1-12], 모압 왕 발락[25:16-18] 등) 하나님의 대적자들은 광야 유랑 중에 죽임을 당한다(14:32; 16장). 시내산 언약 체결 후, 두 번째 탈락자와 남은 자를 보여준다. 그들 역시 아브라함을 본받지 않았다. 즉 아브라함을 저주했다(창 12:3). 이는 창세기 3:15의 뱀의 후손과 여자의 후손 간의 싸움도 배경으로 한다. 모세까지도 범죄함으로써 가나안 땅을 바라보기만 하고, 거기에 들어가지 못한다는 선고를 받는다(20:12). 민수기는 광야생활에서의 "축복과 저주" 선언을(창 12:3) 해설한 책이다. 하나님에 의한 두 차례의 인구조사는 이를 잘 보여준다. 모세는 창세기 12:3을 생각하면서, 민수기를 기록했을 것이다. 왜냐하면 아브라함에게 주신 축복의 약속은 하나님의 두 번째 구원 프로그램 발표이기 때문이다. 그는 또한 창세기 3:15를 생각하며 민수기를 기록했을 것이다. 여자의 후손을 "여호와의 군대 장관"(구약 시대의 그리스도)으로 보고(수 5:14), 출애굽한 이스라엘 백성을 "여호와의 군대"로 본 것이다(출 7:4; 12:17). 민수(民數)를 헤아림은 전투시에 주로 하는 일이다(1:3; 26:7, "싸움에 나갈 만한"). 이러한 사실은 "남은 자의 구원"이 성경의 주요 주제임을 보여준다. "수를 헤아린다"는 자체가 "남은 자"의 사상을 암시한다. 민수를 조사함은 남은 자의 수를 조사함이다. 구약에 나오는 모든 성전(聖戰)은 신약에 나올 여자의 후손과 뱀과의 전쟁의 그림자들이다.

가. 제1차, 2차 민수기(1-4장, 26장)

본서에는 민수(民數)가 두 차례 나타난다. 첫 번째 민수 조사는 시내 광야에서 이루어졌고, 두 번째 민수 조사는 모압 평지에서 이루어졌다. 첫 번째 계수된 자는 여호수아와 갈렙을 제외하고는 모두 광야 38년의 유랑 생활에서 불신 때문에 죽고(24:37), 그동안 출생한 제2세대가 두 번째 민수에 든 자들이었다(26장). 민수(民數)를 중요시하는 것은 가나안 성전(聖戰)을 앞에 두고, 하나님이 그의 성민의 하나하나를 소중히 여기시고, 그들의 수를 헤아리시며 그들을 불러 모으신다는 것이다. 즉 "남은 자의 구원"이 구약의 맥이 됨을 보여준다. 특별히 레위인들은 제외되고(1:47-50), 이스라엘의 장자들은 따로 조사된다(3:40-61). 여자들과 어린아이들을 제외하고, "20세 이상으로 싸움에 나갈만한 자들만 민수에 들게 하심"은 메시아 시대의 개별 심사의 그림자가 된다. 그것은 신약 시대 여자의 후손, 메시아가 이끌 "전투하는 교회"를 예견한 것이다. 마귀와 싸워 이기는 자가 구원을 받는다는 것이다. 에스겔은 종말에 하나님께서 그의 백성을 다시 형성하실 때, 한 사람 한 사람을 개별 심사하기 위해 막대기 아래로 지나가게 하며, 언약의 줄로 맨다고 하였다(겔 20:37). 하나님은 이스라엘 백성과 언약을 체결하시고, 하나님은 그들의 아버지가 되시며, 그들은 하나님의 아들이 되었다(출 4:22f.; 호 11:1; 렘 2:2). 그러나 이스라엘의 일방적인 언약 파기로 인해 그들은 바벨론의 포로가 되었다. 하나님은 이런 가운데서 제2의 출애굽을 통한 새로운 언약의 체결이 있을 것을 예언하셨다(렘 31:31-33; 겔 36:34-38). 제2의 출애굽과 언약의 갱신은 메시아를 통해 이루어질 것이다(사 40:3; 48:20-21; 호 2:14). 제1의 출애굽은 애굽 광야를 통과했으나, 제2의 출애굽은 "열국의 광야"를 통과할 것이었다(겔 20:37). 그리하여 그리스도께서 오시기 전 쿰란 공동체는 유대 광야에서 메시아의 오심을 기다렸던 것이다. 그리스도는 오셔서 이스라엘 백성 됨의 자격을 갱신하신다. 전에는 아브라함의 자손이면 누구나 하나님의 백성이 되었으나, 메시아가 오셔서는 백성 하나하나를 개별 심사하는 것이다(마 3:9). 그것도 그 기준이 혈통으로도, 육정으로도, 사람의 뜻으로도 아닌, 오직 하나님으로부터 난 자들만 하나님의 백성이 되게 한다는 것이다(요 1:13).

또한 두 번의 민수(民數)는 "성민의 실패와 신생"을 뜻하고, 이와 같이 "신생한 백성이 언약의 땅인 가나안을 기업으로 차지한다"는 것이다. "그 것은 허물과 죄로 죽은 인생이 그리스도 안에서 속죄받고 거듭나 하나님 의 자녀가 되고, 하나님 나라를 기업으로 얻게 되는 그림자인 것이다"(엡 2:1-5; 고후 5:17; 요 3:3, 이상근).

나. 시내산에서 가데스까지 (10:11-12:16)

시내 광야에서 출발한 이스라엘은 질서 가운데 3일 동안 행진을 계속 한다(10:11-36). 그러나 11장은 성민의 실패를 보여준다. 여기에 백성의 원 망과 70장로를 세움이 나와 있다. 이 원망은 다베라의 원망(11:1-3), 식물의 원망(11:4-9)이며, 메추라기의 재앙(11:31-35)과 더불어 이스라엘의 어두운 면을 보여준다. 11장은 출애굽기 16-18장을 많이 닮아있다. 두 군데 모두 "원망하는 죄"들이 나타나 있다(출 16:7-9; 17:3; 민 11:1, 4). 하나님의 진노나 그에 대한 반응이 나와 있다(출 16:4, 11; 17:5; 민 11:1, 10). 모세의 중보가 나와 있다(출 16:6-9; 17:4; 민 11:2, 11-15). 하나님의 용서나 해결이 나와 있다 (출 16:13; 17:5; 민 11:2, 16-20). 그리고 모세의 장인에 대한 내용과(출 18:1-12; 민 10:29-34), 백성의 우두머리를 세운 일과(출 18:13-27) 70장로들을 세운 이 야기가 나온다(민 11:16-30). 이런 반복은 이스라엘이 하나님의 성민(남은 자) 이 되었지만, 전과 달라진 것이 없음을 보여준다. 홍해에서 시내산까지의 여정에서나, 시내산에서 가데스까지의 여정에서 달라진 것이 없다는 것 이다. 즉 그들이 율법과 언약서를 근거로 하나님과 언약을 체결하여 성막 을 세우나, 하나님의 백성이 되기 전이나 후나 똑같다는 것이다. 아브라함 의 자손이나 비(非)아브라함의 자손이나 똑같다는 것이다. 마치 가인의 자손이나 셋의 경건한 자손이나 모두 홍수에 멸망한 것과 같다. 그만큼 죄의 힘은 강하고, 죄를 다스릴 능력은 없는 것이다. 악의 영향력이 얼마나 큰지를 보여준다. 그러기에 "모세 한 사람만으로는 안 된다. 모세를 돕는 자가 있어야 한다." 백성의 우두머리들과 70장로를 세운 이유이다. 이 백성의 우두머리들과 70장로는 메시아 시대의 그림자가 된다. 모세는 메시아를 "나와 같은 선지자"라고 한다(신 18:15). "율법 하나로는 안 된다. 그 이상의 존재가 있어야 한다." 그가 바로 여자의 후손, 그리스도시다.

다. 가데스에서 (13:1-20:21)

(1) **정탐군 파견**(13-14장): 가데스에 도착한 이스라엘은 하나님으로부터 가나안을 정탐하고 오라는 명령을 받는다. 이스라엘을 다시금 시험해 보시겠다는 것이다. "가데스 바네아에서 가나안 정탐군을 파송한 것은 이스라엘의 40년간의 광야 생활의 분수령이었다. 그것은 40년간의 광야 유랑의 원인을 설명해 주는 것으로, 이스라엘의 불신앙 때문이었다. 그 40년간 애굽에서 나온 옛 장정은 모두 죽었고, 신생들로 군대를 재편성하여 가나안에 들어갔던 것이다. 이것은 거듭난 자가 하나님의 나라에 들어가는 진리의(요 3:3) 그림자이기도 했던 것이다"(이상근). 옛 장정의 죽음은 남은 자의 신학에서 볼 때, 노아 홍수를 통한 새 인류(노아의 8식구)의 출현을 위한 옛 인류의 죽음이라 할 것이다. 하나님은 가인과 셋의 자손들이 너무 악하여 그 인류를 쓸어버리시고, 경건한 노아의 가족만을 남겨, 새로운 인류를 만들고자 하셨던 것이다. 그러나 차이가 없었다. 노아의 자손인 셈과 야벳의 자손이나 함의 자손이 구별 없이 모두가 바벨탑으로 하나님을 대적했던 것이다. 마찬가지로, 20세 이상은 모두 죽고 남은 자들로 구성된 이스라엘도 하나님의 율법을 지키지 않음으로 그 수가 줄어들었다는 것을 20장 이후로 보여준다. 가나안 정탐(13장) – 백성의 원망(14:1-10) – 하나님의 진노(14:11-12) – 모세의 중보 및 기도(14:13-19) – 하나님의 용서와 선언(14:20-35) 순으로 나와 있다. 출애굽을 했다고 다 가나안 땅에 들어간 것이 아니다. "남은 자"라고 다 구원받는 것이 아니다. "원망"은 아브라함

을 저주하고 거역하는 것과 같다(창 12:3).

과연 이스라엘 구세대는 광야에서 죽었고(14:37), 신세대는 40년간 광야를 유랑했으며(14:36-37), 여호수아와 갈렙은 생존할 수 있었다(남은 자). 끝까지 남은 자가 구원받는다. 레위기 26:22("내가 들짐승을 너희에게 보내리니 그것들이 너희의 자녀를 움키고 너희 가축을 멸하며 너희의 수를 줄이리니 너희의 길들이 황폐하리라")의 실현이다. 끝까지 남은 자가 구원을 받는다. 죄악이 많을수록 탈락자는 늘어나고, 남은 자는 줄어든다.

(2) 고라당의 반역과 다단과 아비람의 거역(16:1-24): 구세대의 멸망을 보고도, 모세를 거역한 신세대의 범죄 이야기이다. 그들은 모세에게 반역하며 불순종했다. 그것은 아브라함을 저주하고 거역한 것과 같았다(창 12:3). 아브라함의 믿음과 순종과 소망을 사랑하는 자는 복을 받고, 그런 것을 미워하는 자는 저주를 받는다. 고라와 다단과 아비람과 그들에게 속한 자들이 땅이 갈라져 삼켜졌고, 염병으로 14,700명이 죽었으며, 고라를 추종하며 모세를 거역한 250명의 족장들은 여호와께로 나온 불에 소멸되었다. 어떤 사람은 안식일에 나무를 하다가 돌에 맞아 죽었다(15:32-36).

(3) 아론의 싹 난 지팡이(17장): 하나님은 각 지파의 열두 지팡이를 회막 안 증거궤 앞에 두게 하신 후 아론의 지팡이만 싹을 내심으로, 남은 자의 권위를 세워주셨다. 아론이 남은 자임을 확인하신 것이다. 아론은 대제사장 그리스도의 그림자이기에, 이는 그리스도만이 유일한 인류의 대제사장임을 알려준다.

(4) 미리암의 죽음(20:1): 모세와 아론의 누나로, 어린 모세를 바로의 박해령에서 구출하는 데 기지를 발휘하여 큰 공을 세웠다(출 2:4-8). 이스라엘 백성이 홍해 해변에서 "모세의 노래"를 부를 때 여선지자였던 그녀는 찬양의 지휘자 역할을 했으며(출 15:20-21), 아론과 함께 모세의 오른손, 왼손의 역할을 하며, 출애굽 역사에서 여성 지도자의 역할을 했다. 그는 모세가 구스 여자를 취하였다 해서 아론과 함께 비방하다가 벌을 받기도 했으

며(12장), 38년간의 다람쥐 쳇바퀴 돌듯이 광야를 유랑하는 벌도 함께 받았다("정월에"는 그동안 "가데스에서 가데스까지" 끝없는 유랑의 길을 헤매다가 이제 다시 가데스로 돌아온 "정월"이다). "이제 이 삼 남매는 광야 유랑기를 끝까지 같이 지냈으나, 그 마지막 해에 가나안 일보 전에서 다 죽는다"(이상근). 먼저 최고 연장자인 미리암이 40년 1월에 죽고, 5월에는 아론이 호르산에서 죽으며(20:27-29), 모세도 연말경에 느보산에서 죽는다. 율법의 그림자 됨과 무능을 다시금 보여준다.

(5) 므리바 사건(20:2-13): 출애굽기 17:1-7의 사건과 유사하게, 가데스에서 물이 없어 회중은 모세와 아론을 공격하였고, 모세와 아론은 하나님께 기도하고("엎드리매", 6절) 반석을 쳐서 물이 나게 한다. 그러나 모세는 홧김에 반석을 두 번 침으로 하나님의 책망을 받고 모세와 아론은 가나안에 들어가지 못한다는 선언을 받는다. 이는 남은 자들이 가나안을 지척에 두고서도 들어가지 못하는 사건이다. 용서하지 아니하시는 엄격하신 하나님과 아무 육체라도 하나님 앞에서는 자랑하지 못한다는 것을 보여준다. "모세 한 사람만으로는 안 된다"는 것을 다시금 보여준다. 율법으로는 구원 얻을 육체가 없음을 나타내는 것으로서, "하나님의 깊고도 먼 계획으로 예정된 것이 이 때에 표출된 것 뿐인 것이다"(이상근). 모세는 엘리야와 더불어 변화산에 나타나서 예수님과 대화를 했다. 이는 지상의 가나안이 진정한 가나안이 아니고, 천국의 그림자적인 가나안인 것을 보여준다.

라. 가데스에서 모압까지(20:22-21:36)

(1) 아론의 죽음(20:22-29): 이스라엘 백성이 가데스를 떠나 호르산에 도착할 때, 하나님은 아론의 죽음을 고하신다. 모세는 아론과 엘르아살과 같이 호르산 산정에서 아론의 옷을 엘르아살에게 입혀 대제사장의 직을 계승시키고, 아론은 거기서 죽는다. 구약의 대제사장직이 그림자적인 대제사장직임을 보여준다(히 7:23).

(2) **놋뱀 사건**(21:4-9) : 이스라엘은 호르산을 떠나 모압을 향해 진군한다. 여정의 고통과 식물로 인해 하나님을 원망하였고, 하나님은 불 뱀을 보내사 그들을 물게 하셨다. 모세는 중보기도를 드렸고, 하나님의 지시로 놋뱀을 만들어 장대 위에 두고, 백성들로 쳐다보고 나음을 얻게 했다. 불 뱀은 사탄의 모형 곧 옛 뱀이다(김응조). 아담이 옛 뱀에게 물린 독이 전 인류를 중독시켰다(계 12:9). 구리 뱀은 예수의 모형으로, 불 뱀에게 물린 독은 놋 뱀 되시는 예수만이 해독할 수 있다(히 9:14). "놋 뱀"은 죽은 뱀으로서, "불 뱀"의 죽음을 나타낸다(Ewald, Frazer). 놋 뱀은 십자가 상에서 사탄을 죽이신 예수님을 상징한다. 장대는 십자가의 모형이니, 장대 끝의 구리 뱀을 쳐다보면 살듯이, 십자가를 신앙하면 영생한다(요 3:14). 사탄의 머리의 파쇄와 여자의 후손의 승리를 믿으면 구원을 얻는다는 것이다. 예수님이 "여자의 후손"인 것을 보여준다.

(3) **이방의 세 왕을 정복함**(21:1-3; 23-32, 33-35): 아랏 왕이 이스라엘의 진격을 저지하려 출정하자, 이스라엘은 여호와께 서원하며 그 성읍을 전멸시키고 '호르마'("전멸")라 불렀다. 또한 이스라엘은 아모리의 영내 통과 허락을 구했으나, 시혼 왕은 허락지 않고 무력으로 공격했다. 이스라엘은 이를 격파하고, 영토를 점령한다. 다시 이스라엘은 북진하여 바산을 향하는데, 바산 왕 옥이 저항하므로 그들을 격멸하고 길르앗과 바산을 정복한다. 이로써 요단강 동편을 완전히 점령하여 가나안 정복의 첫 단계를 완성한다. 아모리 족속은 함의 자손이고(창 11:16), 또 거인들이었다(사 2:10-12; 3:11). 그들은 자신 있게 이스라엘을 치러 나왔으나, 하나님의 참전으로 이스라엘 앞에 멸망한다. 이 세 왕은 옛 사람인 사탄의 사람의 모형이며, 신자를 방해하는 사탄의 모형이다. 이들과 모세의 군대와의 싸움은 여자의 후손과 뱀과의 싸움의 그림자가 된다(창 3:15). 창세기 12:3의 "너를 저주하는 자를 내가 저주하고"를 생각나게 한다.

마. 모압 평지에서(22-36장)

(1) **발람의 장래 예언**(24:14-19): 발람의 네 번째 예언으로서, 발락의 요청에 의해서가 아닌, 발람의 단독적 예언이다. 그 내용은 이스라엘에 위대한 왕이 일어나 모압을 위시하여 사방의 나라들을 정복할 것이라는 예언이다. "한 별이 야곱에게서 나오며 한 홀이 이스라엘에게서 일어나서 모압을 이쪽에서 저쪽까지 쳐서 파하고 또 셋의 자식들을 다 멸하리로다"(17절). 여기 "한 별"은 새벽별 되신(계 2:28) 그리스도의 모형으로, 그는 야곱의 별로 탄생하셨다(마 2:2). "한 홀"은 다윗의 왕통으로 오실 그리스도의 모형으로 그는 장차 만왕의 왕으로 재림하신다(계 19:16). "이쪽에서 저쪽까지"는 정확하게는 "이마들"('파아테')로서, 모압의 모서리들이나 이마들, 또는 신전들과 머리의 앞 모서리들이 "부서질"('마하츠') 것이란 것이다. 즉 모압의 이마를 완전히 깨뜨리겠다는 것이다. 이 예언은 창세기 3:15의 뱀에게 말한 "내가 너로 여자와 원수가 되게 하고 네 후손은 여자의 후손과 원수가 되게 하리니 여자의 후손은 네 머리를 상하게 할 것이요 너는 그 발꿈치를 상하게 할 것이니라"를 현재 상황에 적용한 것이다. 그리하여 이는 시편 60:8, 다윗을 통해 하신 하나님의 말씀 "모압은 내 목욕통이라"와 같은 뜻이다. 이 말씀 뒤에 하나님과 사탄 간의 투쟁이 암시되어 있다. 이는 "남은 자"의 사상과 관련이 있다. 즉 "남은 자가 되라", "하나님 편이 되라", "여자의 후손 편이 되라"는 것이다.

(2) **모압의 음행 사건**(25장): 이스라엘을 저주할 발람의 모략은 하나님의 개입으로 실패한다. 그러나 바알브올에서 이스라엘 사람들을 모압 여자들로 유혹하여 우상숭배에 참여시키고, 음행케 하는 데 성공한다. 이것은 영적으로 이스라엘을 타락시킨 사건이며, 염병으로 이스라엘 사람 이만 사천 명이 죽게 된다. 광야에서 출생한 신세대도 범죄하여 남은 자가 되지 못하게 하려는 것이다. 싯딤은 죄악 세상의 모형이니, 곧 음란하고 패역한 세상이다(유 7). 그러나 그곳은 이스라엘의 가나안 정복의 근거지로

준비를 한 곳이다. 이곳에서 모세는 신명기 설교를 했고, 여호수아는 여리고에 정탐꾼을 보냈으며(수 2:1), 여리고로 향해 진군한 곳이다(수 3:1). 세상은 잘하면 천국을 준비하는 곳이요, 못하면 지옥을 준비하는 곳이다.

(3) 미디안 전쟁(31장): 모세는 이스라엘을 타락시키고 괴롭힌 미디안을 격멸하라는 하나님의 명령을 받는다(25:16-18). 그는 죽기 전에 그 명령을 따라 미디안을 치게 되었다. 이 전쟁은 이전까지의 방어전과는 달리 최초의 공격전이다. 이는 백성들이 모압과 미디안 여자들에 의해 범죄한 후에 하나님의 지시에 의한 복수전으로서, 죄를 청산하는 전쟁이다. 범죄케 한 발람과 미디안 남녀들을 살육하는 것은 당연하다. 전쟁의 사령관으로 비느하스가 임명된 것은 전쟁의 성격(모압과 미디안에 대한 복수)을 잘 말해준다(25:7-8 참조). 이로 인해 이스라엘의 민족적 죄는 복수된 셈이다. 범죄의 장본인인 발람의 피살은 죄의 근성을 청산한 행위이다(김응조). 하나님은 전승(戰勝)으로 만족지 않고, 원인을 제거함으로 근본 문제를 해결하려 하셨다. 전쟁에서 한 사람도 상하지 않고(단 6:23), 전리품도 풍성하였음은 하나님에 의한 전쟁이었음을 확신케 한다. 그리하여 장차 있을 여자의 후손과 뱀과의 전쟁의 그림자가 된다. 2절의 "이스라엘의 원수"를 3절에서는 "여호와의 원수"라 한다. 미디안은 사탄(뱀)의 모형이다. 사탄은 인간으로 범죄케 할지라도, 성령의 검과 성령의 불로써 격멸해야 한다(엡 6:2-17). 미디안 여인들(31:17)을 살해함으로 죄를 청산하였다. 내심의 음란을 버려야 승리의 생활을 할 수 있다(살전 4:3).

5. 신명기에 나타난 "남은 자" 계시

신명기는 모세가 모압 평야에서 건너편 가나안 땅을 바라보며 신세대들에게 지금까지의 여정을 회고한 책이다. 이미 주어진 율법과 언약서들을 다시 확인, 보충시키며, 레위기 26장의 주제인 축복과 저주, 생명과 사망, 남은 자와 탈락한 자, 순종과 불순종, 선과 악, 믿음과 불신앙, 회개와 죄 중 전자를 선택할 것을 "다시 설명하고 신신당부(申命)한 책"이다. 그만큼 "남은 자"되는 것(견지), "구원받는 것"이 중요하다는 것이다. 가인의 길을 따라 죄에 노예화된 왕족인가, 아니면 자유한 백성인가? 아브라함의 길을 따르는 여자의 후손인가, 뱀(사탄)의 후손인가? 남은 자인가, 탈락자인가? 하나님께 남을 것인가, 하나님을 떠날 것인가? 그리심산인가, 에발산인가? 뱀의 유혹으로 죄에 빠진 아브라함의 자손에게 재결단을 요청하며, 다시 부탁하는 책이다(11:26-32; 27-28장; 30:15-20 등). 이 둘은 율법의 요약이요, 정신이다. 이는 아브라함에게 주신 약속 가운데 "너는 복이 될지라"(창 12:2)와 "너를 축복하는 자를 내가 축복하고, 너를 저주하는 자를 내가 저주하리니"(창 12:3)를 기억나게 한다. **이 "복"은 여자의 후손이 뱀의 머리를 상하게 함으로써**(십자가로 인해) **얻는 신령한 복**("구원")**을 가리킨다.** 모세는 그리스도의 모형이기에, 모세의 훈시는 곧 여자의 후손의 훈시이다. 모세는 신명기를 통하여 독자에게 "남은 자가 되라", "하나님 편이되라", "여자의 후손 편이 되라"고 간절하게 강조한다. 신명기는 특별히 "복과 저주", "순종과 불순종", "남은 자의 복"을 강조하는 책이다.

가. 첫째 설교(역사적 회고, 1:1-4:43)

모세가 죽기 1개월 전 모압 평지에서 지금까지의 여정을 회고하며(1-3장) 가나안 입국을 전망하면서 이스라엘 새 세대에게 교훈한 첫 번째 설교이다(4:1-43). 남은 자의 사상을 특별히 강조하는 부분은 4:1-33이다. 모세는 율법을 준행할 것(4:1-14)과 우상숭배를 하지 말 것(4:15-31), 유일하신 하나님 여호와이신 것을 말한다(4:32-43). 내용은 순종하면 복을 받고(4:4), 배반하면 자멸한다(4:3)는 것, 하나님의 말씀을 지키는 것은 인간의 특권이며

(4:8), 지혜와 지식이 있다(4:6)는 것이다. 남은 자가 되면 복을 받고, 탈락자가 되면 화를 받는다고 말한다.

나. 둘째 설교(율법을 다시 주심, 4:44-26:19)

언약의 빛 아래에서(4:44-5:5), 율법과(5-11장) 언약서를(12-26장) 거듭해서 (中) 주신(命) 것이다. 한가운데 핵심으로 자리잡고 있는 것은 율법 선포이다. 이 가운데에서 남은 자의 사상을 특별히 강조하는 부분은 6:10-19, 7:12-16, 10:12-11:32이다. 6:10-19는 율법의 기본 원리와 관련해 지키면 축복이라고 말하고, 7:12-16은 다른 민족과 관련해 율법을 지키는 자의 축복을 말하고, 10:12-11:32는 과거의 교훈(광야의 훈련[8:1-10], 교만을 경계함[8:11-20], 가나안 정복[9:1-6], 금송아지 사건[9:7-29], 두 번째 서판[10:1-11])과 관련해 율법을 지키라고 말한다. "여호와를 경외하라"(10:12-22), "여호와를 사랑하라"(11:7), "순종하면 축복임"(11:8-25), "축복과 저주"(11:26-32)를 말한다.

다. 셋째 설교(율법의 장려, 27-30장)

세겜의 율법 갱신(27장)과 관련해 축복(28:1-14)과 저주(28:15-68)를 선포하며, 하나님의 언약의 준엄성(29-30장)을 명백하게 밝힌 것이다. 그 준엄성은 언약을 따를 것(29:1-15), 배반자의 심판(29:16-29), 회개와 용서(30:1-14), 생명과 사망(30:15-20) 등으로 나누어진다.

(1) **축복과 저주**(28장) : "전 장은 세겜에서의 율법 갱신의 의식이었으나, 본 장은 그것을 넘어선 모세의 설교다. 그러나 내용에서는 전 장의 연속으로써 축복과(1-14절) 저주(15-68절)이다. 모세 율법의 대강령으로, 지키면 축복이요, 버리면 저주라는 것을 전 장에서는 의식으로 보여주었다. 특히 저주 면이 강조되었다면, 본 장에서는 설교체 형식으로 '축복과 저주'를

서술한다. 여기도 저주가 길고 강하게 강조되고 있는 것이다"(이상근). 그들의 수가 하늘의 별과 같이 많을지라도, 여호와의 명령을 순종하지 아니하면, 남는 자가 얼마 되지 못할 것이란 것이다(62절).

① 축복(1-14절): 율법을 준수할 때(남은 자)의 축복으로, 내용은 민족의 축복(1-2절), 생활에서의 6축복(3-6절), 전쟁 시의 축복(7-10절), 만민의 으뜸(11-14절)이다.

② 저주(15-68절): 율법을 저버렸을 때의 저주로서(버려진 자), 내용은 생활의 저주(15-19절), 염병과 기근(20-24절), 패전과 포로가 됨(25-37절), 나라의 멸망(38-46절), 적의 탄압(47-57절), 더 큰 재앙(58-68절)이다.

(2) 하나님의 언약의 준엄성(29-30장): "축복과 저주를, '저주' 편에 치중하면서 공포한(27-28장) 후, 이제는 하나님의 언약의 준엄성을 논한다. 모두 율법의 강성적 권면인 것이다"(이상근). 내용은 언약을 따를 것(29:1-15), 배반자의 심판(29:16-29), 회개와 용서(30:1-14) 및 생명과 사망이다(30:15-20). "죄와 회개"는 남은 자와 탈락자를 나타내는 또 하나의 지표이다. 그것은 탈락자가 남은 자 될 것을 보여주기 때문이다. 이를 잘 보여주는 것이 32장에 나오는 "모세의 노래"이다(31-34장은 역사적 부록임). 이 노래의 목적은 이스라엘이 범죄하여 환난을 당할 때 그것이 범죄의 결과임을 깨닫게 하고, 회개하게 하는 것이었다(31:19-21). 내용은 하나님의 은혜와 이스라엘의 배신(32:7-18), 하나님의 심판(32:19-25), 하나님의 구원(32:26-43)이다. 이 노래를 통하여 하나님은 이미 이스라엘이 가나안 땅에 들어가 하나님을 버릴 것을 예고하신 것이다(8:11 이하). 이 노래 역시 "하나님을 배반하고 죄에 빠진 우리를 예수 구원하시려고 보혈 흘려주셨네"를 나타낸다.

IV

전기예언서에 나타난 "남은 자" 계시

...

모세오경은 이스라엘 백성의 존재와 역사의 밑바탕을 다룬다. 아담과 하와가 에덴동산에서(낙원 상황, 창 2장) 범죄하고(타락, 창 3장), 그 결과 하나님으로부터 쫓겨났다. 가인의 자손과 셋의 자손으로 나뉘어 오다가 대홍수를 통해 진멸된다. 이후 노아의 자손들을 통해 아담의 계보가 내려오며, 바벨탑 사건으로 천하에 흩어져 살 때(타락, 창 4-11장), 하나님은 아브라함을 통해 땅의 모든 민족이 복을 받는 놀라운 계시를 보여주신다(구원, 창 12장). 그리하여 "한 가족"이 하나님의 복을 받고 약속의 말씀대로 "한 큰 민족"으로 자라간다(창 13-50장). 하나님은 이 백성을 종살이에서 해방하여 자유를 주시며 언약을 맺으신다. 율법으로 자신의 뜻을 계시하시고, 예배 규정을 주셨다(출애굽기 - 신명기). 이런 토대 위에서 하나님이 오래전부터 약속하셨던 땅에서, 이제 선택받은 백성의 삶이 펼쳐진다.

이 새 땅에 살게 된 이스라엘의 역사를 다루는 것이 모세오경 뒤를 이어 나오는 여러 책이다. 이 책들은 서로 관련되어 하나의 큰 역사서를 이루는데, 그것이 여호수아서, 사사기, 사무엘상하, 열왕기상하이다. 이 역사서들은 이스라엘 백성들이 약속의 땅 가나안을 차지하는 데서 시작하여(주전 13-12세기, 낙원 상황), 예루살렘이 바벨론 사람들에게 파괴되면서 이스라엘이 독립국가로서 존재할 수 없게 되기까지(주전 587년, 타락 상황) 이른다. 히브리어 성경의 배열 순서를 따르면, 이 책들은 본격적인 예언서들(후기 예언서들: 대예언서인 이사야, 예레미야, 에스겔, 및 호세아에서 말라기에 이르기까지의 열두 소예언서들)과 함께 '느비임'(예언서들)에 속하는 "전기예언서"들이다. 즉 역사를 예언자의 관점에서 보았다는 것이다. 예언서('느비임')는 "율법서"에 이어서 히브리 성경의 둘째 부분을 이룬다. "후기예언서"에는 여러 예언자의 말이 책의 형태로 전해 오지만, 이와는 달리 "전기예언서"들은 역사를 예언자적인 관점에서(하나님의 말씀을 순종했느냐, 하지 않았느냐?) 서술한 것이다. 후기 예언자들이 심판을 예고하고, 구원을 약속하면서 앞날에 대해 말했다면, 전기 예언자들은 하나님의 백성의 과거를 예언 정신에 비추어 풀이하고 이해하도록 가르치려고 한다. 그리할 때 신명기의 신학적 개념들과 여러 표현을 빌려 쓰기 때문에 이 역사서들을 학자들은 흔히 "신명기 역사서"라 부른다(독일성서공회판 성경전서, 341-348 참조). 그들은 예언자의 눈을 가지고, 특별히 신명기적 안목을 가지고 가나안에 들어간 이스라엘의 역사를 진단했다. 그들은 신명기 정신, 즉 남은 자 정신에서 이스라엘 역사를 풀이했다. 이 역사서들은 어떤 의미에서 "이스라엘의 하나님 배반사"라 할 것이다. 그 역사서들은 남은 자가 되지 못했던 이스라엘의 죄를 들추어내어, 그 기준에서 역사를 쓴 책들이다. 그들이 하나님 안에 남아 있었는지 하나님을 떠나갔는지, 복을 받았는지 화를 받았는지, 순종을 했는지 불순종을 했는지, 심판을 받았는지 구원을 받았는지를 중심으로 역사를 서술했다.

이 큰 역사서들은 저마다 특징을 지니고 서로 구별되는 세 시기로 나누어진다. (1) 국가 이전 시대 곧 이스라엘의 초기(여호수아서, 사사기), (2) 통일 왕국 시대 곧 사울과 다윗과 솔로몬의 시대(사무엘상하, 열왕기상 11장까지), (3) 분열왕국 시대 곧 르호보암부터 시드기야 시대까지(열왕기상 12장에서 열왕기하 끝까지). 신명기 역사서의 서술에 따르면, 이스라엘 역사의 초기는 서로 대조되는 두 기간으로 갈라진다. 첫째 기간은 "여호수아서"로 표현되는 기간이고, 둘째 기간은 "사사기"로 표현되는 기간이다. 전자는 이스라엘 백성이 하나님과 바른 관계를 맺으며 하나님의 계명에 순종하던 기간이요, 후자는 이스라엘 백성이 하나님을 배반하고, 사신(邪神) 우상에게 경배하다가 징벌을 받자 하나님을 다시 찾아 구원을 받는 기간이다. 전자는 "젖과 꿀이 흐르는 땅의 시대"요(출 3:8, 17; 민 13:27; 신 6:3; 26:9, 15; 31:20; 수 5:6; 렘 11:5; 32:22; 겔 20:6 등), 후자는 이방인에 의하여 쫓겨나 포로로 가는 시대이다(신 28:38-46). 전자는 번영과 번창의 시대요(신 6:3; 11:9), 후자는 고난과 재난의 시대다(신 11:7). 이 두 기간의 순서는 "낙원 상황과 타락"이라는 원역사의 순서(창 2-3장)를 생각나게 한다. 이 중 낙원 상황(순종, 축복) 곧 남은 자의 상황을 보여주는 것이 여호수아서이다. 그리고 타락 상황(불순종, 저주)을 보여주는 것이 사사기와 그 이후의 전기예언서와 후기예언서들이다. 이 시기는 창세기 12:3의 "아브라함(하나님)을 축복하는 자와 아브라함(하나님)을 저주하는 자"를 따라, 이스라엘 백성 사이에 "균열"을 보여주는 시대이다.

"내가 생명과 사망과 복과 저주를 네 앞에 두었은즉 너와 네 자손이 살기 위하여 생명을 택하고 네 하나님 여호와를 사랑하고 그의 말씀을 청종하며 또 그를 의지하라"(신 30:19-20). 그러나 이스라엘은 생명을 버리고 사망을 택하며, 복을 버리고 저주를 택한다. 그들은 아브라함의 믿음과 순종과 소망을 사랑하지 않는다. 그런 것들을 본받지 않는다. 그런 것들을 미워한다(창 12:3). 아브라함을 저주하는 편에 속한다. 이 시기는 낙원 상황을 조금 보여주기도 하지만(사무엘, 다윗, 엘리야, 엘리사 등), 주로 타락 상황을 보여주어, 예루살렘에서 의인 하나를 찾아볼 수 없는 상태까지 이른다(렘 5:1; 겔 22:30; 미 7:2). 그리하여 지상의 가나안 땅은 더 이상 "복지"의 땅이 못되고, 이 부분에서의 "남은 자" 의미는 "하나님 편에 서 있는 자"(창 3:15)의 의미를 지닌다. 사사기부터 시작하여 말라기서까지는 "하나님을 배반하고 죄에 빠진 우리"를 강조한다(타락 상황: 나라가 망하고, 쫓겨나, 70년간 포로 생활을 함). 여자의 후손들이 뱀의 후손에게 완전히 지배되던 시기이다. 이러한 사실은 지상의 가나안 땅이 하나님이 본래부터 아브라함에게 주시려던 땅이 아님을 나타낸다. 그리하여 전기예언서들은 창세기 12:3의 "너를 축복하는 자를 내가 축복하고 너를 저주하는 자를 내가 저주하리니"를 구체적으로 설명한 것이라 할 수 있다. 창세기에서 신명기까지는 예수 보혈, 예수 구원, "복과 저주"를 그림자로 보여주고, 여호수아서부터 말라기서까지는 이스라엘의 "복과 저주"를 실제적으로 보여준다. 이 "복과 저주", "순종과 불순종"의 주제는 아브라함에게 주신 축복의 약속(창 12:3)에서 시작하여, 신명기를 거쳐, 여호수아서와 사사기에 이르고, 그것이 더 발전하여 사무엘서·열왕기에서는 통일왕국과 분열왕국의 형태로 나타난다. 민수기는 특별히 광야생활에서의 "율법의 무능"을 보여준다. 사사기 이후는 가나안 땅에서의 율법의 무능을 보여준다. 전기예언서는 가나안 땅에서의 축복과 저주 선언을(창 12:3) 해설한 책들이라 할 것이다. 그리하여 창세기 12:1-3은 구약성경의 골격을 이루고 있다고 할 수 있다.

1. 여호수아서에 나타난 "남은 자" 계시

'여호수아'는 "여호와께서 구원하심", 또는 "여호와는 구원이시다"라는, '예수'와 같은 뜻으로, 그는 모세가 시작한 출애굽의 역사를 완성하고 백성을 가나안 땅에 안착시킨 후계자다. 그의 사역은 "율법이 시작한 구원의 역사를 그리스도가 완성하시는 그림자인 것이다"(이상근). 여호수아서는 이스라엘 민족이 약속받은 땅, 곧 하나님이 그들에게 주시기로 약속하신 가나안 땅으로 들어가서(1-12장), 그 땅을 나누는 것에 대해(13-22장) 기록한다. "사도행전이 복음서와 사도들의 서신 중간에서 그 교량 역할을 하는 것처럼, 여호수아서는 모세오경과 역사서들 중간에서 그 교량 역할을 하는 것이다"(이상근). 하나님은 출애굽한 이스라엘 백성을 모세의 후계자인 여호수아를 통해 약속의 땅에 데려다 주신다. 이는 출바벨론한 영적인 이스라엘을, 예수를 통해 하나님의 나라에 데려다 주심과 같다. 이 책에 나오는 여러 사건의 중심에 여호수아가 자리 잡고 있다. 여호수아는 이스라엘이 가나안 땅을 점령할 때 백성을 이끄는 자였다. 가나안 정복은 순전히 군사 작전인 것만은 아니었다. 이스라엘이 가나안 땅을 차지하게 된 것은 그들의 군사력이 우세했기 때문이 아니라, 성벽을 무너뜨리시고(6장), 그 땅 거민들을 두려워하고 떨게 만드신(2:9-11; 10:10-11; 11:6-8) 하나님이 도우셨기 때문이었다. 이러한 군사 작전 개시(백성을 군대로 나타냄[6:2]) – 제사장의 언약궤 맴과 일곱 양각 나팔(피 흘림 상징) – 성 주위를 매일 한 바퀴씩 돌다가 마지막 날에는 일곱 번 돎(전쟁을 상징) – 함성과 성의 무너짐과 낙원 상황(구원을 상징)은 여자의 후손과 뱀과의 싸움을 예견한다. 그는 이를 위해서 광야에서 태어난 신세대들에게 할례를 행했으며(여자의 후손 군대가 되게 함), 그리하여 그의 가나안 점령이 여자의 후손과 뱀의 싸움이 되게 했다. 두 전쟁 모두, "안식"을 위한 전쟁이었기 때문이다(히 4:8). 한편 그가 준 "안식"은 여자의 후손이 뱀과 싸워 이김으로 줄 "안식"의 그림자에 지나지 않았다. 마지막 날의 함성은 예수께서 십자가에서 운명하실 때의 "큰 함성"(마 27:50; 막 15:37)을 그림자한다. 그것은 출애굽의 홍해 도하 사건과 흡사하다(출 14:27-30). 마지막 일곱 번 돎은 "복음을 막는 도성의 보이지 않는 장벽의 돌파"를 의미한다(Dawson). 따라서 이스라엘 사람들이 하나님의 지시를 따르는 동안에는 승리만 있을 뿐이었다(7장). 여호수아가 살아 있는 동안에는 하나님과 백성 사이의 관계가 원만히 잘 유지된다. 이스라엘 백성은 계속하여 하나님의 계명에 순종하였고, 외적들 앞에서도 편안하고 안전하게 새 땅에서 살게 된 것을 기뻐하였다. 그것은 바로 낙원의 상황이었다.

가. 라합

여리고 성에 살던 기생으로, 여호수아가 보낸 두 명의 정탐꾼을 숨겨 주었으며(2:1-21), 무사히 구조되도록 도와주었다. 그녀는 그 대가로 이스라엘이 성을 점령할 때 자신과 가족의 생명을 보장해 달라고 요구했고, 그들은 그녀와 맹세하고 떠났다. 그녀는 비록 이방 여인이었으나 이스라엘 편이 되었고, 이스라엘의 하나님을 칭송하였으며 두려워했다. 그녀는 이방 여인으로 여리고의 멸망을 도왔다. "여호와께서 이 땅을 너희에게 주신 줄을 내가 아노라 우리가 너희를 심히 두려워하고 이 땅 주민들이 다 너희 앞에서 간담이 녹나니 이는 너희가 애굽에서 나올 때에 여호와께서 너희 앞에서 홍해 물을 마르게 하신 일과 너희가 요단 저쪽에 있는 아모리 사람의 두 왕 시혼과 옥에게 행한 일 곧 그들을 전멸시킨 일을 우리가 들었음이니라 우리가 듣자 곧 마음이 녹았고 너희로 말미암아 사람이 정신을 잃었나니 너희의 하나님 여호와는 위로는 하늘에서도 아래로는 땅에서도 하나님이시니라 그러므로 청하노니 내가 너희를 선대하였은즉 너희도 내 아버지의 집을 선대하여 나의 부모와 남녀 형제와 무릇 그들에게 있는 모든 자를 살려주어 우리 생명을 죽는 데서 건져내기로 이제 여호와로 맹세하고 내게 신실한 표를 내라"(2:9-13). 이 말을 들은 정탐군들은 라합에게 선대할 것을 약속한다. 그들은 그 맹세를 잘 지키기 위한 조치로 라합의 집 창문에 붉은 줄을 매달고, 부모와 형제 등 모든 가족을 그녀의 집에 집결해 있으라고 했다. 이 붉은 줄은 피의 색깔로(출애굽 때의 문설주에 바른 유월절 양의 피와 함께) 그리스도의 보혈의 그림자가 되며(Clement of Rome, Justin Martyr 등). 라합의 집은 노아의 방주와 같이 교회의 그림자가 된다(이상근). 그 후 여호수아가 여리고성을 함락할 때 라합은 창문에 붉은 줄을 매어 달았으며, 여호수아는 그 약속을 지켰다(6:17; 23-25). 그리하여 그녀는 히브리서 11:31과 야고보서 2:25에서 믿음의 위인들 가운데 한 사람으로 나타난다. 그리고 마태복음에 나타난 그리스도의 족보에서는 살몬의 아내

이자 보아스의 어머니로 등장하여 메시아의 조상이 되어 있다(마 1:5). 그녀는 이방 여인으로 여리고의 모든 자가 죽임을 당하는 가운데서 멸망 중에 육적으로, 영적으로 "남은 자"가 되었다.

나. 여호수아

여호수아는 모세의 시종으로서, 모세를 그늘처럼 따르며, 수종 든 충성된 종자(從者)였다. 모세가 시내산에서 율법을 받을 때에도 동행하였으며(출 24:13-14), 회막에 있을 때에도 수종을 들었다(출 33:11). 열두 정탐꾼 가운데 한 명으로 파송되어 10명의 불신앙의 보고 때에도 갈렙과 더불어 믿음으로 반응했으며(민 13:8, 16), 아말렉 전쟁 때에는 이스라엘의 군사령관으로 출전하여 승리를 거두었다(출 17:10-13). 에브라임 지파 눈의 아들로(민 13:8), 출애굽 때는 약 40세였으니(유대 전승), 모세의 후계자가 될 때는 모세처럼 80세에 대임을 맡았고, 110세에 죽었다(24:29). 70년간을 모세의 종으로 충성하였고, 이스라엘의 영도자로 30년간 봉사한 셈이 된다(이상 근). 모세는 "여호와의 종"이었고, 여호수아는 "모세의 시종"이었다. 그의 이름은 본래 '호세아'("구원", "구원자")였으나, 모세는 그를 "여호와께서 구원하심" 혹은 "여호와는 구원이시다"라는 뜻의 '여호수아'(헬라어 발음으로는 '예수')로 불렀다. 그는 모세로 시작된 출애굽 역사를 완성하여 하나님의 백성을 가나안에 정착시킨 자다. 이로써 율법이 시작한 구원의 역사를 완성하여 하나님의 백성을 천국에 안착시키신 예수 그리스도의 그림자가 된다(히 4:8). 여호수아는 우리의 대장 되시고 정복자 되시는 예수 그리스도의 모형이다. 그의 믿음은 그의 두 차례에 걸쳐 행한 훈계(23-24장) 속에 나타나 있다.

(1) **첫째 훈계**(23장): "힘써 율법을 준수할 것"을 교훈한 것으로, 모세의

율법을 힘써 지킬 것을 가르친다. 이것은 모세가 죽기 전에 모압 평지에서 백성을 훈계한 신명기와 흡사하다. 여호수아는 과거 역사를 회고하면서, 백성들에게 하나님께 충성하고, 율법을 준수할 것을 가르친 것이다. 먼저는 힘써 율법을 준수할 것을 말하고(1-13절), 다음으로는 복과 화, 선(善)과 불길(不吉)의 길을 말한다(6-13절). "복과 화", "선과 불길", "선한 자와 악한 자"의 선택은 "남은 자냐? 비(非) 남은 자냐?"를 결정하는 하나의 지표이다(신 27-30장 참조).

(2) **둘째 훈계**(24:1-28): 신앙 결단의 권고 설교로서, 역사적 회고와(1-13절) 신앙 결단의 권고이다(14-28절). 마지막으로 여호와만 섬기는 자신의 결단을 고백하면서 백성들에게도 결단시키고(14-18절), 재확인하여 언약을 세우고, 책에 기록하며, 증거의 돌을 세운다(19-28절).

다. 갈렙

갈렙은 민수기에서 모세 시대에(가나안 땅에 들어가기 전) 여호수아와 더불어 언급되었지만(민 14:38), 여호수아 시대에도(가나안 땅에 들어간 후) 믿음의 인물로 언급된다(14장). 그는 유다 지파 여분네의 아들로서, 가데스에서 가나안 땅을 탐지한 12명의 정탐꾼 가운데 한 사람이었다(민 13:6). 여호수아와 함께 가나안 땅을 정복할 수 있다고 믿었고(민 13:30), 믿음 때문에 그 땅에 들어갈 수 있었다(민 14:30). 나이 85세에 가나안 땅이 이스라엘 백성에 의해 정복되자(14:7, 10), 유다 지파의 대표자로서 가나안 땅을 각 지파에게 할당하는 직책을 수행하였다(민 34:19). 그는 헤브론 성읍을 할당 받은 후 그곳의 원주민인 아낙 자손을 쫓아낸다(14:13-14). 또한 기럇 세벨, 즉 드빌 지역을 취하는 자에게 딸 악사를 아내로 주겠다고 제안하였다. 그 지역을 갈렙의 아우 그나스의 아들인 옷니엘이 점령하자 갈렙은 약속대로 딸을 그에게 준다(15:13-19). 여호와께서 함께 하시면 아무리 견고한 산지와 성읍이라도 그 땅을 정복하리라 믿었다. 이것이 남은 자가 가져야 할 신앙이다. 그는 하나님이 자신에게 주신 말씀을 기억하는 사람이었다. 14:6-9은 가데스 바네아에서 모세에게 이르신 하나님의 말씀을 기억하는 모습을 보여준다. 출애굽했던 수많은 이스라엘 백성은 하나님의 말씀을 신뢰하지 않고, 자기들의 생각을 따라 살다가 끝내 사라지고 말았다. 그러나 갈렙은 하나님의 말씀을 늘 기억했고, 하나님은 그런 갈렙을 생존하게 하셨듯이(14:10) 당신의 말씀을 기억하는 자에게 복을 내리신다. 또한 갈렙은 하나님의 말씀을 따라 살았다. 갈렙은 85세의 노년임에도(14:10), 거인족인 아낙 자손과 견고한 성읍들을 보며 낙담하지 않았다. 오히려 하나님을 더 신뢰했다(14:12). 그는 또한 말씀을 좇아 여호수아에게 믿음의 유업을 요구했다(14:12). 그곳 헤브론은 거인족 아낙 자손 가운데서도 가장 큰 사람들이 사는 곳이기에 정복하기 어려운 곳이었다. 그러나 믿음의 선조들이 하나님과 함께 했던 흔적이 있던 곳이었다(민 14:30). 말씀을 좇아 하나님의 복이 임했던 곳을 향해 "이 산지를 내게 주소서"라고(14:12) 구한 갈렙은 그 땅을 마침내 소유할 수 있었다.

라. 이스라엘 백성

모세의 후계자로서 여호수아는 이스라엘 열두 지파를 약속의 땅으로 들인 후, 거기서 각 지파에게 정착할 지역을 나누어준다. 이 두 가지 일은 하나님의 지시와 보호와 도우심으로 이루어진다. 여호수아가 살아 있는 동안에는 하나님과 백성 사이의 관계는 흐려지지 않은 채로 잘 유지되었다. 이스라엘 백성은 계속하여 하나님의 계명에 순종하였고, 외적들 앞에서도 편안하고 안전하게 새 땅에서 살게 된 것을 마냥 기뻐했다. 그들이 하나님께 순종치 않았다면, 아간 하나의 범죄로 아이 성을 점령하지 못했듯이(7장), 그들은 할당받은 지역을 점령치 못했을 것이다. 그러나 그들은 하나님께 순종한 결과로 가나안 땅을 점령할 수 있었다. 이런 점에서 여호수아가 살았을 때의 이스라엘 백성은 남은 자 대열에 들어갈 수 있었다.

2. 사사기에 나타난 "남은 자" 계시

사사기는 여호수아서와 아주 대조적인 역사서다. 여호수아서가 하나님이 약속의 땅에서 자신을 위하여 거룩한 백성을 어떻게 준비하시는지를 묘사한다면, 사사기는 새로운 범죄와 사면을 반복적으로 다룬다. 이 시기는 원래는 신정정치 시대가 되어야 했으나, 실제로는 무질서와 혼란의 시기였다. "그 때에는 이스라엘에 왕이 없으므로, 사람마다 자기 소견에 옳은 대로 행하였더라"(삿 17:6; 18:1; 19:1; 21:25 등. 사사기의 핵심 요절). 사사기의 메시아적 관련성은 아주 미약한 것으로 보여준다. "이 책의 메시지는 대부분 이스라엘의 불신앙과 고집에 대한 것이다"(Groningen). "내가 오늘 네게 명하는 여호와의 명령과 법도와 규례를 지키지 아니하고, 네 하나님 여호와를 잊어버리지 않도록 삼갈지어다"(신 8:11). 여기의 "삼갈지어다"라는 말씀은 "다짐하라", "부디 잊지 말라", "주의하라"는 뜻으로, 40년간 이스라엘의 광야 생활은 이스라엘을 훈련하는 생활, 준비시키는 생활, 하나님을 잊지 않도록 신신당부하는 생활이었으나, 사사기는 그들의 삶이 조금도 달라지지 않았음을 보여준다. 그리하여 사사기는 가나안 땅이 "안식"의 땅이 아님을 보여주는 책이다.

그들은 모세가 신신당부한 것들을(신명기의 교훈들) 버리고, 아브라함을 저주하는 삶을 살았다. 아브라함이 가진 믿음을 저버렸다. "자기 소견에 옳은 대로의 삶"은 모세의 교훈과는 정반대되는, 무질서와 혼돈의 삶이다. 그것은 "빛이 있기 전의 혼돈과 공허처럼"(창 1:2), 다윗 왕국 이전의 어두움이었다(마 1:17). 그것은 노아 홍수 직전 상태를 생각나게 한다. "사람의 죄악이 세상에 가득함과 그의 마음으로 생각하는 모든 계획이 항상 악할 뿐임을 보시고"(창 6:5). 이는 지상의 가나안이 낙원이 아니었음을 보여준다. **그리하여 이때부터 가나안 땅을 "젖과 꿀이 흐르는 땅"이라 함은** (창 3:8, 17; 33:3; 레 20:24; 민 13:27; 14:8; 16:13-14; 신 6:3; 11:9; 26:9, 15; 27:3; 31:20; 수 5:6; 렘 11:5; 32:22; 겔 20:6, 15) **점점 사라지게 된다.** "만일 여호수아가 저희에게 안식을 주었더라면 그 후에 다른 날을 말씀하지 아니하였으리라 그런즉 안식할 때가 하나님의 백성에게 남아 있도다"(히 4:8-9). 하늘에 있는 한 성이 낙원이란 것이다(히 11:16). 사사시대부터 유다 왕국이 포로로 잡혀갈 때까지의 이스라엘은 하나님을 배반하고 죄에 빠져 있었다는 것이다. "이두 기간의 순서는 낙원 상황과 타락이라는 원역사의 순서(창 2-3장)를 생각나게 한다"(성경전서 독일성서 공회판).

이 사사기의 패턴을 확대 설명하는 것이 사무엘상하, 열왕기상하이다. 이 시기는 뱀의 후손들이 여자의 후손들과 대치 상태에 있던 시기이다. 여호수아가 죽고 그의 세대가 저물자, 이스라엘 백성은 하나님이 베푸신 은혜를 잊어버린다(2:11-13, 17-19; 3:7; 4:1; 6:1; 10:6; 13:1 등). 이스라엘은 하나님을 배신하였고, "여호와의 손이 그들에게 재앙을 내리시는"(삿 2:15) 괴로운 경험을 해야 했다. 창세기 12:3의 "너를 저주하는 자를 내가 저주하리라"("아브라함의 믿음을 거부하는 자를 내가 징계하리라")를 이룬 것이다. 이스라엘 백성은 자신들의 죄와 그 엄청난 고통을 직시하면서 새롭게 하나님께로 향하며, 오직 하나님께만 구원을 바라지 않을 수 없게 되었다. 하나님은 "사사(師士)들"을 통하여 구원을 주신다. 이들은 회개에 대한 하나님의 응답으로, 하나님 백성의 구원을 위해 부르심을 받은 자들이다. 그들은 평소에는 백성을 재판하거나 통치하지만, 유사시에는 이방 민족의 압박에 신음하는 이스라엘을 하나님께 받은 능력으로 구출하는 자들이었다. 그리하여 사사기에는 "범죄(우상숭배, 2:11-13; 3:7, 12; 4:1; 6:1; 10:6; 13:1) − 고난(이방인의 압제, 2:14-15; 3:8; 4:2; 6:2; 10:7-8; 13:1) − 회개(2:18; 3:9, 15; 4:3; 6:6-7; 10:10) − 사사의 구원(2:18; 3:9; 4:4; 6:8, 11; 11:1)"이라는 패턴이 반복되어 나온다.

"그것은 '이스라엘이 하나님을 떠나 이방인의 신을 섬기면 이방인의 압제를 받고, 회개하면 하나님은 사사를 보내사 그들을 구원하신다'는 원칙을 가르치는 것이다"(이상근). 즉 "범죄하면 고난을 당하고, 회개하면 구원을 받는다"는 것이다. 이는 "범죄하면 죽고, 순종하면 산다"는 신명기에서는 볼 수 없는 사상이다. 그것은 불순종한 이스라엘의 멸망을 집행 유예해 남은 자의 수를 얼마라도 보전해 보고자 하시는 하나님의 특별 조치이다. 그것은 범죄와 사면을 반복하여 보여준다. 이는 신약 시대의 그림자로서, 이스라엘의 궁극적인 갱신과 성화를 기대하게 한다. 이를 위해 사사기에서의 이스라엘은 우상숭배를 하다가 하나님께 부르짖고, 사사기에서 하나님은 고난을 주셨다가도 구원을 주신다. 그리하여 이스라엘의 여호와 신앙이 반복 시험되고 강조되며, 사사들의 전쟁은 곧 여호와의 구원의 방법이 되기도 한다. 사사들의 신앙은 단순하고도 철저했으며, 이스라엘 백성의 범죄가 반복됨에도 그들은 계속 여호와의 백성으로 취급되었다. 여호수아서의 가나안 정복사는 외적이며, 일거에 성취된 것으로 보이나, 사사기의 정복사는 내적이며, 장구한 세월을 통해 성공과 실패를 거듭하면서 진행된다. 하나님의 백성은 여호수아서에서처럼 단번에 되기도 하지만, 사사기에서처럼 수많은 반복의 시행착오를 통해서도 만들어진다. 하나님은 그런 방법을 써서라도 택한 선민이 구원받기를 바라신다. 여기에 사사기의 신약성(신약 사상)이 있다. 사사기에서부터 남은 자의 수는 적어졌으며, 외적이며 단체적이기보다 내적이며 개인적이 되기 시작한다. 이 사사들은 징계용 고난의 구원자들로서, "여자의 후손"이 육적인 구원자도 될 것을 그림자로 보여준다(사복음서). 하나님의 명령에 의해 일어나는 사사기의 모든 전쟁(聖戰)은 창세기 3:15의 "여자의 후손과 뱀과의 전쟁"의 그림자들로서, 그러한 전쟁들은 반드시 하나님의 군대에 의해 승리하고야 만다.

가. 열두 사사들

사사기의 본론부는 열두 명의 사사들의 역사다(2:6-16:31). 그 열두 명은 다시 대사사 여섯 명(옷니엘, 에훗, 드보라, 기드온, 입다, 삼손)과 소사사 여섯 명(삼갈, 돌라, 야일, 입산, 엘론, 압돈)으로 나뉜다. 이들은 범죄로 고난당하며 살려 달라고 부르짖는 이스라엘 백성을 구원하기 위해 하나님이 택해 세우신 지도자들이다. "사사"란 "재판장"을 뜻하나, 이 낱말이 내포하는 범위는 훨씬 넓게 "구원자, 옹호자, 지도자, 지배자" 등을 가리킨다. 그들은 가나안 정착에서 왕정 시대 이전까지 이스라엘의 위기 상황에 직면하여, 하나님께서 세워주신 군사적, 정치적, 영적 지도자들이다. 그들은 신정정치(theocracy) 체제하에서 이스라엘 백성을 구원하려고 세우심을 받은 자들이다(2:16, 18). 인생의 힘이 되시며(삼손), 용사가 되시며(기드온, 입다), 구원이 되시는(옷니엘, 에훗, 드보라) 메시아("여자의 후손")의 그림자들이다. 그들은 그 시대의 남은 자들이다. 그들은 약 400년간 사사 활동을 했다. 이들 중 몇 명을 들면 다음과 같다.

(1) **드보라**: 이스라엘의 네 번째 사사로, 랍비돗의 아내였으며, 에브라임의 라마와 벧엘 사이의 지역을 통치하였다(4:4-5). 그곳의 종려나무 아래에 거주하면서 이스라엘 자손을 재판하며 여선지자와 사사로 활약했다. 주전 1,200년경 가나안 왕 야빈이 이스라엘을 학대할 때, 대상들이 다니던 대로에는 인적이 끊겼고, 사람들은 소로로 숨어 다녔다. 그녀는 이스라엘 귀인들이 숨던 때에(5:6) 이스라엘의 어머니가 되어(5:7), 우유부단한 아비노암의 아들 바락을 설득하여 가나안 사람과 싸우게 하고, 자신도 참가하여 야빈의 군대장관 시스라와의 싸움에서 승리한다(4:5-23). 이때 지은 승리의 노래가 드보라의 노래이다(5:2-31). 이 노래에는 4장에 산문적으로 표현되어 있는 승리의 사건들이 더욱 상세하고 생생하게 표현되었고, 하나님께 대한 신앙과 애국적 정열이 넘쳐 흐른다. 이 노래에서 우리는 그

녀의 신앙을 읽을 수 있다. 하나님을 향한 찬양으로 시작하여 간구로 끝나는 이 노래는 크게 3부로 나누어진다. 서론 부분(5:2-11)은 출애굽 이후부터 드보라의 등장에 이르기까지 이스라엘을 보호해 주신 하나님의 위엄과 사랑을 찬양한다. 아울러, 불순종으로 말미암아 압제자 아래에서 황폐해진 이스라엘의 가련한 처지와 이런 곤경에서 벗어나게 하신 여호와의 은총을 대조하여 기술한다. 5:12-30은 4장에서 설명한, 전쟁의 경과 및 상황과 대적자의 비참한 말로(末路)를 소상히 묘사한다. 31절은 여호와의 적에게는 저주를, 자기편에게는 축복을 기원하는 결론으로, 공의와 사랑이 충만한 하나님을 향한 간절한 열망을 표현하고 있다. "깰지어다 깰지어다 드보라여 깰지어다 깰지어다 너는 노래할지어다"(5:12). 그녀는 먼저 자신에게 여호와께서 주신 승리를 감사하라고 깨우친다. "아마 이때 드보라는 그녀가 이 해방전을 위해 하나님의 부르심을 받은 때를 회상했을 것이다"(Hervey). 하여튼 "드보라는 지금 연약한 여성인 자신을 통해 이스라엘을 가나안 왕 야빈의 압제에서 구원하신 하나님의 은혜에 감격하고 있는 것이다"(이상근). "일어날지어다 일어날지어다 바락이여 아비노암의 아들이여 네가 사로잡은 자를 끌고 갈지어다"(5:12). 드보라는 다음으로 바락의 전공(戰功)을 드러낸다. 여자인 자신을 대신하여 가나안전을 성취한 장수는 바로 바락이었던 것이다. 그가 사로잡은 가나안인 포로들을 끌고 성안으로 가라는 것이다. "그때에 남은 귀인과 백성이 내려왔고 여호와께서 나를 위하여 용사를 치시려고 내려오셨도다"(5:13). 드보라는 다음으로 이스라엘 여러 지파에서 가세한 후원군들과 여호와 하나님의 도우심을 언급한다. 나라의 지도자였던 귀인들은 가나안의 압제를 피해 숨어 있었으나, 이때 나타났고, 또 이스라엘 여러 지파에서 온 백성들도 용기를 내어 전쟁에 가담했으며, 하늘의 여호와께서도 친히 강림하사 가나안의 용사들을 치셨다는 것이다. 그리하여 그 수는 약 4만명에 이르렀다(5:8). 이는 기손 강에 폭우가 내려 가나안의 철병거를 무력화시킨 사실을 가리킨다

(5:21). "에브라임에게서 나온 자는 아말렉에 뿌리 박힌 자요 그 다음에 베냐민은 너희 백성 중에 섞였으며 … 메로스를 저주하라 여호와를 도와 용사를 치지 아니함이라 야엘은 다른 여인보다 복을 받을 것이니 장막에 거한 여인보다 더욱 복을 받을 것이로다"(14-27절). 드보라는 전쟁에 가담한 지파와 가담치 않은 지파를 대조하며, 메로스 주민과 그 전쟁에 적극 협조한 야엘을 대조시킨다. 야엘은 가나안의 철병거를 지휘하는 적장 시스라를 그녀의 지혜로 방망이로 내려쳐 죽인, 한 가정의 주부로서, 남자들도 가히 할 수 없는 일을 한 것이다. 애국에는 남녀의 차별이 없으며, 남자의 하는 일을 한 여인은 여자의 일만 한 여인들보다 더 복을 받을 것이라 한다. 이는 예수님의 말씀, "마리아는 이 좋은 편을 택하였으니 빼앗기지 아니하리라"(눅 10:42)를 생각나게 한다. 그녀는 과연 신약 시대 마리아의 그림자가 된 것이다. "이스라엘 어머니의 노래"라고도 불리는 드보라의 노래에서는 히브리어 특유의 평행법이 사용되어 시적 운율을 살리고 의미를 강조하였다. 7절의 점층식 서술과 19-20절의 대구법이 그 예이다. 어쨌든 드보라는 하나님의 영에 의해 감동받은 카리스마적 지도자로서, 흩어진 이스라엘 지파들에게 일체감과 여호와에 대한 충성심을 갖도록 일깨워 준 탁월한 인물이었다(성서사전 322). 그녀는 열두 사사 중의 유일한 여사사로, 야엘과 더불어 여성도 남자와 똑같이 하나님의 일을 하는 메시아(여자의 후손) 시대의 그림자가 되고 있으며, 창세기 3:15의 여자와 뱀의 싸움에서 여자가 승리할 것을 예견시키는 하나의 예표가 되고 있다(요 12:3; 20:18; 계 12:1, 9, 14, 17 등).

(2) 익명의 선지자: 이 선지자는 나타나 이스라엘 백성에게 "이스라엘의 하나님 여호와의 말씀에 내가 너희를 애굽에서 인도하여 내며 너희를 그 종 되었던 집에서 나오게 하여 애굽 사람의 손과 너희를 학대하는 자의 손에서 너희를 건져내고 그들을 너희 앞에서 쫓아내고 그 땅을 너희에게 주었으며 내가 또 너희에게 이르기를 나는 너희 하나님 여호와이니 너희가 거주하

는 아모리 사람의 땅의 신들을 두려워하지 말라 하였으나 너희가 내 목소리를 듣기 아니하였느니라 하셨다" 했다(6:7-10). 이 선지자는 이스라엘에게 다음과 같은 사실을 분명하게 상기시켰다. "여호와께서는 다른 족속들의 압제에서 이스라엘을 구원해 내시는 일과 그들을 준비시켜 그들의 땅으로 인도하는 과정에서 큰 메시아 사역을 행하셨다." 게다가, 이 선지자는 이스라엘 백성들에게 여호와께서는 이스라엘에게 유일한 구원자요 주권자로서 자신을 계시하셨다는 사실을 상기시켰다. 그것은 곧 오직 여호와만이 경배와 섬김을 받아야 한다는 것이다. "이렇게 해서, 이 선지자는 여호와와 여호와의 메시아 언약의 사역을 선포했다. 그러고는 백성들이 그 분의 메시아("여자의 후손") 계시, 그분의 메시아 사역을 잊어버렸다고 호되게 꾸짖었다(메시아 사상, 495)." 메시아 개념을 더 완전하게, 더 넓은 의미로 봐야 한다는 것이다. 즉 출애굽의 역사를 일반적인 구원이 아닌, 메시아 사역의 그림자로 보라는 것이다. 성경을 읽는 성도가 꼭 명심해야 할 사항이다.

(3) 기드온: 이스라엘의 다섯 번째 사사로, 므낫세 지파 아비에셀 사람 요아스의 아들로, 그의 40년간의 활동이 6-9장에 나온다. 이스라엘 백성들이 죄악과 우상숭배에 빠져 하나님의 목전에서 악을 행하였기 때문에, 하나님은 이들을 미디안의 손에 붙이셨다. 미디안 사람들은 땅을 약탈하고 파괴하며, 곡식을 망쳐 놓는 등, 전 영토를 초토화했다. 그때 이스라엘 백성들은 굶주림 속에서 산속 굴에 거주하였다(6:26). 이스라엘이 하나님께 부르짖음으로 하나님은 기드온을 보내 그들의 불순종을 꾸짖으셨다. 기드온이 오브라의 자기 집에서 미디안 약탈자들의 눈을 피해 밀 타작을 할 때 하나님의 사자가 나타나서, "네가 이스라엘을 구할 자"라고 말한다. 이때 기드온은 증거를 요구하였고 준비한 음식을 사자에게 드린다. 하나님의 사자는 반석에서 불이 나와 그 음식을 불사르게 한 후, 곧 사라졌다. 기드온은 그 표적의 자리에 단을 쌓고 그곳 이름을 "여호와 살롬"이라

칭하였다(6:21-24). 그날 밤 기드온은 하나님의 지시를 받고서 자기 아버지가 섬기던 바알의 단을 허물었다. 그리고 하나님께 제사 드릴 단을 세우고, 수소를 잡아 바알의 단 옆에 있는 아세라 상을 찍어서 번제를 드렸다(6:25-27). 다음날 이 사실을 안 성읍 사람들이 기드온을 죽이려 하자, 기드온의 아버지 요아스는 "만약 바알이 신이라면 자기 스스로가 기드온과 쟁론할 것이라"고 말하였다(6:31). 그래서 기드온에게 "바알이 더불어 쟁론할 것이라"는 뜻의 '여룹바알'이라는 이름이 주어졌다. 훗날에 이 이름은 "바알"이라는 단어가 하나님을 섬기는 자에게 부당하다 해서, '여룹베셋'("스스로 쟁론케 하라")이란 말로 바뀐다(삼하 11:21). 미디안 사람과 아말렉 사람들이 이스라엘 골짜기에 진 쳤을 때, 기드온은 아비에셀 사람들을 모으고, 므낫세와 스불론, 납달리, 아셀 지파와 연합하여 전쟁 준비를 하였다. 기드온은 승리의 표적을 구한다. 양털 한 뭉치를 타작마당에 놓고 양털에만 이슬이 내리고 땅에는 내리지 않게 해 달라는 기도의 응답을 받는다. 다음날 밤에는 그 반대 현상이 일어나도록 기도해, 그대로 응답을 받았다(6:36-40). 하나님은 승리가 하나님께 있지 군사력에 있지 아니함을 분명히 하시려고, 모집된 3만 2천 명을 대상으로 여러 가지 시험을 거쳐 3백 명만 남게 하셨다(7:1-6). 3백 용사들은 한 손에는 빈 항아리 속에 횃불을 감추고, 다른 손에는 나팔을 들고 미디안 진영을 포위하였다. 자정쯤에 나팔을 불고 항아리를 깨뜨리고 소리 지르자, 미디안 군사들은 놀라 자기 편끼리 싸우고 도망하였다. 에브라임 지파 사람들은 도망가는 미디안 군을 막아 요단강 여울을 봉쇄하였고, 미디안의 두 방백 오렙과 스엡을 사로잡아 죽여 그 머리를 기드온에게 가져왔다(7:24-8:3). 기드온은 미디안의 두 왕 세바와 살문나를 추격하여 죽였다. 그 과정에서 기드온은 숙곳과 브누엘 사람들에게 부하 3백 명의 떡을 요청했으나 거절당했다. 승전 후 귀환 길에 그는 광야에서 가져온 들 가시나무와 찔레나무로 숙곳 사람들을 매질하는 데 사용했고, 브누엘에서는 그곳의 망대를 헐고 사람들을 죽였다. 이스라엘 백성들은 승리를 기뻐하면서 기드온이 왕이 되어 줄 것을 요청한다. 그러나 기드온은 하나님이 왕이시라면서 거절하였다. 그는 전리품 중에서 금귀고리를 모아 에봇을 만들어 오브라 성읍에 두었다. 이 에봇은 우상이 되어, 기드온이 죽은 후 모든 이스라엘에게 올무가 되었다(8:24-27). 이것은 기드온의 큰 잘못이었다. 그는 첩들을 많이 두어 70명의 손자가 있었으며, 그의 삶이 이스라엘에게 본이 되지 못하였다. 이스라엘은 여전히 바알을 섬기며, 자기들의 하나님을 기억하지 아니하고, 기드온의 집을 후대하지도 않았다.

(4) 입다: 그는 이스라엘을 암몬 자손의 침략에서 구하고 사사로서 6년 동안 이스라엘을 다스렸던 길르앗의 큰 용사이다(11:1-12). 그는 아버지 길르앗과 기생 사이에서 태어났으며(11:1), 서자였던 까닭에, 집안의 어떤 기업도 받지 못하고, 아버지의 본처 소생인 이복형제들에게 쫓겨났다(11:2). 그 후 돕 땅, 길르앗 라못 북동쪽 유브라데 강변에 거하며 잡류들의 두목이 되었다. 그러나 암몬 자손의 침략 때, 길르앗 장로들로부터 요청을 받아 길르앗의 머리와 장관이 되었다(11:5-11). 이때 이스라엘은 암몬 자손에게 18년 동안이나 압제당하고 있었다(10:8). 사사가 된 입다는 먼저 아르논 강에서 얍복과 요단까지의 영토권을 놓고 암몬 왕과 협상을 벌인다. 평화적으로 문제를 해결하려 했으나, 암몬 왕이 그의 말을 듣지 아니함으로(11:28), 결국 그들을 패배시켰다(11:32-33). 이 승리는 이후 수십 년간 암몬 자손의 침략을 저지했다.

전쟁 도중에 생긴 입다의 서원 이야기는 입다에 대한 기사에서 하나의 중요한 초점이 된다. 여호와의 신이 그에게 임한 가운데 전쟁을 위해 암몬 자손에게로 향한 입다는 하나님께서 승리를 주신다면 집에 돌아올 때 최초로 그를 영접한 자를 번제물로 바치겠다고 서원했다(11:29-31). 그러나 정작 그를 최초로 맞이한 사람은 그의 무남독녀인 딸이었다. 그는 슬픔과 고통에도 서원을 이행해야만 했는데, 이로 인하여 이스라엘 여자들은 해마다 입다의 딸을 위해 나흘씩 애곡하는 관습을 갖게 되었다(11:42). 그가 얼마나 승리를 원했으며, 승리는 오직 하나님께 달렸음을 확신했는지를 보여준다.

입다는 에브라임 지파를 응징한 것으로도 유명하다. 에브라임 자손과의 싸움은 암몬과의 전쟁 이후에 전쟁에 대한 그들의 불평과 비방으로부터 기인된 것이었다(12:1-6). 전쟁 때에는 방관만 하던 그들이 전쟁에 자기들을 초청하지 않았다고 트집을 잡은 것이다(12:1-2). 그러나 근본적인 이유는 각각 요단 서편과 동편에 살던 에브라임 자손과 길르앗 사람들 사이의 오랜 적대감 때문이었다(8:12; 12:4). 싸움은 요단 동편에서 시작되었다. 점점 불리하여 요단을 건너 도망치던 에브라임 자손들은 '쉽볼렛'을 '십볼렛'으로 발음해서, 출신이 드러남으로써 길르앗 사람들에게 42,000명이나 죽임을 당했다. 이러한 입다의 에브라임 징벌은 가나안 땅에 들어간 이스라엘이 통일되지 않고, 서로 간에 알력과 분쟁이 있었음을 보여준다. 이런 현실들은 왕정 시대를 오게 하는 원인이 된다. 입다의 생애는 하나님께서 함께 하신 승리와 불굴의 의지에 의한 서원의 이행 등으로 더욱 두드러진다. 입다는 사무엘에 의해 "위급한 때 이스라엘을 구한 하나님의 보내신 사람"(삼상 12:11)으로, 그리고 히브리서에는 "믿음의 선진"으로 일컬어졌다(히 11:32).

(5) 삼손: 삼손("작은 태양")은 단 지파 마노아의 아들로 그의 어머니는 불임 여인이었다. 여호와의 사자는 그에게 아들이 수태될 것과, 그를 나실인으로 키워야 할 것, 그가 블레셋에게서 이스라엘을 구원할 것을 알려주었다(13:2-5). 당시 이스라엘은 앞선 사사들의 활동으로 평화로운 시기가 계속되자 다시 악행을 저지르기 시작했다. 이에 하나님께서는 블레셋 사람을 사용하여 이스라엘을 징계하셨다. 이러한 시대적 상황에서 삼손이 출생한 것이다(13:1). 그는 출생 전에 나실인("여호와께 헌신하고, 성별[聖別]을 맹세하여, 금욕을 행하는 사람")으로 구별되었다(13:5). 성장한 후 소라와 에스다

올 사이 마하네단에서 비로소 여호와의 신이 삼손에게 임하였다(13:25). 삼손은 딤나에서 본 무명의 블레셋 여인과 혼인하였고, 혼인잔치에서 수수께끼로 블레셋 사람 30명과 내기를 하였다(14:1-14). 그러나 블레셋은 삼손의 아내를 협박하여 답을 알아내었고, 삼손은 그들의 행위를 비난하고 여호와의 신이 임한 채 아스글론으로 갔다. 삼손은 그곳 사람 30명을 죽이고 노략한 옷으로 약속하였던 내기물들을 주었다. 삼손은 노하여서 아비의 집으로 올라왔는데(14:15-19), 이때 그의 아내는 장인에 의해 삼손과 함께 있었던 청년에게 주어졌다(15:1-2). 삼손은 이러한 장인의 행위와 아내를 잃은 분노로 여우 300마리를 이용하여 블레셋 사람들의 밭을 불살라 버렸다(15:4-5). 이에 블레셋 사람들은 삼손의 아내와 장인을 죽이는 보복을 행한다(15:6). 삼손은 처갓집의 복수를 위해 블레셋 사람을 크게 도륙하고 에담 바위틈 동굴에 거하였다(15:7-8). 이때부터 블레셋 사람들은 삼손을 없애기 위해 여러 가지 모략을 세우고 실행에 옮긴다. 먼저 그들은 유다를 침범하려 했다. 이에 유다 사람들은 삼손을 결박하여 블레셋인에게 주었으나, 삼손은 여호와의 신의 권능으로 결박을 풀고, 오히려 나귀의 턱뼈로 블레셋 사람 천 명을 죽였다(15:11-17). 또한 삼손이 가사의 기생의 집에 들어갔을 때, 가사 사람들이 이것을 알고서 그를 죽이려고 매복하였다. 그러나 밤중쯤 되어 삼손은 성 문짝들과 두 문설주와 문빗장을 빼어 어깨에 메고 헤브론 앞산 꼭대기로 갔다(16:1-3). 그러자 블레셋 사람들은 삼손이 사랑하는 들릴라를 이용하여 삼손의 힘의 비밀을 알아내려 하였다(16:4-5). 삼손은 세 번이나 들릴라의 간청을 거짓말로 피하지만, 결국 자신의 비밀을 알려 주게 된다. 그 결과 그는 머리를 깎였으며(16:6-9), 두 눈은 뽑히고, 가사에 내려가 옥중에서 맷돌을 돌리는 고역을 치르게 되었다(16:21). 삼손을 사로잡은 블레셋 사람들은 그들의 신 다곤(태양신)에게 제사드리며 잔치를 벌이고, 삼손에게 재주를 부리게 하려고, 다곤 신전 두 기둥 사이에 세워두었다(16:23-25). 삼손은 자기를 부축하는 소년에게 부탁하여 두 기둥에 의지하며 하나님께 기도한다. 그리고 하나님에 의해 회복된 힘으로 기둥을 넘어뜨려 그곳에 있던 자들과 함께 죽었다. 이때 죽은 자가 삼손이 살았을 때 죽인 자보다 많았다(16:26-30). 그는 물맷돌 다섯 개로 블레셋의 거장 골리앗을 때려눕힌 다윗의 그림자다.

삼손은 이와 같이 다른 사사들과는 다른 모습들을 보여주었다. 그의 삶은 다른 사사들처럼 명령에 순복하는 삶이 아니었다. 나실인임에도 불구하고 그 서약을 지키지 않았고(14:8; 16:19), 나라와 민족의 평안보다는 개인의 영예와 자존심을 위해 살았다(15:3, 7; 16:28). 그러나 하나님께서는 이러한 삼손을 통하여 역사하셨고, 뜻을 이루어 나가셨다. 히브리서에서는 삼손을 믿음의 조상 가운데 한 사람으로 소개한다(히 11:32). 비록 부족하지만, 대적인 블레셋을 괴롭게 하고 그들을 죽이는 일에 기여했다는 것이다. 마노아 부부는 삼손의 출생을 예고받고서 삼손에게 맡겨진 중요한 사역들을 위하여 주어진 지시들을 성실히 준수한 점에서 "남은 자"라 할 수 있다. 삼손은 사탄의 머리를 파쇄할 여자의 후손의 힘을 그림자적으로 보여주는 인물이라 할 것이다. 그의 힘은 "여호와의 신"의 힘이었다.

나. 회개하는 이스라엘

사사기 때의 이스라엘은 우상을 섬기는 일을 반복하지만, 회개하는 일도 반복하는 이스라엘이었다. "이스라엘 자손이 여호와께 부르짖으매"(10:10). 이는 그들이 여호와께 돌아와 회개하는 표시였다(3:9, 15; 4:3; 6:6-7 참조). "우리가 우리 하나님을 버리고 바알들을 섬김으로 주께 범죄하였나이다"(10:10). 그들은 그들이 범죄한 내용을 사실대로 밝혔다. "우리가 범죄하였사오니 주의 보시기에 좋은 대로 우리에게 행하시려니와 오직 주께 구하옵나니 오늘날 우리를 건져 내시옵소서"(10:15). 이는 이스라엘의 회개가 진실된 것을 표시하는 고백일 것이다. 저들은 다시 저들의 범죄함을 고백하고(10절에 이어), 하나님의 처분에 따를 것을 약속하며, 그러나 현재의 암몬의 압제에서 구원해 주시기를 애원하였다. 저들은 이제 역사의 주가 여호와이심을 확신하게 된 것이다. "우리가 여호와의 손에 빠지고 내가 사람의 손에 빠지지 않기를 원하노라"(삼하 28:14)라고 한 다윗의 고백과 같다(이상근). "자기 가운데서 이방 신들을 제하여 버리고 여호와를 섬기며"(10:16)라는 것은 이스라엘의 회개의 행동이다. 저들은 회개를 고백만 한 것이 아니라, 행동으로 이방신들을 제하여 버리고, 여호와께 돌아와 경배했다. 즉 회개의 열매를 맺은 것이다(마 3:8). "여호와께서 이스라엘의 곤고를 인하여 마음에 근심하시니라"(10:16). "이스라엘이 범죄할 때에 하나님은 그들에게 이방인을 통한 압제를 주셨으나, 그들이 회개할 때는 그 압제를 근심하시고, 긍휼히 여기시는 것이다"(호 11:8). "그리고 그들에게 쏟던 진노하심을 그들의 대적에게로 돌리시는 것이다"(이상근). 이 모든 것은 사사시대 이스라엘의 부르짖음이 단지 고통을 면하기 위한 몸짓이 아니고, 진심으로 회개함의 부르짖음이었음을 알게 한다. 그것은 남은 자의 표식이다.

다. 행악하는 이스라엘

사사기 때의 이스라엘은 회개하는 이스라엘이기도 했지만, 다른 한편으로는 행악하는 이스라엘이었다. 전자가 "남은 자"라 한다면, 후자는 "비(非) 남은 자"라 할 수 있다. 전자가 "정상적인 이스라엘"이라면, 후자는 "비정상적인, 망가진 이스라엘"이라 할 것이다. 이를 보여주는 것이 17-21장의 부록이다. 이 부록은 "단의 북방 이주와 베냐민의 악행"에 관한 것이다. 부록의 첫째는 단 지파의 악행이다(17-18장). 단 지파는 원래 유다와 베냐민, 에브라임, 므낫세 사이에 기업을 얻었으나, 그중 약 600명이 이스라엘의 북방 경계 지대이며 납달리와 동편 므낫세 사이인, 라이스로 이주한다. 그런데 이주의 도상에서 이들은 미가의 집의 우상과 레위인 제사장을 강탈하여 가서 단 지파의 땅에 성소를 세웠다. 부록의 둘째는 베냐민의 악행이다(19-21장). 사건의 발단은 에브라임 산지의 한 레위인의 첩이 베냐민 기브아에서 악행을 당해 죽은 데서 시작된다. 레위인은 첩의 시체를 열두 토막으로 나누고, 이를 온 이스라엘에 공고한다. 온 이스라엘은 미스바에 모여 기브아 범죄자의 처벌을 요구하나, 베냐민은 거부하고, 오히려 도전한다. 결국 베냐민은 거의 전멸 상태가 되어, 온 이스라엘은 남은 베냐민의 보존책을 강구한다. 이 시대는 대제사장 비느하스가 살아있고, 하나님의 법궤는 여전히 실로에 있을 때라 본다(Hervey, by 이상근). 즉 사사시대 초기인 것이다. 이 부록엔 "그때에 이스라엘에 왕이 없으므로 사람이 각각 그 소견에 옳은 대로 행하였더라"라는 구절이 네 번이나 나온다(17:6; 18:1; 19:1; 21:25). 이는 왕정 전 사사시대의 혼란과 무정부 상태를 보여주는 것으로 "왕이 없으면 극도의 혼란이 온다"는 것을 알려주고, 동시에 남은 자의 사상을 알려주면서 앞으로 있을 이스라엘의 왕정 시대를 바라보게 한다. 강탈, 우상숭배, 음행, 살인, 망령된 악행 등 종교적으로, 도덕적으로, 정치적으로 진행되고 있는 붕괴를 간헐적인 사사들의 활동만으로는 더 이상 막을 수가 없었다는 것이다. 이 시대는 다윗 시대 이전의 "혼돈과 공허"(창 1:2; 사 34:11; 렘 4:26)의 시대라 할 수 있다. 이 부록의 또 다른 의도는 이스라엘이 가나안 땅에 들어갔지만, 다시 한번 가인 시대가 된 것을(타락) 알려주는 것이다. "네가 선을 행하지 아니하면 죄가 문에 엎드려 있느니라"(창 4:7). 노아 홍수 이전 천년을 사는 열 고조 시대에 인간의 죄악이 세상에 가득하고 그의 마음으로 생각하는 모든 계획이 항상 악했던 것과 같다(창 6:5). 땅 위의 가나안은 하나님이 아브라함에게 주시려고 약속한 땅이 아니라는 것이다. 주후 70년 예루살렘이 멸망한 후, 이스라엘은 1,900여년 동안 땅도 나라도 잃어버리고 온 세계에 흩어져 살고 있었던 것과 같다.

3. 사무엘상 1장부터 열왕기상 11장(통일왕국 시대)에 나타난 "남은 자" 계시

이 시기는 통일왕국 시대로서, 사무엘, 사울, 다윗, 솔로몬 시대 전기와 관련된 시대이다. 드보라의 노래나, 입다의 에브라임 원정이나, 사사기의 부록이 보여주듯이, 사사시대 이스라엘은 지파별로 배당받은 지역 점령 이라는 과업 때문이거나 혹은 다른 이유로 갈기갈기 찢겨 있었으며, 극도 의 혼란스러운 무정부 상태에 있었다. 이러한 상태는 각 지파를 하나로 통일시키며, 한 왕을 중심으로 열두 지파가 결속하는 강력한 왕정 시대를 필요로 하고 있었다(간접적인 계기). 이런 가운데서 사무엘상 1-8장은 이스라 엘에 왕정을 도입하는 직접적인 계기를 알려준다. 사무엘상 4-6장에 나오 는 블레셋과의 전쟁은 강한 적들, 무엇보다도 이스라엘을 능가하도록 무 장한 블레셋 사람들의 위협을 보여주는데, 지파별로 갈기갈기 갈라져 있 던 이스라엘의 농부들로는 이들과 맞설 수가 없었던 것이다. 그리하여 이스라엘은 처음으로 통일왕국 시대를 맞게 된다. 그것이 바로 사울과(삼 상 9-31장) 다윗과(삼하 1-24장) 솔로몬의(왕상 1-11장) 시대다. 이 시대는 이스 라엘 역사의 고전적인 시기로서, 이 첫 세 임금의 모습은 이스라엘 역사 서술에 두드러지게 나타나고, 다음 시대 역사에 빛과 그림자를 던져준다. 그 세 임금의 역사는 낙원 상황과 타락이라는 원역사의 순서를 뒤집어 놓음과 같다(창 2-3장). 사울은 탈락하고, 다윗과 솔로몬은 남은 자가 된다. 그러나 그 중에 제일은 다윗이다. 사울은 처음부터 불순종하고, 솔로몬은 그 끝이 좋지 않았다. 이같이 이스라엘에 국가가 형성되고 왕정이 수립되 는 전환기에 활동했던 인물이 사무엘이다. 사무엘은 마지막 사사(삼상 7장) 로서 일했고, 임금을 돕는 첫 번째 예언자로 등장하여 임금과 백성에게 하나님의 뜻을 전하였다(삼상 12장). 사무엘상 1-8장에 나오는 사무엘과 엘 리의 대조는(시대가 바뀐다는 조짐) 다음에 나올 다윗과(삼하 1-24장) 사울의(삼상 9-31장) 대조를 그림자로 보여주고, 다윗과 사울의 대조는 솔로몬과(왕상 1-10장) 솔로몬의 말기(왕상 11-22장) 대조를 그림자로 보여준다. 쇠퇴-진흥, 진흥-쇠퇴의 순서이다. 그리하여 다윗은 진흥-진흥 시대에 속하고 있어, 장차 올 메시아의(여자의 후손) 그림자로 나타난다. 사무엘하에서 열왕기하까지는 진흥-쇠퇴 패턴을 보여주고, 통일왕국 시대와 분열왕국 시대로 크게 나누인다. 이 시기에 남은 자들은 다음을 들 수 있다.

가. 한나

에브라임 산지 라마다임소빔에 살았던 그핫 계통의 레위인 엘가나의 두 아내 중 한 사람이며(삼상 1:1-2), 사무엘의 어머니이다. 그녀는 남편 엘가나의 사랑을 많이 받았으나, 여호와께서 성태치 못하게 하시므로 번민하였고, 더욱이 엘가나의 다른 아내 브닌나로부터 괴롭힘을 당했었다(삼상 1:5-6). 그러다가 절기 행사를 위하여 실로에 올라간 어느 날 자신의 괴로움(삼상 1:10)과 원통한 심정을(삼상 1:16) 하나님께 내어놓고 기도하며, 아들을 주신다면 하나님께 바치겠다고 서원을 하였는데, 하나님께서는 그녀의 기도에 응답하시어 아들 사무엘을 주셨다(삼상 1:9-20). 한나는 사무엘이 젖을 떼기까지(보통 3년) 기다렸다가 실로 성막의 제사장 엘리에게 사무엘을 맡기며 서원대로 아들의 평생을 하나님께 바쳤다(삼상 1:11, 28). 이때 한나가 여호와 하나님께 드린 기도(삼상 2:1-10)는 신약성경에 나오는 마라아의 찬가('마그니피캇트', 눅 1:46-55)에 견줄 정도로 유명하다. 그녀의 이 기도는 단순히 하나님께서 자신에게 베풀어 주신 구원에 대한 감사의 성격을 넘어서, 하나님의 속성(거룩성, 유일성, 신실성, 전지성 등)과 은혜, 절대적인 주권을 찬양하고, 특히 심판과 기름부음을 받은 자(메시아)의 통치까지 예언하고 있다는 점에서(10절) 주목된다. 그가 여호와를 찬양한 말 곧 "구원의 근원이시며, 거룩하시고, 하나밖에 없으시며, 반석과 같고, 모든 것을 아시며, 생명과 죽음의 주관자이시며, 부한 자들과 가난한 자들에의 공급자이시며, 가난한 자들을 돌보시며, 신실한 자들을 영화롭게 하시고 인도하시는 분이시며, 심판을 행하실 때 승리를 가져다 주시는 분이시며, 그의 종들에게 힘을 주시는 분이시다"(Groningen)는 말은 그녀가 그녀의 여호와 하나님을 잘 알고 그분과 친밀한 관계를 유지하였다는 것을 증명해 준다. 그녀의 기도는 찬양, 감사, 믿음, 그리고 미래에 대한 확신의 표현이었다. "이러한 그녀의 경건과 종교적 인식은 여호와께서 지나간 시대들 동안 당신의 백성들과 그들의 대적들을 다루시는 데 대한 그녀의 역사의식과 직접적으로 관계가 있다"(Groningen). "한나의 찬미의 결구는 실로 웅대하고도 높은 사상을 내포하는 것이다. 그녀는 자신의 대적자 브닌나에서 시작하여(삼상 2:1, 3), 하나님의 대적자 사탄에게 이르고, 자신의 구원에서 시작하여(삼상 2:1), 만민의 구원에 이르며, 그 구원자이신 메시아에 이르기까지 언급하는 것이다. 구원사의 주께서 계시하신 바였던 것이다"(이상근). 그녀는 여자의 후손과 뱀의 전투에서 여자의 후손의 승리를 예견한다(삼상 2:10). 이러한 사실은 창세기 3:15가 하나님의 인류 구원 프로그램임을 확신하게 한다. 그녀는 사무엘 외에 세 아들과 두 딸을 낳는 축복을 받았다(삼상 2:21). 이는 예수의 어머니 마리아가 예수의 동생들을 낳은 것의 그림자가 된다(막 3:32와 그 병행). 사무엘은 사사로, 제사장으로, 선지자로 부름받았으며, 이런 점에서 그는 그리스도의 그림자가 된다.

나. 사무엘

마지막 사사이면서 첫 선지자로, 사사시대를 마감하고 왕정 시대와 선지자 시대를 연 인물이다(행 13:20). 그는 에브라임 사람 엘가나와 한나 사이에서 태어난 아들로서, 역대상에서는 레위 지파의 후손으로 기록되어 있다(대상 6:16-30). 그의 출생은 자식이 없어 고통 중에 있던 한나의 서원 기도에 대한 하나님의 응답이었다(삼상 1:10-11). 한나는 그녀의 서원대로 사무엘이 젖을 떼자, 그를 여호와의 집에 데리고 가서 거기에 거하게 하였다(삼상 1:24). 어린 사무엘은 실로에 있는 여호와의 집에서 하나님을 섬기면서 자라났다(삼상 2:18, 21). 당시에는 하나님께서 말씀해 주시는 일이나 이상을 보여주시는 일이 매우 드물었으나(삼상 3:1), 사무엘에게는 임하셔서 범죄한 엘리 집안에 대한 하나님의 징계를 예언하도록 하셨다(삼상 3:10-18). 또한 하나님께서는 사무엘이 한 말은 틀림없이 다 이루어지게 하셔서 온 이스라엘 백성이 그가 선지자로 세우심을 입은 줄 알게 하셨다(삼상 3:19-21). 이스라엘이 블레셋에게 패해 법궤를 빼앗겼다가 법궤가 다시 이스라엘에 돌아왔을 때, 사무엘은 우상을 제하는 대대적인 개혁을 단행하였고, 이스라엘 백성에게 회개 운동을 일으켜, 우상을 버리고 여호와께 돌아올 것을 권했다(삼상 7:3-4). 회개는 죄의 나라로 떠나갔던 자가 다시 하나님께로 돌아오는 것이다. 그 후 이스라엘 백성들을 미스바에 모이게 하여, 금식하고 기도하게 하였는데(삼상 7:5-11), 이때 침략해 온 블레셋을 하나님의 도우심으로 대파하고, 미스바와 센 사이에 돌을 세워 에벤에셀이라고 이름하였다(삼상 7:12).

사무엘은 해마다 벧엘, 길갈, 미스바를 순회하면서 이스라엘을 다스렸고, 라마에 있는 자기 집에 돌아와서도 활동하였다(삼상 7:16-17). 사무엘이 늙자, 두 아들 요엘과 아비야를 사사로 세웠지만, 그들은 아버지와는 달리 뇌물을 취하고 판단을 굽게 하였다(삼상 8:1-3). 이에 백성들의 장로들이 라마로 와서 항의하며, 이스라엘에 왕을 세워줄 것을 요구하게 된다(삼상 8:5). 그것은 일찍이 모세가 신명기에서 우려했던 바였다(신 17:14-20). 하나님께서는 왕정 제도를 원치 않으셨으나, 결국 허락하셨고(삼상 8:7), 사무엘은 하나님의 명령대로 사울을 이스라엘의 제1대 왕으로 기름을 부어 세웠다(삼상 10:1-24). 그는 그의 고별사에서 이스라엘의 불신을 경고한다. "너희가 만일 여호와를 경외하며 그를 섬기며 너희와 너희를 다스리는 왕이 너희 하나님 여호와를 좇으면 좋겠지마는 너희가 만일 여호와의 목소리를 듣지 아니하고 여호와의 명령을 거역하면 여호와의 손이 너희의 열조를 치신 것 같이 너희를 치실 것이라"(삼상 12:14-15). 사무엘은 이제 모세가 신명기의 결론에서 축복과 저주의 두 길을 보여준 것 같이(신 28장), 두 길을 제시하는 것이다. 즉 사무엘상 12:13의 "여호와께서 왕을 세우심"을 받아, 여호와의 세움 받은 왕과 온 백성이 다 같이 여호와를 경외하고 그를 섬기며 그를 거역하지 않고 순종하면 복을 받고, 나라가 흥왕하지만, 그렇지 않고 불순종하면, 저주를 받는다는 것이다. 그러나 사울은 하나님의 말씀을 순종하지 않았고, 심지어 제사장의 직무인 제사를 집전하기에까지 이르자(삼상 13:8-10) 하나님께서는 사울을 폐하시고, 사무엘을 통해 다윗을 왕으로 삼고 기름을 붓게 하셨다(삼상 16:1-13). 사무엘은 노년에 자기의 집이 있는 라마에서 죽음을 맞이했다(삼상 25:11). 구약 여러 곳에서 그는 모세와 함께, 하나님과 사람들로부터 인정받는 기도와 중보의 사역자였다(삼상 12:23; 시 99:6; 렘 15:1). 신약에서는 예언의 사역을 하였던 선지자로(행 3:24), 사사시대와 왕정 시대를 연결하는 중요한 시기의 선지자로(행 13:20), 또한 믿음의 조상들 가운데 하나로(히 11:32) 언급되고 있다.

다. 왕을 요구하는 이스라엘

사무엘의 만년은 이스라엘에 왕정 제도를 수립한 기간이었다. 사무엘은 늙고 아들들은 불초함으로 백성들은 왕을 구한다. 이스라엘의 주변 국가들은 일찍부터 왕정제도를 거쳐, 강력한 중앙집권제와 군대를 거느리고 있었다. 이스라엘 장로들의 위선은 사무엘이 늙고, 그 아들들이 불출이라는 이유를 드나, 속뜻은 이웃 열방들처럼 강력한 왕권 제도를 갖고 싶었던 것이다. 당시 이스라엘은 지파 간의 연맹 관계를 이루고 있었으며, 정치적으로 통치 체제가 단일화되지 못한 상태에 있었다. 따라서 이방의 침입에 대하여 연합된 군사행동을 하기가 힘들었다. 물론 필요시마다 하나님께서 사사를 세워주셔서 어려움을 물리칠 수 있었으나, 이웃 나라들이 왕정 제도를 통해 군사·정치적으로 강한 응집력을 보이자, 이스라엘 백성들도 왕의 필요성을 느끼게 되었다. 이러한 시대적 상황에서 사무엘의 만류에도 불구하고(사무엘은 병역, 농경, 강제노동, 징용, 재산의 몰수 등 왕의 특권을 설명하며, 경계하며, 위와 같은 왕권이 행사되고, 또 그것이 폭정으로 나타날 때 고통에 못 이긴 백성들이 호소하게 될 것이나, 그때에 여호와께서 침묵하시고 응답지 아니하신다는 것을 분명히 했다[삼상 10:10-18]), 이스라엘은 왕을 세워줄 것을 강력하게 요청하였고(삼상 8:19-20), 마침내 하나님께서는 왕정을 허락하셨는데, 이때 초대 왕으로 세워진 자가 사울이었다. 그는 무리가 요구하는 이 세상 왕의 유형을 대변하는 인물이었다("얼굴이 준수하고 키가 큰", 삼상 9:2). 이스라엘 장로들의 왕정 요구는 피상적인 이유에서였고, 사실은 하나님의 통치를 싫어함에서 오는 것이었다. 그것은 사무엘을 싫어하고, 하나님을 싫어함에서였다(삼상 8:7-8). 하나님을 멀리 떠나고자 함이었다. 그들은 아브라함이 가졌던 믿음을 거부했다. 그러나 하나님은 그들의 요구를 다 들어주라고 하신다. "그것은 하나님이 기쁘게 허락하신 것이 아니요, 오히려 노여움의 표시였던 것이다"(이상근). 이런 가운데서 중요한 것은 "세움 받은 왕이 하나님을 잘 공경하느냐 안 하느냐"이다. 이러한 왕정의 출발은 이스라엘의 왕정 제도를 통해 이스라엘의 남은 자의 수가 줄어들 것을 예견시킨다. 이러한 왕정 역시 만왕의 왕이 되실 메시아("여자의 후손")의 그림자로 주어진 것이다.

라. 사울

베냐민 지파 기스의 아들이며, 이스라엘의 초대 왕이다. 그는 사사시대를 마무리하고 왕정 시대를 여는 인물로서의 중요성을 가진 자로서, 아버지의 잃어버린 암나귀를 찾으러 다니다가 하나님의 섭리로 사무엘에게 이르게 되었고(삼상 19:15-17), 그에게 기름부음을 받았다(삼상 10:1). 그 후 사울은 사무엘에 의해 미스바로 모인 백성들 앞에서 제비뽑기를 통해 공식적으로 왕에 등극하지만(삼상 10:17-20), 반대자들이 전혀 없는 것은 아니었다(삼상 10:27). 그러나 길르앗 야베스 전투에서 승리함으로써, 그의 왕권을 확립하였고(삼상 11:1-15), 군대를 조직하기까지 하였다(삼상 13:2). 그러나 사울은 한 사건을 통해서 사무엘로부터 몰락을 예언 받게 되는데, 그 사건은 바로 블레셋과의 믹마스 전투에서 하나님의 도우심을 바라는 번제를 자신이 직접 집전한 것이다(삼상 13:5-15). 이것은 사울이 제사장의 직분을 침범한 것이며, 정치적 수뇌가 종교적 수뇌를 통합시키는 과오를 범한 것이다. 사울의 두 번째 실수는 아말렉과의 전쟁에서 행해졌는데, 하나님께서는 아말렉을 진멸하라고 명하셨으나, 그는 명령을 어기고 좋은 것들을 전리품으로 취하였다. 이 사건으로 사울은 하나님께 완전히 버림을 받았고(삼상 15:26), 사무엘은 다윗에게 기름을 부었다(삼상 16:1-3). 사울은 하나님의 영이 떠나자, 악신에 의해 괴로움을 당했으며, 그때마다 다윗의 수금 연주를 통해 괴로움을 달래기도 하였다(삼상 16:14-23). 그러나 다윗이 골리앗과의 싸움에서 승리하고 이스라엘 백성의 영웅으로 부상하자, 사울은 다윗을 질투하여 여러 차례 죽이려고 시도했으나, 번번이 실패로 돌아가고 말았다. 그는 다윗을 최소한 6회나 죽이려 했으며(삼상 18:10-11; 19:9-10; 20:23; 24:1-2; 26:2), 다윗을 도왔다고 놉의 제사장 85명을 죽였고(삼상 22:6-23), 그의 통치 40년간에 몇 번의 전쟁을 한 것 외에는 다윗을 미워하며 죄를 짓는 일 외에 한 일이 없다. 그는 하나님을 자기의 하나님으로 믿지 않고, 남의 하나님으로 믿었다(삼상 15:15). 그가 하나님을 버리고 떠나자, 죄가 문에 엎드려 있었으며, 그는 죄를 다스리지 못했다(창 4:7). 길보아 전투가 벌어질 무렵 블레셋 군이 군사를 모으고 수넴에서 진을 치자, 사울은 엔돌의 접신녀를 찾아가 어떻게 해야 될지를 물어보지만(삼상 28:1-17), 마침내 길보아 전투에서 그의 세 아들과 함께 전사하고 만다(삼상

31:6). 사울은 활 쏘는 자에 의해 활에 맞아 중상을 입자, 스스로 칼을 빼어 자결하였다(삼상 31:4). 블레셋 사람들은 사울의 시체를 발견하고 목을 베고, 벧산 성벽에 못 박았으나, 길르앗 야베스의 장사들이 그의 시체를 거두어 화장시키고, 유골을 야베스 에셀 나무 아래에 장사하였다(삼상 31:7-13). 하나님을 버린 자의 처참한 말로이다. 그는 왕으로 세움 받았지만, 하나님을 공경하지 못했다. 아브라함이 가졌던 믿음을 거부했다. 그는 후일 시기심으로 그리스도를 미워하고 죽이려 했던(마 27:18) 유대인들의 모형이 된다. 하나님을 떠나는 것은 죄의 나라로 들어가는 것이다. 하나님을 떠나가면 못 지을 죄가 없다.

마. 다윗

유다 지파 이새의 여덟 아들 중 막내아들로(마 1:6), 유다 베들레헴에서 태어난 다윗은 어린 시절부터 용모가 준수하고 눈이 빼어났으며, 용감하였고, 목동으로서 아버지의 양을 돌보고 있었다. 그러던 중 사무엘에 의해 이스라엘 왕으로 기름부음을 받게 되었다(삼상 16:13). 한편 사울이 하나님의 신이 떠나게 되면서 악신이 들려 괴로움을 당하게 되자 다윗은 그를 진정시키기 위해 수금 타는 자가 되었다. 또한 이스라엘과 블레셋의 엘라 골짜기 전투에서는 블레셋의 장수인 거인 골리앗이 하나님과 그의 백성을 모독하는 것을 보고, 막대기와 다섯 개의 물맷돌을 가지고 골리앗을 무찔렀다(삼상 17:51). "오늘 여호와께서 너를 내 손에 붙이시리니"(삼상 17:46). 그것은 여호와께서 이스라엘을 위해 싸우신다는, 성전(聖戰)에서 사용되는 어구로서(삼상 14:10; 수 6:2; 8:1, 7), 장차 있을 뱀에 대한 "여자의 후손"의 승리를 그림자로 보여준다. 사울은 다윗을 사랑하였으나, 다윗의 인기가 날로 높아지자 시기하여 다윗을 죽이려 하였고, 이에 다윗은 사울을 피하여 근 15년 동안 도피 생활을 하게 된다(삼상 19-30장). 미갈이 다윗을 도피시키고(삼상 19:8-17), 다윗은 사무엘에게로 피한다(삼상 19:18-24). 또 다윗은 요나단에게 도움을 구하며(삼상 20:1-11), 둘은 서로 언약을 맺고(삼상 20:12-16), 요나단은 다윗을 도피시킨다(삼상 20:17-42). 다윗은 놉으로 피하며(삼상 21:1-9), 블레셋 가드로 피하며(삼상 21:10-15), 아둘람과 모압으로 피하며(삼상 22:1-5), 하길라 요새로 피하며(삼상 23:19-29), 엔게디 굴로 피하며(삼상 24:1-7), 나발에게 도움을 요청하며(삼상 25:1-13), 십 광야로 피하며(삼상 26:1-12), 블레셋 가드로 피한다(삼상 27장). 사울은 다윗을 죽이려 하나, 다윗은 사울을 두 번이나 살려준다(삼상 24:1-7; 26:1-12). 다윗은 그 피난 중에도 그일라를 구하며(삼상 23:1-14), 시글락을 구한다(삼상 30:1-31). 그는 사울과 달리, 하나님을 늘 "나의 하나님"으로 믿었다(시 23:1). 다윗은 그리스도의 모형이다. 그는 왕으로 기름부음을 받았는데도, 사울에게 미움을 받으며, 고난을 당했다. 왕자 훈련을 받기 위해서다("여자의 후손"의 고난의 그림자). 그리스도 역시 그가 왕으로 기름부음을 받으셨는데도(수세 시), 유대인들에게 미움을 받으며 고난을 당하셨다. 성도 역시도 세례를 받았는데도, 신앙 훈련을 위해서 핍박과 고난을 받는다. 다윗은 고난 중에도 구원하는 일을 그치지 않았는데, 그리스도께서도 유대인들의 미움을 받으면서도 구원하는 일을 하셨다. 다윗은 그리스도처럼, 긴 고난 끝에 정식으로 왕이 된다. 사울이 블레셋과의 전투에서 전사하게 되자, 다윗은 기름부음을 받고(삼하 2:7) 헤브론에서 유다의 왕이 되었다. 다윗은 헤브론에서 7년 6개월간을 머문 후, 사울왕의 아들 이스보셋이 사망하자 열두 지파의 만장일치로 온 이스라엘의 왕으로 기름부음을 받아(삼하 5:3) 왕위에 오르게 되었다(삼하 5:3). 통일 이스라엘 왕 시절에 다윗은 블레셋과 아말렉 등 일곱 민족을 정복하고, 하나님의 법도와 율례를 순종하면서, 이스라엘을 강력한 국가로 성장시켰다. 그는 특히 지금까지 방치했던 하나님의 법궤를 다윗성으로 모셔 오며(삼하 6장), 하나님의 법궤를 둘 성전을 건축하고자 하는 마음 때문에 하나님의 마음을 감동시켜, 하나님으로부터 영원한 왕권을 부여

받는다(삼하 7:1-16). "네 집과 네 나라가 네 앞에서 영원히 보존되고 네 위가 영원히 견고하리라"(삼하 7:16). 여기에 다윗 언약의 메시아 언약적 성격이 완연해진다. 다윗의 자손은 솔로몬 이후 분국(分國)하였고, 남왕국에 그의 자손의 왕위가 계승되었으나, 그것도 주전 586년에 바벨론으로 포로로 끌려가면서 단절되었고, 70년 후에 스룹바벨이 귀환하였으나, 왕위에 오르지는 못했다. 그러므로 육적으로 "네 위가 영원히"는 맞지 않는 것이다. 그것은 다만 그림자로 하신 말씀인 것이다(Hengstenberg, Wycliff, Smith, by 이상근). 이는 다윗의 세계(世系)가 예수 그리스도의 세계가 되고(마 1:1-17), "다윗의 자손"이 곧 메시아 그리스도가 되며(마 9:27; 12:23; 15:22; 20:30-31; 22:42), 그의 왕국이 영원할 것을 가리킨다. 이와 같이 다윗 언약은 본질적으로 메시아 예언이었다. 다윗은 아브라함을 축복하는 자, 아브라함의 믿음을 사랑하는 자가 되었고, 그리하여 하나님의 축복을 받는 자가 되었다(창 12:3). 그는 이스라엘의 진흥기를 가져온 자다.

사무엘하 8-10장은 다윗의 전성기와 다윗 왕조의 번영 상을 보여준다. 영토를 확장하며 대제국을 건설하고(삼하 8장), 사울의 자손을 후대하며(삼하 9장), 암몬 전쟁에 이른다(삼하 10장). 영토를 확장함에 있어, 다윗은 블레셋, 모압, 수리아 등을 정복하고(삼하 8:1-8), 하맛 왕의 축복을 받으며(삼하 8:9-12), 에돔을 정복하고(삼하 8:13-14), 고관을 배치하여 선정을 베푼다(삼하 8:15-18). 통일 왕국 시절 다윗은 블레셋과 아말렉 등 일곱 민족을 정복하고, 하나님의 법도와 율례를 순종하면서, 이스라엘을 강력한 국가로 성장시켰다. 그 판도는 하나님께서 아브라함에게 약속하신, 애굽의 나일강에서 갈대아의 유브라데강까지(창 15:18), 모세가 예고한 애굽의 나일강에서 갈대아의 유브라데강까지(신 11:24)였으며, 그것이 실현된 것은 다윗-솔로몬 시대뿐이었다. 이러한 군사 지도자로서의 모습은 우리의 대장 되시고 정복자 되시는 예수님의 모형이다. 여자의 후손 예수만이 마귀를 쳐부술 수 있으시다. 그는 모세 다음으로, 창세기 3:15의 "여자의 후손"의 모형이 되는 인물이다. 그의 고난과 승리들은 앞으로 있을 예수님의 고난과 승리의 그림자가 된다(막 2:23-28과 그 병행). 하나님은 다윗이 어디를 가든지 이기게 하셨다. 그러나 이러한 성군 다윗도 자신의 욕심으로 말미암아 하나님께서 명하지 않은 인구조사를 실시하고(삼하 24:1-9), 우리아의 아내 밧세바와 간음을 하며, 우리아를 살해하는 죄를 범하고(삼하 11장), 압살롬과 암논이라는 자식들로 인해 근심의 세월을 살았다(삼하 13-18장). 다윗의 그러한 모습에도 불구하고, 하나님은 다윗의 평생에 관심을 보이셨으며, 그를 하나님의 백성을 다스리는 왕으로 삼으셨다(왕상 8:16). 다윗을 향한 이러한 은총은 그의 솔직한 회개와(사울은 이런 경우 변명했다!) 하나님의 인자하시고 선하신 사랑에서 비롯된 것이었다(왕상 2:33). 다윗은 평생 하나님만 섬겼으며, 하나님 앞에 정직히 행했다(대상 29:17). 그는 범죄한 뒤에도 하나님을 떠나가지 않았다. 그에게는 아브라함처럼 부활 신앙(시 16:10), 영생 신앙(시 23:6; 133:3)이 있었다. 위에서 본 이런 정치적, 군사적, 민족적 다윗의 나라에 대한 희망은 마카비 혁명을 통해 예수 시대에까지 계속 유지되어 내려갔다. 예수님은 그러나, 창세기 3:15의 성취를 위해, 천상적, 영적, 초역사적, 우주적이며, 다니엘 전승에 나타난 하나님의 나라 사상을 취하셨다(단 7:13-14, 21-22). 유대교는 이 사실을 모르고 있다. 다윗 전승에 나타난 하나님의 나라는 다니엘 전승에 나타난 하나님의 나라의 그림자였던 것이다. 모세는 메시아의 그림자가 되는 것과 같다. 땅은 하늘의 그림자인 것이다.

다윗은 메시아("여자의 후손")의 마음을 읽어낸 시인으로도 유명하다. "모세는 이스라엘 사람들에게 토라 다섯 권을 주었고, 다윗은 그것에 부합하게 시편 다섯 권을 주었다"(Midrash). 그는 시편 1-4편을 기록했던 바(Hengstenberg, Hofmann, by 이상근), 그 내용이 대부분 메시아에 대한 노래들이다: 메시아의 군림과 통치(2편), 메시아의 비하와 승귀(8:4-5), 메시아의 부활의 예언(16:9-11), 메시아의 통치(18:43), 여호와께서 메시아에게 응답하심(20:

6), 개선하는 메시아(21편), 고난받는 메시아(22편), 재림하는 그리스도(22:7-10), 여호와는 나의 목자(23편), 전장의 시(27편), 가룟 유다에게 배신당하심(41:9). 그 외에도 시편에 그가 지은 15편의 메시아 시들이 흩어져 있다. 다윗은 메시아("여자의 후손")를 늘 생각했으며, 메시아 시대를 예견했다. 그리하여 다윗은 메시아의 조상이 된다. 그러나 그는 메시아(여자의 후손)을 "주"라 불렀다(막 12:37).

다윗은 여러 가지로 메시아의 그림자가 되는 인물이다. 유대인들은 메시아를 "다윗의 자손"이라 불렀다(마 9:27; 12:23; 15:22; 20:30-31; 21:9 등). 그것은 "메시아"를 "다윗 왕의 재현"으로 생각한다는 것이다. 그리하여 사무엘하 기자는 다윗의 인구조사를 하나님이 그를 격동시켜 하신 일이라 한다(삼하 24:1). 다윗은 그의 잘못된 노욕으로, 자신의 군사력을 알아보기 위하여 인구조사를 했는데(삼하 24:10; 대상 21:1), 이를 "하나님이 다윗을 격동시켜 한 것"이라 한다. 그것은 잘 이해가 되지 않지만, 그 다음에 나오는 아라우나의 밭을 산 일을 생각하면 이해가 된다. 아라우나의 밭은 모리아 산(예루살렘 성전산)을 가리키며, 이곳은 일찍이 아브라함이 그의 독자 이삭을 제물로 하나님께 드린 곳으로, 솔로몬이 하나님의 성전을 건축한 곳이며, 다윗이 온역으로 죽어가는 이스라엘 백성을 살리기 위하여 번제와 화목제를 드린 곳이다. 이는 모두 그리스도(여자의 후손)가 만민의 죄를 속하기 위하여 자기 몸을 갈보리 산(예루살렘 성전산) 십자가에서 제물로 바친 사건의 그림자가 된다. 그리하여 사무엘하 기자는 다윗의 인구조사를 하나님이 시켜서 한 일이라 하고 있다. 즉 그리스도(여자의 후손)의 십자가 사건(사탄의 머리를 상하게 하는 일)은 하나님의 주권(하나님의 구원 프로그램) 하에서 이루어진 일이란 것이다.

바. 요나단

통일왕국의 초대 왕 사울의 아들로, 다윗의 친구이다. 그는 자기 아버지와 달리, 하나님을 믿는 믿음이 있었다. 그는 "여호와의 구원은 사람이 많고 적음에 달려 있지 아니하다"는 신앙으로 무기도 없는 소수의 병사들을 이끌고, 블레셋 사람들과 전투를 벌여 승리하였으며(삼상 14:1-23), 백성으로부터 구국 공신이라는 지지를 받는다(삼상 14:35). 그의 믿음은 사울의 의식적인 신앙과는 달리, 영적인 신앙이었다. 그는 신실하고 헌신적인 우정의 소유자로서, 다윗을 자신의 생명처럼 사랑하였다(삼상 18:1). 다윗이 골리앗을 쓰러뜨린 공적을 사울에게 보고하고 난 후, 요나단은 다윗과 언약을 맺고 자신의 겉옷과 군복, 칼과 활과 띠를 주었다(삼상 18:3-4). 그것은 그가 자신의 생명을 포기한 것과 같다. 그 후 사울이 다윗을 시기하여 죽이려 하자 요나단은 그 계획을 다윗에게 알려주고, 아버지 사울의 그릇됨을 간파하여 둘 사이에 중재 역할을 하였다(삼상 19:7). 다윗에 대한 사울의 증오가 더욱 심해지자, 그들은 십 광야에서 마지막으로 만나 요나단은 다윗에게 왕위 계승권을 양도하고 그의 첫째 신하가 된다는 내용의 언약을 맺었다(삼상 23:16-18). 그 후 요나단은 블레셋 사람과의 길보아 산 전투에서 아버지와 형제들과 함께 전사하였다(삼상 31:1-2). 그는 그리스도를 증거하였던 세례 요한의 모형으로, "그는 흥하여야 하겠고 나는 쇠하여야 하리라"는(요 3:30) 정신을 따라 하나님의 섭리에 순종하였으며, 대도자(代禱者) 엘리야의 모형으로, 사울의 노를 중지시켰으며(삼상 19:4-5), 그리스도의 모형으로, 친구를 위해 목숨까지 버리려는(요 15:13) 아가페적 사랑을 보였다.

사. 아비나답과 오벧에돔

아비나답은 기럇여아림에 살았던 레위 지파 사람으로, 엘르아살, 아효,

웃사의 아버지이다. 하나님의 법궤가 블레셋에서 예루살렘으로 옮겨질 때 아비나답의 집에 안치되었고, 20년간 아비나답은 하나님의 법궤를 지키고 있었다(삼상 7:2). 그 후 다윗이 왕이 되어 법궤를 예루살렘으로 옮기고자 수레에 싣고 갈 때 아비나답의 아들 아효가 그 법궤를 이끌었고, 웃사는 그 법궤가 흔들거림으로 인해 법궤를 붙잡다가 하나님께 벌을 받아 즉사했다. 그리하여 다윗은 법궤를 오벧에돔의 집으로 옮겨 그곳에 석 달 동안 안치했는데, 이로 인해 그와 그의 집이 큰 축복을 받았다(삼하 6:1-11).

아. 갓

그는 다윗이 사울을 피해 도망할 때도 그와 함께 있었으며(삼상 22:5), "왕의 수호자"로, "왕의 조언자"(선견자)로 다윗을 섬겼다(삼하 24:11). 그는 다윗이 인구조사를 하는 죄를 범했을 때, 다윗을 위한 여호와의 메시지를 받았다. 그의 역할은 단지 예언하는 일만이 아니었고, 다윗의 죄로 인해 그 나라가 고통을 당할 때, 다윗에게 스스로 어떻게 행동해야 하는지를 가르치는 것이었다(삼하 24:11-18; 대상 21:11-18). 그는 다윗의 불순종에 대한 심판을 말하는 것 외에도, 다윗 왕가와 메시아적 왕 다윗이 다스리는 나라가 지속될 것에 대해서도 말했다.

자. 나단

왕 앞에서도 하나님의 말씀과 공의를 용감하게 선포했던, 다윗-솔로몬 시대의 선지자이다. 하나님께서는 다윗의 성전 건축 계획을 나단을 통해 금지시키셨는데(삼하 7:4-17), 나단은 이곳에서 다윗의 집에 대한 하나님의 계획을 다윗에게 알린다. 첫째, 나단은 이스라엘이 애굽에서 구원받을 때 얻은 큰 특권들을 언급하고(삼하 7:10), 다윗이 이스라엘의 왕으로 선택되고 기름 부음을 받을 때 얻은 특권들을 언급한다(삼하 7:11. 7:8-9 참조). 둘째, 나단은 여호와께서 당신의 메시아 계획을 어떻게 계속 수행할 것인가를 밝힌다. 여호와께서는 다윗의 집을 왕적 씨를 품은 통치 왕조로 영원히 세우심으로써 그렇게 하실 것이다(삼하 7:15-16). 그는 다윗의 집이 메시아 가문이 될 것을 예언한 선지자다. 그 후 다윗이 우리아의 아내와 간통하고 우리아를 죽인 죄에 대하여 하나님께서는 나단으로 하여금 비유로써 책망하도록 하셨다(삼하 12:1-12). 다윗이 늙자 다윗의 아들 아도니야가 음모를 꾸며 왕이 되고자 할 때, 나단의 노력으로 아도니야를 물리치고 솔로몬을 다윗의 후계자로 세웠다(왕상 1:22-39).

차. 솔로몬

다윗이 밧세바와의 사이에서 낳은 아들로서(삼하 12:24), 통일 왕국의 세 번째 왕이 되었다. 나단에 의해 여디디야("여호와께 사랑을 입음")로도 불린다(삼하 12:25). 솔로몬은 왕권 계승을 놓고 아도니야와 두 개의 파벌을 조성하였는데, 제사장 아비아달과 군대 장관 요압이 아도니야와 함께 에느로겔에서 아도니야와 함께 하였고(왕상 1:5-10), 선지자 나단과 다윗의 시위대장 브나야, 그리고 제사장 사독과 밧세바 등이 솔로몬과 함께 하여 솔로몬의 즉위를 선언하였다. 이로써 솔로몬은 기혼에서 왕위에 올랐다(왕상 1:33-40). 아도니야 당은 곧 붕괴된 반면, 솔로몬은 스무살의 나이로 왕위에 올라, 아버지의 유언대로 제사장 아비아달을 아나돗으로 추방하였다(왕상 2:1-46). 왕위에 오른 솔로몬은 정치적 역량을 발휘하여 예루살렘을 중심으로 강력한 중앙집권 체제를 도모하였고, 전 영토를 열두 행정구로 구분하여 구역마다 일 년에 한 달씩 성전과 중앙 정부를 돕도록 하였다(왕상 4:7-28). 치세 초기에 기브온에 가서 일 천 번제를 드린 솔로몬에게 하나님께서 무엇을 원하느냐고 묻자 솔로몬은 지혜를 구하여 응답받았고, 부와 영광도 얻었다(왕상 3:12-13). 솔로몬은 문학에도 관심이 많아 하나님이 주신 지혜로 잠언을 모으고 짓기도 했으며, 전도서와 아가 등에 많은 영향을 끼쳤다(잠 1:1; 10:1; 25:1). 자기 영토의 전략적 가치를 정확하게 파악했던 솔로몬은 고대 근동 무역지를 독점 지배했으며, 사해 남쪽에 있는 구리 광산을 개발하여 모든 금속업을 운영하고 막대한 부를 얻었다. 또한 에시온게벨을 큰 항구와 광업의 중심지로 개발하였다(왕상 9:26-28). 그는 또한 외교적 수완이 뛰어나, 상업적인 교제뿐 아니라, 군사적으로도 이웃 나라들과 원만한 협조 관계를 유지하였다. 특히 두로 왕 히람과 매우 밀접한 관계에 있었고(왕상 5:1-12), 이방 나라들과는 정략결혼을 통하여 긴밀한 관계를 유지하였다. 재위 13년 만에 7년에 걸친 성전 건축이 완성되었고(왕상 5-6장), 이어서 13년에 걸쳐, 자기 왕궁을 세웠다. 그는 역군을 일으켜, 여호와의 성전과 그의 궁전과 각지의 성읍들을 건축하였다(왕상 9:15-25). 그는 자신의 통치 40년간 전쟁이 없는 평화의 나라를 건설했다. 그의 나라는 "낙원" 그대로였다. 이런 점에서 솔로몬은 메시아의 그림자가 된다. 그러나 그의 건축 사업에 투입된 사람들은 대부분 포로로 잡혀온 외국인들이었는데, 후에는 이스라엘 백성까지 징발하여 일을 시킴으로써 백성들의 원성을 샀다. 이방신을 믿는 애굽 공주와 결혼하였고, 700명의 후궁과 300명의 첩을 두었다(이런 혼인은 율법이 금하는 바였다. 출 34:15-16; 신 7:2-4; 수 23:12-13 참조). 이방신을 믿는 여자와 결혼함으로써 우상숭배에 빠진 솔로몬은(왕상 11:1-8) 사치를 좋아하였고(전 2:1-11) 이로 인해 백성들이 고통에 시달렸다. 그는 하나님으로부터 "그 아비 다윗의 행함 같이 마음을 온전히 하고 바르게 하여 하나님 앞에서 행하며 하나님이 명하신 대로 순종하여 하나님의 법도를 지키면 하나님께서 그의 위를 견고하게 해 주시겠지만, 솔로몬이나 이스라엘이 하나님을 떠나 우상숭배를 하면 그들을 가나안 땅에서 추방할 것이며 솔로몬이 지은 성전도 내던져 버릴 것"이라는 경고를 받고서도(왕상 9:4-9), 왕비와 후궁과 첩들에게 속아 미혹

되어("마음"은 2-9절의 중심 낱말이다. 9:3-4 참조), 우상을 숭배하는 죄를 지었던 것이다(11:1-13). 그는 자신이 백성들에게 지니라고 명령했던 "완전한 마음"(8:6; 3:9, 12도 참조)을 스스로 저버렸다. 마음이 하나님에게서 떠나니, 죄가 문 앞에 엎드려 있다(창 4:7). 그 결과 그의 모든 부귀영화는 일순간에 날아갔고, 평화는 깨어졌으며, 나라는 양분되어, 열 지파를 북이스라엘에게 빼앗기고, 유다 지파만을 유지하는 상태에 이르렀던 것이다(왕상 12:1-24). 낙원의 아담처럼(창 2:8-25; 겔 28:1-19), 하나님으로부터 최대의 은혜를 입은 솔로몬이 타락하여, 그의 이방인 아내들을 통해 우상숭배의 유혹에 빠진 것이다. 그리하여 솔로몬의 아들 시대에 나라가 나누어지고, 그에 대해서는 정치적으로 확실한 이유가 있는데, 신명기 역사서는 이를 곧바로 솔로몬이 하나님을 배반한 탓으로 돌린다(왕상 11장). 이는 창세기의 낙원 상황과 타락이라는 원역사의 순서(창 2-3장)를 생각나게 한다. 솔로몬은 실로 성령으로 시작하였다가 육체로 마친 자며, 남은 자가 되었다가 탈락자가 된 자다. 처음은 성공했으나, 나중에 가서는 실패를 한 자이다. 헛되고 헛되어 바람을 잡는 것 같다(전 2:11). 전도서는 이스라엘의 한 지혜자가 자신이 솔로몬이 되어 인생의 무상을 노래한 것이다(Luther, Hengstenberg, Keil-Delitzsch, Young, Leupold 등). 그러나 하나님께서는 다윗과의 언약을 생각하시어, 그 벌을 솔로몬의 아들 시대로 미루셨고, 솔로몬의 아들 르호보암으로 오직 유다 지파만의 왕이 되게 하셨다(왕상 11:11-13). 솔로몬의 우상숭배는 아들 르호보암에게도 전달되고, 여로보암에게도 전달되어, 분열 왕국 시의 남은 자는 극도로 줄어든다.

4. 열왕기상 12장부터 열왕기하 끝까지 (유다와 이스라엘의 분열왕국 시대)에 나타난 "남은 자" 계시

사울부터 솔로몬까지 이르는 통일왕국 기간이 약 100년가량 된다면, 유다와 이스라엘 왕들의 시대는 약 350년쯤 된다. 이 시기는 이스라엘과 유다가 완전히 타락하여, 하나님을 배반한 시기이다. "솔로몬이 마음을 돌려 이스라엘의 하나님 여호와를 떠나므로 여호와께서 그에게 진노하시니라"(왕상 11:9). 열왕기 기자는 이를, 즉 "하나님을 배반한 것"을 열왕기상 11:2-6에서도 강조한다. 그리하여 이 단락은 "하나님을 배반하고 죄에 빠진 이스라엘"("아브라함을 저주함". 창 12:3 참조)을 보여준다. 지상의 가나안은 더 이상 "낙원"이 아니란 것이다. 창세기 12:3의 "너를 저주한 자를 내가 저주하리라"를 생각나게 한다. 솔로몬이 죽은 다음 북쪽의 열 지파는 다윗 왕조에서 멀어져 간다(왕상 12:1). 이렇게 정치적으로 이탈하면서 북왕국은 종교와 예배의 방향을 새롭게 잡는다. 북왕국 이스라엘의 첫 임금인 여로보암 1세는 솔로몬의 우상숭배를 본받아 예루살렘과 겨룰만한 종교 정책상의 무게를 지니도록 단과 벧엘에 국가 성소를 만들어 거기에 황소 상들을 세운다(왕상 12:25-33). 이 "여로보암의 죄"(왕상 15:26, 30; 16:26, 31; 22:52; 왕하 3:3; 10:29; 13:2, 11; 14:24; 15:9, 18, 24 등)는 파괴력이 있어, 마침내 북왕국은 이 죄 때문에 무너진다(왕상 12:30; 13:34; 14:16 등 자주 나옴. 왕하 17:21-22). 유다의 경우와 대조해 볼 때, 북왕국의 멸망은 정치적으로 더 큰 의미를 띤다. 신명기 역사서의 서술은 북왕국 멸망의 현실 정치적 원인에는 관심이 없고, 이를 다만 이스라엘 임금들의 계속된 우상숭배에 대한 하나님의 심판으로 본다. 그 왕이 여호와를 신앙했느냐 안 했느냐, 순종했느냐 안 했느냐, 남은 자가 되었느냐 아니냐, 하나님 편에 있는 자냐 아니냐가 유일한 평가의 기준이다. 남왕국 유다와 북왕국 이스라엘의 39명의 왕은 "선"과 "악"으로 나누어지고, 신앙자(남은 자)는 "선"으로, 불신앙자(비[非]남은 자)는 "악"으로 규정되며, 대조된다. 열왕기와 역대기에서 "선" 또는 "정직"이란 도덕적이거나 율법적인 것이 아니다. 여호와 신앙의 표준에서 그 신앙을 지키면 "선" 또는 "정직"이었고, 여호와를 버리면 "악"이었다. 전자의 표본은 다윗이었고(왕상 3:14; 9:4; 11:4, 6, 38; 14:18; 15:11 등), 후자의 표준은 여로보암이었다(12:18-33; 15:26, 30; 16:11; 22:52, 왕하 3:3; 10:9; 13:2, 11; 14:24; 15:9, 18, 24). 이 대조는 남북 왕조의 대조이다. 북왕국은 주전 722년에 앗수르에게 망하였고, 남왕국은 주전 586년에 바벨론에게 망하였다. 북왕국은 악한 왕 일색으로, 첫째 왕이었던 여로보암부터 우상을 만들어 숭배하였고, 그 "여로보암의 죄"가 북왕조의 끝까지를 지배하였다. 그 죄악상은 이들이 정말로 아브라함의 자손인지를 의심할 만큼, 노아 홍수 이전의 죄악상(창 6:5)을 노출했다. 그러나 남왕국은 "선과 악"이 교차적이었고, 종교개혁의 역사도 찬란했다. 북왕국은 9왕조 19왕이었는데 비해, 남왕국은 다윗 계통 1왕조 20왕이었으며, 북왕조보다 백 수십 년을 더 존속했다. 그것은 다윗 언약(삼하 7:1-16)의 일부 성취요, 그 완전 성취는 그의 자손인 메시아 왕국에서인 것을 보여준다. 그러나 남왕국 유다도 므낫세의 배교(왕하 21:1-18)와 요시야의 죽음으로 망국적 혼란기에 들어선다(왕하 23:31 이하). 므낫세는 55년이란 최장 통치를 하면서, 부왕(父 王) 히스기야가 폐기한 우상을 복구하고, 바알의 단과 아세라 목상을 세우며, 천체를 숭배하고, 아들을 불 가운데로 지나게 하는 몰록 신을 숭배하며, 사술과 박수 행위를 하는 등 갖은 배교행위를 자행하고, 오히려 이방인 이상으로 행하여 여호와의 진노를 샀다. 그는 무죄한 자의 피를 심히 흘려, 예루살렘 이 가에서 저 가까지 가득하게 했다(왕하 21:1-16). 그리하여 하나님은 요시야의 개혁에도 불구하고, 유다를 멸망시키려는 그의 계획을 바꾸지 않으셨다(왕하 23:26). 그러나 열왕기의 결론인 여호야긴의 석방은(왕하 25:27-30) 남왕국 유다의 귀환을 알리는 것이며, 소망으로 이를 매듭짓는 것이다. 북왕국 이스라엘과 남왕국 유다, 둘은 다 아브라함의 자손이었으나, 모두가 똑같은 아브라함의 자손은 아니었다. 하나는 뱀의 후손이었고, 하나는 여자의 후손이었다(창 3:15). 이는 택한 백성 가운데서도 남은 자가 있고 비 남은 자가 있음을 보여준다. 북왕국 이스라엘의 10지파는 남은 자의 대열에서 탈락되고, 남은 자의 수는 급격히 줄어든다. 그러나 그 10지파 가운데서도 하나님은 엘리야 외에 7,000명의 남은 자를 남겨 두셨다(왕상 19:18). 이때부터 유다 왕국은 쇠퇴하기 시작한다.

가. 스마야

르호보암이 통치하던 시기에 활동하던 선지자로, 솔로몬왕이 죽고 나자 여로보암 1세는 북쪽의 10지파를 모아서 반란을 꾀하였는데, 이를 대적하려던 르호보암에게 전쟁을 하지 말라고 하신 하나님의 명령을 전한 선지자다(왕상 12:22-24; 대하 11:2-4). 그의 말을 들은 르호보암의 18만 군대는 고향으로 되돌아갔다. 그 뒤 5년이 지나고 나서 애굽의 시삭이 예루살렘으로 쳐들어왔을 때 그는 이것이 모두 이스라엘이 지은 죄로 인해 받아야 할 형벌임을 선언했다(대하 12:5-8).

나. 익명의 선지자와 벧엘의 늙은 선지자

여로보암이 벧엘의 제단에서 제사를 드릴 때, 유다에서 온 어떤 하나님의 사람이 여로보암의 제단과 제사 행위를 규탄하고 저주를 선언하며, 하나님의 심판의 징조로서 제단이 갈라짐과 제단 위의 재가 쏟아지는 현상이 일어났을 때(하나님께서 여로보암의 우상 종교를 용납지 않으심을 나타냄. 이는 300년 후에 요시야의 종교개혁 시 다윗의 자손 요시야가 거기 있는 산당의 제사장들을 다 제단 위에서 죽이고, 사람의 해골들을 제단 위에서 불사름[우상숭배 제단을 더럽힘의 의미가 있음]에서 정확히 성취됨. 이 같은 불법 제단도 300년이나 계속되었으며, 여로보암은 하나님의 살아계심을 보고서도 회개하지 않음) 왕은 이 하나님의 사람에게 은혜를 구했고, 자신의 마른 손의 회복을 요청하였다. 회복이 일어나자 왕은 이 하나님의 사람을 자기 집에 초대했고 예물을 줄 것을 약속했다. 그러나 이 선지자는 왕의 초청을 거부하고 자신이 왔던 길과 다른 길로 돌아가려 했다. 이를 본 벧엘에 사는 늙은 선지자가 그를 속여 자기 집으로 데리고 가 하나님의 명령을 어기게 했다. 그리하여 그 하나님의 사람은 돌아가는 길에 사자에게 물려 죽임을 당했다. 여기 "사자"는 사탄의 모형이다. 사탄은 자기 때가 얼마 남지 않은 줄을 알고서 삼킬 자를 두루 찾는다(벧전 5:8). 택한 자(남은 자)를 한 사람이라도 더 없애려고 노력한다(마 24:24; 막 13:22). 교역자도 사양치 않는다. 벧엘의 늙은 선지자는 거짓 교사의 모형이다. 거짓 교사는 자신이 참된 교사인 양 행세한다. 천사의 묵시, 몽사(夢事) 등으로 신자들을 유혹한다(고후 11:15). 이는 선지자 중에도 참 선지자가 있고, 거짓 선지자가 있음을 보여준다. 그와 동시에 유다의 선지자들은 북왕국의 우상숭배를 규탄하고, 북왕국의 선지자들은 유다의 선지자들을 미혹할 수 있음을 보여준다. 이 세상은 여자의 후손과 뱀과의 싸움이다(창 3:15).

다. 아히야

선지자 아히야는 실로에 살았으며, 북왕국 이스라엘과 관련하여 특별한 직무를 수행했다. 그는 여로보암에게 중요한 정보를 전해주었다. 그것은 솔로몬이 여호와께 충성하지 않고, 이스라엘이 시돈과 모압과 암몬의 우상들을 섬겼기 때문에, 여호와께서는 다윗 왕국에서 열 지파를 찢어 내신다는 것이었다(왕상 11:29-31). 그는 여호와께서 다윗에게 주신 약속 때문에(삼하 7:11-16) 두 지파는 계속 남아 남쪽 왕국인 다윗의 집의 다스림을 받을 것이라 선언했다. 즉 아히야는 다윗의 집에 대한 심판과 축복을 말했으며, 이 축복은 주로 다윗의 집이 가지는 메시아적 역할 및 직무에 관한 것이었다. 여로보암의 집에 대해, 아히야는 그것의 지속성이나 종국적인 회복이 아니라, 심판의 메시지를 전했다(왕상 14:1-16). 이는 여로보암이 왕이 되는 특권을 받아들이면서도 그에 수반되는 책임들을 받아들이기는 거부했기 때문이다. 아히야는 늙은 나이에 다음과 같이 선포했다: 여로보암왕은 이전의 모든 왕보다 더 많은 악을 행하였으므로(왕상 14:9), 그의 집에 재앙이 내릴 것이며(왕상 14:10), 다른 왕이 일어나 여로보암 가문을 완전히 제거해 버릴 것이다(왕상 14:14). 아히야의 마지막 예언은 북쪽 열 지파가 포로로 끌려갈 것이며, 이것은 여로보암의 죄들을 영원히 기억나게 할 것이라는 것이었다(왕상 14:15-16).

라. 아사

남유다의 제3대 왕으로, 아비야의 아들이다. 그는 41년간의 재위 기간 동안 모든 우상을 제거했고, 모친 마아가가 우상을 섬긴다는 이유로 태후의 위를 폐하고 그 우상을 불태웠다(왕상 15:9-13). 국가적 차원의 신앙부흥을 일으켜 백성들로 하여금 여호와의 언약을 갱신하도록 했으며, 아사랴 선지자의 예언에 힘입어 개혁 정책을 계속해 나갔다(대하 15:1-15). 통치 기간 첫 10년은 부친 아비야가 북이스라엘의 여로보암을 이긴 것에 힘입어 평화롭게 지냈고(대하 14:1), 이스라엘의 바아사와의 국경분쟁도 저지했다(왕상 15:16). 구스 사람 세라의 침입을 받았을 때 그는 하나님의 능력을 간구함으로 승리할 수 있었다(대하 14:9-15). 그리하여 그는 유다의 선한 4왕(아사, 여호사밧, 히스기야, 요시야)의 첫 번째였다. 그러나 그는 산당을 제거하지는 않았다(역대하 14:3의 "산당을 없이 하고"는 가까운 곳의 산당을 가리킴. 산당을 완전히 제거하지 못한 것은 우상숭배가 재흥할 소지를 남긴 것임). 또 이스라엘 왕 바아사가 유다를 침공하고 예루살렘 북쪽 길을 막기 위해 라마를 요새화했을 때 아사는 신앙이 부족하여 다메섹 왕 벤하닷에게 금은보화를 보내 바아사를 격퇴하는 데 도움을 청했다. 이에 대해 선지자 하나니가 책망하자 그를 옥에 가두고 백성을 학대하기까지 하였다(왕상 15:16-22). 그는 말년에 중한 병으로 죽게 되었는데, 이때도 하나님의 도움이 아닌, 의원들의 도움을 청하였다(왕상 15:23). 이처럼 아사의 말년은 신앙의 상실과 발의 병으로 얼룩져 있다. 그슬린 나무와 같다(슥 3:2).

마. 하나니와 그의 아들 예후

이들은 남왕국의 예언자로, 전자는 아사왕을 경책하다가 투옥되었고(대하 16:7-10), 후자는 북왕국의 바아사를 경책하였으며(왕상 16:1), 아합과 친근한 여호사밧을 경책하였다(대하 19:2-3). 참으로 이 부자(父子)는 사람의 얼굴을 두려워하지 않는, 그 시대의 남은 자, 강직한 예언자들이었다.

바. 엘리야

길르앗 디셉 출신으로, 북이스라엘 왕국의 아합왕 통치 시대에 선지자로 활동하였다. 그는 특별히 "믿음을 실천하는" 선지자였다. 이 시기는 아합의 아내 이세벨이 들여온 바알 숭배가 극에 달한 때였다(왕상 16:29-33). 아합을 만난 그의 메시지는 수년에 걸쳐 있을 가뭄(왕상 17:1), 즉 일종의 일기 예언 정도로밖에 들리지 않는 그런 메시지였다. 그러나 그 속에는 기후적인 고난 이상의 것이 포함되어 있었다. 그것은 바로 비와 우레 그리고 다산의 신인 바알이 헛된 우상이며 모든 자연의 힘은 바알의 손이 아닌, 하나님의 손안에 있다는 것이었다. 그 후 하나님은 엘리야를 3년 동안 숨어 지내게 하시며 훈련을 시키셨다. 첫 번째로 그는 하나님의 명령을 따라, 요단 동편에 있는 그릿 시내로 갔다(왕상 17:2-5). 그곳에서 엘리야는 까마귀를 통한 놀라운 방법으로 자기를 먹이시는 하나님을 체험했다. 두 번째로 그는 사르밧으로 갔다. 그곳에서 그는 사르밧의 한 과부를 통해 자기를 먹이시는 하나님을 체험했다(왕상 17:10). 세 번째로 그는 죽은 자 가운데서도 사람을 살리시는 하나님을 체험했다(왕상 17:22). 이 기적을 통해 그 과부는 영적 믿음을 갖게 되었다(왕상 17:24). 가뭄의 기간이 끝나자, 아합을 만나라는 하나님의 말씀이 엘리야에게 임했다(왕상 18:1). 그는 3년간의 은둔 기간을 통해서 하나님의 전능하심과 하나님의 말씀에 순종할 때 만사가 형통하게 된다는 것을 배웠다. 그래서 그는 두려움 없이 아합을 만나러 갔고, 하나님께서 기도에 응답해 주실 것을 확신했기 때문에(왕상 17:20-24) 엘리야는 갈멜산에서의 기도 시합을 제안했다(왕상 18:24). 그 시합에서 엘리야는 승리했다(왕상 18:30-40). 그 승리는 단번에 이루어진 것이 아니었다. 그의 3년간의 숨은 훈련에서 체험한 믿음의 결과였다. 그는 바알 선지자 450명을 기손 시냇가에서 죽였으며, 일곱 번까지 바다쪽을 바라보아, 하늘에 아주 작은 구름의 징조가 보이자 아합에게 비가 올 것을 예고했다. 그는 그 후 이세벨의 위협으로 광야로 도망했고, 드디어는 하나님의 산 호렙에 이르렀다. 그는 그곳 굴에 들어가 거기서 머물 때 거기서 하나님의 음성을 듣게 된다. "네가 어찌하여 여기 있느냐?" 하나님은 그를 여호와 앞에서 산에 서라 하신다. 그러고는 크고 강한 바람이 산을 가르고 바위를 부수나 바람 가운데 여호와께서 계시지 아니하며, 바람 후에 지진이 있으나 그 가운데도 계시지 아니하며, 지진 후 불이 있으나 불 가운데서도 계시지 아니하고, 불 이후에 세미한 소리가 있는데, 그중에 하나님이 계셨다. "엘리야야 네가 어찌하여 여기 있느냐." 지금까지의 바람, 지진, 불은 남을 위한, 이스라엘을 위한 음성들이었다. 이에 비해 "세미한 음성"은 엘리야 자신을 위한 음성이었다. "네가 어찌하여 여기 있느냐?" 그가 숨어 지냈던 동안 그는 말씀이 없이는 어떤 것도 행하지 않았다(왕상 17:2-3, 8-9; 18:1-2). 그런데 그는 이세벨에게서 도망치라는 말씀이 없었음에도 불구하고, 이세벨로부터 도망치고 말았던 것이다. 여기서 엘리야는 하나님의 음성을 듣게 되었다. 지금까지는 엘리야가 크고 강한 바람 같이, 지진 같이, 불같이 사역을 했지만, 이제는 고요히 하나님의 음성을 들으라는 것이다. 그것은 엘리야의 사명을 촉구하는 음성이었다. 하사엘을 아람 왕으로, 예후를 이스라엘 왕으로 기름 부어 세우고, 엘리사를 자신의 후계자로 세우란 것이었다. 이 모두는 범죄한 이스라엘과 이스라엘의 우상숭배자 처단을 위함이었고, 그것도 더욱 잔인하게 치기 위함이었다. 하사엘이 못한 일을 예후가 하고, 예후가 못한 일을 엘리사가 함으로, 불순종한 이스라엘을 철저히 징벌하시겠다는 것이다. 그러시면서 하나님은 바알에게 무릎 꿇지 아니한 7천 명이 있음을 통해 엘리야를 위로하셨다(왕상 19:15-18).

엘리야는 아합의 통치 기간 중 아합이 나봇을 죽이고 그의 포도원을 빼앗던 그때 한 번 더 등장한다(왕상 21:17-24). 그는 성격이 강직했다. 아합의 악한 행위에 대한 그의 정의로운 반응은 문서 선지자들이 그를 이어 도덕과 사회정의에 관심을 가지게 하는 데 본이 되었다. 엘리야는 아합의 아들 아하시야가 힘으로 자신을 데려가려는 시도에 완강히 저항했으며, 아울러 아하시야가 병들었을 때 하나님께 묻지 않고 바알세불에게 먼저 찾아갔기 때문에 곧 죽게 되리라고 선포하였다(왕하 1:1-17). 그는 하나님을 향한 신앙과 우상에 대한 혐오와 증오를 가지고 그의 사역을 감당했다. 그는 하나님을 향한 위대한 사람이었다. 그러나 그는 고독한 사람이었다. 그는 오바댜를 통해 바알에게 무릎 꿇지 아니한 사람이 100명이 있다는 말을 듣고도(왕상 18:13), 그는 쉽게 자기 혼자라는 사실과 고독함을 느꼈다(왕상 18:22). 그는 자신만 홀로 "남은 자"란 사상이 강했다. 그는 자신의 것이라고 알고 있던 경험을 엘리사와 함께 나누려고 하지 않았다(왕하 2:2, 4, 6). 그는 자신을 지지하는 세력인 오바댜와 그의 큰 선지자 무리들(왕상 19:18; 롬 11:4)을 자기에게로 모이게 하려 했다면, 이세벨로부터 도망가지 않아도 되었을지도 모른다. 그러나 엘리야의 이러한 약점에도 불구하고, 하나님께서는 엘리야에게 회오리바람을 타고 죽음을 지나 하늘로 올라가는 영광스러운 영예를 부여하셨다. 그것은 그가 지상의 사명을 마치시고 승천하신 그리스도의 그림자가 됨을 보여주는 것이며, 구약에서 또 하나의 승천한 인물인 에녹과 더불어(에녹 역시 선지자였다. 유다서 14) 선지자의 대표인 것을 보여준다(그리스도의 선구자인 세례 요한의 그림자, 말 4:5). 그는 후일에 그리스도의 선구자 세례 요한이 자기의 이름으로 불리울 것을 미리 알고, 세례 요한이 그리스도의 선구자로서 할 "승천"을 자신이 했다. 세례 요한은 그리스도의 순교의 예표자가 되어야 했기 때문이었다. 구약은 "율법과 선지자"로 불리는데(마 5:17; 17:12; 22:40), 모세는 율법을, 엘리야는 선지자를 대표한다. 그리하여 변화산상에서의 그리스도와 모세와 엘리야의 만남은 구약과 신약의 만남(율법과 선지자의 만남)이었다(마 17:1-8). 모세도 선지자였으나(신 18:15) 엘리야는 메시아의 선구자인 세례 요한의 그림자이기에(막 9:13), 그의 승천은 그리스도의 승천의 그림자가 된다(눅 24:51; 행 1:9). 그가 한 이세벨에 대한 예언(왕상 21:23)은 열왕기하 9:36에서, 아합 왕조에 대한 예언은 열왕기하 10:10, 17에서 현실로 증명되었다. 그는 구약의 많은 선지자 중 유일하게 세례 요한의 그림자로 나와 있으며(말 4:5-6), 모세와 더불어 예수님의 변화산 변형 시 예수님의 죽으심에 관해 함께 대화한 인물로 나타난다(마 17:3-4; 막 9:4-5; 눅 9:30-33). 이런 점에서 그는 메시아 사상도 갖고 있었음이 드러난다. 그는 여자의 후손의 선구자의 그림자였다. 이를 위해 그가 고독한 선지자가 되었는지 모른다.

사. 미가야

이믈라의 아들로, 이스라엘 왕 아합이 아람과의 전쟁에서 전사할 것을 미리 예언했던 선지자이다(왕상 22:8; 대하 18:4-27). 친선 차 자신을 찾아온 유다 왕 여호사밧에게 아합은 길르앗 라못을 되찾자는 말로 아람과의 전쟁에 유다가 동참할 수 있는지 의향을 물어보았고, 여호사밧은 응낙을 하면서도 선지자에게 하나님의 뜻을 물어볼 것을 요청하였다(왕상 22:4-5). 아합이 이에 선지자 400명을 모으고 하나님의 뜻을 물었을 때 400명 모두가 전쟁에서 아합의 승리를 예언하였다(왕상 22:6). 그것은 사실 시대적으로 왕비 이세벨에 의해 많은 선지자가 목숨을 잃었고, 이교 선지자들이 이스라엘에 들어왔으며, 자신의 이익을 위해서는 율법을 어기면서까지도 나봇을 죽이고 포도원을 빼앗던 아합의 악정의 상황들을 겪은 선지자들로서는 두려움이 있었고, 따라서 살아남기 위해서는 과잉 충성을 보일 수밖에 없었기 때문이었다. 하지만 이런 사실들을 알고 있는 여호사밧은 다른 선지자를 찾았고, 아합은 자신에게 흉한 일만 예언한다는 이유로 미가야를 부를 것을 주저했으나, 여호사밧의 청으로 미가야를 부를 수밖에 없었다(왕상 22:7-9). 시드기야를 비롯한 많은 선지자들이 사라미아 문어귀 광장에서 아합의 전쟁 계획을 지지하는 예언을 하고 있는 와중에 미가야를 부르러 간 사자는 미가야에게 다른 선지자와 같이 아합을 지지할 것을 부탁하지만, 미가야 선지자는 이를 단호히 거절한다(왕상 22:10-14). 왕에게 이른 미가야는 처음에는 다른 선지자들과 같이 예언하지만(왕상 22:15), 아합이 진실을 예언할 것을 촉구하자 전쟁에서의 아합의 죽음을 예언하였다(왕상 22:16-33). 이 예언으로 인해 미가야는 거짓 선지자 시드기야에게 뺨을 맞았고, 아합은 그를 옥에 가둘 것을 명하였다(왕상 22:24-27). 그러나 미가야의 예언대로 아합은 길르앗 라못 전투에서 전사하고 말았다(왕상 22:30-36). 남은 자는 소수의 신실한 자며, 진실하다는 이유로 고난당하는 자임을 교훈한다.

아. 여호사밧

유다 왕 아사의 아들로, 35세에 제4대 왕이 되어 25년간 통치했다. 그는 유다의 선한 왕으로, 르호보암 때부터 계속되었던 이스라엘과 유다 사이의 전쟁을 종식시켰다(왕상 22:44). 그는 이를 위해 그의 아들을 아합의 딸

(아달랴)과 결혼시킴으로써, 그의 세력은 더욱 확고하게 되었다(대하 18:1). 그는 유다에 있는 도시들을 요새화했고, 부친 아사왕이 탈취한 에브라임의 도시들에 수비대를 주둔시켰다(대하 17:1-2). 그는 신앙의 힘으로 모압과 암몬과 마온 족의 연합군을 엔게디에서 대파(대하 20:1-30)했으며, 그리하여 그랄과 드고아 사이의 골짜기, '와디'[물이 마른 개천]를 "여호사밧 골짜기", "브라가 골짜기"라 부른다(욜 3:2, 12, 14-17; 대하 20:3 등). 바알을 버리고 주를 섬기는 데 열심을 내었고, 아세라와 바알에게 바치는 것들과 제의적 음행의 장구들을 제거했으며, 성전의 남창들을 모두 쫓아냈다(대하 17:6; 19:3). 여호와의 말씀에 대한 관심도 많아서, 유다 백성들에게 체계적인 교육 계획을 지시하였다. 그는 방백과 레위인과 제사장들을 각처로 파견하여 여호와의 율법을 가르치도록 했다(대하 17:7-9). 그는 자신의 사돈인 아합으로부터 아람에 빼앗긴 길르앗 라못을 되찾자는 제안을 받고, 여호와의 말씀 없이는 출정하는 것을 꺼렸으나, 아합의 400명의 예언자의 거짓 예언 때문에 원정을 도우러 참전했다가 죽을 뻔했으며, 그 전쟁에서 아합은 전사했다. 그리하여 하나니의 아들인 선견자 예후로부터 하나님을 미워하는 악한 왕과 우호 관계를 맺었다고 책망받았다(대하 19:1-2). 그는 실로 다윗의 길로 행했던 모범적인 왕이었다. 역대기 기자는 다음과 같이 그를 평(評)한다. "여호와께서 여호사밧과 함께 하셨으니 이는 그가 그의 조상 다윗의 처음 길로 행하여 바알들에게 구하지 아니하고 오직 그의 아버지의 하나님께 구하여 그의 계명을 행하고 이스라엘의 행위를 따르지 아니하였음이라 그러므로 여호와께서 나라를 그의 손에서 견고하게 하시매 유다 무리가 여호사밧에게 예물을 드렸으므로 그가 부귀와 영광을 크게 떨쳤더라 그가 진심으로 여호와의 길을 걸어 산당들과 아세라 목상들도 유다에서 제거하였더라"(대하 17:3-6). 그러나 그러한 여호사밧도 신명기적 사관을 가진 열왕기 기자의 눈은 피할 수 없었다. "여호사밧이 그의 아버지 아사의 모든 길로 행하며 돌이키지 아니하고 여호와 앞에서 정직히 행하였으나 산당은

폐하지 아니하였으므로 백성이 아직도 산당에서 제사를 드리며 분향하였더라"(왕상 22:43). 열왕기 기자는 역대기에 나와 있는 여호사밧의 승전과 업적들을 기록하지 않는다.

자. 이스라엘의 아하시야

북이스라엘의 제8대 왕으로, 2년간 통치하였다. 아합과 이세벨 사이에서 태어난 그는 부모와 마찬가지로 골수 바알 숭배자였다. 그는 악한 부모를 만나, 열렬한 우상숭배자가 되었다. 열왕기 기자는 그가 여로보암과 아합의 잘못을 그대로 따랐으며, "여호와 보시기에 악을 행하였다"고 기록하였다(왕상 22:52-53). 그는 통치 기간에 여호사밧왕과 함께 에시온게벨에서 배를 지어 오빌로 보내려 하였으나, 파선하고 말았다(왕상 22:48; 대하 20:35-37). 또 부친 아합왕이 죽고 나자 모압이 이스라엘에 반란을 일으켜 조공 바치는 것을 거부했다(왕하 1:1; 3:4-5). 그는 궁전의 다락 난간에서 떨어져 심한 부상을 입고서 블레셋 땅에 사람을 보내어 에그론의 신인 '바알세불'에게 신탁을 구하게 했다(왕하 1:2). 이 신은 수리아의 생명의 신으로 알려졌다. 아하시야의 사자를 길에서 만난 엘리야는 왕의 사망을 예언하면서, "이스라엘에 하나님이 없어서 바알세불에게 물으러 가느냐"고 책망했다(왕하 1:3-6). 결국 아하시야는 그 예언대로 죽었으며, 아들이 없으므로 그의 동생 여호람이 왕위를 계승했다. 하나님을 떠나가면 무엇 하나 되는 게 없다.

차. 엘리사

엘리야의 제자이며 후계자로서 북이스라엘의 선지자로 활동한 사람이다. 사밧의 아들인 그는 요단 동편의 아벨므홀라의 부유한 농부 출신이었다(왕상 19:19). 아버지의 밭에서 열두 겨리의 소에게 멍에를 메워 밭을 갈던 중 선지자 엘리야가 자기에게 찾아와 겉옷을 던졌을 때, 그것이 자신을 향한 부르심인 줄 깨닫고 곧바로 친족에게 인사하고 소명에 순종하였다(왕상 19:19-21). 엘리야가 그에게 그렇게 한 것은 엘리사에게 기름을 부어 자신을 대신하는 선지자로 삼으라는 호렙산에서의 하나님의 직접적인 명령에 의해서였다. 그리하여 엘리사는 엘리야 승천 후 엘리야가 받은 사명을 대신하였다. 그는 아람의 군대 장관 하사엘에게 기름을 부어 아람 왕이 되게 했으며(왕하 8:7-15), 예후에게 기름을 부어 이스라엘의 왕이 되게 했다(왕하 9:1-13). 그리하여 하사엘을 통해서는 범죄한 이스라엘을 잔인하게 통치했고(왕하 10:32-33; 13:3-7), 예후를 통해서는 아합의 가문을 완전 몰살시켰다(왕하 9-10장). 범죄한 이스라엘에 대한 하나님의 심판이었다. 엘리사의 사역은 아합 말기로부터 시작하여 요아스에 이르기까지 계속되었다. 그의 사역의 범위는 빚진 과부에서부터(왕하 4:1) 귀부인(왕하 4:8), 이스라엘 왕(왕하 5:8; 6:9-22; 8:4; 13:14-19), 다른 나라 왕들(왕하 3:11-19; 8:7-10)에까지 이르렀다. 그의 사역과 예언 활동은 많은 이적과 관련되어 있다. 더러워진 물을 깨끗하게 하고(왕하 2:19-22), 사막에서 물이 나오게 하며(왕하 3:9, 16-20), 과부의 생계를 도와주며(왕하 4:1-7), 문둥병자를 고쳐주었고(왕하 5장), 자식을 낳지 못하는 수넴 여인에게 아들을 안겨주었으며, 죽은 아들을 다시 살려주었다(왕하 4:8-37). 물에 빠뜨린 도끼를 물에 떠오르게 하여 찾아주었고, 죽음의 독이 있는 국에 가루를 풀어 독을 없이하며(왕하 4:38-41), 보리떡 20개와 소량의 채소로 100명의 사람들을 먹였다(왕하 4:42-44). 이러한 이적은 너무도 많고 그리스도가 행하신 이적과 비슷하여(엘리사의 이적과 기사는 성경에서 예수 그리스도를 제외하고는 가장 많음), 이런 점에서 엘리사는 그리스도의 모형이 된다. 그리하여 예수님은 자신의 사역을 엘리사의 사역에 비유하셨다(눅 4:27). 그는 이 많은 이적과 기사들로서, 바알이 하나님이 아니라 여호와 하나님이 참 하나님이신 것을 증거했다. 그는 자기 스승 엘리야와 달리, 일반 백성들과 밀접한 관계 속에서 살았던 관대하고 사려 깊은 선지자였다(왕하 6:15-19). 그는 예수님처럼 선지 학교 교장의 일을 했다(왕하 2:3, 5, 7; 4:1; 6:1 등). 이 선지 학교는 길갈, 벧엘, 여리고에 있었다(2:1, 3, 5). 예수님이 열두 제자를 두신 것처럼, 엘리사도 제자로 선지 생도들을 두었다. 하나님께서 말씀하신 이스라엘의 남은 자 7,000명 가운데는 엘리사, 오바댜를 비롯한 이 선지 학교의 학생들이 있지 않았나 싶다. 이들은 모두 여로보암의 죄, 바알 숭배의 죄가 가득했던 북왕국 가운데서 이스라엘의 "남은 자"들이었다.

카. 예후

북이스라엘의 제10대 왕으로, 님시의 손자요 여호사밧의 아들이었다(왕하 9:2). 그는 오므리 왕조의 마지막 왕인 요람을 살해한 후 왕위를 계승했는데, 이 예후 혁명은 하나님께서 엘리야를 통하여 엘리사에게 전달하신 것으로, 엘리사의 명에 의해 실현되었다(왕하 9:1-10:28). 예후가 오므리 왕조를 타도하고 왕위에 오른 것은 오므리 왕조에 대한 하나님의 심판의 도구로 선택받아 이루어진 일이었다. 예후가 아합왕을 호위할 때(왕하 9:25) 나봇의 포도원을 빼앗기 위해 이스라엘로 간 아합을 수행했었다. 그곳에서 아합과 엘리야 사이의 대화를 듣고 여호와께서 아합 가문을 치리라는 심판의 메시지를 알게 되었으며(왕상 21:19-26), 그 후 엘리사 선지자에 의해 왕으로 기름 부음을 받게 되었다. 당시 예후는 유다 왕 아하시야와 이스라엘 왕 아합의 아들 요람의 연합군의 군대 장관으로서 길르앗 라못에서 아람 왕 하사엘과 싸우고 있었다. 요람왕이 전투에서 부상을 당하여 이스라엘로 후퇴하자 이 틈을 타서 엘리사는 선지 생도 한 사람에게 기름병을 들리워 길르앗 라못으로 보냈고, 그는 그곳에서 예후에게 기름을 부어 왕으로 세우며, 아합의 전 가족을 멸하라는 명령을 전했다. 이것을 안 그의 동료들은 계단에 보좌를 만들고 나팔을 불어 예후를 왕으로 선포하였다. 왕위에 오른 예후는 곧바로 요람과 그를 방문 중이던 유다의 아하시야왕을 살해하고, 아합 왕가의 모든 남자를 쳐죽였다. 이스르엘 성에 들어갈 때는 자기를 보고 조롱한 이세벨을 환관을 시켜 내던져 죽게 함으로 엘리야의 예언이 성취되게 했다(왕하 9:36-37). 그는 또한 사마리아에 있던 아합의 70명의 자식들과 유다 왕 아하시야의 친족 42명과 바알의 모든 선지자와 제사장들과 바알을 섬기는 자들을 계책을 사용하여 모조리 죽였다. 나아가 그는 바알의 신당에서 목상들을 가져다가 불사르고, 바알의 목상을 헐며, 바알의 신당을 헐어서 변소를 만들었다(왕하 10:6-27). 이러한 여호와를 위한 열심의 덕으로 하나님께서는 그의 자손 중에서 4대나 이스라엘의 왕이 되게 하셨다(예후 왕조). 그러나 그는 이처럼 이스라엘 중에서 바알을 멸하였으나, 이스라엘에게 범죄하게 한 느밧의 아들 여로보암의 죄 곧 벧엘과 단에 있는 금송아지를 섬기는 죄에서는 떠나지 아니했다(왕하 10:29). 그의 열심은 결국 자신의 왕위를 유지하기 위한 것이었고, 진심으로 여호와를 위한 것이 아니었다. "그러나 예후가 진심으로 이스라엘의 하나님 여호와의 율법을 지켜 행하지 아니하며 여로보암이 이스라엘에게 범하게 한 그 죄에서 떠나지 아니하였더라"(왕하 10:31). 인간의 죄가 얼마나 깊이 뿌리박혀 있는지를 본다. 그는 죄를 공격하고 정의를 위하여 열심하였다. 그러나 그의 열심은 육적인 열심이었고, 영적인 열심은 아니었다. 그는 자신과 그의 자녀들은 개혁하지 않고 남겨두었다. 그는 바알은 훼파했으나 금송아지는 남겨두었다. 여호와를 위한 열심이 있다고 다 남은 자가 되는 것은 아니다. 여호와를 위한 열심이 있으나, 지식을 좇은 것이 아니었다(롬 10:2). 예후의 개혁은 불철저한 개혁이었다. 남은 개혁하였으나, 자신은 개혁하지 않았다.

타. 여호야다

유다의 아하시야왕 시대의 대제사장이자(왕하 11:4) 요람왕의 딸인 여호세바의 남편이다. 그는 아달랴(유다 왕 아하시야가 죽은 후 왕의 일족을 멸하고 왕위에 오른 여왕)를 전복시키고, 그녀가 지원했던 바알 제의를 쳐부수기 위하여 반기를 들고 자기 아내 여호세바가 살려냈던 요아스를 왕으로 세웠다(왕하 11:12-19). 어린 요아스왕을 하나님의 말씀으로 조언하였고, 요아스왕이 하나님의 성전을 정화하도록 도와주었다(왕하 11:2-16). 그가 아달랴를 죽이고 폐위시킨 것은 아합 가문의 나쁜 영향이 유다 왕국에 미치지 못하도록 선수를 쓴 것이며, 이를 기점으로 종교개혁을 시작하였다. 그는 왕과 백성에게 여호와와 언약을 맺어 여호와의 백성이 되게 하고 왕과 백성 사이에도 언약을 세우게 했다. 온 백성이 바알의 신당으로 가서 그 신당을 허물고 그 제단들과 우상들을 철저히 깨뜨리고 그 제단 앞에서 바알의 제사장 맛단을 죽였다. 그는 또 관리들을 세워 여호와의 성전을 수축하게 했다. 그는 130세에 죽었고, 그가 행한 업적으로 인해 왕의 대우를 받아 다윗성에 장사되었다(대하 24:14-15). 남은 개혁하였으나, 자신은 개혁하지 않았다.

파. 아사랴(웃시야)

유다의 제10대 왕으로, 아마샤의 아들이다. 16세에 즉위하여 52년간 통치하였다. 그의 아버지 아마샤는 이스라엘 왕 요아스에게 패한 후 반란군에 의해 죽임을 당했으며(왕하 14:19), 어려운 시기에 아사랴는 유다 온 백성의 선택으로 왕위를 계승하였다(왕하 14:21). 그는 통치 초기에는 하나님을 경외하는 왕이었다. "웃시야가 그의 아버지 아마샤의 모든 행위대로 여호와 보시기에 정직하게 행하며 하나님의 묵시를 밝히 아는 스가랴가 사는 날에 하나님을 찾았고 그가 여호와를 찾을 동안에는 하나님이 형통하게 하셨더라"(대하 26:4-5). 그는 아버지의 적들에 대항하여 원정을 하였고, 에돔 사람, 블레셋 사람, 아리바아 사람, 그리고 마온 사람과의 전쟁에서 승리를 거두었다(왕하 14:22; 대하 26:1-7). 그는 나라를 강하게 만들었고(대하 26:2), 그의 위력은 애굽에까지 알려졌다(대하 26:8). 또한 그는 예루살렘 성문들을 견고하게 하였고(대하 26:9-10), 조직에 있어서도 뛰어난 재능을 소유하고 있었다. 이러한 성공에도 불구하고 그는 말년에 하나님으로부터 멀어진 생활을 하였다. 즉 선지자 스가랴가 살아 있는 동안에는 왕에 대한 그의 영향력이 지대하여 그가 하나님을 구하였고, 그가 하나님을 찾는 동안에는 하나님께서 그에게 승리를 주셨다(대하 26:5). 그러나 그는 산당은 제거하지 않았으며, 그리하여 백성들은 산당에서 제사를 드리며 분향했다(왕하 15:4). 또 그가 강성해졌을 때 교만이 그의 마음에 가득 차서, 그는 성전에 들어가 오직 제사장 외에는 수행할 수 없는 일 곧 향단에 분향하는 일을 하려 했다. 이런 그의 교만으로 인해 하나님은 그에게 문둥병이 들게 하셨고, 그가 죽을 때까지 그 병은 떠나가지 않았다(대하 26:16-21). 그의 교만으로 인해 유다 땅에는 지진이 일어났다(암 1:1; 슥 14:5).

하. 히스기야

유다의 제16대 왕으로, 아하스의 아들이고, 므낫세의 아버지이다. 유다 열왕 가운데 가장 선한 왕으로, 악한 아버지와 악한 아들을 가진 것이다. 그의 등극 시기는 정치적으로 매우 어려운 시기였다. 부왕 아하스 치세 때 이스라엘 왕 베가와 아람 왕 르신이 반 앗수르 동맹을 맺고 유다를 침공하자 유다 왕 아하스는 이사야의 예언을 무시하고 앗수르에 구원을 요청하였다(왕하 16:5-9; 사 7:1-9). 이에 앗수르의 티글랏 빌레셀 3세는 이스라엘과 아람의 연합군을 공격하였고, 그것을 기회로 이스라엘의 대부분의 도시를 점령하였다. 이때부터 유다는 앗수르에 정치적인 종속국이 되었고, 종교적으로는 우상을 숭배하는 등 타락의 극치를 걷고 있었다. 이러한 혼란한 시기에 히스기야가 왕위에 등극하였으며, 그는 정치적 독립과 종교적 개혁의 필요성을 느꼈다. 그가 통치하던 시대는 앗수르가 북왕국을 멸망시킨 후 그 힘을 몰아 예루살렘을 공격하던 시기였는데, 히스기야는 선지자 이사야의 도움을 받아 난국을 수습하여 전쟁을 승리로 이끌었다. 그는 정치적으로 앗수르를 배척하고 섬기지 않았으며, 오히려 블레셋을 치고 가사와 그 사방의 견고한 성들을 점령하였다(왕하 18:7-8). 그러나 그는 이사야의 경고에도 불구하고 애굽과 우호조약을 맺었다(사 30:1-7, 31:1-3). 그는 앗수르의 침략에 대비하여 예루살렘을 정비하여 수비를 강화하였고, 식수를 확보하기 위하여 실로암 수로를 파기도 하였다(왕하 20:20; 대하 32:30). 그의 통치 14년에 앗수르의 산헤립은 팔레스타인을 점령해 들어갔으며, 유다의 모든 견고한 성읍들도 점령하였다(왕하 18:13). 히스기야는 앗수르에게 굴복했으며, 조공으로 여호와의 전과 왕궁 곳간의 은과 여호와의 전 문과 모든 기둥의 금을 벗겨 앗수르에게 바쳤다(왕하 18:15-16). 한편 앗수르의 두 번째 침략으로 예루살렘은 포위를 당했으나 하나님의 도우심으로 점령은 되지 않았으며, 앗수르는 하룻밤에 여호와의 사자에 의해 18만 4천 명이 죽임을 당했다. 그리고 앗수르 왕 산헤립은 이상한 소문을 듣고(왕하 19:7) 앗수르로 돌아갔으며, 그 아들들에 의해 죽임을 당했다(왕하 19:37).

히스기야는 신앙심이 특출하여(왕하 20:5-6), 여호와를 떠나지 아니하고, 종교개혁을 하며, 앗수르의 대공격을 오직 신앙의 힘으로 격퇴했다. 그는 죽을병이 들기 전 14년, 그리고 병에서 나은 후 15년, 도합 29년간 통치했다. 그는 그 조상 다윗의 모든 행위와 같이 여호와 보시기에 정직히 행하여, 요아스나 아마샤나 웃시야 같은 왕들도 제거하지 못한 여러 산당을 제하고, 주상을 깨뜨리고 아세라 목상을 찍으며, 모세가 만들었고 이스라엘 자손이 이때까지 향하여 분향하던 놋뱀을 부수었다(왕하 18:3-4). 그는 여호와를 의지하였는데, 그의 전후(前後) 유다 여러 왕 중에 그러한 자가 없었으니 곧 저가 여호와께 연합하여 떠나지 아니하고, 여호와께서 모세에게 명하신 계명을 지켰다(왕하 18:5-6). 그는 실로 신명기의 율법을 지킨(신 6:5-9) 전형적인 남은 자였다. 그와 요시아왕은 남왕국 역사에서 대표적 신앙자들이었고, 그들의 뛰어난 신앙으로 남왕국은 북왕국보다 백 수십 년 더 연장된 것이었다(이상근). "히스기야는 여호와를 의지하는 데 뛰어났고, 요시아는 율법을 엄수하는 데 뛰어났다"(Rawlinson). 그는 성경 역사에서 다윗 다음가는 신심을 가진 왕이다. 다윗 다음가는 "남은 자"이다. 그리하여 하나님은 이사야를 통하여 히스기야에게 유다가 승리할 것과 남은 자가 있을 것을 약속하신다. "또 네게 보일 징조가 이러하니 너희가 금년에는 스스로 자라난 것을 먹고 내년에는 그것에서 난 것을 먹되 제 삼년에는 심고 거두며 포도원을 심고 그 열매를 먹으리라 유다 족속 중에서 피하고 남은 자는 다시 아래로 뿌리를 내리고 위로 열매를 맺을지라 남은 자는 예루살렘에서 나올 것이요 피하는 자는 시온산에서부터 나오리니 여호와의 열심이 이 일을 이루리라"(왕하 19:29-31). 이 말로서 본문은 일차적으로 앗수르의 공략에서 남은 자의 구원을 말하고 있고, 바벨론 포로 이후에는 바벨론 포로에서 남은 자를 가리켰으며, 나아가 종말적으로는 믿고 구원받을 유대인을 가리킨다(롬 9:27; 11:5, 25-27). "저들은 잘 착근된 나무처럼 성지에 안착하여 번영을 누릴 것이다"(이상근). 이 히스기야 시대의 남은 자 역사는 "심판과 구원"을 예언한 이사야서에도 기록되어 있다(사 36-39장). 그러나 그러한 그도 왕궁과 그의 나라 안의 모든 것을 바벨론에서 온 사자들에게 보여주는 우(愚)를 범한다(왕하 20:15).

하´. 요시야

유다의 제16대 왕으로, 아버지 아몬이 암살당한 후 불과 8세의 나이로 왕위에 올라 31년 동안 통치하였다(왕하 22:1; 대하 34:1). 그는 출생 이전에 이미 그의 사역과 이름 등이 예언되어 있었다(왕상 13:1-2). 그가 통치하는 동안 주변국의 세력이 약화되었기 때문에 유다는 안정 속에서 발전할 수 있었다. 통치한 지 8년째 되던 해부터 그는 하나님의 뜻을 따라 행했다. 20살이 되던 해에는 유다와 예루살렘을 정결케 하기 시작했으며, 우상을 파괴하고 이교적 예배를 금했다. 이방신의 산당과 아세라 목상들을 제거했고, 벧엘에 있는 제단을 헐고(왕상 13:2; 왕하 23:15), 사마리아 산당의 제사장들을 모두 죽여버렸다(왕하 23:20). 그의 통치 18년, 성전을 수리하던 중에 대제사장 힐기야가 율법책을 발견하였다. 이로 인해 요시야의 종교개혁은 그 절정에 달하게 되었다(왕하 22:20). 율법책에 크게 감명을 받은 요시아왕은 여선지자 훌다에게 사람을 보내어 율법책에 관련된 하나님의 뜻을 알아보았다. 훌다는 하나님께서 유다 백성이 하나님을 버리고 다른 길로 갔기 때문에 노하셔서 율법책에 기록된 재앙을 내릴 것이라는 것과 그러나 요시야는 옷을 찢고 하나님 앞에서 자신을 낮추었기에, 이 재앙이 오기 전에 평안히 잠들 것이라는 예언을 들려주었다. 이 율법서의 내용은 모세오경 특히 신명기의 전부 또는 그 일부(신 12-26장)였을 것으로 보인다. 힐기야가 발견한 율법서는 성전 소유의 율법 사본으로서 앗수르의 탄압으로 인해 성소가 더럽힘을 당할 때 숨겨졌거나(신 31:9, 28), 고대 관습에 따라 성전 건설 시 벽 속에 봉납되었을 것으로 생각된다. 율법서의 내용을 알고 난 후 요시야는 예루살렘과 유다 안에 사는 모든 장로를 소집하여, 율법책의 모든 말씀을 낭독해 주고, 그 규례대로 순종할 것을 맹세시켰다. 그는 우상을 파괴하고 예루살렘 성전에 있는 바알과 아세라 상, 하늘의 일월성신을 위해 만든 철제 상들을 예루살렘 바깥 기드론 밭에서 불사르고, 전 안의 미동(美童)의 집을 헐고 각종 단을 부수었다(왕하 23장 참조). 그는 북이스라엘에까지 개혁을 확장시켰으며(왕하 13:2), 신접한 자, 박수, 드라빔 우상, 가증한 것들을 다 제하고 유월절을 예루살렘에서 성대히 집행하였다. 그러나 이러한 요시야의 개혁은 이스라엘 백성들의 마음을 근본적으로 바꾼 것이 아니었기 때문에 하나님께서는 유다에 내릴 진노를 돌이키지 아니하셨다(왕하 23:26; 렘 2-6장). 개혁 자체는 좋으나, 시기가 너무 늦은 것이었다. 그의 개혁 운동 이후, 국제정세는 변하여 애굽과 바벨론의 경쟁 구도가 되었다. 이런 가운데서 요시야는 앗수르를 도우러

가는 애굽의 바로 느고를 못 가도록 막다가, 도리어 므깃도에서 느고에 의해 죽임을 당하였다(왕하 23:29; 대하 35:20-24). 그는 유다 왕들 가운데에서 위대한 왕의 한 사람으로 기록되었다. "요시야와 같이 마음을 다하며 성품을 다하며 힘을 다하여 여호와를 향하여 모세의 모든 율법을 온전히 준행한 임금은 요시야 전에도 없었고 후에도 그와 같은 자가 없었더라"(왕하 23:25). 그러나 그의 개혁운동은 그리 빛을 보지 못했다. 개혁에도 다 때가 있는 것이다. 돌이키기에는 너무도 죄에 깊이 빠져 있었던 것이다. 요시야의 죽음은 최후의 등불이 꺼진 것으로, 그 후에는 망국적 혼란기에 들어서게 된다. 그의 아들 요하난(대상 3:15), 여호야김, 여호야긴, 시드기야, 여호아하스는 모두 이 혼란기에 유다 왕국의 최후를 경험한 자들이다.

V

후기예언서에 나타난 "남은 자" 계시

...

"후기예언서"는 전기예언서와 구분된다. 전기예언서가 구두 예언서라면 후기예언서는 문서 예언서이고, 전기예언서가 예언적 역사서라면(역사가 중심), 후기예언서는 역사적 예언서이다(예언이 중심). 전자가 왕궁과 성전에서 활동하던 공직상의 예언자들의 글이라면, 후자는 하나님께 직접 부르심을 받아(사 6장; 렘 1장; 겔 1-3장; 암 3:8; 7:12-15 등), 당시의 제사장, 임금, 공직상의 예언자들에게 예언했던 예언자들의 글이다. 이 문서 예언서들은 권력을 잡고 있던 임금들뿐 아니라, 백성 전체에게 예언했던 예언서들이다. 전자가 사적이고 개인적이며 단편적인 예언서라면, 후자는 보다 더 공적이고 공동체적, 체계적인 예언서들이다. 전자가 예언자의 눈으로 쓴 역사서라면, 후자는 예언자가 직접 쓴 예언서들이다. 이들은 이스라엘의 죄와 남은 자들에 대해 예언했지만, 앞으로 오실 "여자의 후손"과 "그가 베풀 구원"에 대해서도 예언했다. 하나님을 배반하고 죄에 빠져 있는 백성들에게 "여자의 후손"의 출현을 예언했다. 후기예언서들은 에스겔서, 스가랴서, 다니엘서와 같이 환상으로, 묵시로 예언한 책들이었다. 이들은 모두 포로시기나 포로시기 이후의 책들로서, 환상과 묵시로 예언한 것은 적들에겐 비밀로, 동족에겐 공개적으로 나타내려 했기 때문이다(마 11:25;

13:11). 이들은 모두 "새 일"(이사야), "새 언약"(예레미야), "새 성전"(에스겔), "하나님의 나라"(다니엘)를 예언하고 있어, "신약"(新約)의 출현을 예견하고 있다.

1. 이사야서에 나타난 "남은 자" 계시

이사야("여호와는 구원이시다")는 남유다의 선지자로서, 웃시야, 요담, 아하스, 히스기야 시대에 봉사한 예언자였다. 그는 특히 "남은 자"의 사상을 강조하였던 예언자로, 예언자 중에서도 "대예언자", "만민의 예언자"(Delitzsch), "예언자들의 왕"(Unger), "그리스도론의 예언자"(이상근)라 불린다. 이사야서는 다니엘서와 더불어 굉장히 "신약적인" 책이다. "그는 위대한 예언자인 동시에 탁월한 정치가였고, 또 그의 예언서는 아름다운 시적 문답서로 취급되고 있다"(이상근). 그가 쓴 이사야서는 총 주제가 **심판과**(1-35장) **구원**(40-66장)"이며(운문체), 그 사이에 히스기야 시대에 있었던 여호와의 구원(히스기야의 수명 연장과 앗수르 군대의 격퇴) 역사를 싣고 있어(36-39장; 왕하 18-20장, 산문체), "남은 자의 구원"을 구약에서 가장 잘 보여주는 책이다. "남은 자의 구원"은 곧 히스기야 시대의 구원(36-37장, 39장), 히스기야 자신의 구원(38장)과 같다는 것이다. 즉 하나님께서 남겨 두지 않으시면 더 이상 남아 있을 수 없었다는 것이다(1:9). "메시아"와 "남은 자"의 주제는 이사야서 전반부에서는(1-35장) 간헐적으로 소개되다가, 후반부에 이르러 (40-66장) 본격적으로 설명된다.

이사야는 먼저 1:8-9에서 "딸 시온은 포도원의 망대같이, 참외밭의 원두막 같이, 에워싸인 성읍같이 경우 남았도다 만군의 여호와께서 우리를 위하여 생존자를 조금 남겨 두지 아니하셨더라면 우리가 소돔 같고 고모라 같았으리라"고 한다. 소돔과 고모라는 범죄함을 인하여 불심판을 받아 전멸한 성읍인데(창 19:24-28), 하나님은 유다의 죄를 징계하시지만(1:4), 소돔과 고모라와는 달리 생존자를 조금 남겨 두었다는 것이다. 그것이 바로 바벨론에 의해 파괴되어 원두막처럼 외롭게 서 있는 예루살렘이었다. 여기서 "남은 자"의 사상이 소개된다. "그들은 경건한 소수의 예루살렘 시민이고, 종말적으로는 구원받을 이스라엘의 그림자인 것이다"(이상근). 이 사상은 4:3에도 나타난다. "시온에 남아 있는 자, 예루살렘에 머물러 있는 자 곧 예루살렘 안에 생존한 자 중 기록된 모든 사람은 거룩하다 칭함을 얻으리니." 이는 바벨론으로 끌려가지 않고 처음부터 예루살렘에 남아 있는 자들을 말한다. 여기서는 문맥적으로 이스라엘의 종말적 구원을 바라보는 남은 자들을 가리키는 것이다. 그것이 본서의 구원론의 성격이기도 하다. 6:13을 보자. "그 중에 십분의 일이 아직 남아 있을지라도 이것도 황폐하게 될 것이나 밤나무와 상수리나무가 베임을 당하여도 그 그루터기는 남아 있는 것 같이 거룩한 씨가 이 땅의 그루터기이니라." 이사야는 "남은 자"를 "그루터기"라 한다. 이스라엘이 죗값으로 전멸 당한 것처럼 보이나, 그것은 마치 밤나무나 상수리나무가 베임을 당했지만 거기에 그루터기는 남아 있고, 이 그루터기에서 새싹이 나서 새로운 나무가 되는 것과 같다. 여기에 남아 있는 그루터기를 "거룩한 씨"로 부르는 것은 그들이 회개하여 아브라함에게 언약하신 선민의 대통을 이어가기 때문이다(이상근). 7:3을 보자. "때에 여호와께서 이사야에게 이르시되 너와 네 아들 스알야숩은 윗못 수도 끝 세탁자의 밭 큰 길에 나가서 아하스를 만나 그에게 이르기를 너는 삼가며 종용하라…." 여기 스알야숩은 이사야의 아들로서, 이사야는 그가 예언하는 미래의 구원을 "남은 자의 구원"으로 나타내기 위해 아들의 이름을 일부러 "스알야숩"이라 지었다(Ewald, Rawlinson).

이는 이사야의 구원관을 보여주는 좋은 증거로서, 그 뜻은 "남은 자가 돌아오리라"이다. "남은 자"는 "미래에 소망을 두고 있음"을 나타내는 어구이다. 이사야는 자기 아들의 이름을 통하여 백성들에게 미래의 메시아적 구원을 나타내려 했다. 10:22를 보자. "이스라엘이여 네 백성이 바다의 모래 같을지라도 남은 자만 돌아오리니 넘치는 공의로 파멸이 작정되었음이라." 여기 "넘치는 공의로 파멸이 작정되었음"은 남은 자를 구원하시는 것은 하나님의 자비요, 범죄자를 징벌하시는 것은 그의 공의이신 바, 하나님의 자비는 그의 공의를 능가하지 못하고, 오히려 그의 공의가 자비를 능가하며, 넘친다는 것이다. 즉 이스라엘의 남은 자가 돌아올 것이나 그 수는 적을 것이다. 하나님은 아브라함에게 그의 자손의 수가 바다의 모래 같이 많을 것이라고 언약하셨고(창 22:17), 이 언약은 성취되었다(왕상 4:20). 그러나 유다의 죄로 인해 그 다수가 멸망하고, 회개한 소수만 남은 자의 무리가 된다는 것이다. 신약 시대 유대인의 대다수가 예수를 믿지 않을 것을 예견한 말씀이다. 11:11을 보자. "그날에 주께서 다시 그의 손을 펴사 그의 남은 백성을 앗수르와 애굽과 바드로스와 구스와 엘람과 시날과 하맛과 바다 섬들에서 돌아오게 하실 것이라." 11:16을 보자. "그의 남아 있는 백성 곧 앗수르에서 남은 자를 위하여 큰 길이 있게 하시되 이스라엘이 애굽 땅에서 나오던 날과 같게 하시리라." 여기서 "남은 백성"은 이스라엘의 구원받을 백성이다. 말일에 가서 이들 구원받을 백성이 흩어진 곳들에서 돌아오게 된다는 것이다. 이스라엘 백성이 돌아온 역사적 사실로, 주전 536년에 바벨론 포로에서 돌아온 것을 들 수 있을 것이다. 신약 시대 오순절에 사방에서 모여온 백성이 성령을 받은 사실도 들 수 있을 것이고(행 2:9-11), 1948년 이스라엘이 독립한 후 전 세계에서 성지를 향해 모여든 유대인의 무리도 들 수 있을 것이다. 그러나 이스라엘의 궁극적 집합은 종말에 있을 것이다. 이 집합은 포로로 갔던 유대인들이 돌아올 뿐 아니라, 포로로 가지 않고 그 땅에 남아 있던 자들도 회복되어 그들과 하나가 될 것을 가리키는 것이다. 28:5를 보자. "그날에 만군의 여호와께서 자기 백성의 남은 자에게 영화로운 면류관이 되시며 아름다운 화관이 되실 것이라." 에브라임의 심판을 말하는 단락의 이 구절은 사마리아가 멸망하나, 남은 백성들은 회복하여 영화를 누린다는 것이다. 그리하여 사마리아가 함락되고, 대부분의 이스라엘인이 앗수르로 포로로 잡혀갔으나, 남은 가난한 사람들은 그 땅에 머물러 여호와께 대한 신실한 신앙에 계속 머물렀던 것이다(요 4:9-26). "시온은 공평으로 구속이 되고 그 귀정한 자는 의로 구속이 되리라"(1:27). 여기서 "귀정한 자"는 "주께로 돌아온 자"를 의미한다. 이는 예루살렘에 남아 있든지, 포로 생활에서 돌아왔든지, 회개하여 주께로 돌아온 자를 가리킨다. "밤나무 상수리나무가 베임을 당하여도 그 그루터기는 남아 있는 것 같이 거룩한 씨가 이 땅의 그루터기니라"(6:13). 여기서 "그 그루터기"는 포로로 갔다가 돌아왔든지, 포로로 가지 않고 계속 예루살렘에 머물렀든지, 계속 하나님을 떠나지 않고 하나님 신앙에 남아 있는 자를 가리킨다. 37:31-32를 보자. "유다 족속 중에 피하여 남는 자는 다시 아래로 뿌리를 박고 위로 열매를 맺히리니 이는 남은 자가 예루살렘에서 나오며 피하는 자가 시온산에서 나올 것임이라 만군의 여호와의 열심이 이를 이루시리라." 이는 "앗수르의 공략에서 남은 자의 구원을 말하고, 바벨론 포로 이후는 바벨론 포로에서 남은 자를 가리켰으며, 나아가 종말적으로 믿고 구원받는 유대인을 가리키게 되었다(롬 9:27; 11:5, 25-27)"(이상근). 예루살렘이 멸망할 것이나, 남은 백성들이 그곳에서 나온다는 것이다. 그들이 남은 자가 되는 것은 온전히 여호와의 열심 덕분이다.

하나님은 "이전 일을 기억하지 말며 옛적 일을 생각하지 말라 보라 내가 **새 일**을 행하리니 이제 나타낼 것이라"고 하신다(43:18-19). 여기의 "이전 일"은 "애굽으로부터의 구원"을 나타내며(43:18), "새 일"('카이나', 칠십인역 참조)은 질적(質的)으로 새로운 일, 즉 가까이는 "다리오 메시아를 통한 바벨론으로부터의 구원"(42:9a), 멀리는 "여자의 후손 메시아를 통한 인류의 구원"(죄로부터의 구원, 42:9b)을 가리킨다(Calvin, Rawlinson, by 이상근). 이는 둘째 출애굽으로서, 40:9-11; 43:3-6, 19-21; 46:9-13, 48:6; 49-57장에도 나온다. 이 둘째 출애굽(동쪽에서 옴, "새 일")은 첫째 출애굽(서쪽에서 옴, "옛 일")보다 훨씬 그 규모와 강도가 크다. 후자의 경우는 애굽 왕 바로와 싸워 애굽으로부터 탈출했지만, 전자의 경우는 하나님 스스로 이방 왕 다리오를 메시아로 세워("그의 기름부음을 받은 고레스", 하나님이 이방 왕에게 이런 칭호를 사용하신 것은 고레스가 유일하다!), 바벨론으로부터 탈출시켰다(이런 점에서 "다리오"는 이스라엘을 포로 생활에서 해방시킨 점에서, 인류를 죄악의 포로된 데서 해방시킬 그리스도의 그림자가 됨). 후자의 경우는 창세기 3:15의 여자와 뱀과의 투쟁을 배경으로 하나, 전자의 경우는 창세기 12:3의 "너를 축복하는 자에게는 내가 복을 내리고, 너를 저주하는 자에게는 내가 저주하리니"를 배경으로 한다(고레스는 하나님의 축복과 도우심을 받아, 메데, 바벨론을 비롯한 17개국을 정복한다[Rawlinson, by 이상근]). 후자의 경우는 애굽 한 나라로부터였으나, 전자의 경우는 이방 나라들로부터였으며, 그 전리품도 비교가 되지 않았다(사 60장). 애굽으로부터의 구원은 바벨론으로부터의 구원의 그림자이고, 바벨론으로부터의 구원은 메시아(신약) 시대, 죄로부터의 구원의 그림자이다(눅 9:31). 전자가 육신의 구원이라면, 후자는 영혼의 구원인 것이다. 이스라엘이 애굽에서 노예 노릇하고, 바벨론에서 포로 노릇하듯, 인류는 죄의 노예 노릇, 포로 노릇을 하고 있다. 이런 가운데서 **메시아는 인류를 죄의 노예 노릇, 포로 노릇, 세상의 노예 노릇, 포로 노릇하는 가운데서 구원해 내신다**는 것이다. 예레미야가 "새 언약"을 강조한다면(렘 31장), 이사야는 "새 일"을 강조한다. 이 "구원"의 주제는 이사야서의 제2부를 이루는 주제로서(40-48장["구원"], 49-59장["구원자"], 60-66장["구원 받은 자"]), "메시아("여호와의 종", "여자의 후손")를 통한 인류의 구원"이 그 중심 주제이다(여기 나오는 "여호와의 종"은 "여자의 후손"을 가리키는 말인데, 구약 다른 데서는 "여호와의 사자", "여호와의 군대 장관" 등으로 불리운다. "창세기에 나타난 남은 자 계시" 참조). 예수께서 변화산에서 모세와 엘리야와 더불어 의논했던 주제가 바로 "탈출"(엑소더스)이었다(눅 9:31).

이 집합은 이방인의 구원도 포함한다. "땅끝의 모든 백성아 나를 앙망하라 그리하면 구원을 얻으리라 나는 하나님이라 다른 이가 없음이니라"(45:22). 여기에서 이사야는 앞의 14-25절의 주 사상인 "이방인의 회개"를 언급한다. "저들 구원받은 이방인들은 우상숭배를 피하여 여호와께 돌아온 백성들인 것이다"(이상근). 여호와와 연합한 이방인들도 남은 자 그룹에 들어간다. "또 여호와와 연합하여 그를 섬기며 여호와의 이름을 사랑하며 그의 종이 되며 안식일을 굳게 지키는 이방인마다 내가 곧 그들을 나의 성산으로 인도하여 기도하는 내 집에서 그들을 기쁘게 할 것이며 그들의 번제와 희생을 나의 제단에서 기꺼이 받게 되리니 이는 내 집은 만민의 기도하는 집이라 일컬음이 될 것이라"(56:6-7). 이 이방인의 회개 사상은(창 12:3), 이사야서 전체를 일관하는바(24:1-23; 26:20-21; 27:1-7; 30:27-33; 34:1-10; 40:24; 41:11-12, 25; 42:13-15 등), 신약에서 교회를 통한 만민의 구원이란 형태로 성숙해진다(마 28:18-20). 이 이방인의 구원을 주도한 이가 바로 여호와이시다.

남은 자들이 이방으로부터 돌아올 때, 그들은 이방인들로부터 호의를 입을 것이다(전리품). "네 눈을 들어 사방을 보라 무리가 다 모여 네게로 오느니라 네 아들들은 먼 곳에서 오겠고 네 딸들은 안기어 올 것이라"(60:4). "이방인들이 네 성벽을 쌓을 것이요 그 왕들이 너를 봉사할 것이며"(60:10). "네가 이방 나라들의 젖을 빨며 뭇 왕의 젖을 빨고 나 여호와는 네 구원자, 네 구속자, 야곱의 전능자인 줄 알리라"(60:16). 과거에 예루살렘의 성벽을 파괴하던 이방 왕들이 이제는 그 성벽을 쌓고, 과거에 그들을 학대하던 왕들이 이제 그들에게 봉사하게 된다는 것이다. 이는 고레스왕이 조서를 내려 예루살렘 성전을 재건하게 하였고(에 3:7), 아닥사스다왕은 예루살렘 성을 재건하게 한 것에서(느 1:3; 2:5-8) 그 성취를 보여준다. 그만큼 제2의 출애굽은 하나님의 자발적인 구원이란 것이다. 그러나 이는 더 나아가 전 세계의 열방과 열왕들이 하나님의 교회 건설과 복음 전도에 이바지할 것도 가리킨다. 콘스탄틴 대제의 개종은 이를 보여준다. 이는 출애굽 시에도 있었던 일이다(출 11:2-3, 12, 35-36). 그러나, 그 정도는 미약했다. 이는 모두 "승리"를 뜻한다(이상근). 그것은 그리스도의 부활을 예견하는 사건들이었다. 그것은 예수가 옳고 적들은 그릇되었음을 만천하에 공표하는, 예수의 손을 들어주는 사건이었다(역전). 그러므로 복음은 부끄러운 것이 아니며, 그리스도인에겐 당연한 것이다.

남은 자들은 마침내 시온의 영광이 빛나는 아침을 맞이하게 된다. 이는 이 남은 자들이 메시아 시대를 경험한다는 것이다. 후기 예언자들은 하나같이, "포로에서 돌아오면 곧 메시아 시대가 온다"고 생각했다("바벨론으로부터의 해방과 메시아의 구원"). 그 때 그들이 돌아오는 광야에는 황무지가 장미꽃같이 필 것이고, 마른 땅에 샘물이 터질 것이고, 사막에는 물이 흐를 것이다(사 35장). 피조물이 구원을 받는 "천년왕국"이 이루어질 것이다. 이사야는 특히 메시아(여자의 후손)를 소개한 선지자이다. 그는 여자의 후손의 고난과 구원을 특별히 예언했다. 그의 그리스도론은 너무나 상세하다. 그리스도의 탄생(7:14), 족보(11:1), 기름부음 받음(11:2, 61:11), 성격(7:15, 11:3-4), 온유성(42:1-2), 죽음(52:13-53:12), 부활(25:8), 재림(11:3-16, 33장) 등이 예언되어 있다. "실로, 장차 오실 그리스도를 밝히 소개한 것은 구속사에서의 이사야의 최대의 공헌이라 할 것이다"(이상근). 그리하여 그는 "메시아적 또는 복음의 예언자", "구속의 예언자"라 불리고, 그의 예언은 "제5복음" 혹은 "이사야 복음"이라 불린다(이상근). 그는 오시는 메시아를 "고난의 종"으로 묘사한다. 이사야서에는 "여호와의 종"의 노래가 네 번 나타나는바(42:1-4; 49:1-6; 50:4-9; 52:13-53:12), "이는 이사야의 예언의 백미에 속한다"(이상근). 그 고난의 종은 "여자의 후손", 곧 그리스도를 가리킨다(창 3:15와 관련된 것이다). 이사야는 여호와의 종(여자의 후손)의 구원을 특별한 구원으로 나타내기 위해, 하나님께는 "여호와의 팔이여 깨소서 깨소서 능력을 베푸소서"란 기도를 드리고(51:9), 이스라엘에게는 "깰지어다 깰지어다 네 힘을 낼지어다"란 권면을 한다(52:1). 구원하시는 편에게는 "구원을 작동해 달라" 하고, 기도하고 구원을 받을 자에게는 "그 구원을 받으라"고 권면한다(둘째 출애굽). 그리고는 "여호와의 팔이 뉘게 나타났느냐"고 하면서, "여호와의 종"을 소개한다(53:1). 여호와의 종의 구원이 특별히 중요한 구원임을 나타낸다. "이스라엘의 포로나 예언자의 순교는 만민을 대속하시는 메시아의 고난의 그림자였다"(이상근). 그리하여 이사야 52:13-53:12는 그리스도의 고난을 너무도 명백하게 그려, "십자가 밑에서 그린 그림"이라 불린다(이상근). 이사야는 "여자의 후손"이 주는 구원을 "대속"의 구원으로 본다(53장). "일어나라 빛을 발하라 이는 네 빛이 이르렀고 여호와의 영광이 네 위에 임하였음이니라 보라 어두움이 땅을 덮을 것이며 캄캄함이 만민을 가리우려니와 오직 여호와께서 네 위에 임하실 것이며 그 영광이 네 위에 나타나리니 열방은 네 빛으로, 열왕은 비취는 네 광명으로 나아오리라"(60:1-3). 메시아가 오셔서 예루살렘에 나타날 때, 전 세계의 열방과 열왕들은 모두 예루살렘으로 모여들어 그 빛의 혜택을 입을 것이다. "이는 그리스도의 교회를 통해 성취될 예언이다"(이상근). 그리하여 이사야서는 만민이 여자의 후손을 통해 복을 받을 것을 강조한다(45:22; 55:4-5; 56:3, 6-7; 60:1-22 등). 이같이 여자의 후손(창 3:15)과 아브라함에게 주신 약속(창 12:3)은 늘 함께 다닌다. "심판"과 "구원"이 주제이듯이, "천국"과 "지옥"에 대한 언급으로 마친다(66:22-24; 계 20-21장).

2. 예레미야서에 나타난 "남은 자" 계시

예레미야가 사역하던 당시 예루살렘은 완전히 타락하여, 한 사람의 의인(남은 자)도 찾을 수 없을 지경이 되었다(5:1). 이사야서의 주제가 "심판과 구원"이라면, 예레미야서의 주제는 **유다의 심판과 회복**이다. 전자가 그리스도론에 치중했다면, 후자는 구원론에 치중해 있다. 이 "회복"은 포로에서의 귀환을 넘어, 멀리 메시아("여자의 후손") 왕국에 연결되고, 영광의 축복으로 끝나는 것이다(23:5; 32:15). 예레미야가 선지자로 활약하던 시기는 요시야가 종교개혁을 행하던 시기였고, 요시야의 종교개혁은 성전 이외의 제사를 금지함으로 인해 지방 제사장들의 생활토대를 흔드는 개혁이었다. 그래서 종교개혁을 지지한 예레미야는 그의 친척과 고향인들에게 박해를 받게 되었다. 이렇게 시작된 무리들의 예레미야에 대한 증오심은 그의 사역 40년 동안 내내 계속되었다. 그가 받은 메시지는 "유다의 멸망"이었다. 하나님은 유다의 우상숭배 죄로 인하여 북방의 바벨론의 느부갓네살을 통해 유다를 멸망시키실 것이니, 유다는 거기에 순종하여 순순히 바벨론에 항복하라는 것이었다(1-25장). 이런 메시지로 인해 그는 거짓 선지자 바스훌과 하나냐로부터 박해를 받으며(20장; 28장) 투옥되어 (37-38장) 수난을 당한다. 그는 수난의 선지자였다.

이런 가운데서도 예레미야는 유다의 포로 됨과 회복을 전하기를 잊지 않았다. 어떤 선지자보다도 더 강조했다. 그는 포로가 된 유다인들에게 편지를 보내며(29장) 소망을 주었다. 당시 정치가나 종교 지도자들, 그리고 백성에 이르기까지 모두가 바벨론의 패권은 길지 않고, 포로민은 조속히 돌아올 것이라고 생각했다. 그러나 예레미야는 포로기가 장기간이 될 것을 예언하며(27-28장), 바벨론 포로민에게 그곳에 안주하고 있다가 70년 후에 돌아올 것을 권면했다. 하나님은 유다를 바벨론을 통해 심판하셨으나, 바벨론 또한 심판을 받을 것이며, 유다는 나라를 회복하리라는 것이다 (4:27; 5:10, 18; 24:5-7; 25:1-14 등). 이것을 예레미야는 옥에 갇혀 있으면서도 하나님의 명령을 따라 고향 아나돗에 있는 어떤 밭을 사는 것으로 보여주었다(32:6-15). 이 유다의 회복은 "회개"를 통해 이루어지며(3:22-25; 5:3; 9:5; 14:7-10; 19:22; 31:19; 34:15 등), 하나님의 위로는 장차 오실 메시아("여자의 후손")를 통해 완전히 실현될 것이다. 즉 새 언약은 이스라엘의 포로 생활에서 회복되는 일시적 구원을 위한 것이 아니고, 나아가 세계 만민에게 영원한 구원을 약속하시기 위한 것이다(신약 시대). 하나님은 제1의 출애굽 시에(1st Exodus) 율법으로 언약을 세우시고, 제2의 출애굽인 출바벨론(출세상) 시에(2nd Exodus) 그의 피로 새 언약을 세우신다(31:31-34). "율법을 범함으로 바벨론 포로가 된 이스라엘에게 이제 구원의 문은 닫힌 것이고, 그 문을 다시 열 수 있는 것은 전적으로 하나님 편에 있게 된 것이다. 여기서 하나님은 옛 언약에서 실패한 이스라엘을 구원하시기 위해 새 언약을 선포하신 것이다"(이상근). 여기서 새 언약은 지금까지의 "남은 자"의 의미와는 달리, 예수 그리스도("여자의 후손")의 구속을 가리키는 복음의 증인이 되는 것이다(마 26:2; 막 14:24; 눅 22:20). 그것은 율법(옛 언약)을 새롭게 하는 것이 아니고, 그 율법을 대치하는 것이다(이상근). "하나님의 무서운 심판의 날의 피안(彼岸)에는 하나님께서 그 사랑하는 백성을 위하여 예비하시는 구속의 날이 있으며, 하나님의 진노의 기관인 느부갓네살왕의 피안에는 하나님의 구원의 기관인 '메시아가 있는 것이다"(이상근). 이는 하나님이 모세와 맺은 언약을 "여자의 후손"이 개정하겠다는 것이다. "여호와가 새 일을 세상에 창조하였나니 곧 여자가 남자를 안으리라"(31:22). 그날에 여호와께서는 자기 백성과 은혜의 새 언약을 맺을 것인데, 이는 처음 언약과 같이 돌 위에 새겨질 것이 아니라, 살아 있는 사람의 마음에 새겨질 것이다(31:31-33). 이는 하나님이 모세와 맺은 언약을 "여자의 후손"이 개정하겠다는 것이다. 그날에 남은 자가 구원을 얻을 것이며(23:3), 이는 정화되어 하나님의 기름 부은 '메시아의 통치하에 재건될 것이다(30:9; 33:14-15, 김윤국). "예레미야는 심판의 저편에 하나님과 이스라엘의 새 관계를 제시한다"(이상근). 이는 이사야가 예언했던 "새 일"과 관계된 것이다(사 42:9; 48:6; 렘 33:2-3 등). 그리하여 "구약의 초월적인 신관은 내재적 신관이 되며(1:7-9; 12:1-5; 20:7-13), 천지에 충만한 신이 된다(23:24). 그러므로 솔로몬의 성전이 파괴되고, 이스라엘의 국토가 상실된다 해도 여호와 경배는 가능한 것이었다"(이상근). 이런 의미에서 예레미야의 신관은 호세아의 그것과 가까웠다. 즉 하나님은 본성적으로 사랑의 신이시다(3:12; 31:3). "여호와가 유일의 하나님이시고, 천지의 창조자요, 지배자시며(14:22; 5:22), 만민의 심판자시란(25:15; 40:1; 51:58) 구약적 신관에는 변함없으나, 그 유일하신 대주재(大主宰)가 본성적으로 사랑의 신이시란 것이다"(이상근). 이러한 내재 신의 개념은 곧 개인 신관을 가능하게 한다. 하나님은 각 사람의 심중에 계셔서 말씀하시는, 개인적 신이시란 것이다. "예레미야의 인간관이 사람의 마음에 중점을 두는 것도 이런 개인 신관에 입각하기 때문이다. 그는 유다의 죄는 마음에 새긴 바 된 것을 지적하고(17:1), 마음에 할례를 받으며 마음을 기경할 것을 강조한다(4:3-4). 그것은 마음이 개인이 하나님과 만나는 장소이기 때문이다"(이상근). 이러한 개인적 신관은 개인 구원 사상으로 나아간다. "그 때에 그들이 말하기를 아비가 신 포도를 먹었으므로 아들들의 이가 시다 아니하겠고 신 포도를 먹는 자마다 그 이가 심 같이 각기 자기 죄악으로만 죽으리라"(31:29-30).

"새 언약"의 사상은(31:31-34) 예레미야의 소위 "위로의 책"(30-31장)의 핵심이다. 이 부분은 북이스라엘과 남유다의 회복을 주로 다룬 부분으로서, 통일 왕국이 분열된 후 이스라엘이 먼저 망하고 나중에 유다가 망했지만, 돌아 올 때는 다 같이 함께 돌아온다는 것이다. 그리하여 함께 메시아를 중심한 통일왕국을 이룬다는 것이다(30:9). 그때 이스라엘과 유다 백성은 하나님의 백성이 되고, 하나님은 그들의 하나님이 되실 것이다. 이는 구원과 번영의 상태를 상징하는 표현으로서, 구약 여러 곳에 나와 있다(레 26:2; 렘 7:26; 11:4; 24:7; 31:33; 겔 11:20; 36:28). 이같이 "회복"을 강조하는 것 자체가 "남은 자"의 구원을 보여준다. "이 부분에 나타나는 "새 언약"은 이 부분의 초점이요, 나아가 본서 전체의, 그리고 구약과 성경 전체의 초점이라고도 할 수 있을 것이다"(이상근). 특히 이 위로의 책은 포로민에게 보내는 편지와(29장) 이스라엘의 영원한 보장(31:35-37)과 성전의 재건(31:38-40) 사이에 위치하여, 포로민에게 무한한 위로가 되었을 것이다. 예레미야는 이 부분에서 메시아의 탄생과(31:22) 소망과(31:17), 남은 자의 구원을(31:7), 광야의 은혜를(31:2) 이야기한다. "반역한 딸아 네가 어느 때까지 방황하겠느냐? 여호와가 새 일을 세상에 창조하였나니 곧 여자가 남자를 안으리라"(31:22). "여자의 후손"이 임하여 새 일을 행하겠다는 것이다. 그 "새 일"은 새 언약을 통하여, 그들의 죄를 사하고 다시는 그 죄를 기억하지 아니함을 가리킨다(31:34). 예레미야는 이 다윗 왕국의 회복을 32:36-44와 33:14-26 에서도 상세히 다룬다. "그들은 내 백성이 되겠고 나는 그들의 하나님이 될 것이며 내가 그들에게 한 마음과 한 길을 주어 자기들과 자기 후손의 복을 위하여 항상 나를 경외하게 하고 내가 그들에게 복을 주기 위하여 그들을 떠나지 아니하리라 하는 영원한 언약을 그들에게 세우고 나를 경외함을 그들의 마음에 두어 나를 떠나지 않게 하고 내가 기쁨으로 그들에게 복을 주되 분명히 나의 마음과 정성을 다하여 그들을 이 땅에 심으리라"(32:38-41). 다윗에게 한 의로운 가지가 날 것이고(23:5; 33:15; 사 4:2; 9:7; 11:1; 슥 3:8), 그 성은 "여호와 우리의 의"라 불릴 것이며(33:16), 다윗의 위가 영원할 것이고(33:17), 레위 사람 제사장들도 끊어지지 아니한다는 것이다(33:18). 예레미야는 그 회복의 기간을 "70년"이라는 인상적인 기간으로 예언한다 (25:11-12). 이는 이스라엘이 알지 못하는 "크고 은밀한 일"이었다(렘 33:3). 그것은 곧 "새 일"(둘째 출애굽, 즉 바벨론으로부터의 해방과 메시아의 구원)을 가리킨다(사 40:1-48:5; 42:9; 43:19; 48:6 등).

3. 에스겔서에 나타난 "남은 자" 계시

에스겔서는 스가랴서와 더불어 포로기(극단적 상황)에 많은 환상을 통해 예언한 묵시적인 예언서다. 에스겔의 하나님은 에스겔을 90회나 "인자"로 부르고 있으며, "계시"에 대한 언급을 하고 있어("하늘이 열리며", 1:1), 에스겔을 장차 묵시로 계시할 "인자" 그리스도의 그림자로 보게 한다(막 1:10). 그것은 학개가 자신을 "여자의 후손"의 그림자로 생각하고(학 1:13), 말라기가 제사장이 메시아가 되는 시대를 대망한 것(말 2:7)과 같다.

에스겔은 바벨론 왕 느부갓네살의 주전 597년 1차 예루살렘 침공 때에 여호야긴왕과 같이 포로로 잡혀갔던 유다 사람들 가운데 하나였다(왕하 24:10-17). 그는 본래 예루살렘의 제사장이었으며, 사로잡혀 간 후로 그발 강가에서(1:3; 3:15) 자기 집에 살았는데(3:24), 때로는 포로된 유다 백성의 장로들이 찾아와서(8:1) 계시를 받으며 상담하는 일도 있었다. 그는 주로 환상을 통해 예언하였으며(1장, 8-11장 등), 행동을 통해서도 예언했다(3:1-3; 4:1-3; 5:1-4 등). 바벨론의 땅 그발 강가에서 포로 생활을 하던 선지자 에스겔은 주전 597년 성도(聖都) 예루살렘이 원수들의 흉악한 침략 속에 무참히 무너지게 되기 전후의 형편에 관한 환상들을 통하여(4-24장) 하나님의 말씀을 전하였다. 그의 메시지는 크게 나누어, "**하나님의 영광의 떠나감**(11:22-25)과 **돌아옴**(43:1-12)"이라 할 수 있다. 그들이 에스겔 골짜기의 마른 **뼈**들처럼 될 것이나, 부활하여 큰 군대를 이루고, 메시아 시대를 맞이하게 된다는 것이다. 그는 자신을 1인칭으로 부르며, 에스겔서의 하나님은 에스겔을 "인자"라고 부르고 있어(96회), 그의 예언서는 "자서전적 예언서"로 불린다(Härvernish, by 이상근). "인자"는 "그리스도", "하나님이신 사람의 아들"("여자의 후손")을 뜻하며, 특히 창세기 3:15의 고난받는 "여자의 후손"(그리스도의 자칭호, 요 19:26)을 생각나게 한다. 에스겔을 "여자의 후손"의 그림자로 본 것이다(이상근). 에스겔이 두루마리를 먹는 행위(3:1), 말 못하는 자가 되는 행위(3:26), 예루살렘을 그리는 행위(4:1), 머리털과 수염을 깎는 행위(5:1) 등의 예언 행위들은 앞으로 있을 예수님(인자)의 비유 행위들(세리와 죄인들과의 식사, 세리를 제자로 부르심, 사죄 선언, 열두 제자를 파송하심, 율법을 수정하시고 파기하심, 급식 이적을 행하심, 나귀를 타고 입성하심, 성전을 숙청하심 등)의 그림자가 된다. 그리하여 에스겔의 하나님은 에스겔을 "인자"라 부르신다. 에스겔의 예언 행위가 예수님의 비유 행위의 그림자가 될 것이기 때문이다. 그러나 하나님이 에스겔을 그렇게 자주 "인자"라고 부르시는 이유는 그것만이 아니다. 그것은 포로가 된 자기 백성들에게 소망을 주기 위해서다.

바벨론 제국의 멸망을 하루 같이 고대하던 포로들에게 에스겔의 예언은 낙망을 가져다주었으며, 실제로 유다가 바벨론에게 멸망의 쓴잔을 마시고 말았을 때 포로들은 절망의 암흑 속에 떨어지고야 말았다. 조국의 성도(聖都)는 파멸된 것이었다. 그러나 에스겔은 포로들의 절망에 동의하지 않았다. 하나님의 목적은 징계와 파멸로써 끝나는 것이 아니기 때문에, 하나님께서는 이스라엘에서 "남은 자"를 반드시 구원하시고, 이들을 본국으로 회복시키고야 마신다고 했다(5:3; 6:8-9; 9:8; 11:17-20; 12:16; 16:60-63). 메시아는 초연하신 분으로, 그는 다른 나무들 위에 솟아난 백향목의 높은 가지와도 같다(17:22-24). 그는 "오시는 이"(the Coming One)로서, 유다 왕 시드기야나 애굽 왕 같은 악정을 폐하고, 이스라엘에게 소망을 주시는 이시다(21:27, 29:21). 그는 다윗의 자손으로 오시며, 다윗 언약을 성취하시는 이상적 왕자시다(27:24-28). 그리하여 에스겔은 이스라엘이 포로로 간 열국 중에서 더럽혀진 여호와의 큰 이름을 하나님 자신이 스스로 거룩케 하실 것이며(겔 36:23), 맑은 물을 그들에게 뿌려 그들을 정결하게 하고(36:25) 새 영과 새 마음을 주어, 하나님의 율례를 행하게 하실 것이라고 선포했다(36:26). 이 회복의 주제는 20장과 34-37장에 걸쳐 나온다. 하나님은 포로에서 돌아오는 이스라엘을 인도하여 열국 광야에 이르게 하고("제2의 출애굽", "출바벨론"), 그들을 대면하여 심판하되 애굽 땅 광야에서 한 것 같이 하여, 그들을 막대기 아래로 지나가게 하며(개별 심사: 하나님의 백성 조건 갱신, 20:37), 언약의 줄로 맬 것이다(새 언약의 체결, 20:35-38). 이스라엘의 흩어진 뼈들은 소생될 것이며, 이스라엘은 큰 군대가 될 것이다(37장). 이스라엘 백성은 새 마음과 새 영을 받아 하나님의 뜻을 순종하여 영원한 평화와 안전을 발견하게 될 것이다(36:25-31). 장래에 하나님께서는 이스라엘을 지도할 새 다윗("여자의 후손")을 목자로 보내실 것이니(34:23-24; 37:22 등), 장래에 있을 형편은 전에 가졌던 모든 좋은 것을 능가할 것이며(36:34-36), 하나님은 이스라엘의 하나님이 되고, 이스라엘은 하나님의 백성이 될 것이다("마른 뼈의 환상" 37:1-13). 그들은 이를 위해 하나님께 기도해야 하며(36:37), 이스라엘을 해치러 온 무리들(곡과 마곡: 이는 주전 2세기경의 헬라 왕 안티오쿠스 에피파네스의 군대를 가리킨다. Aune, WBC)은 이스라엘 산에서 전멸될 것

이다(38-39장). 이와 같이 회복된 남은 자 이스라엘에게(6:8; 11:17; 15:3 등)
하나님은 한 마음을 주고, 그 속에 새 영을 주며, 그 몸에서 돌 같은 마음
을 제하고, 살처럼 부드러운 마음을 주어, 그들로 하나님의 율례를 따르며
하나님의 규례를 지켜 행하게 하신다(11:19-20). 그들에게 성령을 부어주시
고(37:14; 47:1-12; 요 7:38), 여호와를 중심으로 한 새 나라를 건설하게 하신
다(40-48장). 그들은 마른 뼈 같이 소망이 없는 백성들이 되었으나, 하나님
이 주시는 생기로 인하여 큰 군대(새 이스라엘)가 될 것이다. 즉 메시아의
구원 사역에 의해(34:23-24; 37:22 등) 메시아(다윗)의 군대, 곧 "전투하는 교
회"를 이룩할 것이다(36:26; 37:10, 24; 롬 16:10; 계 12:17. Allen, WBC). 창세기
3:15의 뱀의 후손과 여자의 후손 사이의 싸움을 하기 위해서다. 그 새 나
라는 새 성전에서(40-43장), 새 예배를 드리며(새 제사장, 새 제물, 새 제사, 44-46
장), 새 성령(47:1-12), 새 성지에서 사는(47-48장) 이상적 왕국이다. 새 성전
은 이전 성전과 달리, 정방형이며(천국의 모양, 계 21:16), 제단 중심이고, 법궤
(율법) 중심이 아니다. 제단이 제일 중앙에 있다(십자가 중심). 또한 성속(聖俗)
이 철저히 분리되어 있다(40:5, 계 21:27). 부속건물, 별실들이 많다. 예수님
의 성전(육체), 성도(교회)의 육체를 예표하는 듯하다. 이 부분은 메시아 왕
국의 축복상을 보여주는 예언으로, 그리스도의 예표가 되며 에스겔서의
절정이 되고 있다. 남은 자들은 돌아와 메시아 시대, 시온의 영광이 빛나
는 아침을 맞이하게 된다는 것이다.

또한 에스겔은 예레미야처럼(렘 31:29-30) 개인의 중요성을 강조했다(개
인 구원). 이는 창세기 12:3과 민수기에서도 이미 나타난 사상이었다. 에스
겔과 같이 지내던 유다 포로들은 멸망된 조국의 형편을 절망하는 나머지,
하나님의 공의를 의심하기 시작했다. 예루살렘 거리에 의인이 한 사람도
없는데도(겔 22:30), 그들은 주장하기를 의로운 사람이, 멸망하는 예루살렘
에서 무고하게 파멸되었으며, 현재의 사람들이 전대의 죄악 때문에 부당
하게 고난을 당하고 있다는 것이었다. 이 같은 불평에 대하여 에스겔 선

지자는 신앙생활의 개별성을 강하게 전했다. 하나님께서 각 사람에게 내리시는 보응은 인간이 질의할 수 있는 성질의 것이 못 된다. 사람은 각각 선과 악을 자유롭게 선택할 수 있는 까닭에, 자기가 취하는 일체 행동에 대하여 하나님 앞에 책임을 져야 한다. 그러므로 의인은 자기의 의로움으로 살 것이요, 악한 자는 자기의 악 때문에 죽을 것이다(18:1-32). 모든 영혼은 하나님께 속하고(18:1-4), 사람은 각자 그의 의로 인하여 살며(18:5-9), 의인의 아들이라도 악하면 죽고(18:10-13), 악인의 아들이라도 의로우면 산다(18:14-20). 즉 의와 악은 개인적으로 취급된다. 자기의 피가 자기에게로 돌아갈 것이며(18:13) 범죄하는 그 영혼이 죽을 것이다(18:4, 20). 그리하여 에스겔은 이스라엘 포로들이 자신들의 죄를 조상에게 전가해 보려는 쓸데없는 핑계를 버리고, 각자가 하나님의 뜻을 순종하여 장래에 주시려는 축복을 받을 수 있도록 노력해야 함을 강조하였다. 에스겔서, 스가랴서, 다니엘서는 묵시적인(환상과 상징, 천적이며, 내세적인) 예언서들로서, 모두 신약의 메시아 시대("환상과 예언이 응하는 시대"[단 9:24])를 아주 가까이 내다보고 있다.

4. 호세아서에 나타난 "남은 자" 계시

호세아("구원"이라는 뜻)는 주전 8세기 이스라엘 왕 여로보암 2세, 유다의 웃시야, 요담, 아하스, 히스기야가 통치하던 시기에 이스라엘에서 활동한 선지자이다. 그 시대는 물질적으로 크게 번영하는 시대요, 종교적으로는 바알과 아세라 숭배가 대중 종교로 되어 있었던 시대였다. 여로보암 1세가 두 금송아지를 만들어 하나는 단에 두고 하나는 벧엘에 두어 백성들로 가나안의 풍요에 빠지게 하였듯이, 여로보암 2세는 바알과 아세라 종교로 백성들이 가나안의 풍요에 빠지게 했다. 그의 시대의 북이스라엘 백성들은 한 마디로, "하나님을 배반하고 죄에 빠져"있었다. 이런 가운데서 하나님은 호세아를 선지자로 부르셨고, 그로 하여금 이스라엘의 그 상태를 실제 그의 가정생활을 통해 예언케 하셨다(행위 예언). 그는 하나님의 명령으로 음란한 여인 고멜을 취하여 아내를 삼아, 세 자녀를 낳았고, 다시 집을 나가 다른 남자를 쫓는 음부 생활에 빠져 노예로 팔리기까지 한 그녀를 돈을 주고 구속해 낸다. 이렇게 한 목적은 이스라엘의 죄, 특히 그들의 우상숭배를 규탄하고, 그들이 회개하고 하나님께 돌아올 것을 권면하기 위함이었다. 본서의 주제는 **"하나님의 크신 사랑"**으로서, 하나님의 무한한 언약적인 사랑, '헤세드'("은혜")의 사랑을 호세아의 실연(實演)을 통해 보여주기 위함이다. 그는 이 예언을 그의 비극적인 가정생활을 통해 공포한다. 그의 실정(失貞)한 아내는 하나님을 떠나 우상숭배에 빠진 이스라엘에 비하고, 실정한 아내를 용납한 자신의 사랑은 범죄한 이스라엘을 용납하시는 하나님의 사랑에 비한다. 그리하여 호세아는 불운한 가정 형편을 체험하면서 그 심정으로 하나님의 말씀을 전한 선지자로서 유명하다.

그리하여 호세아서는 어두운 분위기로 일관되다가 그 결론부에서는 환하게 꽃을 피운다. "이스라엘의 이슬, 백합화, 레바논의 백향목, 아름다운 감람나무, 포도나무의 꽃 등 밝고 축복받은 모습이 만발하는 것이다"(이상근). 호세아서는 1:10-11에서 이스라엘의 회개와 소망을 보여주고, 마지막 11장과 14장에서 이스라엘의 회복을 보여준다. 이는 남은 자의 구원을 보여주는 것이다. "에브라임이여 내가 어찌 너를 놓겠느냐 이스라엘이여 내가 어찌 너를 버리겠느냐 어찌 너를 스보임 같이 두겠느냐 내 마음이 내 속에서 돌이키어 나의 긍휼이 온전히 불붙듯 하도다"(11:8-11). 이는 14장에서는 더욱 분명하게 나와 있다. "본서의 앞선 부분에서는 하나님의 규탄과 징벌로 가득하였으나, 여기 끝맺는 장에는 은혜와 용서가 넘친다. 지금까지 계속하여 밀어닥치는 파도처럼 위협적인 진노가 이스라엘 위에 넘치고, 그들의 영혼에 스며들었으나, 이제는 은혜의 제안이 계속하여 그들에게 주어지는 것이다"(이상근). 이 은혜의 장은 이스라엘의 회복을 약속하시는 것으로, 그 내용은 이스라엘이 회개할 것을 요청하고(14:1-3), 하나님의 회복이 있을 것을 말한다(14:4-9). 회개하면 즉 그들이 남은 자가 되면, 하나님은 이스라엘에게 이슬과 같아서 이스라엘은 백합화같이 피겠고, 레바논 백향목같이 그 뿌리가 박힐 것이다. 그 향기는 레바논 백향목 같겠고, 그 그늘에 거하는 자들은 돌아올 것이다. 즉 남은 자가 돌아온다는 것이다. 돌아온 이스라엘은 하나님의 은혜 아래 거할 것이다. 그들은 곡식같이 소성할 것이며, 포도나무같이 꽃이 필 것이며, 그 향기는 레바논의 포도주같이 될 것이다. 그들은 "내가 다시 우상과 무슨 상관이 있으리요"라고 할 것이며(우상의 완전한 포기), 하나님은 이스라엘을 향해 "나는 푸른 잣나무 같으니 네가 나로 말미암아 열매를 얻으리라"라고 말씀하실 것이다(14:8). 호세아는 마지막으로 의인과 죄인, 남은 자와 비 남은 자의 두 길을 대조시킨다. "누가 지혜가 있어 이런 일을 깨달으며 누가 총명이 있어 이런 일을 알겠느냐 여호와의 도는 정직하니 의인이라야 그 도에 행하리라 그러나 죄인은 그 도에 거쳐 넘어지리라"(14:9-10; 신 30:19-20; 고전 1:18).

5. 요엘서에 나타난 "남은 자" 계시

요엘서는 크게 두 부분으로 나뉘어 있다. 1부는 회개의 촉구로서 메뚜기 재앙의 참상을 보여주면서 회개를 촉구하고, 옷을 찢지 않고 마음을 찢고 여호와께로 돌아가는 것이 남은 자가 되는 길임을 알려준다(1:1-2:17). 2부는 구원의 약속으로서, 회개한 이스라엘(남은 자 이스라엘)에게 풍년을 주실 것을 약속하면서 나아가 종국적 심판과 구원까지 가리켜 보여준다(2:18-3:21). 육적인 구원의 약속으로, 농작물의 회복을 말하며(2:18-27), 영적인 구원으로, 성령의 강림을 약속한다(성령은 "여자의 후손"의 선물임. 2:28-32). 성령은 언약을 통하여 새롭게 된 자에게 임하는데, 이때 성령이 만민에게 임함은(2:28) "여자의 후손"(메시아) 시대가 지나서 교회 시대의 남은 자들이 만민까지 확대되며, 이를 통해 하나님과 직접적 관계가 열릴 것을 나타낸다. 그때 가서는 누구든지 여호와의 이름을 부르는 자는 구원을 얻을 것인데, 이는 시온산과 예루살렘에서 피할 자가 있을 것임과 남은 자 중에 여호와의 부름을 받을 자가 있을 것임을 나타낸다(2:30). 3장은 이를 다시 "여호와의 날"로 나타내는데(3:1-21), 이 **여호와의 날**은 요엘서의 주제로, 심판의 날인 동시에, 축복의 날이기도 하다. 먼저는 만국의 심판을(3:1-17), 다음은 이스라엘의 구원을 말한다(3:18-21). 애굽이나 에돔 등 성민의 적들은 하나님으로부터 완전히 보복당하지만, 회개하고 여호와께로 돌아온 이스라엘의 남은 자들에겐 영원한 축복이 허락된다. 여호와의 날은 이스라엘의 적들에게는 심판의 날이면서, 이스라엘에게는 구원의 날이다. "여호사밧 골짜기"라는 언급을 보아(3:2, 12), 유다의 요아스 왕 시절의 예언이라 본다(Calvin, Keil-Delitzsch, Lange, Young, 이상근).

6. 아모스서에 나타난 "남은 자" 계시

아모스는 남유다의 드고아 출신으로, 베들레헴과 헤브론의 중간에 위치한 드고아 고원에서 목축을 하며 뽕나무를 재배하던 자였다(1:1; 7:14). 하나님으로부터 소명을 받은 그는 북이스라엘에 가서 여로보암 2세의 정치와 종교, 사회적인 타락을 신랄하게 공격하고, 하나님의 정의를 선포하였다. 당시 벧엘에서 우상의 제사장이었던 아마샤가 그의 예언 활동을 금하고 추방하려 하였으나, 아모스는 아랑곳하지 않고 더 강하게 하나님의 말씀을 증거했다(7:10). 그는 "재앙의 예언자"라 불릴 만큼, 이스라엘의 멸망을 집중적으로 예언했다. 그는 이스라엘의 멸망을 예언으로(1-2장), 설교로(3-6장), 환상으로(7-9장) 예언하고 경고했다. 그러나 그는 재앙의 예언으로 끝나지 않고, 이스라엘의 회복과 구원을 첨가하며(9:11-15), 이를 위해 이스라엘의 회개를 촉구했다. 9:8과 이 첨가된 부분에 남은 자의 구원 사상이 있다. "보라 주 여호와의 눈이 범죄한 나라를 주목하노니 내가 그것을 지면에서 멸하리라 그러나 야곱의 집은 온전히 멸하지는 아니하리라"(9:8). "그 날에 내가 다윗의 무너진 천막을 일으키고 그 틈을 막으며 그 퇴락한 것을 일으켜서 옛적과 같이 세우고 저희로 에돔의 남은 자와 내 이름으로 일컫는 만국을 기업으로 얻게 하리라 이는 이를 행하시는 여호와의 말씀이니라 여호와께서 이르시되 보라 날이 이를찌라 그 때에 밭 가는 자가 곡식 베는 자의 뒤를 이으며 포도를 밟는 자가 씨 뿌리는 자의 뒤를 이으며 산들은 단 포도주를 흘리며 작은 산들은 녹으리라 내가 내 백성 이스라엘의 사로잡힌 것을 돌이키리니 저희가 황무한 성읍을 건축하고 거하며 포도원들을 심고 그 포도주를 마시며 과원들을 만들고 그 과실을 먹으리라 내가 저희를 그 본토에 삼으리니 저희가 나의 준 땅에서 다시 뽑히지 아니하리라 이는 네 하나님 여호와의 말씀이니라"(9:11-15). 즉 남은 자들은 여자의 후손, 메시아 시대를 맞게 된다는 것이다. 메시아 시대는 범죄 이전의 에덴동산처럼 풍요한 시대요(천년 왕국), 영영 뽑히지 아니하는 시대이기 때문이다(삼하 7:10; 렘 24:6; 32:41; 42:10; 겔 28:26; 호 2:23). 아모스서의 주제는 "**이스라엘의 회복과 구원**"이라 할 것이다.

7. 오바댜서에 나타난 "남은 자" 계시

오바댜서는 구약성경 중 가장 짧은 예언서이다. 그것의 주제는 "**에돔의 멸망과**(1-18절) **이스라엘의 회복**(19-21절)"으로서, 에돔은 에서의 자손이고, 이스라엘은 야곱의 자손이다. 에서와 야곱은 이삭의 아들들로, 한 형제들이었으나, 에돔은 탈락되고, 이스라엘은 남은 자가 된다. 이스라엘은 에돔을 정중히 대하였으나(신 2:4; 23:7), 에돔은 이스라엘의 출애굽 길에 그들의 영토를 통과하는 것도 거부했다(민 20:14-22). 그들은 이스라엘이 침범을 당하고 환난을 당하던 날에 멀리 서서 방관하고, 침략자와 같이 유다를 늑탈하며(11절), 유다의 멸망을 기뻐하고(12절), 유다의 재물을 취하며(13절), 도망가는 유다인의 길을 막고, 대적에게 붙였다(14절). 이 형제적인 우애가 없는 에돔에 대해 오바댜는 에돔이 만국과 함께 취급되어, 심판을 당할 것이며, 유다의 남은 자가 구원을 받고 여호와의 나라가 세워질 것을 예언했다(15-21절). "구원자들이 시온산에 올라와서 에서의 산을 심판하리니 나라가 여호와께 속하리라"(21절). 즉 남은 자들이 에돔을 심판한다는 것이다. 이 예언은 주전 2세기, 남은 자 및 메시아의 그림자가 되는 마카비 독립운동가들이 에돔을 정복한 사건으로 성취되었으며, "정복자 마카비는 예루살렘에서 에돔을 심판하였고, 장차 오실 메시아는 영원한 예루살렘에서 모든 성도들의 적이었던 만국을 심판하시는 것이다"(이상근).

8. 요나서에 나타난 "남은 자" 계시

요나는 갈릴리 북부 가드헤벨 출신으로, 스불론 지파 아밋대의 아들이며, 북이스라엘의 회복을 예언한 선지자였다(왕하 14:25). 그는 후일 하나님으로부터 니느웨 성읍 멸망에 대한 경고와 회개를 선포하도록 보냄을 받았다(1:2). 그러나 국수주의자인 그는 니느웨의 구원받음이 싫어서, 다시스로 도망갔다. 다시스로 가는 도중 풍랑을 만나 바다에 던져지고, 하나님의 섭리에 의해 물고기 뱃속에서 삼일 동안을 지내면서 회개하게 되며, 토함을 받아 니느웨로 가서 회개를 외쳐, 니느웨가 구원을 받게 된다. 이에 요나는 하나님께 성을 내게 되고, 하나님은 박넝쿨을 준비하시어 생명의 존귀성으로 요나를 교훈하신다. 요나서는 예언이라기보다 전기에 가까우며, 그 전기의 형태를 통하여 하나님의 보편성을 예언하여 신약에의 가교 역할을 하는 것이다(이상근). "구약 중의 신약"이란 별명을 가진 본서는 **하나님은 이스라엘의 하나님만 되시는 것이 아니라, 이방인에게도 하나님이시며, 따라서 이방인에게도 전도하여야 함을 교훈한다.** 이는 여호와 하나님을 이스라엘의 민족신으로 독점했던 구약적 신관에서는 혁명적인 개념이었다. 그리하여 요나서는 남은 자의 개념을 이방인에게까지 확대시키는 중요한 책이다. "너는 일어나 저 큰 성읍 니느웨로 가서 그것을 쳐서 외치라 그 악독이 내 앞에 상달하였느니라"(1:2). 하나님은 아브라함에게 하신 축복의 약속이 그의 인류 구원 프로그램인 것을 비로소 나타내신 것이다. 이런 명령을 받은 선지자는 요나밖에 없으며, 구약의 많은 선지자 가운데서 이방까지 가서 전도한 선지자는 요나밖에 없다. 요나는 실로 이방 선교를 한 첫 번째 선지자다. 이는 실로 이방 선교의 효시요, **"남은 자의 판도를 이방까지 넓히라"**(요나서의 주제)는 예수님의 이방 전도의 명령이다. 요나서는 이방인도 남은 자의 대열에 들어올 수 있음과 이스라엘의 사명은 이방인을 남은 자의 대열에 포함시키는 것임을 보여준다. "요나의 기구한 경험은 이스라엘의 사명에 대하여 교훈하는 바가 크다. 사명을 도피하려던 요나가 해중의 수난을 경험한 것은 곧 하나님의 택함을 받은 이스라엘이 세계 축복의 기관으로서의 사명에 불순종함으로써 겪게 될 포로 생활의 예조라 할 것이며, 요나가 고기 뱃속의 참회를 경과하여 자기의 임무를 수행한 것은 포로 생활의 쓰라린 경험을 지닌 이스라엘의 남은 자가 돌아와 본래의 사명을 찾을 것을 예조(豫兆)하는 것이라고 볼 수 있겠다. 또한 요나의 경험을 통하여 이스라엘은 하나님의 구원은 자기들이 생각하는 바와 같이 편협한 인간적 혜택과 같은 것이 아니라, 만민에게 미치는 무한대한 사랑의 소식임을 배운 것이며, 이 하나님에 대한 넓은 지식을 전하는 것이 하나님의 참된 이스라엘의 사명임을 알게 되었을 것이다"(김윤국). 요나의 니느웨 전도는 "땅의 모든 족속이 너로 말미암아 복을 얻을 것이라"는 아브라함에게 주신 하나님의 말씀을 실천하는 것이었다. "무엇보다 요나의 당한 일이 만대를 통하여 가장 큰 일을 예조한 사실은 그가 삼일 삼야를 고기 배 속에 있었던 것은 곧 참 이스라엘이신 주 예수 그리스도께서 삼 주야의 무덤을 거쳐 만인 대속의 사업을 이루시게 된 것을 미리 표하였다는 사실이다"(김윤국). 실로 예수님은 요나를 자신의 모형으로, 자신의 십자가 고난과 부활을 요나의 사적과 관련하여 교훈하셨다(마 12:39-41; 16:4; 눅 11:29-32). 다시 한번 아브라함에게 주신 축복의 약속, 즉 인류 구원을 위한 두 번째 프로그램 선언을(창 12:3) 기억나게 한다. 편협한 이기주의(오바댜서), 편협한 국수주의(요나서)는 하나님의 인류 구원 계획에 위배된다는 것이다.

9. 미가서에 나타난 "남은 자" 계시

미가는 유다 왕 요담, 아하스, 히스기야의 통치 기간, 이사야, 호세아, 아모스와 동시대에 예언하던 선지자였다. 이사야가 "심판과 구원"을 외친 선지자라면, 미가는 경건한 자가 세상에서 끊어지고, 정직한 자가 사람들 가운데 없는 상황에서(7:2), "심판과 회복"을 외친 선지자라 할 수 있다. "하나님께서는 자기 백성의 죄악을 철저히 벌하시나, 결코 자기 백성을 영영 버리시지 않으시며, 심판의 피안에 구원의 자비를 베푸시는 것을 미가는 모르지 않았다"(김윤국). 그는 실로 소망의 선지자였다. 그리하여 그의 예언서는 "이사야서의 축소판"이란 말을 듣는다(이상근). 미가서는 3부로 나누인다: 사마리아와 예루살렘의 심판(1-2장), 지도층의 심판과 메시아 왕국의 약속(3-5장), 경책과 회복의 약속(6-7장). 매 부는 "들을지어다"라는 말로 시작한다. 그러나 이를 "심판과 회복"의 주제 아래에서 나누면,

심판의 선언과 회복의 약속(1:1-2:13), 심판의 선언과 회복의 약속(3:1-5:15), 심판의 선언과 회복의 약속(6:1-7:20)으로 나눌 수 있다. "미가서는 세 개의 설교로 구성되고, 각 설교는 서론의 유사성에 의해 서로 연결된다"(Keil-Delitzsch). 먼저, 제1부에서는 사마리아와 예루살렘의 심판을 말한다(1:1-2:11). "야곱의 허물이 무엇이냐 사마리아가 아니냐 유다의 산당이 무엇이냐 예루살렘이 아니냐"(1:5). 그러고는 회복을 말한다. "야곱아 내가 반드시 너희 무리를 다 모으며 내가 반드시 이스라엘의 남은 자를 모으고 그들을 한 처소에 두기를 보스라의 양 떼 같이 하며 초장의 양 떼 같이 하리니 사람들이 크게 떠들 것이며 길을 여는 자가 그들 앞에 올라가고 그들은 길을 열어 성문에 이르러서는 그리로 나갈 것이며 그들의 왕이 앞서가며 여호와께서는 선두로 가시리라"(2:12-13). 제2부에서 역시, 유다의 죄를 논한다(3-4장). 그러고는 회복과 메시아("여자의 후손")의 약속을 말한다(4-5장). 제3부 역시 경책(6장)과 회복(7장)을 말한다. 미가서의 주제는 **"심판의 선언과 회복의 약속"**이다.

10. 나훔서에 나타난 "남은 자" 계시

나훔서는 이스라엘을 멸망시키고 유다를 위협했던 니느웨의 멸망을 예언한 책으로, 니느웨의 구원을 전한 요나서와 대조가 되는 예언서다. 두 책은 다 니느웨에 관한 예언으로서, 후자는 하나님의 사랑을 강조하나, 전자는 하나님의 공의에 치중하고, 후자는 역사적 기록이나, 전자는 순수한 예언서다. 요나의 전도로 회개하여 일시 하나님의 심판을 연기받은 니느웨는 그 후 다시 옛 생활로 돌아가, 나훔에게 심판의 예언을 받게된 것이다. 나훔서는 니느웨에 대한 하나님의 심판 선언으로 시작되고(1장), 니느웨의 심판을 상론한 후(2장), 그 심판의 원인이 된 니느웨의 죄상을 지적한다(3장). 이런 가운데서 나훔은 이스라엘의 회복을 언급함을 잊지 않는다. "볼지어다 아름다운 소식을 알리고 화평을 전하는 자의 발이 산 위에 있도다 유다야 네 절기를 지키고 네 서원을 갚을지어다 악인이 진멸되었으니 그가 다시는 네 가운데로 동행하지 아니하리로다"(나 1:15). 여기 "아름다운 소식"은 메시아("여자의 후손")의 오심을 전하는 어구로서(사 40:9; 52:7 등), 앗수르 멸망의 소식으로 이스라엘을 위로하는 것이다. 적이 망하고 나라가 회복되었으니, 절기를 지키고 서원을 갚을 수 있게 되었다는 것이다. 남은 자들이 메시아의 시대를 맞이할 것을 간접적으로 보여준다. 주제는 "니느웨의 심판"이다.

11. 하박국서에 나타난 "남은 자" 계시

하박국서는 대개 유다의 암흑기, 여호야김 시대(주전 609-598년)에 기록된 예언서로, 하나님의 숨은 진리를 드러내는 묵시의 형식으로 주어진 예언서이다. 그 시기는 여호야김이 이기주의적인 폭군으로서 백성을 압제하고 무죄한 피를 흘리며 자기만족에만 취하였던 시기였으며, 유다 사회에는 악정과 불의가 횡행하는 시대였다. 겁탈과 강포, 변론과 분쟁이 성행하며, 악인은 번영하고 의인은 멸시를 당하는 것이 당대의 통례였다. 그리하여 율법이 해이하고, 공의가 아주 시행되지 못하고 있었다. 국제면에 있어서도 이 시대에 하나님의 공의와 법칙은 시행되지 않는 듯했다. 비록 악한 앗수르 제국이 멸망되었으나, 이어 일어난 바벨론 제국은 결코 의로운 권력이 아니라, 앗수르에 못지않은 포악한 세력이었다. 바벨론은 일찍이 강국을 형성하였다가(주전 20세기-13세기), 쇠잔하여 앗수르의 속국으로 존재하였다. 나보폴라잘(주전 625-605년) 때 강성하여 신바벨론 제국을 건설하여 주전 606년 앗수르를 정복하여 강대국으로 등장하였고, 그의 아들 느부갓네살(주전 605-562년 재위)은 예루살렘을 함락시키고 유대인을 포로로 잡아갔다. 이 같은 때에 선지자 하박국은 하나님으로부터 묵시적인 경고를 받은 것이다. 하박국에게는 두 가지 의문이 있었다. 하나는 "왜 의인이 고난을 당하고, 악인이 잘 되는가?"(1:2-4)이고, 다른 하나는 "왜 유다의 잘못을 유다보다 더 악한 바벨론을 통하여 징벌하느냐?"(1:12-17) 하는 것이다. 즉 신정론(theodicy)의 문제가 하박국에겐 아주 중요했다. "여호와여 내가 부르짖어도 주께서 듣지 아니하시니 어느 때까지리이까?"(1:2), "여호와 나의 하나님 나의 거룩한 자시여 주께서는 만세 전부터 계시지 아니하시니이까 우리가 사망에 이르지 아니하리이다 여호와여 주께서 심판하기 위하여 그를 두셨나이다 반석이시여 주께서 경계하기 위하여 그를 세우셨나이다 주께서는 눈이 정결하시므로 악을 참아 보지 못하시며 패역을 참아 보지 못하시거늘 어찌하여 궤휼한 자들을 방관하시며 악인이 자기보다 의로운 사람을 삼키되 잠잠하시나이까"(1:12-13). 즉 남은 자가 왜 고난을 받아야 하며, 그것도 더 악한 자에게 고난을 받아야 하느냐는 것이다(욥 19:7; 렘 20:8 참조). 이 질문에 대해 하나님은 첫째 질문에 대해서는 이 모든 역리는 일시적이며, 장차 동방의 갈대아인을 통하여 유다의 악인들을 징벌하실 것임을 알리시고(1:5-11), 둘째 질문에 대해서는 "의인은 오직 믿음으로 말미암아 살리라"고 하시며(2:1-4), 바벨론을 반드시 멸망시키겠다고 하신다(2:5-20). "남은 자"는 "믿음으로 사는 자들"이란 것이다.

하나님은 이 두 번째 응답의 경우, "의인은 오직 믿음으로 살리라"는 묵시의 말씀을(2:4) 판에 명백히 새기어, 달려가면서도 읽을 수 있게 하라고 하신다(2:2). 이는 이 묵시를 누구든 명백히 보게 하고, 공적으로 선포하며, 하나님의 항구적인 역사 경영의 원칙으로 분명히 알리라는 것이다. "여기 '믿음'이란 하나님을 사랑하고 의지하며, 그의 언약에 확신을 가지고, 그의 뜻을 성취시키는 것을 가리킨다"(Deane). "의인은 믿음으로 사는 자요, 믿음이 의인을 만드는 것이다. 세상에 불의가 아무리 득세하고, 악인의 강포가 아무리 심해도 의인은 오직 믿음에 살고, 그 믿음 때문에 끝까지 살아남는다"(이상근). 이 의인은 바로 "남은 자"이다. 이 "이신득의"(以信得義)의 원리는 후일 메시아("여자의 후손")의 구원의 원리가 된다. 그리하여 바울은 이 구절을 그의 구원론의 기초로 삼았고(롬 1:17; 갈 3:11), 히브리서 기자는 이 구절을 배교를 금지하는 권고 구절로 삼았으며(히 10:38), 종교 개혁자들은 이 구절을 그들의 종교개혁의 원동력으로 삼았다. 그들은 "오직 은혜", "오직 믿음"의 기치를 높이 들고 의식과 교권주의에 빠진 당시의 교회를 개혁했다. 이는 앞으로도 교회가 오염되고 타락할 때마다 새롭게 하는 개혁운동의 기초가 될 것이다.

이 묵시를 받은 하박국은 마침내 확신에 찬 찬미의 기도를 드린다(3장). "비록 무화과나무가 무성치 못하며 포도나무에 열매가 없으며 감람나무에 소출이 없으며 밭에 식물이 없으며 우리에 양이 없으며 외양간에 소가 없을지라도 나는 여호와로 인하여 즐거워하며 나의 구원의 하나님을 인하여 기뻐하리로다 주 여호와는 나의 힘이시라 나의 발을 사슴과 같게 하사 나를 나의 높은 곳에 다니게 하시리로다"(3:16-19). 그는 고난 중에서도 기뻐한다. 이는 회복의 확신 때문이다. 끝까지 하나님 편에 남아 있는 자는 하박국처럼 또는 시편 기자들처럼(시 5:7; 13:6; 17:14-15; 31:19 등) 여호와로 인하여 구원을 받게 되며 즐거워하게 된다. "오직 여호와는 그 성전에 계시니." 이것이 남은 자의 확신이요 기쁨이다. 그는 회복되어 다시 가나안 땅을 지배하며 살게 된다("높은 곳에 다니게 하시리로다", 삼하 22:34; 시 18:33; 신 32:1; 33:29). 3:18은 미가 7:7과 밀접히 관련되어 있으며(Ward, Deane), 그리스도("여자의 후손")의 성육신의 계시가 있다고 본다(Jerome). 돈, 명예, 권세로 인해 기뻐하는 것이 아니라, 이 여호와를 인하여 기뻐하는 기쁨이 진정한 기쁨이다. 그것은 하박국의 기쁨이요, 느헤미야의 기쁨이며(느 8:10), 시편 기자들의 기쁨이요(시 5:7; 13:6; 17:14-15; 31:19 등), 바울의 기쁨이다(행 16:15). 그것은 욥처럼, "까닭 없이 하나님을 경외하는 자들"이 기뻐하는 기쁨이다. 이것이 바로 "성도의 힘", "남은 자의 힘"이다. 성도는 "현미경"의 삶을 살지 말고, "망원경"의 삶을 살아야 한다. 주제는 "**남은 자의 믿음**"이다.

12. 스바냐서에 나타난 "남은 자" 계시

스바냐는 히스기야의 현손으로서, 유다의 백성들이 악한 왕 므낫세와 아몬의 영향으로(왕하 21:1-26), 각종 우상을 숭배하는 죄악에 젖어 있을 때, 백성들에게 "여호와의 날"이 임박했음을 경고하면서 백성들의 회개를 촉구한 선지자이다. 그가 쓴 스바냐서는 그 주제가 "**여호와의 날**"로서(요엘서와 같음), 그날은 심판의 날이면서(1:1-3:8), "구원의 날"임을(3:9-20) 강조한다. 무서운 심판을 예고하는 하나님의 선지자 스바냐는 여호와의 큰 날을 통과하여 시련되고 정화된 남은 자가 있을 것을 또한 강조하였다. 이 구원받은 남은 자는 겸손한 자(3:11), 곤고하고 가난한 백성들이며(3:12), 절기로 인하여 근심하는 자들(절기를 지키지 못해 마음 상한 자들, 3:18), 저는 자(3:19), 쫓겨난 자(3:19)들이다. 여기에는 이방인들도 포함되며, 그때에는 유대인과 이방인이 한가지로 하나님을 섬기게 될 것이다(3:9-10). 남아 있는 유대인들은 "이스라엘의 소망"이요, 이들을 통하여 만방이 여호와를 섬기게 된다는 것이다. "이스라엘의 남은 자는 악을 행치 아니하여 거짓을 말하지 아니하며 입에 궤사한 혀가 없으며 먹으며 누우나 놀라게 할 자가 없으리라"(3:13). 미래에 있을 남은 자로 인한 이스라엘의 소망은 드디어 환희의 개선가로 바뀐다. "시온의 딸아 노래할찌어다 이스라엘아 기쁘게 부를지어다 예루살렘의 딸아 전심으로 기뻐하며 즐거워할지어다 여호와가 너희 형벌을 제하였고 너의 원수를 쫓아내었으며 이스라엘 왕 여호와가 너희 중에 있으니 네가 다시는 화를 당할까 두려워하지 않을 것이라"(3:14-16). 이러한 남은 자의 구원은 하나님의 무한한 기쁨의 이유가 된다. "너의 하나님 여호와가 너의 가운데 계시니 그는 구원을 베푸실 전능자시라 그가 너로 인하여 기쁨을 이기지 못하여 하시며 너를 잠잠히 사랑하시며 너로 인하여 즐거이 부르며 기뻐하시리라"(3:17). 하나님은 이 때의 남은 자들을 이렇게나 기뻐하신다는 것이다. 그들은 절기(대회)로 인해 근심하는 자들이었고, 저는 자들이었고, 쫓겨난 자들이었으며, 세상에서 수욕받는 자들이었으나, 이제는 칭찬과 명성을 얻게 된다. 즉 그들은 메시아의 날을 맞이하게 된다(3:18-19). "내가 그 때에 너희를 이끌고 그 때에 너희를 모을지라 내가 너희 목전에서 너희 사로잡힘을 돌이킬 때에 너희로 천하 만민 중에서 명성과 칭찬을 얻게 하리라"(3:20). "이 예언의 결구는 이스라엘의 회복인 동시에 메시아("여자의 후손") 시대의 도래를 같이 취급하고 있는 것이다"(Deane, by 이상근).

13. 학개서에 나타난 "남은 자" 계시

학개는 포로 후 시대의 예언자로, 바벨론에서 출생하여 포로기를 지나, 총독 스룹바벨과 대제사장 여호수아와 더불어 예루살렘으로 귀환한 자다. 학개서는 네 개의 예언으로 구성되어 있고, 그 내용은 오직 **"성전 재건"**에 집중되어 있다. 성전 건축을 격려함(1장), 둘째 성전이 보다 영광됨(2:1-9), 순종과 정결의 권면(2:10-19), 열방의 멸망과 이스라엘의 회복의 약속(2:20-23). 학개는 포로 생활에서 귀환한 유대인들(남은 자)에게 무엇보다 성전 재건을 강조했다. 이는 에스겔이 백골의 부활 환상을 본 후, 새 성전(겔 40-43장), 새 예배(겔 44-46장), 새 성지(겔 47-48장)의 환상을 본 것과 같다. 돌아온 귀환민들에게 그는 오로지 "성전 재건"을 강조한다. 주전 539년 바벨론의 마지막 왕 나보니두스는 신흥국인 "바사" 왕 고레스에게 파멸되고, 장기간 "셈" 족의 천하였던 중동 아세아는 "야벳" 족의 지배하로 들게 되었다. 이사야 선지자가(사 44:28-45:1) 예언한 대로 바사 왕 고레스는 등극 제1년에 유다 민족의 해방을 선포했다. **"바사 왕 고레스는 말하노니 하늘의 하나님 여호와께서 세상 모든 나라를 내게 주셨고 나에게 명령하사**

유다 예루살렘에 성전을 건축하라 하셨나니 이스라엘의 하나님은 참 신이시라 너희 중에 그의 백성 된 자는 다 유다 예루살렘으로 올라가서 이스라엘의 하나님 여호와의 성전을 건축하라 그는 예루살렘에 계신 하나님이시라"(스 1:2-3). 유다 민족은 이제 장기간의 굴욕과 비분의 포로 생활을 청산하고, 자유민으로 고국에 귀환하여 성전을 재건하고, 희망하던 신정정치를 실천할 절호의 기회를 얻게 되었다. 이에 유다 목백 세스바살을 수반으로 하는 일군(一群)의 유다 자유민들은 제1착으로 해방의 즐거움을 구가하며, 고레스왕으로부터 돌려받은 성전 기명을 가지고 예루살렘으로 돌아왔다 (스 1:11). 돌아온 민중은 먼저 예루살렘의 옛 성전을 회복하기 위하여 성전 터를 닦았다(스 2:3). 뒤를 따라 새로이 유다 민족의 일군이 스룹바벨과 여호수아를 중심으로 고국 수도 예루살렘으로 돌아와 전자와 합세하였다 (스 2:8). 돌아온 무리들은 하나같이 높은 희망을 품고 새로운 건설을 기도 (企圖)했던 것이다. 그러나 이 스룹바벨의 성전 건축은 대적자들의 방해로 인해 다리오왕 2년까지 중단되었고, 그러던 중 선지자 학개와 스가랴가 유다와 예루살렘에 거주하는 유다 사람들에게 예언하자(스 5:1), 이에 스룹바벨과 여호수아가 일어나 하나님의 성전을 다시 건축하기 시작하게 된다. 이러한 시작은 다리오왕의 성전 재건 허락령으로 인해 본격화되었고, 그리하여 다리오왕 제6년 아달월 3일에 준공을 하게 된다. 이러한 가운데서 학개의 예언은 다리오왕 2년 6월 1일에서 9월 24일까지 4개월간에 주어진 것이다.

그는 먼저 남은 자들의 성전 건축 지연에 대해 질책했다. 성전 건축이 중단되어 16년이 지났는데도, 이를 방관했다는 것이다. 이러한 방관의 원인에는 바사 관리들의 금지도 있었지만, 백성들의 태만도 원인으로 볼 수 있다. 고레스왕의 성전 건축 명령이 엄연히 있는데도, 일개 바사의 관리가 뇌물을 받고 금지한 일이 16년간이나 간다는 것은 포로에서 돌아온 귀환민이 성전 건축에 얼마나 관심이 없었는지를 보여준다. 그들은 성전 건축보다 자기들을 위한 판벽한 집(백향목 판자나 아로새긴 판자로 만든 집)을 짓는 것을 더 중요하게 여겼다. 그 결과 하나님은 그들에게 재앙을 내려 하늘은 이슬을 그치고, 땅은 산물을 그쳤으며, 한재가 땅에, 산에, 곡물에, 새 포도주에, 기름에, 땅의 모든 소산에, 사람에게 목축에게, 손으로 수고하는 모든 일에 임하게 하셨다. 이런 가운데서 학개는 백성이 성전 건축을 태만하게 한 것을 질책하고, 성전을 재건할 것을 격려했다(1장). 이에 스룹바벨과 여호수아가 일어나 협조했고 백성이 이에 동참했다. 강 건너편 관리들도 능히 그들이 하는 공사를 막지 못했다(스 5:5). 드디어 다리오 왕의 허가를 받아내었다(스 6:13). 하려고만 하면 길이 있는 것이다.

그는 다음으로, 포로 후 귀환하여 총독 스룹바벨과 대제사장 여호수아를 중심하여 남은 자들이 짓는 이 성전이 솔로몬이 지었던 과거의 성전보다 더 영광스러운 성전임을 강조한다. "이 전의 나중 영광이 이전 영광보다 크리라 만군의 여호와의 말이니라 내가 이곳에 평강을 주리라 만군의 여호와의 말이니라"(2:9). 솔로몬의 성전은 오직 이스라엘인을 위한 성전이었지만, 이 스룹바벨 성전은 만국 백성을 위한 성전이며(2:7), 솔로몬의 성전은 이방 왕의 지원을 받지 못한 성전이지만, 스룹바벨 성전은 이방 왕 고레스와 다리오의 지원을 받은 성전이고, 솔로몬의 성전은 이방 나라의 경비로 지은 성전이 아니지만, 스룹바벨의 성전은 바사 나라의 경비로 지은 성전이다(스 6:8). 외양은 비록 솔로몬의 성전에 비할 바가 못 되지만, 그 성격을 보면 만국의 보화가 들어오는 영광스러운 성전이란 것이다. "만국의 여호와가 이같이 말하노라 조금 있으면 내가 하늘과 땅과 바다와 육지를 진동시킬 것이요 또한 모든 나라를 진동시킬 것이며 모든 나라의 보배가 이르리니 내가 이 성전에 영광이 충만하게 하리라 만군의 여호와의 말이니라"(2:6-7). 남은 자가 돌아와 세우는 성전이 솔로몬의 성전보다 더 영광스러운 성전이란 것이다. 다시 말해 질적으로 더 나은 성전이란 것이다. 그리하여 이는 메시아("여자의 후손") 왕국의 성전, 교회의 영광을 예표하고 있다. 그리하여 스룹바벨 성전을 건축하는 남은 자들에게는 메시아의 복을 주리라고 한다. "그러나 오늘부터는 내가 너희에게 복을 주리라 … 내가 하늘과 땅을 진동시킬 것이요 열국의 보좌를 엎을 것이요 열방의 세력을 멸할 것이요 그 병거들과 그 탄 자를 엎드러뜨리리니 말과 그 탄 자가 각각 그 동무의 칼에 엎드러지리라"(2:19-22). 만국의 왕들이 왕위를 잃고(눅 1:52), 그 군력의 상징인 병거들이 멸망하며(시 20:7; 슥 10:5), 그 동무의 칼에 엎드러짐은(계 19:19) 모두가 메시아 왕국이 시작됨을 알려준다. 이 스룹바벨 성전은 외양보다 내심(內心)을(순종과 정결) 중시하는 성전이다 (2:10-19). 제물은 인간의 마음을 거룩케 할 수 없고, 속된 마음은 그가 행하는 모든 일들을 부정케 한다. 성전 건축과 제물보다 중요한 것은 순종과 정결의 마음이다(성전 건축의 내적 요소). 남은 자들이 참 성전 되시는 메시아, 교회의 시대를 맞이할 것을 예견케 한다.

14. 스가랴서에 나타난 "남은 자" 계시

스가랴는 학개처럼 바벨론에서 태어난 선지자다. 학개와 더불어 귀환기의 예언자로서 성전 재건을 추진하였으나, 학개가 오직 성전 건축에 집념한 데 비해, 스가랴는 이를 환상과 상징적 행동으로 하고, 또 성전 건축을 넘어서 멀리 메시아 왕국의 실현을 주로 예언했다. 메시아 예언이 많아, 스가랴는 이사야와 더불어 "복음적 선지자"라 불린다(이상근, 초림에 대해 3:8; 9:9; 11:11-13; 12:10; 13:1, 6 등; 재림에 대해 6:12; 14:1-21 등). 그는 에스겔처럼, 많은 상징적 환상들로 예언했다. 1-8장은 메시아 왕국에 대해, 9-14장은 메시아 왕국의 실현과 영광에 대해 예언한다. 이런 점에서 그는 메시아 시대를 특히 바라본 남은 자의 예언자라 할 수 있다. 1:7-6:15의 환상은 앞으로 메시아 왕국의 도래와 함께 있을 여러 가지 변화를 상징으로 보여준다. 그리하여 본서의 주제는 **"메시아 왕국의 실현과 영광"**이라 할 것이다.

가. 환상편 (메시아 왕국, 1-8장)

1:7-6:15의 여덟 환상은 앞으로 메시아 왕국에 이르기까지의 역사를 상징적으로 계시하여, 백성들을 격려하여 성전 공사를 이룩하게 하려 한다. 메시아 왕국의 도래와 함께 있을 여러 가지 변화를 상징으로 보인다.

(1) 첫째 환상 (1:7-17)

여기 "네 기사"는 메시아 왕국이 오기 전에 있을 이 세상의 네 재앙을 말한 것이다(전쟁, 난리, 기근, 온역). 이 네 말들은 요한계시록 6장의 네 인과 맞먹는다(계 6:1-8). 여기서는 그들이 세상을 정찰하는 임무를 맡았고, 그들의 보고는 이 세상은 평온하다는 것이었다. 이것은 이 예언의 시기가 예루살렘 멸망 이후, 바벨론의 멸망 이전임을 보여준다. 이에 대해 여호와의 사자는 70년 포로 생활 후 귀환한 남은 자들을 향해 성전이 건축되고 성곽이 재건될 것과 메시아 시대를 맞이할 것을 알려준다(1:17).

(2) 둘째 환상 (1:18-21)

여기 "네 뿔"은 이스라엘을 해친 네 세력(네 망치), 곧 바벨론, 메대-바사, 헬라, 로마를, "네 대장장이"는 이들을 멸망시킬 네 천사들을 가리킨다(겔 9:6). 때가 되어 선민의 적이 멸망한다는 것이다. 메시아 시대의 도래와 함께 세상의 권세들은 멸망할 것이다.

(3) 셋째 환상 (2:1-13)

이스라엘을 괴롭힌 네 세력이 파쇄를 당한 후에 회복될 예루살렘의 영광을 보여준다. 여기 "측량줄"은 회복된 예루살렘 성터를 측량하는 것을 가리키면서, 나아가 영적 상태를 점검하는 말이다(2:2). 예루살렘은 사람과 육축이 많이 거하며, 넓은 돌과 같이 광활한 곳이 된다는 것이다(겔 43:6). 하나님은 예루살렘의 불 성곽이 되시는데, 그들의 방어만 되시는 것이 아니라, 침략군을 소멸하는 불 성곽이 되신다(2:5; 9:8; 신 4:24; 시 68:2; 사 26:1). 옛날 이스라엘이 광야를 행진할 때 그들에게 불기둥이 되신 하나님은(출 13:22), 회복한 이스라엘의 성을 위해 불성곽이 되신다. 하나님은 구원자를 보내어 그들을 구원하심으로 자신의 영광을 나타내셨으며, 손을 그들 위에 움직이심으로 원수들이 유대인의 포로가 되게 하실 것이다(2:9). 그러므로 예루살렘의 성민들은 노래하고 기뻐할 것이다(2:10-13).

(4) 넷째 환상(3:1-10)

여호와 앞에 선 대제사장 여호수아로, 그가 사탄의 참소를 당하나, 하나님은 사탄을 물리치시고 그를 정결케 하신다. 여호수아는 귀환 후의 첫 대제사장으로, 바벨론에서 죽은 그의 아버지 여호사닥을 계승하여 대제사장이 된 자다. 그가 "여호와의 사자"(1:11; 창 16:7-10; 31:11-13; 32:25-31; 출 3:2-4; 삿 6:11; 호 12:4; 그리스도 즉 성자 하나님) 앞에 섰음은 그가 그리스도의 그림자가 됨을 보여준다. 하나님은 이 여호수아로 대표되는 이스라엘의 구원 상태를 "불에서 꺼낸 그슬린 나무"라고 하신다(슥 3:2). 즉 "남은 자의 무리"("타다 남은 그루터기")라 하신다. 소돔과 고모라가 유황불로 멸망했을 때 롯이 겨우 구원받은 것과 같은 모양으로, 포로에서 돌아온 이스라엘은 멸망의 불에서 겨우 구원받은 남은 자들인 것이다(암 4:11; 사 13:19; 고전 3:15; 유 23). 그것은 죽을 수밖에 없는 죄인의 상태에서 구원함을 받은 성도의 모습이기도 하다("불붙은 가운데서 빼낸 나무 조각"[암 4:11]). "또 여기 여호수아는 만민의 죄를 대신 지시고 하나님 앞에 서 계시는 그리스도의 그림자로 지적된다. 그리스도는 자신의 죄가 없으시나 전 인류의 죄를 대신

지심으로 죄인의 모습이 되시고, 하나님 앞에서 중보기도를 드리시는 것이다"(이상근). "이는 그리스도가 성도의 죄를 사하시고, 정결한 옷을 입히고 관을 씌워 영화롭게 하시는 그림자인 것이다"(이상근). 그리하여 하나님은 여호수아와 그의 동료 제사장들을 "예표의 사람"이라 하신다(3:8). 즉 그들은 다음 세대를 위해 증언하는 예표의 사람이란 것이다. 하나님은 또 메시아의 오심에 대해서 예언하신다. "내가 내 종 순(洵)을 나게 하리라 … 내가 너 여호수아 앞에 세운 돌을 보라 한 돌에 일곱 눈이 있느니라"(3:8-9). 여기 메시아(여자의 후손)에 대한 세 예언이 있다: "종"(사 52:1; 53:10 등), "돌"(시 118:22; 막 12:10; 눅 20:17 등), "순"(洵[앞으로 성장할 것을 가리킴], 6:12; 사 11:1; 렘 23:5; 33:15). 여기 "순"은 예수님이 여자의 후손으로 나서 성장하실 것을 가리킨다(눅 2:40). 창세기 3:15를 생각나게 한다. 그가 메시아 왕국의 신령한 성전이 될 것을 말한다(겔 41장; 요 2:21; 엡 2:20; 벧전 2:5 등). 이는 10절에서 더욱 분명해진다. "너희가 각각 포도나무와 무화과나무 아래로 서로 초대하리라." "메시아를 통해 구원받은 백성들은 하나님과 화목하고 또 사람 사이에도 화목하여 포도나무와 무화과나무 아래서 축연이 벌어진다. 그것은 평화와 행복과 풍성의 잔치인 것이다"(이상근).

(5) 다섯째 환상(4:1-14)

황금 등대 하나로 성전의 모든 의식을 상징하고 있다. 그리고 종교적 지도자(대제사장) 여호수아와 정치적 지도자(총독) 스룹바벨을 두 감람나무로 나타내고, 그 배후에 온 세상의 주가 계셔서 지배하신다는 것으로, 스룹바벨을 격려하는 것이다. 이 두 지도자는 신약 시대 교회의 예표가 된다(계 11:4).

(6) 여섯째, 일곱째 환상(5:1-11, "날아가는 두루마리"와 "에바 속의 두 여인")

우상숭배의 죄를 비롯한 도적질 하는 죄, 거짓 맹세하는 죄를 멀리 바벨론으로 날려 보낸다는 것이다. 여기 에바 가운데 앉아 있는 여인은 죄악의 상징이다. 이스라엘의 죄악이 밀봉이 된 채, 다른 곳으로 옮겨지는 것을 가리킨다. 죄악이 제거될 것을 나타낸다.

(7) 여덟째 환상(6:1-8)

메시아 왕국 이전에 있을 네 재앙들 즉 하늘의 네 바람들(네 병거)을 가리킨다. 이 네 재앙은 첫째 환상(네 말)을 달리 표현한 것으로서(네 병거), 앞에서는 그냥 소개만 했으나, 이제는 실제로 행사가 된다. 이 네 바람들은 메시아 왕국 이전에 있을 네 나라다(바벨론, 메데-바사, 헬라, 로마).

그리고 6:9-15에는 "순"(洵)이라 이름하는 사람이 성전을 건축하리라는 예언이 나온다. 여기 "순"("싹")은 메시아의 다른 이름이다(3:8). 이는 메시아가 와서 성전을 건축할 것을 말씀한 것이다(요 2:19). 다니엘서의 신상의 모습(2장), 네 짐승의 모습(7장)과 같다. 7장은 "금식에 대한 문답의 말씀"이고, 8장은 "예루살렘의 회복"에 대한 말씀이다. 전자는 바벨론 포로기를 가리키고, 후자는 회복과 구원의 때를 가리킨다. 8:18-23은 7:3에 대한 대답으로서, "금식 대신 희락하라"는 것이다. 이는 신약의 메시아 시대를 예견한 것이다(막 2:18-19와 그 병행). 신약 시대는 금식보다는 희락의 시대이며, 이방인들이 유대인들의 지도를 받는 시대인 것이다.

나. 예언편(메시아 왕국의 실현, 9-14장)

9-11장에서는 열방의 멸망과 메시아 왕국의 실현을 예언하고, 12-14장에서는 메시아 왕국의 영광을 예언한다.

먼저 수리아, 베니게, 블레셋 등 이스라엘 주위의 열국들의 멸망이 있은 뒤(9:1-8), 메시아는 겸손한 모습으로 나귀를 타고 예루살렘에 오사 평화의 왕국을 개시하신다(슥 9:9-10; 마 21:1-11; 막 11:7-10; 눅 19:28-40; 요 12:12-19). 선민의 번영이 나오고(9:11-17), 선민의 회복이 나오며(10:1-7), 선민의 집합이 나온다(10:8-12). 그러고는 성지에 임할 암운이 예고되고(11:1-3, 주후 70년에 일어난 예루살렘의 멸망), 그 원인은 그들이 선한 목자(메시아)를 배척했기 때문이라고 한다(11:4-14; 마 27:25). 그들은 메시아를 싫어했고, 메시아 또한 그들을 싫어했다(11:8). 메시아는 그들에게 수고한 대가를 요구했고, 그들은 그에게 은 삼십을 대가로 주었으며(이는 그리스도가 은 30에 팔리신 사실의 예언 행동이다, 마 26:15; 27:9-10), 메시아는 이를 토기장이에게 주어버렸다. 그러고는 다시 우매한 목자(로마제국)의 멸망을 예언한다(11:15-17).

마지막으로 스가랴는 메시아 왕국의 영광을 예언한다(12-14장). 먼저 12장에서는 예루살렘의 구원을 예언한다. 예루살렘을 포위한 적군들은 멸망할 것이며(12:1-9), 예루살렘은 회개하게 된다(12:10-14). 이스라엘은 성령의 부음을 받고 전 국민적인 회개를 할 것이다(12:10-14). 이는 오순절에 교회가 성령의 충만을 받고, 베드로의 설교를 들은 유대인들이 마음에 찔려 "형제들아 우리가 어찌할꼬?"라고 한 사건을 두고 예언한 것이다(행 2:37-41). 다음 13장에서는 예루살렘의 정화가 나와 있다. 먼저 예루살렘의 정화가 예언되고(13:1-6, "더러움을 씻는 샘"), 예루살렘의 연단이 예언된다(13:7-9). 이는 그리스도가 만민의 죄를 대속하사 정결케 하시는 일의 그림자가 된다(이상근, 벧전 1:2; 요일 1:7; 요 4:17; 7:38). 이는 그리스도께서 고난받으심을 예언한 것으로("내 목자, 내 짝 된 자를 치라", 13:7), 남은 자의 수를 예언한 것이다. "여호와가 말하노라 이 온 땅에서 삼분의 이는 멸절하고 삼분의 일은 거기 남으리니 내가 그 삼분의 일을 불 가운데 던져 은같이 연단하며 금같이 시험할 것이라 그들이 내 이름을 부르리니 내가 들을 것이며 나는 말하기를 이는 내 백성이라 할 것이요 그들은 말하기를 여호와는 내 하나님이시라 하리라"(13:8-9). "다수가 멸하고 소수가 구원받는다는 뜻이다. 유대인들은 그들의 선한 목자이신 메시아를 친 죗값으로 전 세계에 흩어져 멸망하고, 소수가 구원에 참여한다(마 20:16). 그리고 여기 3분의 1은 장차 유대인과(롬 11:5) 이방인 가운데서 구원 받을 교회의 총체를 가리키는 것이다"(롬 11:5; 사 6:13; 겔 5:2, 12; Hengstenberg, Lange, Deane, by 이상근). 이 말씀 가운데도 남은 자는 고난을 필수적으로 받아야 함이 들어 있다. 다음 14장에서는 메시아의 영광이 나와 있다. 먼저 심판의 여호와의 날이 언급되고(14:1-5), 자연계의 이적이 언급되며(14:6-8, 천국과 같은 자연이 됨, 생수가 솟아남, 계 7:16; 22:5), 지형적인 변화가 있을 것이고(14:9-11), 원수들이 멸망 당할 것이다(14:12-15). 메시아 왕국의 영광이 나타나겠고(14:16-21), 성결한 시대가 될 것이다(천년왕국). 예루살렘을 치러 왔던 열국 중에 남은 자들이 초막절을 지킬 것이며, 초막절을 지키러 올라오지 아니한 자들에게는 비를 내리지 않을 것이다(14:17-19). 특히 그때의 예루살렘과 유다의 모든 솥이 만군의 여호와의 성물이 될 것이며, 말방울에까지 "여호와께 성결이라" 기록이 되며, 여호와의 전에 있는 모든 솥이 제단 앞 주발과 다름이 없을 것이다. 다시 말해 모든 것이 깨끗하고 성결해지며, 모든 불결과 불경건이 없어지는 것이다. 즉 성(聖)과 속(俗)의 구분이 없어진다는 것이다(이는 메시아 시대의 특성임).

이러한 환상들과 예언을 통하여 스가랴는 이스라엘 백성을 격려하여 성전을 재건하게 했다(8:1-19 참조). "직설적으로 권면한 학개와 좋은 대조가 된다"(이상근). "환상과 예언"은 메시아 시대의 특징이다(단 9:24). 본서의 주제는 **"메시아 왕국의 영광"**이다.

15. 말라기서에 나타난 "남은 자" 계시

말라기의 시대는 느헤미야 시대와(주전 444년 귀국) 거의 같은 시대로서(주전 440-410년경), 말라기는 포로에서 귀환한 제사장과 백성들의 죄를 책망하고, "메시아의 내림(來臨)과 심판"을 예언한 구약 최후의 선지자이다. 포로 생활에서 돌아온 남은 자 이스라엘은 우상숭배를 멀리하는 것 외에는(슥 5:5-11), 포로에서 돌아온 백성이라 할 수 없을 만큼 반역적이었다. 죄는 그 무엇으로도 없앨 수가 없다. 그들은 하나님의 독특한 사랑을 받고도, "주께서 어떻게 우리를 사랑하셨나이까?"라고 하며(1:2), 하나님의 이름을 멸시하고도 "우리가 어떻게 주의 이름을 멸시하였나이까?"하며(1:6), 더러운 떡을 드리고도 "우리가 어떻게 주를 더럽게 하였나이까?"하며(1:7), 여호와를 괴롭게 하고도 "우리가 어떻게 여호와를 괴로우시게 하였나이까?"하며(2:17), 여호와께로 돌아오지 아니하고도 "우리가 어떻게 하여야 돌아가리이까?"하며(3:7), 하나님의 것을 도적질하고도 "우리가 어떻게 주의 것을 도적질하였나이까?"하며(3:8), 하나님을 대적하고도 "우리가 무슨 말로 주를 대적하였나이까?"라고 했다(3:13). 닭을 잡아먹고도 오리발을 내민 것이다. 그들은 입으로는 하나님의 이름을 부르나, 마음으로는 하나님에게서 멀었다. 그 오랫동안의 포로 생활을 하고서도, 아직도 정신 차리지 못하고, 여전히 죄 가운데 머물러 있었다. 정금같이 나와야 할 그들이 여전히 찌꺼기같이 되어 있었다. 제사장의 불결, 혼인의 혼란, 십일조를 도둑질함, 종교적, 사회적 죄악들이 언급된다. 인성의 부패를 명시하고 있다. 남은 자 중에서도 다시 남은 자가 되어야 함을 보여준다. 그들은 자신들이 그들의 죗값으로 포로 생활하게 된 것을 모르고 있다. 노아 홍수 후에도 바벨탑을 쌓은 인류와 같다.

이런 가운데서 말라기는, 그러나 얼마의 남은 자 그룹이 있음을 말한다. "그 때에 여호와를 경외하는 자들이 피차에 말하매 여호와께서 그것을 분명히 들으시고 여호와를 경외하는 자와 그 이름을 존중히 생각하는 자를 위하여 여호와 앞에 있는 기념책에 기록하셨느니라"(3:16). 이들은 앞에서 말한(3:13-15) 악인들과 대조되는 "경건한 자들" 즉 남은 자들, 의인들이다. 악인들은 하나님의 심판을 받아, 초개같이 될 것이나(4:1), 의인들은 해처럼 영광을 받으며(4:2), 악인을 짓밟을 것이다(4:3). 그들은 멀리 그리스도의 속죄를 받고 구원받은 성도들이 외양간에서 풀려나온 송아지처럼 뛰는 것을 영적으로 볼 것이며, 율법을 기억하는 삶을 계속해서 살면, 선지자 엘리야 즉 그리스도의 선구자가 와서 모든 사람을 복음으로 돌아서게 하는 것도 보게 될 것이다(4:4-6). 말라기는 이미 3:2에서 메시아와 그의 선구자의 출현을 예언했다. "내가 내 사자를 보내리니 그가 내 앞에서 길을 준비할 것이요 또 너희가 구하는 바 주가 갑자기 그의 성전에 임하시리니 곧 너희가 사모하는 바 언약의 사자가 임하실 것이라"(3:1). 그는 메시아("여자의 후손")가 되시어, 언약을 갱신할 것이며, 금을 연단하는 자의 불과 표백하는 자의 잿물과 같이 부정한 성도들을 정화할 것이다(3:2). 그의 날은 용광로 불같은 날이 될 것이며, 교만한 자와 악을 행하는 자는 다 지푸라기같이 타버릴 것이다. 그러나 여호와를 경외하는 자들, 끝까지 언약의 사자(진정한 남은 자)를 의지하는 자들에게는 의로운 해가 떠올라 치료하는 광선을 비춤 같을 것이며, 그들은 나가서 외양간에서 나온 송아지같이 뛸 것이다(4:1-2). 엘리야 같은 메시아의 선구자가 와서 회개를 촉진하겠으나, 따르지 않을 경우에는 하나님의 저주의 심판을 받게 될 것이다. 이것이 율법의 역할이요, 구약의 결론부이다. 그것은 곧 사람이 율법을 떠나, 그리스도의 복음을 믿음으로 영원한 구원의 소망을 가지도록 복음으로 안내하는 것이다. 진흥기(아브라함으로부터 다윗까지), 쇠퇴기(다윗부터 바벨론 포로까지)를 지나, 참 진흥기(바벨론 포로부터 그리스도까지)가 올 것을(여명기, 4:2) 예언하는 것이다(마 1:17). "의로운 해가 떠올라서 치료하는 광선을 발함"은 그리스도가 만민의 죄를 대속하사, "의인(justification)과 행복의 근원이 되시는 것을 가리킨다"(이상근, 눅 1:78; 시 66:19; 84:11; 사 60:1; 62:1 참조). 그리스도를 가리키는 "빛"의 창조로부터 시작하여(창 1:3), 구약은 그리스도를 가리키는 "광선"으로 마치고(말 4:2), 신약은 "등불이 되시는 어린 양"으로 마치는 것은(계 21:23), 성경이 "그리스도가 누워 있는 구유"라는 루터의 말을 더욱 확실하게 한다. 2:7의 "제사장은 만군의 여호와의 사자가 됨이어늘"은 메시아 시대에 대제사장을 "여자의 후손" 즉 "여호와의 사자"로 부름을 보여주고, 4:5에서 "엘리야"를 대망함은 본서가 메시아 시대의 선구자로서, 신약에의 가교적 역할을 하는 책이라는 것을 보여준다(마 11:14; 17:11; 눅 1:17, 76; 요 1:21, 25). 주제는 **"메시아의 내림(來臨)과 심판"**이다.

VI

성문서에 나타난 "남은 자" 계시

...

전기 예언서가 "과거"에 대한 책들이고, 후기 예언서가 "미래"에 대한 책들이라면, 성문서들은 "현재"에 대한 책들이라고 할 수 있다. 율법서와 예언서가 남은 자의 신앙생활에 관한 책들이라면, 성문서는 남은 자의 신앙생활의 여러 국면에 관한 책들이라 할 것이다. 전자가 "너는 너의 고향과 친척과 아비 집을 떠나 내가 네게 지시하는 땅으로 가라"를 논한 것이라면, 후자는 남은 자의 여러 국면, "여자의 후손"이 어떤 분인지 소개한 것이다.

1. 시편에 나타난 "남은 자" 계시

시편은 성민의 개인적 또는 국민적 신앙의 정서를 읊은 것으로, 성도들 곧 **"남은 자의 노래집"**이라 할 수 있다. 그것은 그리하여 포로 귀환기 이후의 노래들이라 여겨지기도 한다(Duhm, Cornill, Bewer, Eissfeld, by 이상근). 그것은 주로 하나님께 대한 절대 신뢰와 감사를 노래한 책이며(4; 11; 16; 23; 27; 62; 131편 등), 자신의 죄에 대한 참회를 기록한 책이며(6; 32; 38; 51; 102; 143편 등), 미래에 대한 소망으로 메시아를 대망한 책이다(The Messianic

Psalms, 2; 8; 16; 18; 20; 21; 22; 24; 40; 41; 45; 47; 68; 69; 71; 87; 96; 98; 110편 등). 그 외에도 시편은 순례자의 시(120-134편 등), 언약 갱신의 시(50; 76; 89; 111; 114편 등), 지혜와 율법의 시(1; 25; 32; 34; 49; 52; 58; 94; 101; 112; 119편 등)를 포함하고 있다. 이들 중, "남은 자"의 계시를 보여주는 내용은 하나님께 대한 절대 신뢰와 감사를 노래한 데서, 자신의 죄에 대한 참회를 기록한 데서, 그리고 지혜와 율법의 시에서, 미래에 대한 소망으로 메시아를 대망한 메시아 시들에서 볼 수 있다. "신뢰", "성결", "대망"은 "남은 자"가 갖출 3대 요건이다. 히브리 성경에서는 성문서에서 시편이 제일 먼저 나오지만, 한글 성경에서는 주제의 유사성을 따라(욥기 바로 앞에 에스더서가 나와 있다) 욥기가 시편 앞에 나온다. 욥기를 먼저 읽은 사람이, 즉 "까닭 없이도 하나님을 경외하는 자"가 부를 노래가 시편의 노래들이란 것이다(욥 2:3).

가. 하나님께 대한 절대 신뢰와 감사

(1) **시 3편**: "아침의 노래"로 불리며(Keil-Delitzsch), 다윗이 압살롬의 난을 피해 광야에 있을 때 지은 노래로 알려져 있다. "내가 누워 자고 깨었으니 여호와께서 나를 붙드심이로다. 천만인이 나를 둘러치려 하여도 나는 두려워 아니하리이다"(5-6절). 자고 깨는 일은 평범한 일이다. 그러나 자기 생명의 마지막 순간을 의식하면서 밤을 보내고 아침을 맞는 자에게는 하나님의 보호에 대한 감격의 일이다. 그리하여 어떤 이는 이 시를 **"의지의 시"**라 한다(김정준). 그것은 생명의 위기가 순간순간 닥쳐오는 그러한 환경 속에서도 하나님의 보호와 구원의 손길이 그의 목숨을 털끝만큼도 해치지 않도록 버티고 지키심에 대한 강한 신뢰감을 나타내기 때문이다. 남은 자는 자고 깨고 하는 일상적인 일도, 하나님의 보호와 구원의 손길이라 믿고 감사하고 감격하는 자다. 그 어느 것 하나, 하나님의 은혜가 아닌 것이 없다.

(2) 시 4편: "주께서 내 마음에 두신 기쁨은 저희의 곡식과 새 포도주가 풍성할 때보다 더하니이다"(7절).

이 시는 **"저녁의 노래"**, 혹은 "저녁의 기도"라("자리에 누워", "제사를 드리며") 불리는 시로서, 5-8절은 하나님께 대한 신뢰를 고백하고 있다. 그 가운데 7절은 주의 얼굴 비춰올 때의 기쁨, 즉 하나님과 함께 하는(남은 자의) 기쁨을 말한 것으로, 그러한 기쁨은 하나님을 떠난 사람들이 농작물이 풍성할 때 느끼는 물질적 기쁨과 비교할 수 없다는 것이다. 물질적 기쁨보다 영적인 기쁨("나를 너그럽게 하셨사오니")이 더 크다는 것이다. 이유는 인간은 죽을 때에 아무것도 가져가지 못하며, 살아 있을 때의 물질조차도 인간에게 참 만족을 주지 못하고, 그것들은 모두가 일시적이며 썩어질 것들이며, 내 걱정과 근심을("곤란 중에", 1절) 면케 하지 못하는 것들이기 때문이다. 어떤 제사가 정당하고 의로운 제사인가? 야웨 하나님을 의지하는 정신이 나타난 제사가 바로 의로운 제사이다.

(3) 시 11편: "내가 여호와께 피하였거늘 너희가 내 영혼더러 새 같이 네 산으로 도망하라 함은 어찜인고 … 터가 무너지면 의인이 무엇을 할꼬"(1-3절).

이 시는 다윗이 사울의 핍박을 받을 때, 혹은 압살롬의 반역 때에 지은 것으로, 상식이 무너지고 상식이 통하지 않는 세상에서는 상식대로 행해서는 안 된다는 것을 말한 것이다. 사울이 다윗을 핍박하고, 압살롬이 다윗을 죽이려 함은 상식이 통하지 않는 세상임을 보여주는데, 그런데도 다윗보고, 산으로 도망가라 함은(상식대로 하라는 말은) 맞지 않으며, 이런 때일수록 하나님을 의지하고 하나님께 피해야 한다는 것이다. 그것은 인간의 눈으로 볼 때는 어리석은 것 같지만, 오직 여호와께 피하며, 그를 바라보고 행동하는 것이 **"제일 안전한 피난법"**이다. "하나님은 성전에 계시고 인간의 모든 행사를 살피고 그 잘잘못을 판단하신다. 특히 하나님은 악인의 횡포보다 의인의 지조와 인내와 강한 의지심을 살피고 계신다. 악인들의 일은 하나님의 진노의 손의 불과 유황과 태우는 바람으로 멸할 것이지만, 하나님이 의로우시고 다만 의를 사랑하고 계시는 것을 믿는 사람에게 있어서는 그를 건지시고 그에게 새 길을 열어주신다. 어떤 악독한 사회에서도 믿는 사람은 하나님의 사랑하시는 것을 믿고 살아야 한다"(김정준). 상식이 통하지 않는 세상에 사는 인간은 상식이 통하지 않는 방식으로(남은 자의 삶의 방식으로) 살아야 한다.

(4) 시 16편: "여호와는 나의 산업과 나의 잔의 소득이시니 나의 분깃을 지키시나이다 내게 줄로 재어 준 구역은 아름다운 곳에 있음이여 나의 기업이 실로 아름답도다 나를 훈계하신 여호와를 송축할지라 밤마다 내 양심이 나를 교훈하도다 내가 여호와를 항상 내 앞에 모심이여 그가 나의 오른쪽에 계시므로 내가 흔들리지 아니하리로다"(5-8절).

이 시는 다윗이 **여호와만을 절대 신뢰하고**, 거기서 기쁨을 얻는 영적 체험을 노래한 시이다(이상근). 그는 자신과 하나님 사이가 아주 밀접한 관계에 있음을 보여준다. 세상 사람들은 물질을 가지는 일, 더 많이 가지는 일을 원한다. 그러나 참 신앙인은 그 물질을 주시기도 하고, 빼앗기도 하시는 하나님 자신을 내 소유, 내 분깃, 내 기업으로 받는다는 것을 물질 이상의 축복이라 생각한다. 그러므로 그의 할 일은 "여호와 하나님"을 자나 깨나 그 앞에 모시는 일이다. 그는 자신이 하나님 편에 있음을 "여호와를 그의 오른쪽에 모심"으로 표현한다. 생명 그 자체인 하나님을 항상 모시고 있기 때문에 죽음이 하나님과 자기 사이를 갈라놓을 수 없다고 생각한다. 그리하여 자신은 부활의 첫 열매인 그리스도의 조상이 된다. "이는 주께서 내 영혼을 스올에 버리지 아니하시며 주의 거룩한 자를 멸망시키지 않으실 것임이니이다 주께서 생명의 길을 내게 보이시리니 주의 앞에는 충만한 기쁨이 있고 주의 오른쪽에는 영원한 즐거움이 있나이다"(10-11절).

(5) 시 23편: "남은 자"의 평화와 고요한 즐거움을 말해주는 "너무나 아

름다운 전원시이다"(Rawlinson). "실로 시 23편은 여호와께 대한 고요한 신념을 표현하는 폭풍 같은 시다"(Briggs). "실로 시 23편은 모든 성도에게 가장 친숙한 시편으로, 신앙생활의 진수가 간직된, 시편 중의 시편이요, 시편의 백미이다"(이상근). 이는 순경(1-3절), 역경(4절), 승리(5-6절)를 말한 시로서, 초장 - 골짜기 - 집으로, 혹은 현세 - 십자가 - 천국으로 나타낼 수 있을 것이다. "원수의 목전에서 우리에게 상을 차려주시고 우리 머리에 기름을 발라주심"은 원수 앞에서 왕관의 넘치는 환대를 받게 하심을 나타내는 것으로, 지옥에서 형벌 받는 원수들 앞에서 성도들을 환대하시는 주님을 보여준다. **남은 자의 삶**은 하나님을 목자로 삼는 삶이다.

(6) **시 27편**: 하나님을 의지함의 시이다. "너는 여호와를 기다릴지어다 강하고 담대하여 여호와를 기다릴지어다"(14절). 그를 죽이려 하는 원수가 없어서가 아니다. "악인들이 내 살을 먹으려고 내게로 왔으나 나의 대적들 나의 원수들인 그들은 실족하여 넘어졌도다"(2절). 이런 가운데서 시인은 "여호와는 나의 힘이요 나의 구원이시니 내가 누구를 두려워하리요 여호와는 내 생명의 능력이시니 내가 누구를 무서워하리요"라고 한다. 그에게는 조용하게 기다리는 일이 하나의 신앙적인 행동이 되고 있다. "야웨를 기다린다는 것은 가만히 앉아 있는 정지 상태만이 아니다. 인간이 기다리는 동안 하나님은 그의 능력 있는 행동을 하시는 것이다. 저자는 이스라엘의 오랜 신앙 형태 중에 **조용히 기다리는 것**을 강한 신앙으로 이해했다"(김정준). 홍해 가에서 절망한 이스라엘 백성들에게 한 모세의 말이 그러하고(출 15:2, 11), 아람과 이스라엘이 동맹하여 연합군을 구성하여 예루살렘을 공격했을 때 이사야의 말이 그러하다(사 7:4). "남은 자"는 큰 환란과 동요 속에서도 조용하게 하나님의 도우심과 능력을 기다리는 자다. 그 시간은 하나님이 역사하시는 시간이다.

(7) **시 46편**: 47, 48편과 더불어, 이스라엘이 큰 위기를 당했을 때 하나님이 시온의 보호자시며, 시온을 중심으로 한 전 세계의 지배자이심을 노래

한 시이다. **의지 신앙**(1-3절), 야웨는 왕이심(4-7절), 의지 신앙(8-11절)의 순서로 되어 있다. "하나님은 우리의 피난처요 힘이시니 환난 날에 만날 큰 도움이시라 그러므로 땅이 변하든지 산이 흔들려 바다 가운데에 빠지든지 산이 흔들려 바다 가운데에 빠지든지 바닷물이 솟아나고 뛰놀든지 그것이 넘침으로 산이 흔들릴지라도 우리는 두려워하지 아니하리로다"(1-3절). "하나님이 어떻게 우리의 피난처가 되느냐? … 첫째, 전쟁의 주도권은 야웨가 쥐고 계시며, 둘째, 인간은 가만히 있어도 하나님이 싸워주시며, 셋째는 하나님이 우리와 함께 하시어 모든 어려움을 물리쳐 주시는 것이다"(김정준). 남은 자는 하나님을 우리의 피난처요 힘이시며 환난 중에 만날 큰 도움으로 믿는 자다.

(8) 시 62편: "나의 영혼이 잠잠히 하나님만 바람이여 나의 구원이 그에게서 나는도다 오직 저만 나의 반석이시요 나의 구원이시요 나의 산성이시니 내가 크게 요동치 아니하리로다 넘어지는 담과 흔들리는 울타리 같은 사람을 죽이려고 너희가 일제히 반격하기를 언제까지 하려느냐?"(1-3절).

이 시는 다윗이 아무 힘 없는 자기를 끌어내리려고 온갖 흉계를 꾀하는 적들을 대해, 자신은 하나님께 대한 절대적인 신앙에서 "잠잠함"을 노래하는 시다. "너희가 아무리 나를 넘어뜨리려고 온갖 노력을 하여도, 내가 믿고 의지할 이는 하나님뿐이니, 부화뇌동(附和雷同)하지 않고, 잠잠히 반석과 산성이신 하나님만 바라본다"는 것이다. 미국의 100달러 지폐는 물론이고, 1센트 동전에까지 "In God We trust"("우리는 하나님을 신뢰한다")란 말이 새겨져 있다. "남은 자"는 이러한 **신앙자의 침묵**을 지키는 자이다. 미국에는 "하나님"이란 말이 돈에 새겨져 있고, 한국에는 "하나님"이란 말이 애국가에 들어 있다.

(9) 시 63편: "63편의 시인은 한 편의 아름다운 연애편지를 쓰고 있다. 그의 영혼이 쓰는 연애편지, 하나님만이 사랑하는 님이요, 그 님이 그리워서 못 견디는 영혼, 메마른 땅이 비를 기다리듯, 가뭄에 목이 타는 들판처

럼 하나님을 만나고 싶어 괴로워하는 영혼의 호소를 기록한 시이다"(김정준). 이 시편 서두에는 "다윗의 시, 유다 광야에 있을 때에"란 상황설명이 나와 있다. 다윗은 이 시에서 자신을 유대 광야에 비유하고 있다. 유대 광야는 본래 물이 귀한 곳이다. 다만 비만 기다리고 입을 벌리고 있다. "이른 비"에 숨을 돌리고, "늦은 비"에 흥겨워 춤을 추는 유다 광야이다. 사막의 열풍은 불어오고, 건조기(4-10월)에 내리쬐는 뙤약볕은 광야에 있는 모든 생물의 목이 타 죽게 하며, 광야 그 자체가 몸에 군데군데 깊고 긴 상처를 내게 하여 지쳐버리게 한다. 이러한 가운데서 본 시편 1절은 다음과 같이 의역할 수 있다: "하나님, 당신은 나의 하나님, 물기 없는 메마른 땅처럼 내 영혼은 당신을 찾아 목이 탑니다. 내 몸도 지쳤습니다"(김정준). 그리하여 이 시의 이름을 다윗의 하나님께 대한 **"영혼의 연애편지"**라 할 수 있다. "하나님을 사랑하는 마음, 그것은 연애 감정이다. 보고 싶고, 만나고 싶고, 그 목소리를 듣고 싶고, 그 손을 만지고 싶고, 그 숨결, 그 체온을 느끼고 싶은 심정, 오직 한 분밖에 없는 님이기에, 자나 깨나 그립고 어디를 가나 그와 함께 있고 싶어 한다"(김정준). "남은 자"는 하나님께 대해 이러한 연애 감정을 가지는 자다. 그는 시 42:1에서처럼 목마른 사슴이 시냇물을 찾아 목이 타듯이, 가뭄에 목마른 땅이 물을 갈구하듯이 하나님을 찾기에 목말라야 한다. 그의 눈에는 하나님만 보여야 한다.

(10) **시 131편**: "실로 내가 내 영혼으로 고요하고 평온하게 하기를 젖 뗀 아이가 그의 어머니 품에 있음 같게 하였나니 내 영혼이 젖 뗀 아이 같도다"(2절). "이는 깊은 겸손과 절대적 신뢰를 노래한 것으로, 이를 젖 뗀 아이의 어머니에 대한 신뢰에 비한다"(이상근). "교만이란 자기에게 불합리한 위대한 일을 바라보는 것이다"(Delitzsch). 교만할수록 큰 일을 하며, 자기의 이름을 내려고 한다. 그러다가 못 하게 되면 자기의 원수 앞에서 사시나무 떨듯이 부산해 하며 떤다. 아하스가 바로 그런 왕이다. 그는 아람의 르신과 이스라엘의 베가가 동맹을 했다는 말을 듣고 군사적, 외교적

으로 국내 여러 가지 문제로 소란을 피웠다. 하나님을 믿지 않아서 그의 마음은 숲이 바람에 흔들림같이 흔들렸다. 그러나 이사야는 이런 왕을 찾아가 "왕께서는 정신을 가다듬고 조용히 하라"고 권고했다(사 7:4). 그러나 아하스는 이사야의 간청을 받아들이지 않았다. 그래서 이사야는 아하스와 백성들에게 "만일 너희가 믿지 아니하면 정녕 설 수 없다"고 했다. 믿음은 조용하게 하고 고요하게 한다. 침묵으로 하나님을 의지한다는 이 신앙은 이사야의 신앙의 한 특징이라 할 수 있다. 이사야는 30:15-16에서도 같은 말을 한다. "주 여호와 이스라엘의 거룩하신 이가 이같이 말씀하시되 너희가 돌이켜 조용히 있어야 구원을 얻을 것이요 잠잠하고 신뢰하여야 힘을 얻을 것이거늘 너희가 원하지 아니하고 이르기를 아니라 우리가 말 타고 도망하리라 하였으므로 너희가 도망할 것이요 또 이르기를 우리가 빠른 짐승을 타리라 하였으므로 너희를 쫓는 자들이 빠르리니." 남은 자는 요동할 수밖에 없는 상황 가운데서도 어린 아기가 어머니의 젖을 실컷 먹고 어머니를 신뢰하는 마음으로 잠을 자는 것과 같은, **고요함의 신뢰 신앙**이 있어야 한다. 그런 아기에게 무슨 걱정과 근심, 두려움이 있겠는가? "고요함의 신뢰 신앙"이 있을 때, 나는 요지부동할 수 있다.

나. 자신의 죄에 대한 참회

(1) 시 6편: "여호와여 주의 분으로 나를 견책하지 마옵시며 주의 진노로 나를 징계하지 마옵소서 여호와여 내가 수척하였사오니 긍휼히 여기소서 여호와여 나의 뼈가 떨리오니 나를 고치소서 나의 영혼도 심히 떨리나이다 여호와여 어느 때까지니이까 여호와여 돌아와 나의 영혼을 건지시며 주의 인자하심을 인하여 나를 구원하소서 사망 중에서는 주를 기억함이 없사오니 음부에서 주께 감사할 자 누구리이까 내가 탄식함으로 곤핍하여 밤마다 눈물로 내 침상을 띄우며 내 요를 적시나이다"(1-6절).

이 시는 "밤중의 노래"로 불리는 "**회개시**"로서, 외적 환난은 더욱 심해지고, 시인은 그 원인을 죄에서 찾으면서 깊이 회개하여 들으심을 받는다. 그의 육신은 양심의 가책으로 인해 수척하였으며(시 22:14; 31:10; 38:10; 102:3 등), 영혼도 심히 떨리는 상태에 있었다. 극한 통회의 상태에서 영육 간에 쇠약한 것이다. 그는 극한 죄책으로 인하여 온밤을 지새우며, 통회하는 모습이다. "그는 하나님이 자기를 버려 떠나가심을 느끼고, 자신이 멸망의 구덩이에 빠졌음을 느끼며, 자신에게 그 구덩이에서 구원받을 능력이 없음을 느끼고 있는 것이다. 그러므로 하나님이 자신에게 돌아오시고, 자신의 영혼을 건지시며, 하나님의 인자하심을 따라 자신을 구원하소서 하는 것이다"(이상근). "남은 자"도 인간이기에, 늘 죄의 유혹 속에서 산다. 그는 언제나 자기를 살펴, 죄를 회개하고 성결한 생활을 힘써야 한다.

(2) 시 32편: "허물의 사함을 얻고 그 죄의 가리움을 받은 자는 복이 있도다 마음에 간사가 없고 여호와께 정죄를 당치 않은 자는 복이 있도다 내가 토설치 아니할 때에 종일 신음하므로 내 뼈가 쇠하였도다 주의 손이 주야로 나를 누르시오니 내 진액이 화하여 여름 가뭄에 마름 같이 되었나이다"(1-4절).

이 시는 시편 51편과 더불어 다윗이 우리아의 아내 밧세바에게 범죄한 후의 회개시다(삼하 11장). "51편이 회개 때의 고통스러운 심정을 노래한다면, 이 시는 **그 후의 축복**에 중점을 둔다"(이상근). 죄는 창조주의 의사를 거스르는 반역적인 성격을 가졌기에, 가능한 한 빨리 회개하는 것이 좋다. 회개가 늦게 되면, 이 죄는 발전하여 또 다른 죄를 범하게 만든다. 즉 거짓을 행하게 된다. 죄는 하나님과 우리 사이를 멀어지게 한다. 아담은 자기가 선악과를 먹고서도 자기 아내에게 죄의 책임을 전가했다. 회개가 늦을수록 하나님과의 거리는 멀어진다. 남은 자 곧 하나님 편에 있는 자는 가능한 한 빨리 회개하는 자다. 하나님은 "오라 우리가 서로 변론하자 너희의 죄가 주홍 같을지라도 눈과 같이 희어질 것이요 진홍 같이 붉을지라도 양털 같이 되리라"고 하신다(사 1:18).

(3) 시 38편: "여호와여 주의 노로 나를 책하지 마시고 분노로 나를 징계치

마소서 주의 살이 나를 누르고 주의 손이 나를 심히 누르시나이다 … 여호와여 나를 버리지 마소서 나의 하나님이여 나를 멀리하지 마소서 속히 나를 도우소서 주 나의 구원이시여"(1-22절).

이 시는 압살롬의 반란이 있기 전, 다윗이 범죄의 결과로 심한 고통에 빠졌고, 그 고통으로 인해 육체의 병을 얻었으며, 친구와 친척이 멀리하는 가운데서 하나님께 회개했던 시이다. 그는 범죄의 고통과 그 결과로 인한 육체의 고통 가운데 하나님이 자신을 멀리하신 것을 느끼며, 자신의 죄로 인하여 하나님의 화살에 맞아 생긴 고통을 하나님께 없애 달라고 호소한다. 이로 인해 하나님이 자기를 버리지도 마시며 멀리하지도 마시며 가까이 오사 구원하시기를 애원하는 것이다(10:1; 13:1; 22:1, 19; 35:22; 71:9; 119:8). **살아도 주님, 죽어도 주님**이다. "남은 자"가 취할 바른 태도라 생각된다.

(4) **시 51편**: "하나님이여 주의 인자를 좇아 나를 긍휼히 여기시며 주의 많은 자비를 좇아 내 죄과를 도말하소서 나의 죄악을 말갛게 씻기시며 나의 죄를 깨끗이 제하소서 대저 나는 내 죄과를 아오니 내 죄가 항상 내 앞에 있나이다 내가 주께만 범죄하여 주의 목전에 악을 행하였사오니 … 내 속에 정한 마음을 창조하시고 내 안에 정직한 영을 새롭게 하소서."

이 시는 다윗의 참회시로서, 밧세바와 간통 후에 지은 시이다. 다윗은 우리아의 아내를 범하여 제7계를 범했고, 이어 우리아를 전지에 고살시킴으로 제6계를 범했다. 나단은 하나님의 명을 따라 대담하게 다윗의 죄를 책망하였고, 다윗은 겸손하게 그 명에 순종하여 즉시 회개하였다. 하나님은 즉시 다윗의 죄를 용서해 주셨다(삼하 12:13). **죄는 즉시 회개할수록 좋다.** 그만큼 하나님을 멀리하지 않게 된다. 다윗은 하나님께 정한 마음을 창조하여 달라고 했다. 하나님으로부터 받을 수 있는 가장 큰 축복은 우리의 지은 죄가 사함받는 것이다. 그러나 다시 죄를 짓지 않는 "'정한 마음'을 새롭게 지음받는다는 것은 더 큰 축복이다"(김정준). 정한 마음이 없이는 죄 용서받는 것이 습관이 된다. 남은 자는 빨리 회개할 뿐 아니라,

정한 마음을 갖도록 기도하며 노력해야 한다. 이 정한 마음은 인간의 노력으로 가질 수 없다. 마치 굴뚝이 스스로 자신을 청결케 할 수 없고 소제부가 이 일을 해 주어야 하는 것처럼, 정한 마음은 하나님이 주셔야 한다.

(5) 시 102편: "그가 내 힘을 중도에 쇠약하게 하시며 내 날을 짧게 하셨도다 나의 말이 나의 하나님이여 나의 중년에 나를 데려가지 마옵소서 주의 연대는 대대에 무궁하니이다 주께서 옛적에 땅의 기초를 놓으셨사오며 하늘도 주의 손으로 지으신 바니이다 천지는 없어지려니와 주는 영존하시겠고 그것들은 다 옷 같이 낡으리니 의복 같이 바꾸시면 바뀌려니와 주는 한결같으시고 주의 연대는 무궁하리이다 주의 종들의 자손은 항상 안전히 거주하고 그의 후손은 주 앞에 굳게 서리이다 하였도다"(23-28절).

이 시는 지금까지 본 일곱 개의 "참회 시" 중의 하나이다. 그러나 참회를 나타내는 직접적인 표현은 없다. 다만 "시인의 고난상이 다양하게 표현되어 이 고난은 죄의 고통에서 온 것이라 생각함에서 '참회시'란 이름을 얻은 것 같다"(김정준). 아니면, "이 시인은 극한 고민 중에 빠지면서 자신의 고통을 포로 중의 이스라엘의 고난에 비하여, 회개하면서 시온의 회개를 빈다"(이상근). 아니면 "곤고한 자가 마음이 상하여 그 근심을 여호와 앞에 토하는 기도"란 표제가 나타내듯이, 시인의 "곤고"는 병고를 가리키고, "마음이 상하여"는 그가 병고 속에서 회개하며 이스라엘과 시온의 회복을 위해 기원한 사실을 가리킨다고 보고, "회복"을 기원한 시라 볼 수도 있다. 이 시의 제일 마지막 말씀, "주의 종들의 자손은 항상 안전히 거주하고 그의 후손은 주 앞에 굳게 서리이다"는 "하나님의 종인 이스라엘은 멸절하지 않고 주 앞에서 영원히 존재하고 또 영존할 처소를 얻어(37:39, 69:36), 주 앞에 굳게 서며 번영할 것이다"는 뜻이다. 이는 영원하신 하나님을 믿고 의지하는 사람은 그가 아무리 약하고 보잘것없는 사람이라도 **영원에 잇대어 사는 사람**이기에 주 앞에 굳게 선 사람이 된다는 것이다. "이 시인은 인생의 날이 짧음에 비하여 하나님은 영원히 계시는 분임을 확신하고 있다. 비록 괴로운 오늘이 나의 현실이요, 자기 목숨의 종말을 자신이 알지 못하는 허무한 인생이라고 해도 영존하신 하나님과의 산 교제 관계만 되어 있으면 오늘의 고통과 인간의 허무성이 그렇게 문제가 되지 않는다고 확신한다"(김정준). 남은 자는 영존하신 하나님과 잇대어 사는 자며, 하나님과 더불어 영원을 사는 자다.

(6) 시 130편: "여호와여 내가 깊은 곳에서 주께 부르짖었나이다 주여 내 소리를 들으시며 나의 부르짖는 소리에 귀를 기울이소서 여호와여 주께서 죄악을 지켜보실진대 주여 누가 서리이까 그러나 사유하심이 주께 있음은 주를 경외하게 하심이니이다 나 곧 내 영혼은 여호와를 기다리며 나는 주의 말씀을 바라는도다 파수꾼이 아침을 기다림보다 내 영혼이 주를 더 기다리나니 참으로 파수꾼이 아침을 기다림보다 더하도다 이스라엘아 여호와를 바랄지어다 여호와께는 인자하심과 풍성한 속량이 있음이라 그가 이스라엘을 그의 모든 죄악에서 속량하시리로다."

이 시는 "깊은 가운데서의 회개"를 노래한 것으로, 이스라엘의 죄로 인한 포로의 고난 가운데서의 구원을 간구한 시이다. 여기 "깊은 곳"은 "바벨론 포로 생활의 심각한 고통"을 가리킨다. 그는 먼저 자신이 여호와를 간곡히 대망하면서(1-6절), 이스라엘에게 자기처럼 여호와를 대망할 것을 권한다. "여호와는 인자하시고 풍성한 구속의 능력이 계시니(시 111:9), 이스라엘이 비록 고난의 깊은 데 있다 해도(1절) 넉넉히 구속하실 수 있는 것이다"(이상근). 남은 자는 포로 생활의 고난 가운데서도 여호와를 잊지 않고 **그를 바라보며 간구하는 자**다. 그가 이스라엘의 죄를 사유하시고, 그들을 구속하실 것을 파수꾼이 아침을 기다림보다 더하는 자다.

(7) 시 143편: "여호와여 내 기도를 들으시며 내 간구에 귀를 기울이시고 주의 진실과 의로 내게 응답하소서 주의 종에게 심판을 행하지 마소서 주의 눈 앞에는 의로운 인생이 하나도 없나이다 원수가 내 영혼을 핍박하며 내 생명을 땅에 엎어서 나로 죽은 지 오랜 자 같이 나를 암흑 속에 두었나이다

그러므로 내 심령이 속에서 상하며 내 마음이 내 속에서 참담하니이다 내가 옛날을 기억하고 주의 모든 행하신 것을 읊조리며 주의 손이 행하는 일을 생각하고 주를 향하여 손을 펴고 내 영혼이 마른 땅 같이 주를 사모하나이다"(1-6절).

이 시는 초대교회가 참회시의 하나로 간주한 시이다. "그 내용에 특별히 "참회"를 보여주는 것이 없지만, 이 시의 전체의 분위기가 참회의 심정에서 드리는 기도 같다"(김정준). "억압 중에서 시인의 눈은 안으로 향하여 환난의 원인이 자신의 죄임을 깨닫고 이를 참회한다. 내용은 먼저 죄를 뉘우치고(1-6절), 핍박에서의 구원을 호소하는 것이다(7-12절)"(이상근). 그는 하나님의 가혹한 심판을 면하게 해 달라고 한다. 그 자신이 죄인이고, 주의 목전에서 의인은 없기 때문이며, 자신은 원수를 통하여 이미 죽었고, 죽은 지 오래되어 음부에 거한 자와 같이 되었기 때문이란 것이다. 그러면서 하나님께서 과거 자신의 선조들에게 행하신 바를 기억하고 묵상하며 생각한다고 한다. 이러한 하나님의 과거 행사를 기억, 묵상, 생각함은 그가 낙심하지 않기 위함이며, 하나님과의 관계를 더욱 밀착시키는 데 도움을 받기 위해서다(시 22:4-5; 78:3-7; 106편; 136편 등). **남은 자는 하나님의 과거 행사를 기억, 묵상, 생각하여 주를 더욱 사모하는 자다.**

다. 지혜와 율법 시

(1) 시 1편: "복 있는 자는 악인의 꾀를 좇지 아니하며 죄인의 길에 서지 아니하며 오만한 자의 자리에 앉지 아니하고 오직 여호와의 율법을 즐거워하여 그 율법을 주야로 묵상하는도다 그는 시냇가에 심은 나무가 시절을 좇아 열매를 맺으며 그 잎사귀가 마르지 아니함 같으니 그가 하는 모든 일이 다 형통하리로다 악인은 그렇지 아니함이여 오직 바람에 나는 겨와 같도다"(1-4절).

이 시는 전형적인 지혜시 혹은 율법을 강조하는 율법시이다. 복 있는 자(의인)와 악인을 대조하여 독자가 의인의 길을 택할 것을 교훈한다. **남은 자는 이 의인의 길을 가는 자다.** 그것은 남은 자와 비남은 자, 여자의 후손과 뱀의 후손의 대조를 보여준다. 1절의 "복"은 아브라함에게 약속하신 "복"으로서(창 12:2), 여자의 후손이 뱀과 싸워 이김에서 오는, 신령한 복을 전망하고 있다("율법을 묵상함"). 이 시는 시 2편과 더불어(유대 학자들), 시편 전체의 서론이 되고 있다(Jerome, Calvin, Riehn, Hitzig, Lange, 이상근 등). 그리고 이 서론은 창세기 3:15와 창세기 12:1-3을 닮았다. "복 있는 사람", "의인의 길과 악인의 길"은 후자를, "메시아의 군림"은 전자를 닮았다. 이 두 구절이 하나님의 구원의 경륜(master plan) 구절임을 나타낸다.

(2) 시 37편: "행악자를 인하여 불평하여 하지 말며 불의를 행하는 자를 투기하지 말지어다 저희는 풀과 같이 속히 베임을 볼 것이며 푸른 채소 같이 쇠잔할 것임이로다 여호와를 의뢰하며 선을 행하라 땅에 거하여 그의 성실로 식물을 삼을지어다 또 여호와를 기뻐하라 저가 네 마음의 소원을 이루어 주시리로다"(1-4절).

이 시는 "섭리의 거울"이라 불리고(Tertullian), "어찌하여 악인이 번영하고 선인이 고난을 받느냐?"는 질문에 회답하는 시로서, 그것은 모두 일시적인 현상이고, 결국 악인은 멸망하며, 의인이 기업을 차지한다는 내용이다. 남은 자는 이 세상에서는 고난을 받을지라도 **구원을 받고 만다**는 것이다.

(3) 시 49편: "죄악이 나를 따라 에우는 환난의 날에 내가 어찌 두려워하랴 자기의 재물을 의지하고 풍부함으로 자긍하는 자는 아무도 결코 그 형제를 구속하지 못하며 저를 위하여 하나님께 속전을 바치지도 못할 것은 저희 생명의 구속이 너무 귀하며 영영히 못할 것임이라 저로 영존하여 썩음을 보지 않게 못하리니 저가 보리로다 지혜 있는 자도 죽고 우준하고 무지한 자도 같이 망하고 저희의 재물을 타인에게 끼치는도다"(5-10절).

이 시는 교훈적인 시로, 부의 허무성을 논하고(5-15절), 부를 의지하지 말 것을 가르친다(16-20절). **남은 자는 부의 허무성을 알아서, 부를 의지하지 않는 자다.**

(4) 시 112편: "할렐루야 여호와를 경외하며 그 계명을 크게 즐거워하는 자는 복이 있도다 그 후손이 땅에서 강성함이여 정직자의 후대가 복이 있으리로다 부요와 재물이 그 집에 있음이여 그 의가 영원히 있으리로다 정직한 자에게는 흑암 중에 빛이 일어나나니 그는 어질고 자비하고 의로운 자로다 은혜를 베풀며 꾸이는 자는 잘 되나니 그 일을 공의로 하리로다 저가 영영히 요동치 아니함이여 의인은 영원히 기념하게 되리로다 그는 흉한 소식을 두려워 아니함이여 여호와를 의뢰하고 그 마음을 굳게 정하였도다 그 마음이 경고하여 두려워 아니할 것이라 그 대적의 받는 보응을 필경 보리로다 저가 재물을 흩어 빈궁한 자에게 주었으니 그 의가 영원히 있고 그 뿔이 영화로이 들리리로다 악인은 이를 보고 한하여 이를 갈면서 소멸하리니 악인의 소욕은 멸망하리로다."

이 시인은 인간의 이상적인 모습을 "의인"이라고 강조하고 믿기 때문인지, "악인"에 대한 것은 간단히 한 절로(10절) 처리해 버리고, "의인"에 대한 말로써 전체 시를 엮어 나갔다(김정준). 이 시인이 보는 "의인"은 첫째, 여호와를 경외하는 사람이고(1절), 둘째, 여러 가지 축복과 아름다운 삶이 있는 사람이다. "남은 자"는 **인간의 이상적인 모습이고, 여러 가지 축복과 아름다운 삶이 있는 사람**이다.

(5) 시 119편: 시편에서 가장 긴 시이고, 성경에서 가장 긴 장이다. "주의 말씀은 내 발에 등이요 내 길에 빛이니이다"(105절). 이 시는 **인생 안내시**이다. 이 시 역시 의인과(1-2절 등) 악인의(95, 115, 150절 등) 대조를 보여주고 있어, 지혜시(von Rad), 교훈시(Kittel)에 속하여 있다. 이 시는 율법의 말씀들이 어떻게 인생 안내를 하고 있는지를 보여주고 있다(김정준). 그리하여 매절마다 "말씀", "율법", "법도" 등에 대한 언급이 나온다.

1) 어떤 사람이 복 받은 사람인가? 그것은 하나님의 말씀을 지키고 진

심으로 그 말씀을 구하는 사람이다(1절).

2) 무엇이 젊은이로 하여금 깨끗한 삶을 살게 하는 표준인가? 그것은 하나님의 말씀에서 가르치는 대로 삼가 행하는 것이다. 청년이 하나님의 말씀을 떠나서는 깨끗한 삶을 살 수 없다(9절).

3) 우리 인생이 항상 사모할 것이 무엇인가? 그것은 주의 말씀이다(20절). 이 말씀을 사모하여 피곤을 느낄 정도라야 한다(123절). 그것은 또한 하나님의 구원이다(174절).

4) 우리 영혼이 "진토에 붙었다" 할 정도로 인간이 심한 괴로움을 느낄 때도 내게 용기를 주어 소생케 하는 힘은 무엇인가? 그것은 오직 하나님의 말씀이다(25절). "내 영혼이 눌림을 당해도 주의 말씀이 나를 소생케 함을 느끼는 즐거움을 가르치고 있다"(김정준).

5) 우리 마음이 탐욕으로 향하지 아니하는 길은 무엇인가? 그것은 다만 주의 말씀으로 우리 마음의 방향을 돌리는 것이다(30절). 이 말씀의 교훈을 듣고 이를 지키고 이를 행하여 이를 즐거워함에서 우리는 인간이 유혹받는 모든 탐욕에서 벗어날 수 있다(34-35절). "이 말씀에만 눈을 돌리고 있는 사람은 헛된 것에 눈을 돌리지 아니한다"(김정준).

6) 우리가 믿고 의지할 것이 무엇인가? 세상 재물, 권력, 명예 등이 아니고 다만 하나님의 말씀이다(42절). 우리가 하나님의 말씀의 진실과 그 능력을 믿고 의지할 때, 우리를 해치는 사람들이 아무리 우리를 넘어뜨리려 해도 우리는 든든히 설 수 있다. 왜냐하면 우리는 진리에서 떠나가지 않기 때문이다.

7) 자유가 어디서 올 것인가? 우리가 하나님의 말씀을 구하고, 이 말씀을 사랑하고 이 말씀을 즐거워하며 지킬 때, 그 말씀이 주는 자유를 우리는 누릴 수 있다. "말씀대로 말하는 사람, 그 말씀대로 사는 사람, 그는 이 세상에서 가장 자유를 누리는 사람이다. 비록 감옥 속에 있어도 그가 하나님의 말씀을 구하고 사랑하고 즐거워하면, 그는 그의 영혼의 자유를

호흡하는 사람이다"(김정준).

8) 우리가 원치 않는 고난을 당할 때, 우리가 할 일이 무엇인가? 남을 원망하고 세상을 비관할 것인가? 아니다. 하나님의 말씀을 읽어야 한다. 하나님의 말씀은 소망을 주신다(49절). 하나님의 말씀만이 우리의 고난 중에서 위로를 주시는 말씀이다(50절). 고통을 당할 때 괴로우나, 하나님은 이 고통을 통하여 우리를 거룩하고 선하게 훈련하신다. 그렇기 때문에 괴롭을 당하기 전에는 어느 것이 옳고 그른가를 판단하지 못했지만, 괴롭을 통하여 하나님의 말씀이 우리에게 올바른 판단을 시킨다. 그러므로 괴롭을 당한 사람은, 하나님의 말씀으로 그릇 행하지 않게 된다(67절).

9) 우리의 노래 제목이 무엇인가? 사랑? 청춘? 명예? 행운? 이 시인은 하나님의 말씀이 나그네로 살아가는 자기의 노래가 된다고 했다(54절).

10) 우리 인간이 자랑할 수 있는 소유가 무엇인가? 이 시인은 하나님의 말씀을 지킨 것이 나의 소유가 된다고 했다(56절). 우리는 가지고 못 가진 것을 물량적으로 계산하는 버릇을 가졌다. 그러나 하나님의 말씀을 노래하고 사랑하는 사람은 이 말씀을 지킨 것을 참 소유로 한다. 즉 영적으로 계산한다. 이것이 하나님의 부요를 소유하는 길이기 때문이다. 남은 자는 하나님의 말씀을 그 발의 등으로, 그 길의 빛으로 삼는 자다. 예수 그리스도(여자의 후손)는 유일한 인생 안내자요, 최고의 율법이시다(마 5:17; 요 14:6).

라. 메시아("여자의 후손")를 대망함

(1) 시 2편: 이는 메시아의 군림과 통치를 예언한 시로서 신약에도 여러 번 인용되고 있다(행 4:25-28; 13:33; 마 3:17; 히 1:5; 5:5; 계 12:5; 19:15 등). 내용은 메시아의 대적자들(1-3절), 메시아의 군림(4-6절), 메시아의 통치(7-9절), 뭇 군왕들에게 메시아를 경외할 것을 권고함(10-12절)이다. 창세기 3:15의 여자와 뱀과의 전투, 여자의 후손과 뱀의 후손과의 전투를 배경으로 하고

있다.

(2) 시 8:4-5: 히브리서 2:6-7에서 그리스도의 비하와 승귀를 나타내는 데 인용되었다. 원래는 다윗이 지은 천지창조에 관한 시인데, 히브리서 저자는 이를 그리스도를 나타내는 데 인용하였다. 메시아의 비하와 승귀를 나타내기 위해서다.

(3) 시 16:9-11: 베드로(행 2:25-28) 및 바울(행 13:35)에 의해 인용되어 그리스도의 부활을 증언하고 있는 메시아 시로 꼽힌다.

(4) 시 18:43: "주께서 나를 백성의 다툼에서 건지시고 여러 민족의 으뜸으로 삼으셨으니 내가 알지 못하는 백성이 나를 섬기리이다" 다윗이 자기를 두고 한 말인데, 2:8과 연관되어, 메시아 통치 예언이 되기도 한다(행 13:47; Calvin, Rawlinson).

(5) 시 20:6: 시 20편은 21편과 짝을 이루어, 전자는 출전하는 왕을 위한 기도, 후자는 개선하는 왕을 위한 감사의 노래라는 것이 학계의 일반적인 견해이다(Keil-Delitzsch, Briggs, Lange 등). 출전하는 왕을 위한 기도와(1-5절), 승리의 확신이(6-9절) 나와 있다.

(6) 시 21편: 시 20편의 연속으로서, 전편이 출전하는 왕을 위한 기도였다면, 여기서는 개선하는 왕을 위한 감사가 나타난다. 왕의 승리에 대한 감사와(1-7절), 미래의 승리에 대한 확신이(8-13절) 나와 있다. 다윗을 앞으로 오실 메시아의 그림자로 본다(탈무드, 타르굼, Augustine, Delitzsch, Rosenmüller).

(7) 시 22편: 다윗의 시로, 다윗이 사울에게 쫓겨 다닐 때에 지은 시라 생각된다. 이 시는 초대교회가 그리스도를 두고 그들의 성경에 많이 인용함으로 인해, 메시아의 "고난의 시"로 알려져 있다. 1절은 막 15:34에, 7절은 마 27:39-43, 막 15:29, 눅 23:35-37에, 8절은 마 27:43에, 15절은 요 19:23-24에, 그리고 22절은 그리스도의 기사로서 히 2:11-12에 인용되어 있다.

(8) 시 24:7-10: 다윗이 하나님의 법궤를 오벳에돔의 집에서 예루살렘으

로 모셔 올 때의(삼하 6:12-19) 기쁨과 영광을 노래한 시다(Delitzsch, Rawlinson, Ryrie, by 이상근). "이는 그리스도의 승천 또는 재림의 그림자라 지적되며, 만일 그렇다면 22-24편을 일련적으로 취급하여 22편은 고난의 주를, 23편은 부활의 주를(성도에게 은혜를 내리시는), 그리고 24편은 재림의 주를 나타낸 그림자라 할 수 있다"(이상근). 그것은 또한 "여자의 후손"(메시아)을 두고 한 노래일 수 있다. "여기 강한 전사인 왕은 곧 다윗의 모습이기도 했다. 그는 여호와와 동행함으로써 이와 같이 강하고 능한 왕이 되었고(삼하 17:47), 곧 장차 오실 메시아의 그림자가 된 것이다"(이상근). 민수기 21:14에 나오는 "여호와의 전쟁기"에는 출애굽기 15장의 "모세의 노래" 같은 것도 수록되었을 것이고, 여호수아 10:13, 사무엘하 1:18의 "야살의 책"도 수록되었을 것이다(이상근).

(9) 시 41:9: 시편 41편은 "배신당한 자의 기도"를 기록한 것으로, 다윗이 압살롬의 반역 때, 자신의 편이었던 아히도벨이 자기를 배신하고, 자신은 병으로 인해 고생할 때 지은 시로 알려져 있다. 이 가운데 9절, "나의 떡을 먹던 나의 가까운 친구도 나를 대적하여 그 발꿈치를 들었나이다"는 말은 가룟 유다가 그리스도를 반역한 일의 예언으로 신약에 나와 있다(요 13:18; 행 1:16). 이는 초대교회가 이 시를 메시아 예언시로 보았다는 하나의 증거이다.

(10) 시 45편: 왕의 결혼 노래로서, 솔로몬의 결혼을 두고 지은 노래라고 본다(Calvin, Hofmann, Grotius). 그러나 이 시는 왕의 왕이신 그리스도와 그의 신부인 교회에 대한 메시아 시로 고대교회 때부터 알려졌다(Kimchi, Hengstenberg, Bohl, Rawlinson 등). 6절에서 시인은 지금까지 거명하던 "왕"을 "하나님이여"라 호칭하여, **솔로몬왕이 메시아의 그림자**인 것을 확인하기 때문이다. 그리하여 그는 메시아의 보좌는 영영하고(솔로몬의 왕위는 유한했음), 그의 홀(왕권의 상징)은 공평한 홀이라 한다.

(11) 시 47편: 이는 왕 되신 하나님이 승천하시어 보좌에 앉으심을 노래

한 시로서(5-9절), 그리스도의 승천 사건이 있을 것을 예언한 시이다. 하나님은 왕으로서 예루살렘을 포위한 앗수르 군을 격파하시고(왕하 19:30), 구원받은 예루살렘 성민들이 즐거이 환호하고, 나팔을 불면서 기뻐하는 중에 하늘 보좌로 돌아가신다는 것이다. 이는 십자가에서 만민을 구속하시고, 부활 승천하신 그리스도의 승천을 예언한 것이다(Calvin). 유다 왕국을 메시아 왕국의 그림자로 본 것이다.

(12) 시 61:6: "주께서 왕으로 장수케 하사 그 나이 여러 대에 미치게 하시리이다." 이는 사무엘하 7:13, "나는 그 나라 위를 영원히 견고케 하리라"의 연약을 회상케 하는 것으로, 다윗의 수(壽)가 대대로 무한히 계속된다는 것이다. 그것은 메시아의 영원성을 가리키고 있다(Rawlinson).

(13) 시 68:18: 시 68편은 "개선의 찬미"로서, "종말적 시편"이라고도 불리며, 종말에 가서 이스라엘을 중심으로 하여 세계 열방이 대 융화를 이룩하는 메시아 왕국의 모습을 보여주는 시이다. 이 중 18절은 그리스도의 승천을 설명한 것으로, 본래는 다윗이 전쟁에서 개선했을 때의 경우를 가리켰을 것이다. 다윗은 하나님과 동일시되며, 이는 바울이 에베소서 4:8에서 그리스도를 가리키는 것으로 인용한 것과 같다. 시편 68:18은 원래 다윗이 법궤를 시온산으로 가져올 때 하나님의 승리를 두고 부른 개선가이다(Alford). 칠십인역 성경은 다음과 같이 되어 있다: "주께서 높은 곳으로 오르시매 사로잡은 자를 끌고 선물을 인간에게서 또는 패역자 중에서 받으시니." 다윗은 출애굽에서부터 지금까지의 파란만장한 이스라엘의 역사를 되돌아보면서 그것을 원수들에 대한 하나님의 승리로 보고, 하나님이 원수들로부터 예물을 받으시며, 그들을 포로로 끌고 개선하시는 왕(장군)의 모습을 하신 것으로 노래했다. 그 후 이 시는 모세의 승천과 관련하여 사용되었고(타르굼, Midrash Tehillim on Ps. 68:11), 또한 오순절과 관련하여(Caird, Kirby, Harris) 사용되기도 했다. 이런 의미 있는 시를 바울은 그리스도의 승천과 관련하여 그리고 성령의 은사 부여와 관련하여 자신의 목

적에 맞게 사용하는 것이다. "그가 위로 올라가실 때에 사로잡힌 자를 사로잡고 사람들에게 선물을 주셨다." 그리스도는 승천 시 사탄을 사로잡아 포로로 끌고 개선자의 영화로운 모습과 권능으로 하늘로 올라가셨으며, 성도들에겐 그의 선물인 성령의 은사들을 주셨다는 것이다. 이 모든 사실은 본 구절을 **메시아 대망 구절**로 보게 한다.

(14) 시 68:27-31: 가나안 땅에 들어간 이스라엘 열두 지파가 함께 모여 있고, 예루살렘에 있는 주의 전을 위하여 이방 왕들이 하나님께 예물을 드리는 메시아 왕국을 노래한 것이다. 정복당한 이방 왕들이 예루살렘으로 모여 와서 예물을 바치며, 열방이 모두 회개하고 하나님께 순종하며, 하나님을 찬송하게 되는 그곳이 바로 메시아 왕국인 것이다.

(15) 시 69편: 깊은 고난의 수렁에서의 기도로, 신약에서 22편 다음으로 많이 인용되고, 그 횟수는 17회에 달한다. 4절 이하가 요 15:25에, 9절 이하가 요 2:17, 롬 15:3에, 21절 이하가 요 19:28-29에, 22-23절 이하가 롬 11:9에, 25절 이하가 행 1:20에 인용된다(이상근). 그리하여 이 시는 그리스도의 고난에 대한 예언시로 취급된다.

(16) 시 86:9: "주여 주의 지으신 모든 열방이 와서 주의 앞에 경배하며 주의 이름에 영화를 돌리리이다." 이는 종국에 가서 세계 열방이 모두 주께 경배할 것을 가리킨다. 복음이 세계만방에 전해지고, 교회가 세계적으로 설립되며, 종말적 하나님의 나라에서 유대인과 이방인이 다 같이 하나님을 경배하는 일에 참여할 것이다(22:27; 사 66:23; 습 2:10; 슥 14:9, 16). "전 세계 모든 나라는 하나님이 창조하신 것이니(행 17:26), 그들이 모두 하나님께 돌아오는 것은 당연한 귀결일 것이다"(이상근).

(17) 시 87편: 메시아 왕국과 시온의 영광을 노래한 시로서, 시 86:9를 확대한 시이다. 1-3절은 시온의 영광을 노래하고, 4-7절은 만민의 영적 탄생지를 노래한다. "전자는 유대인 교회, 후자는 우주적 교회로도 볼 수 있다"(이상근). "이는 시온이 세계 만민의 신앙적 중심지가 되어, 애굽, 바벨

론, 두로, 에티오피아 등 모든 나라 사람이 이 시온에서 높임을 받는 여호와 하나님을 믿게 되어 이 도성에 자기들의 이름을 등록하리라는 생각을 하고 있다. 이것은 이스라엘 민족주의를 초월한 세계 만민이 시온을 중심하고 한 하나님의 백성이 된다는 **에큐메니즘의 씨앗**을 보여준다고 하겠다"(김정준). 이 시에 "거기서 났다"는 말을 거듭 쓰고 있는바(4-6절), 이는 세계 모든 백성은 각자가 자기가 난 나라가 있지만, 여호와 하나님을 믿는 신앙으로 모두가 한 나라 백성으로 태어나게 되었음을 말한다. "이는 여호와 신앙으로 모두가 민족적 문화적 차별을 초월하고, 한 하나님의 자녀가 된다는 것을 뜻한다"(김정준). 호세아가 말한바 "내 백성이 아니었던 자에게 이르기를 너는 내 백성이라 하리라"(호 2:23; 롬 9:29)고 한 대로 세계 만민이 예수의 피로 하나님의 한 백성이 되는 것을 암시한 것이다. "여호와께서 만백성을 여기에 등록케 했다"(6절)고 함은 세계 만민이 한 하나님의 자녀로 등록된 것을 말한다. 시온은 만민의 어머니가 된다는 것이다(5절).

(18) **시 96편:** 지나간 세대의 놀라운 사역자(1-6절), 현재의 열방의 통치자(7-10절), 미래에 오실 심판자(11-13절)로 나누어진다. "하늘은 기뻐하고 땅은 즐거워하며 바다와 거기 충만한 것은 외치며 밭과 그 가운데 모든 것은 즐거워할지로다 그리할 때에 삼림의 나무들이 여호와 앞에서 즐거이 노래하리니 저가 임하시되 땅을 판단하려 임하실 것임이라 저가 의로 세계를 판단하시며 그의 진실하심으로 백성을 판단하시리로다"(11-13절). 여기 자연계와 세계에 대한 심판은 메시아의 직무이다. 즉 여호와께서 메시아로 오사 세상을 심판하시며 메시아 왕국을 건설하시는 것이다(65:7-10). 열방들이 하나님의 세계 통치를 깨닫고 말하기를 여호와께서 세계를 통치하시므로 세계는 굳게 서고 흔들리지 않으리라고 말하는 것은(10절) 11절 이하의 자연계의 찬양이 메시아를 두고 한 찬양인 것을 보여준다. 그리하여 하늘과 땅, 그리고 바다까지 같이 기뻐하고, 즐거워하며 외치라는 것이다. 그리하

여 이 시는 "새 노래로 여호와께 노래하라 온 땅이여 여호와께 노래할지어다"로 시작하며, 메시아 시로 인정받는다(Calvin, Hengstenberg, Delitzsch, 이상근 등).

(19) 시 98편: 이 시는 용어나 사상에 있어 96편, 97편과 매우 유사하다. 이 시의 배경에 있는 사상은 제2이사야서와 서로 통한다. 1절은 이사야 42:10, 52:10과, 3절은 이사야 40:5, 52:10과, 4절은 이사야 52:9와, 5절은 이사야 51:3과, 7절은 이사야 55:12와 통한다. 그리하여 이 시는 포로 이후 시대를 보여준다. 특별히 2-3절, "여호와께서 그 구원을 알게 하시며 그 의를 열방의 목전에 명백히 나타내셨도다 그가 이스라엘 집에 베푸신 인자와 성실을 기억하셨으므로 땅끝까지 이르는 모든 것이 우리 하나님의 구원을 보았도다 온 땅이여 여호와께 즐거이 소리칠지어다 소리내어 즐겁게 노래하며 찬송할지어다"는 이 시가 메시아 시임을 확신케 한다. 그것은 이스라엘의 구원을 통하여 **만민의 구원**을 노래한다. "그 구원을 알게 하신 것"은 이스라엘의 구원을, "그 의를 열방의 목전에 명백히 나타내신 것"은 만민의 구원을 나타내며, "저가 이스라엘 집에 향하신 인자와 성실을 기억하심"은 이스라엘의 구원을, "땅의 모든 끝이 우리 하나님의 구원을 보았도다"는 만민의 구원을 가리킨다. 이런 가운데 이 시인은 하나님은 이스라엘의 하나님이라기보다는 세계 만민의 하나님이란 것을 더 강조한다. "이스라엘의 존재와 그 의의가 있다면, 이스라엘만이 하나님의 사랑을 독점한다는 것이 아니라, 이스라엘이 만민들 앞에서 큰 은총을 입었고, 그래서 그들이 큰 책임을 짊어지고 있다는 것이다. 특히 지금은 나라가 망했지만, 야웨의 종말적인 나타나심이 있을 때 이스라엘의 제2의 출애굽이라 할 수 있는 다른 하나의 구원의 사건(사 48장)을 받을 수 있다고 이 시인은 강하게 희망한다. 그것은 첫 번째 출애굽 사건과 같이 이스라엘이 선민이니까 구원하셨다는 생각보다도, 만군의 하나님 야웨는 만국 만민을 지배하시는 하나님이시니 그의 오른손과 그의 거룩하신 팔이 역사하시면 (민

족적 관념을 떠나서 하나님의 구원사는 이스라엘을 위한 특전이 아니고, 만민을 위한 하나님의 영광을 나타내 보이려는 일이기 때문에) 다시 구원의 축복을 받을 수 있다는 생각이다. 그래서 이 시인은 '새 노래로 야웨께 노래하라'(1절)는 권고를 하게 되었다. 시편 96편 시인이 말하는 새 노래에서는 오직 한 분뿐이신 구원의 하나님을 노래했다면, 이 98편 시는 오직 한 분뿐인 야웨의 손과 팔이 인간들을 위하여 얼마나 크고 위대하신 일을 하는가를 감격해 노래한다. 이스라엘을 애굽에서 구원함을 노래한 출애굽기 15장의 노래가 아니라, 인류의 역사의 장에서 하나님이 자기 권위와 영광을 위하여 한 민족을 구원하시는 일이 얼마나 놀라운가를 노래한 시이다. 바로와 같은 정치적 권력에서 해방시킴을 노래한 것이 아니라, 이 세상을 지배하는 일체의 사탄의 권세를 꺾어 누르고 하나님이 통치하시는 정의와 공평의 나라를 세우고 이를 다스리실 것(9절)을 노래한 시이다"(김정준). 창세기 3:15를 생각나게 한다.

(20) 시 110편: 이는 전형적인 **메시아 시**로서, 다윗 같은 임금이 "주"라고 부르는 자를 노래한 시이기 때문이다(1절). 그리하여 유대인들은 이를 메시아 시로 간주했고, 예수는 결코 메시아가 될 수 없다고 생각했다. 그러나 초대교회는 1절과 4절을 그리스도와 관련된 시로 인용하면서(마 22:44; 막 12:36; 16:19; 눅 20:42ff; 22:66; 행 2:34-35; 고전 15:25; 히 1:13; 10:13; [1절 인용] 히 5:6; [4절 인용] 히 7:17, 21), 예수가 그리스도이심을 입증했다. 이 시가 노래하는 메시아는 왕이면서(1-3절) 아론의 반차를 좇지 않고, 아비도 어미도, 족보도 없는 멜기세덱의 반차를 좇는 완전한 대제사장이며(4절), 싸움에 능하신 무사이시다(5-7절). 그리하여 메시아 시대의 남은 자들(신약 시대 성도들)은 왕 같은 제사장들이며, 거룩한 옷을 입고, 자발적으로 주 앞에서 봉사할 것이며, 새벽이슬같이 활기가 넘치고, 아름답고, 많은 수의 청년일 것이다. 호세아는 하나님의 사랑으로 말미암는 구원이 인간들의 사회에 미치는 광경을 아침이슬이 풍만한 것으로 노래했다. "내가 이스라엘에게

이슬과 같으리니 저가 백합화 같이 피리라"(호 14:5).

(21) 시 118편: 22-24절은 에스라 3:10-11절과 연결된다고 보고 있다(이상근). 만일 그것이 사실이라면 본 시가 귀환기에 기록된 것이 분명하다. 본문에서 이들은 이스라엘을 가리키며, 그들이 이방 열방으로부터는 버림받은 돌이었으나, 하나님은 그들을 집 모퉁이의 머릿돌로 소중히 쓰신다는 것이다. 즉 그들 가운데서 메시아가 나게 하시어서, 이스라엘을 열방 민족 가운데서 메시아 민족이 되게 하신다는 것이다. 그러나 예수님은 이 말씀을 유대인이 자신을 버리고 이방인이 자기를 환영하는 것을 나타내는 말씀으로 인용하셨다(마 21:42; 행 4:11; 엡 2:20; 벧전 2:7). 베드로는 이 말씀을 자신의 수신자들이 세상적으로는 빈대처럼 각지에 흩어져 사는 나그네와 행인 같은 자들(건축자의 버린 돌)이지만, 하나님께는 그들이 집 모퉁이의 머릿돌처럼, 택하신 족속이요, 왕같은 제사장들이요, 거룩한 나라요, 그의 소유된 백성들임을 나타내는 데 사용하고 있다. 이는 **남은 자의 신분과 사명**을 한마디로 보여준다(벧전 2:9).

(22) 시 132편: 이 시는 12절과 17절에 "기름 부은 자"란 말이 있어, 메시아 예언시로 알려져 있다(Calvin, Delitzsch). 1-7절은 다윗의 법궤 안치를 위한 서원, 8-10절은 법궤 이전의 기도, 11-18절은 다윗에 대한 하나님의 약속을 노래한다. 전체적으로 보아, **"하나님의 시온 거처 약속"**이라 할 것이다. 다윗은 하나님의 법궤의 영원한 처소(성전)를 마련하기 원했다. 그가 법궤를 오벧에돔의 집에서 예루살렘의 성막으로 옮긴 것은(삼하 8:12) 그곳이 법궤의 임시적 처소였기 때문이다. 하나님은 다윗의 소원을 가납하셨지만, 그러나 다윗은 피를 많이 흘린 사람이라 하여, 그의 아들에게 시온에의 성전 건설을 허락하셨다(삼하 7:5-16). "여호와께서 시온을 택하시고 자기 거처를 삼고자 하여 이르시기를 이는 나의 영원히 쉴 곳이라 내가 여기 거할 것은 이를 원하였음이로다"(13-14절). "시온"("솟아난 기념비", "요새"라는 뜻)은 예루살렘에 위치한 언덕의 명칭이며, 다윗이 이곳을 점령하고 "다윗

성"이라고 하기 전에는 "여부스인의 성읍"이었다(삼하 5:6-9; 왕상 8:1; 대상 11:5; 대하 5:2). 다윗은 오벧에돔에 있던 언약궤를 그곳으로 옮겨 놓았고, 이후로 이 언덕을 "시온산"으로 부르기 시작했다. 시온은 시편, 이사야서, 예레미야서(렘 3:14; 4:6, 31 등)에서 "하나님이 거하시는 산성"으로 자주 언급되고 있어, 종교적으로 중요한 의미를 갖는 곳으로 발전되어 갔다. 하나님께서는 시온에 거하시면서(시 9:11; 암 1:2) 이곳을 통하여 이스라엘을 축복하시고(시 128:5; 134:3), 그의 구원을 이루신다(시 53:6; 사 14:32). 하나님께서는 시온에 터를 놓으셨고, 이곳에다가 다윗의 왕권을 확립하셨다(시 2:6). "시온"은 예루살렘 거민을 가리키는 이름이기도 하다(왕하 19:21; 시 48:2, 11; 69:35; 미 4:7). 선지자들은 시온이 지은 죄를 견책하고(사 3:16; 암 6:1; 미 3:10), 그곳에 임할 심판을 예언한다(시 10:12; 렘 26:18). 바벨론 포로 기간에도 시온은 하나님께서 그들을 다시 긍휼히 여기실 희망의 초점이었다(사 49:14-18; 51:3). 또한 시온은 장소적인 의미에서 점차 종말론적인 축복의 시작을 가리키는 말로 그 의미가 확장되었다(사 1:27; 2:3-4:5; 28:16; 59:20; 슥 9:9). 신약에서 나타나는 "시온"의 의미는 "하나님의 하늘 거처"(히 12:22)로서, 새 예루살렘, 즉 하나님의 어린 양이 백성과 함께 사시는 "새 하늘과 새 땅"을 가리킨다(계 21:1). 요약하건대, "시온"은 **남은 자가 종말에 하나님과 함께 거할 처소**"이다(계 14:1).

마. 성전을 그리워함

(1) 시 42편: 이 시는 요단 동편 지역을 방랑하는 한 저자(다윗)가 하나님께 버림받은 것 같은 상황에서 하나님을 갈망하는 시이다. 그는 사람들로부터 종일 조롱 받기를 "너를 구원하실 하나님이 어디 있느냐 네가 구원받지 못하는 것은 그런 하나님이 없기 때문이 아니냐"는 말을 듣고, 너무 슬퍼 눈물만 흘리며 음식도 먹지 못해 눈물로 음식을 삼는다. 그는 이런

가운데서 먼저 하나님께 대한 갈급함을 말하고(1-5절), 이어서 주를 바라본다(6-11절). "하나님이여 사슴이 시냇물을 찾기에 갈급함 같이 내 영혼이 주를 찾기에 갈급하니이다"(1절). 시냇물을 찾는 사슴에겐 시냇물밖에는 안 보인다. 두 군데에 모두 낙망하지 말고 하나님을 앙망하라는 자기 격려의 말이 나타난다. "내 영혼아 네가 어찌하여 낙망하며 어찌하여 내 속에서 불안해 하는고 너는 하나님을 바라라 그 얼굴의 도우심을 인하여 내가 오히려 찬송하리로다"(5절, 11절). "어두운 현실을 바라보며 낙망하지 말고, 만사를 초월하시는 하나님을 앙망하라는 것이다"(이상근). 그는 어두움의 현실 속에서 의심하지 않고 오히려 하나님이 빛 가운데 그에게 하신 말씀을 생각해 낸다(6절). 남은 자는 **어려운 때에 하나님을 갈망하는 자**다. 믿음으로 낙망을 이기는 자다. "하나님이 빛 가운데서 네게 일러 준 말씀을 어둠 속에서 의심하지 말라"("Never doubt in the dark what God told you in the light", 박윤선, by 이상근).

(2) 시 43편: 42편과 상당히 비슷하여 42편 시의 일부가 아닌가 생각하는 자들이 많다. 그러나 이 시는 하나님을 모르는 이방 땅에서 방랑하는 한 저자가, 사람들의 부당한 송사로부터 하나님께서 자신을 변호하시고, 구원해 주시도록 간청하는 시다. "주의 빛과 주의 진리를 보내어 나를 인도하사 주의 성산과 장막에 이르게 하소서"(3절), "주의 빛으로 나의 길을 인도하시고, 주의 진리로 나의 마음을 인도하소서"(40:11; 57:3 참조), "주의 성산인 시온산에 이르고, 그곳에 있는 성소인 주의 장막에 이르게 하소서"라고 기도하는 것이다. "그런즉 내가 하나님의 단에 나아가 나의 극락의 하나님께 이르리이다 하나님이여 나의 하나님이여 내가 수금으로 주를 찬양하리로다"(4절). 그곳은 큰 기쁨(극락)의 하나님이 계시는 곳으로서, 성소에서 주를 뵈올 때, 큰 기쁨에 도취되어 수금으로 주를 찬양할 것을 다짐한다. 이 시 역시 "낙망하지 말고 하나님을 앙망하라"는 자기 격려의 말로 마친다(5절). 남은 자는 결국은 **천국에서 주와 함께 영원한 즐거움을 함께 할**

것이다.

(3) 시 84편: "주의 집"에 대한 열정을 노래한 시로서, 다윗의 정신을 잘 표현한 시다(Calvin, Hengstenberg, Delitzsch). 이 중 1-4절은 특히 성전을 사모하는 자의 복을 언급하고 있다. 그는 여호와의 궁정을 사모하여 그의 육체가 쇠약할 정도에까지 이르렀다고 한다. 그는 그 사모열이 지극하여, 주의 제단에서 집을 지은 참새와 새끼 둘 보금자리를 얻은 제비를 부러워한다. 그는 주의 궁정에서의 한 날이 다른 곳에서의 천날보다 나으며, 악인의 장막에 거함보다 하나님 집의 문지기로 있는 것이 좋다고 한다(10절). 이는 하나님의 좋으심을 진짜 발견한 자의 말이다. 이 보이는 성전에 대한 사모열은 보이지 않는 하나님을 향한 사모열을 보여준다. 시인은 참새와 제비가 성전을 사모하는 것을 보고 더욱 사모하는 정을 격동케 된 것이다. 이는 그의 지극한 하나님 사랑을 보여준다. 하나님을 사랑하는 마음이 없으면 성전을 사랑하는 마음도 없다. 그는 마음에 "시온의 대로가 있다"고 한다(5절). 그것은 성전을 사모함으로 그 마음에 아주 선명하게 시온으로 가는 길이 자리 잡게 되었음을 보여준다. 이러한 마음이 있을 때, 그는 눈물의 골짜기를 다닌다 해도 많은 샘을 만나는 기쁨을 얻게 되며, 이른 비의 축복을 받게 된다(6절). 이런 마음이 있어야 순교할 수 있다. 다니엘, 사드락, 메삭, 아벳느고는 포로로 인해 성전이 없던 시대에 성전 사모열로 인해 그들의 마음에 시온의 대로가 나 있었다. 예루살렘이 멸망한 것은 이스라엘 백성의 마음에 여호와를 사랑하는 마음이 없었기 때문이다. 그들은 우상도 섬기고 하나님도 섬겼다. 이 시는 "하나님을 사모하는 마음, 하나님과 가까이하고 싶어 하는 마음, 하나님의 입김으로 호흡하고, 하나님의 손길을 붙잡고 인생을 살아가야 한다는 영혼의 갈구, 그 심령의 간절한 소망들을 그려준 아름다운 시"(김정준)라 할 것이다. 신학은 머리로 하는 것이 아니라, 몸과 마음으로 하는 것이다. "남은 자"는 하나님을 의지하고(4, 12절), 극진히 사모하며 사랑하는 자들이다. "남은

자"는 성전을 사모하고, 성전을 사모하는 자는 "남은 자"가 된다. "꿈에도 소원이 늘 찬송하면서 주께 더 나가기 원합니다." **우리는 "천국"에 착념하고**(딤전 4:13) **집착해야 한다.**

(4) 시 126편: 성전에 올라가는 노래로서, 귀환자의 기쁨과 감격을 노래한 시이다. 하나님의 포로 귀환의 은총을 농부의 파종과 추수에 비하여 노래했다. 이스라엘 포로민 중에는 돌아오지 않고, 바벨론에 그대로 남은 자도 많았다(스 9:8). 저자는 그리하여 그들로 남방 시내들처럼 떼를 지어 돌아오게 해달라고 하나님께 기도한다. "여호와여 우리의 포로를 남방 시내들 같이 돌리소서"(4절). "남방 시내"는 바벨론 남쪽 지대에 있는 시내들로서, 평소에는 마른 시내지만 우기에는 물이 가득하게 흐르는 '와디'(비가 올 때만 물이 있는 냇가)였다. 이런 가운데서 저자는 그 남은 자들이 "우기의 남방 시내들처럼 떼를 지어 이스라엘로 돌아오게 하소서"라고 한다. 즉 그런 자들에게 하나님 사모의 정을 내려 달라는 것이다. 그런 자들을 향해, 저자는 포로 생활로부터의 귀환은 단지 하나님의 은총의 사건만이 아니라, 눈물로 씨를 뿌린 농부가 기쁨으로 단을 거두는 사건이며, 울며 씨를 뿌린 자가 기쁨으로 그 단을 가지고 돌아오는 사건임을 알린다. 그들이 돌아오지 아니하면, 눈물을 흘리며 씨를 뿌린 수고가 헛되며, 울며 씨를 뿌린 수고가 헛되다. 최후에 이기는 자가 진정으로 이기는 자이고, 최후에 웃는 자가 진정으로 웃는 자며, 최후에 남는 자가 진정으로 남는 자가 되기 때문이다. **"남은 자"는 최후로 이기는 자이고, 최후로 남는 자며, 최후로 웃는 자다.**

2. 욥기에 나타난 "남은 자" 계시

욥기는 구약성경에 있는 지혜문서(욥기, 잠언, 전도서) 중의 하나로서, 의인이 당하는 고난의 문제, 즉 신정론(神正論, theodicy)의 문제를 다루고 있다. "선한 사람에게 어찌하여 고난이 오는가? 하나님이 과연 정의로우신가? **까닭 없이 인간이 하나님을 경외하는 일이 가능한가?**" 등의 문제들을 집중적으로 논하는 책이 욥기다. 그것은 하나님과 사탄과의 문제요, 욥("우는 자"라는 뜻)과 욥의 세 친구와의 문제다. 욥기는 1:1-2:13의 서문과 42:7-17의 결론이 산문체로 되어 있으며, 이 서문과 결론 사이에 시 문체로 된 기다란 논쟁이 끼어 있다. 시 문체로 되어 있음은 지혜 문제를 다루고 있음을 나타낸다. 이 논쟁은 욥과 그의 세 친구와의 논쟁(3:1-31:40), 엘리후의 논박(32:1-37:24)으로 되어 있다. 그리고 결론부는 욥이 그 혹독한 고난 가운데서도 하나님을 끝내 배반치 않고, 결국 하나님께 복을 받았다는(38:1-42:17) 이야기로 끝맺는다. 그것은 한마디로 말해서, **"남은 자의 고난"**("남은 자의 인내")의 문제를 다룬 책이다. 욥은 하나님 경외에 있어, 사탄이 두 번이나 모를 정도로 뛰어났던 "남은 자"였다. 그는 까닭 없이도 하나님을 경외함으로 하나님이 옳고 사탄이 그릇되었음을 보여준 자다. 욥기는 이를 구원사적 배경에서 보여준다(이상근). 타락 이전의 에덴의 이상적인 인간상(욥 1:1-5), 사탄의 시험과 인간적 타락(1:6-2:13), 인간지에 의한 구원의 시도와 실패(3-37장), 하나님의 계시(38-41장), 인간의 회개와 완전한 구원(42장) 등. 헨델은 19:25를 메시아 예언구로 보았다. "내가 알기에는 나의 구속자가 살아계시니 후일에 그가 땅 위에 서실 것이라."

가. 서문(1:1-2:13)

서문에서 사탄은 세상을 순찰하고 돌아와 천사들이 옹립한 하나님의 어전에 나타난다. 그 자리에서 하나님은 "네가 내 종 욥을 주의하여 보았느냐 그와 같이 온전하고 정직하여 하나님을 경외하여 악에서 떠난 세상에 없느니라"(1:8)고 욥을 칭찬하신다. 이에 대해 사탄은 욥이 "까닭 없이 그러겠느냐?"면서 하나님이 복 주시기 때문에 그런 것이지 그 복을 거두시면 하나님을 당장 저주할 것이라고 했다. 그러자 하나님은 사탄더러 욥을 한번 시험해 보라고 허락하셨다. 욥은 단번에 자식들을 다 잃고 그의 재산도 모두 털리고 말았다. 그 소식을 들은 욥은 일어나 옷을 찢고, 삭발하고, 땅에 엎드려 예배하며 "내가 모태에서 알몸으로 나왔사온즉 또한 알몸이 그리로 돌아가올지라 주신 이도 여호와시요 거두신 이도 여호와시오니 여호와의 이름이 찬송을 받으실지니이다"(1:21)라 했다. 욥은 하나님을 저주하거나 배신하지 않았다. 그 후 다시 어전 모임이 있을 때 여호와께서 사탄더러 어디를 다녀왔는지 물으셨다. 그리고 여호와는 다시 욥을 칭찬하셨다. "그와 같이 온전하고 정직하여 하나님을 경외하며 악에서 떠난 자가 세상에 없느니라 네가 나를 충동하여 까닭 없이 그를 치게 하였어도 그가 여전히 자기의 온전함을 굳게 지켰느니라"(2:3). 사탄은 이때에도 이렇게 말했다. "가죽으로 가죽을 바꾸오니"(한 물건을 같은 가치가 있는 다른 물건과 바꾼다는 뜻, 2:4), "사람이 그 모든 소유물로 자기의 생명을 바꾸올지라"("욥이 지금은 그 생명이 안전하니까 그렇지 그 생명이 위태하게 되면 하나님을 욕하는 대가도 흔연히 낼 것이라"는 뜻, 2:4). 지금까지는 그 소유물만 쳤으니 그가 하나님을 저주하지 않았지만, 이제 그의 생명을 건드리면 저주할 것이라는 것이다. 그리하여 하나님은 다시 사탄에게 욥을 시험할 권한을 주셨다. 욥은 이번에는 전신에 종기가 생기고, 옹기 조각으로 그의 종처를 긁으며 재에 앉아야 하는 상태가 되었다. 그의 생명이 위협받는 상태가 되었다. 그의 아내마저 "이래도 당신은 당신의 온전함을 굳게 지킬 겁니까? 어서 하나님을 저주하고 죽으시오"라 했다. 그러나 욥은 끝까지 그의 입으로 죄를 짓지 않았다. 그는 하나님이 그에게 고난을 주셨는데도, 하나님을 저주치 않았다. 하나님을 경외했다. "욥은 까닭 없이 하나님을 경외한다"는 하나님의 말씀이 옳았음을 드러내었다. 욥은 끝까지 하나님의 편에 남아 있었다. 남은 자는 까닭 없이도 하나님을 경외하는 자다.

나. 욥과 세 친구와의 변론(3-31장)

이런 가운데서 본론 시 부분에서는(3-31장) 욥의 친구 엘리바스, 빌닷, 소발이 욥을 위로한다고 와서는 욥과 논쟁을 벌인다("욥과 세 친구의 변론"). 그들은 모두 사탄 편이 되어, 욥이 이런 고난을 당하는 것은 그가 범죄했기 때문이라 했다(因果論). 이 변론 부분은 모두 세 부분으로 나눠진다. 욥은 3차에 걸쳐, "끝까지 굴하지 않는 그의 인내"를 보여준다. 결코 내가 죄를 지어서, 이렇게 고난을 당하는 것이 아니란 것이다(反因果論).

(1) 제1회(3-11장)

1) **욥이 생일을 저주함**(3장): 이러한 욥의 몰골을 본 욥의 세 친구는 하도 기가 막혀 일주일 간을 침묵한 채, 한마디 말도 하지 않고 지냈다. 일주일이 지난 후 입을 연 욥은 자신의 생일을 저주했다. "내가 난 날이 멸망하였더라면, 사내 아이를 베었다 하던 그 밤도 그러하였더라면, 그날이 캄캄하였더라면, 어둠과 죽음의 그늘이 그 날을 자기의 것이라 주장하였더라면, 구름이 그 위에 덮였더라면, 흑암이 그 날을 덮었더라면 …"(3:3-5). 자신의 생일과 출생을 저주한다는 것은 하나님께 대한 저주 직전에 이른 것으로 보인다. 그러나 욥은 계속 하나님을 두고서 하나님과의 관계를 결코 놓지 않는다.

2) **엘리바스의 변론**(4-5장): 데만 사람 엘리바스가 맨 먼저 입을 열어 욥이 이렇게 된 것이 인과응보라고 주장한다. "생각하여 보라 죄 없이 망한 자가 누구인가 정직한 자의 끊어짐이 어디 있는가 내가 보건대 악을 밭 갈고 독을 뿌리는 자는 그대로 거두나니 다 하나님의 입 기운에 멸망하고 그의 콧김에 사라지느니라 …"(3:7-5:27). 이런 그의 인과응보론은 그가 그의 친구들과 함께 욥을 바라보며 이레를 앉아 있는 동안 자기에게 떠오른 한 묵시에 기초한 것이었다. "나에게 한마디 말씀이 불현듯 떠올랐고, 내 귀

가 그 가느다란 소리를 들었네. 내가 밤에 깊은 잠을 자다가 여러 가지 환상을 보는 중에 많은 생각을 하고 있었네. 나에게 공포가 밀려오고 떨려서 내 뼈들이 온통 진동하는 지경이었지. 그때 한 영이 내 얼굴을 스치고 지나가는 거야. 그래서 오싹 소름이 돋았지. 그것이 가만히 멎었는데 그 모습을 알 수 없었어. 내 눈앞에 어떤 형상이 나타나더니, 조용한 가운데 음성이 들려왔어. "인간이 하나님 앞에서 자신을 의롭다고 할 수 있느냐? 인간이 자기를 만드신 분(하나님) 앞에서 자신을 결백하다고 할 수 있느냐? 하나님은 그의 종들도 신뢰하지 않으며, 그의 천사들에게도 잘못을 추궁하시느니라. 하물며 흙에다 주추를 놓은 흙집에서 사는 자들, 좀벌레처럼 짓밟히는 자들(인간)이 어찌 하나님 앞에서 자신을 의롭고 결백하다고 내세울 수 있겠느냐? 아침과 저녁 사이에 그들은 파멸되어 영원히 여지없이 망할 것이다. 천막 끈이 끊어져서 천막이 쓰러지듯 쓰러질 것이고, 지혜 없는 자로 어리석은 죽음을 죽을 것이다'"(4:12-21; 박창환 역). 엘리바스는 그의 상식적인 잣대로 욥을 판단했다. "콩 심은 데 콩 나고, 팥 심은 데 팥 난다"는 것이다. 그는 욥이 죄를 지었기 때문에 하나님께 벌을 받은 것이라는 간단한 이론으로 욥을 정죄해 버린다. 까닭 없이는 욥이 하나님을 경외하지 않는다는 사탄의 입장을 그대로 보여준다.

3) 욥의 대답(6-7장): 이에 대해 욥은 자기를 위로하기 위해 왔으면 자기에게 동정(同情, sympathy)을 보이라고 한다. "낙심한 자가 비록 전능자를 경외하기를 저버릴지라도 그의 친구로부터 동정을 받느니라"(6:14). 그는 또 자기에게 허물이 있다면 그 허물된 것을 말하라고 한다. "내게 가르쳐서 나의 허물된 것을 깨닫게 하라 내가 잠잠하리라"(6:24). "진정으로 결백한 자는 어디서나 거침이 없고 당당하다. 우리가 그런 자들이 되기를 아버지 하나님은 바라시며 욥을 그 모범으로 보여주시는 것이다"(박창환). 욥은 또 자기가 하나님의 특별한 표적이 된 것을 알고, 하나님을 향해 자신을 그렇게 표적으로 삼으신 이유를 말해달라고 한다. "사람이 무엇이기에 주께

서 그를 크게 만드사 그에게 마음을 두시고 아침마다 권징하시며 순간마다 단련하시나이까 주께서 내게서 눈을 돌이키지 아니하시며 내가 침을 삼킬 동안도 나를 놓지 아니하시기를 어느 때까지 하시리이까 사람을 감찰하시는 이여 내가 범죄 하였던들 주께 무슨 해가 되오리이까 어찌하여 나를 당신의 과녁으로 삼으셔서 내게 무거운 짐이 되게 하셨나이까 … 이제 내가 흙에 누우리니 주께서 나를 애써 찾을지라도 내가 남아 있지 아니하리이다"(7:1-21). 그는 죽기를 소원하며, 자기를 이렇게 고난으로 몰아내신 이유를 알게 해달라고 한다. 내가 범죄했다 해도 그것이 주님을 해치는 데는 아무 영향력이 없으니, 왜 주님이 내게 고난을 주시느냐는 것이다. 여기서 자기가 당하는 고난의 까닭을 몰라 고민하며 몸부림치는 욥, 자기 몰래 하늘에서 하나님과 사탄 사이에 오고 간 대화를 몰라 애타는 욥, 생일을 저주하고 죽기를 소원하는 욥을 본다. "욥은 죽고 싶을 정도로 심신의 고통을 당하고 있다. 아마도 자살하는 사람들이 그런 지경에 이르러 최후의 수단으로 그 길을 택할 것이다. 대개 정말 많은 죄를 지은 사람들이 마음으로 괴로워하고, 물질적, 신체적 고통을 겪다가 그런 지경에 이른다. 그런데 욥은 극한 고난 중에서도 자신의 결백을 주장한다. 고난의 책임이 자신에게 있지 않고 하나님께 있다고 생각하는 것이다. 그러면서도 확실한 이유는 알지 못하고 번민한다. 그저 죽으면 그런 고난을 피할 수 있을 것이라고 막연히 생각하면서, 죽기를 기대하고 있다. 이렇게 불가사의한 인생 문제를 놓고 욥은 고민하고 있다. 보통의 경우라면 '죗값은 사망이요 고통이다'라는 상식적인 기준으로 고난을 이해할 수 있을 것이다. 그러나 욥과 같이 의인이 당하는 고통은 이해하기 어렵다. 그것은 하나님만이 아시는 특이한 기획 속에서 벌어지는 것이기 때문에 하나님을 만나서 그의 설명을 들어야 해결될 수 있다"(박창환). 그의 고난은 그리스도의 인류를 위한 대속적 고난처럼, 하나님의 특수한 기획에서 온, 보통 인간이 그 까닭을 알 수 없는 고난이었다.

4) **빌닷의 변론**(8:1-22): 빌닷은 욥을 인정하거나 그 공로를 높이는 말도 (4:2-3) 없이, 곧바로 욥을 공격한다. 욥의 말은 광풍과 같아서 조금의 가치도 없고, 허무하며, 거칠고 유해하다고 한다(8:2). 그 자녀들이 죽은 것은 그들이 범죄했기 때문이고(8:4), 욥이 지금이라도 회개하면 하나님은 그의 집을 형통하게 하실 것이라고 한다(8:5-6). 그러면서 그는 상선벌악의 전통적인 입장을 끄집어낸다(8:8-21). "왕골이 진펄이 아니고 나겠으며, 갈대가 물 없이 자라겠느냐?"(8:11).

5) **욥의 대답**(9-10장): 욥은 하나님의 상선벌악의 원리를 시인하면서, 인간은 하나님처럼 의롭지 못하고, 또 그 쟁론의 기준도 다르기 때문에, 하나님과 쟁론할 수 없다고 한다. 인간은 하나님과 비교할 수 없이 미약하고, 의롭지도 않으며, 그런 인생이기에, 하나님처럼 판단할 수도 없다는 것이다. 하나님은 강하셔서, 산을 무너뜨리시고, 다른 곳으로 옮기신다. 하나님은 어떤 법칙에 매여 있는 분이 아니시란 것이다(9:1-13). 그러기에 하나님의 입장에서 논하지 말 것이며, 하나님은 모든 부정한 사태의 궁극적인 책임자가 되신다고 한다(9:14-24). 욥은 이에 자기 탄식에 빠진다(9:25-35). 그는 자신의 고난의 원인을 하나님께 단적으로 질문한다: "왜 노하시나이까?"(10:1-7), "왜 하나님이 창조하신 것을 파괴하시나이까?" (10:8-17). "죽기 전에 나를 평안하게 하소서"(10:18-22).

6) **소발의 공격**(11:1-20): 소발은 최연소자로, 그도 다른 두 친구처럼, 인과응보설을 옹호하였고, 보다 더 예리하였고, 보다 더 불손하였다(이상근). 그의 논조의 기초는 인간 상식이었다. 내용은 하나님은 욥의 죄를 알게 하소서(11:1-6), 하나님의 무한성(11:7-12), 욥의 회개에의 권면(11:13-20)이다.

① **욥의 죄를 알게 하소서**(11:1-6): 소발 역시 욥의 고난을 그의 죄의 결과로 인정하고, 오히려 그 죄보다 벌이 가볍다고 하면서(6절), 하나님이 욥에게 그의 죄를 알게 해달라고 비는 것이었다(5절).

② **하나님의 무한성**(11:7-12): 전능하신 하나님은 무한하시고, 그의 의

도를 무시하는 것은 허망한 것이다.

③ **회개에의 권면**(11:13-20): 소발도 엘리바스나(5:17-27), 빌닷처럼(8:20-22) 욥에게 회개를 권고하고, 심한 경고 조로 그의 말을 끝낸다.

(2) **제2회**(12-20장)

1) **욥의 대답**(12-14장): 욥은 여전히 육신의 재난에 고통스러워하고, 그 재난의 원인을 규명치 못해 고민한다. 그러나 자신의 의는 견지한다.

① **나도 지혜자**(12:1-12): 욥은 세 친구에게 자신도 그들 못지않게 지혜자인 것을 밝히고(1-6절), 그 정도의 지혜는 동물이나 자연도 가지고 있다고 주장한다(7-12절).

② **하나님의 지혜와 권능**(12:13-25): 하나님의 피조물인 세상에는 그의 지혜와 권능이 나타나 있고, 세상만사는 하나님의 지배 아래에서 성사된다.

③ **무용의 의원**(13:1-12): 허무한 말(상선벌악, 인과응보)로서 욥의 문제를 해결하려는 세 친구는 쓸데없는 의원들이란 것이다.

④ **하나님 앞에서 변명하리라**(13:13-28): 욥은 생명을 걸고, 하나님 앞에 변명하기를 원하며(13-19절), 또 그렇게 기도한다(20-28절).

⑤ **나약한 인생의 고민**(14:1-12): 인생은 짧고, 허무한 것이라는 인생시로, 욥과 그 친구들 간의 첫 번째 대화는 끝난다.

⑥ **사후의 소망을 주소서**(14:13-22): 여기에 욥은 사후의 생명을 강하게 구하고 있다. 앞선 부분에서는 사후의 생명은 암시적이었으나, 여기서는 보다 강렬해졌고, 19:15-17에서 보다 선명한 윤곽을 드러내는 것이다(이상근).

2) **엘리바스의 변론**(15장): 엘리바스는 첫 번째 변론에서는 매우 은유적으로 공격하였으나, 여기서는 직접적으로 욥의 죄를 지적한다. 먼저 욥의 불신과(1-6절), 불손을(7-16절) 공격한다. 그리고는 악인의 운명에 대해서 말한다(17-35절). 악인은 심판을 받게 되며, 불안과 공포에서 살게 됨을 강조

하고, 욥에게 간접적으로 경고한다.

3) **욥의 대답**(16-17장): 욥의 엘리바스에 대한 대답으로, 그의 고통에 대한 보다 심각한 호소를 한다. 내용은 번뇌케 하는 위로자(16:1-5), 하나님의 군박(16:6-17), 하늘의 증언(16:18-22), 주는 나의 보주(17:1-5), 소망을 잃은 탄식(17:6-16)이다.

4) **빌닷의 질문**(18장): 빌닷의 두 번째 질문은 첫 번째(8장)와 같이 전통에 입각하며, 어조는 더 과격하고, 냉혹하였다. 내용은 욥은 오만하다는 것과 (1-4절) 악인은 결국은 망한다는 것이다(5-21절).

5) **욥의 대답**(19장): 욥은 현재의 고통을 호소하면서, 미래적인 구속을 대망하는 신앙고백을 한다. 헨델(Händel)은 19:25를 메시아("여자의 후손") 예언구로 보았다. 내용은 하나님의 진노(1-12절), 사람의 대적(13-22절) 및 부활의 소망이다(23-29절).

6) **소발의 질문**(20장): 소발은 엘리바스나(15장) 빌닷의(18장) 질문처럼, 악인의 멸망은 필연적이란 것과 인과응보임을 반복한다.

(3) 제3회(21-31장)

1) **욥의 대답**(21장): 인과응보설로 일관하는 친구에게 욥은 악인이 형통하는 경우도 많다고 응수한다. 내용은 하나님의 섭리의 불가해성(1-16절), 악인의 형통(17-26절), 친구의 위로의 허위성(27-34절)이다.

2) **엘리바스의 질문**(22장): 엘리바스는 욥의 죄가 크다고 시작하여(1-6절), 그의 죄를 추측하여 열거한다(6-11절). 악인은 하나님이 심판하시지 않는다고 하나, 하나님은 반드시 그들의 행한 대로 보응하신다(12-20절). 그러니 욥은 회개를 할 것이며, 그리하면 다시 회복될 것이라고 한다(21-30절).

3) **욥의 대답**(23-24장): 욥은 이에 대해, 그가 하나님을 사모하는 정성을 고백하고(23장), 악인의 소행을 규탄한다(24장). 내용은 하나님 앞에 이르

기를 원함(23:1-9), 하나님은 두려운 존재이심(23:10-17), 부자의 횡포(24:1-12) 및 악인의 악행이다(24:13-25).

4) **빌닷의 질문**(25장): 빌닷은 이에 대해, 하나님의 존엄성과 인간의 피조성을 간략하게 질문하고 말을 맺는다. 대주재 하나님 앞에서 미미한 인간이 어찌 의롭거나 깨끗하다고 하겠느냐는 것이다. 욥이 스스로 의롭다 함을 공격한 것이다.

5) **욥의 대답**(26-28장): 빌닷의 마지막 질문은 짧고 간단한 것이었으나, 거기에 대한 욥의 대답은 길었고, 직접적인 대답과(26-28장), 독백으로(29-31장) 나눌 수 있다. 대답은 하나님의 전능하심(26장), 무죄의 선언(27장), 지혜의 찬미(28장)로 나누어진다. 빌닷의 질문은 자신에게 전혀 도움이 되지 못하며, 그 질문은 누가 지시해 준 것이며, 어떤 영감으로 이런 말을 하였느냐는 것이다. 하나님은 너무도 그 행사가 크셔서, 인간이 다 헤아릴 수 없다는 것이다(26장). 욥은 다음으로 자신이 의를 견지하였음을 선언하고, 자신의 무죄를 선언한다(27:1-12), 그러고는 악인이 받는 보응을 논하여 친구들에게 반격한다(27:13-23). 그러고는 마지막으로 지혜를 찬미한다(28장). 내용은 참 지혜는 세상에서 찾지 못하고(28:1-22), 오직 그 근본이 하나님께 있다는 것이다(28:23-28). "너희가 아무리 인과론을 가지고, 내 고난의 문제를 해결하려 하나, 참 지혜는 이 세상에서 찾지 못하고(1-22절), 오직 지혜의 근본이신 하나님께만 있다(23-28절)"는 것이다.

6) **욥의 독백**(29-31장): 이 독백은 욥과 세 친구와의 대화를 끝내는 것으로, 3장의 독백과 대응이 된다. 욥과 세 친구 간의 대화는 독백으로 시작하여(3장) 독백으로 끝나는 것이다. 그 내용은 축복받은 과거의 회고(29장), 현재의 비참(30장), 무죄의 재선언이다(31장). 과거의 회고는 그가 행복했던 지난날을 그리워하고(29:1-10), 그때 그가 자비롭고 의롭게 행한 것을 고백하며(29:11-17), 선종(善終)의 소망에서 산 것을(29:18-25) 말하는 것이다. 현재의 비참은(30장) 행복했던 과거와(전장) 대조가 되는 현재의 비참상이다.

내용은 비천자의 조소(30:1-15), 참담한 현황(30:16-23), 응답되지 않는 호소다(30:23-31). 무죄의 재선언은 "내가 언제" 구를 연발하여, 구체적으로 그의 무죄를 주장하는 것이며, 이런 예는 16항목에 달한다. 내용은 도덕적 죄에 대하여(31:1-12), 사회적 죄에 대하여(31:13-23), 그리고 종교적 죄에 대하여 무죄를 선언하는 것이다(31:24-40).

다. 엘리후의 독백 (32-37장)

욥이 그의 무죄를 선언함으로 그의 세 친구와의 대화는 끝나고, 욥의 친척 되는 젊은 엘리후가 돌연히 나타나 독백을 한다. 이 엘리후의 독백은 욥의 입장도 아니고, 욥의 세 친구의 입장도 아닌, 38장 이후에 나올 하나님의 입장(하나님의 초월성)을 미리 예견하는(36:24-37:13) 선구자적인 역할을 한다. 엘리후는 욥의 자신의 의로움을 주장하는 주장도(32:2), 욥의 세 친구의 인과응보론 주장도(36:17-23) 다 문제가 있다고 하면서, 그러면서도 욥의 입장, 세 친구의 주장을 지지하는 입장이다. 욥은 지나치게 자기의 의로움을 주장하며, 욥의 세 친구는 지나치게 인과론을 주장한다는 것이다. 인과론보다는 "고난의 교육적 이해"가 욥의 고난의 문제를 해결하는 데 합당하다는 것이다(36:1-23). 즉 하나님은 교육하기 위해서 이러한 고난을 주신다는 것이다.

라. 여호와와 욥의 대화 (38:1-42:6)

드디어 여호와와 욥과의 대화요, 본서의 결론이다. 여호와께서 나타나사 첫 번째 말씀하시고(38-39장), 두 번째 말씀하시며(40-41장), 욥은 한마디만 답한다(40-41장). "대화"라 하나, 실제로는 여호와께서 홀로 말씀하신다. 이 대화에서 욥의 모든 문제는 해결되고, 욥은 회개하게 되며(42:1-6), 완전히 회복된다(42:7-17).

(1) 여호와의 첫 번째 질문: "사람이 하나님을 비난할 수 있느냐?" (38-39장)

여호와께서 폭풍 가운데서 나타나사(38:1-3), 땅과 바다의 경이(38:4-18), 하늘의 경이(38:19-38), 및 동물계의 경이(38:39-39:30) 등에 관해 말씀하신다. 하나님은 너무도 초월하신 분이셔서, 인간이 비난할 수 없다는 것이다.

1) **여호와의 현현**(38:1-3): 여호와께서 나타나사 욥에게 말씀하시고, 대답을 촉구하신다. 이 자기 현현은 "천지의 주가 되신 하나님의 경이로운 자기 현현이다"(이상근). 하나님은 먼저 욥에게 책망하신다. "무지한 말로 이치를 어둡게 하는 자가 누구냐?"(1절). 이는 "사람이 하나님을 비난할 수 있느냐?"는 뜻이다. "하나님의 깊으신 뜻은 생각하지 않고, 자신의 고통이 심하다고 불평스런 말을 한 무지에 대한 책망이었다"(이상근). 욥이 자신의 의를 지나치게 주장한 것도 분명히 과오였던 것이다.

2) **땅과 바다의 경이**(38:4-18): 하나님은 그의 창조의 사역을 회상하시면서, 땅의 창조와(4-7절) 바다(8-11절), 낮과 밤(12-15절), 바다의 근원과 음부의 창조(16-18절)를 말씀하신다.

3) **하늘의 경이**(38:19-38): 광명과 흑암(19-21절), 눈, 우박, 광명과 동풍(22-24절), 비, 우레와 얼음(25-30절), 성좌(31-33절), 하늘의 운행(34-38절) 등의 경이이다.

4) **동물계의 경이**(38:39-39:30): 사자와 까마귀(38:39-41), 산염소와 암사슴(39:1-4), 들나귀와 들소(39:5-12), 타조(39:13-18), 말(39:19-25) 및 매와 독수리(39:26-30) 등 동물계의 생태와 그 경이성을 논한다.

(2) 여호와의 두 번째 질문: "사람이 하나님과 다툴 수 있느냐?" (40-41장)

하나님의 질문의 두 번째는 첫 번째보다 더 나아가 "사람이 하나님과 다툴 수 있느냐?"는 것이었다. "변박하는 자가 전능자와 다투겠느냐 하나님과 변론하는 자는 대답할지니라"(40:2). 여기에 대해 욥은 한마디밖에 하지 못한다. "나는 미천하오니 무엇이라 주께 대답하리이까?" "창조자의 경이롭고, 무한하신 지혜와 능력을 들으면서, 욥은 자신의 너무나 가볍고 무가치한 것을 깨달은 것이다"(이상근). 욥은 하나님께 한마디 대답을 하고는 침묵하고, 여기서도 하나님은 홀로 말씀하신다. 하나님은 이번에는 하마의 경이(40:15-24), 악어의 경이(41장)를 보여주신다. 하나님은 너무도 초월하신 분이시어서, 인간이 그와 다툴 수가 없다는 것이다.

1) 네가 하나님과 다툴 수 있느냐(40:1-14): 하나님은 욥에게 대답을 촉구하시고, 욥은 도저히 대답할 수 없다는 한마디 대답을 하며(40:1-5), 하나님은 "네가 하나님과 다툴 수 있느냐?"고 책망하신다.

2) 하마의 경이(40:15-24): 하마는 하나님의 피조물로 강력한 동물이며, 사람이 이를 제어하지 못한다. 그러니 그 하마를 창조하신 하나님과는 결코 다툴 수 없다.

3) 악어의 경이(41장): 악어는 하마보다 더 강력한 짐승이다. 아무도 그것을 제어하거나 길들일 수 없다.

(3) 욥의 회개(42:1-6)

욥은 하나님의 첫 번째 말씀에 답할 때는 약간 소극적이었으나(40:3-5), 두 번째 말씀 끝에는 전적으로 하나님의 주권에 항복하며 회개한다. 하나님은 창조의 경이로움과 하마와 악어의 강력함을 보여주심으로 우주의 절대적 주권자이심을 욥에게 보여주셨고, 욥은 그 하나님의 주권 앞에 회개한 것이다. 즉 하나님은 욥에게 그의 초월성을 보여주심으로, 사탄이나 욥의 세 친구가 주장하는 인과응보설을 초월하는 자신임을 보여주시며, 욥의 불평에 답하신 것이다. 타락한 인간 세계는 인과론만 본다. 그러나 **하나님의 세계는 인과론을 초월한다**(요 9:2-3). 그리하여 하나님은 사탄과 욥의 세 친구 앞에서 욥의 주장이 옳다고 욥의 손을 들어주셨다(42:7). 이는 욥이 까닭 없이 하나님을 경외하며, 까닭 없이 고난당하면서도 하나님의 편에 끝까지 남아 있었다는 증거도 된다. 그는 까닭 없이 하나님께 고난당한다는, 하나님 편에 끝까지 남은 자가 된 것이다. 남은 자는 까닭 없이도 하나님을 섬기며, 사랑하는 자다. 이 세상의 모든 고난은 인과론으로만 설명될 수 있는 것이 아니다(요 9:3). 하나님은 이 세상 어떤 법칙에 매여 있는 분이 아니시다.

마. 욥의 회복(42:7-17)

하나님은 욥의 고초를 푸시며, 그를 완전히 회복시키셨다(10-17절). 욥은 그의 세 친구를 위해 중보기도를 하는 특권을 받았으며, 전체적으로, 가정적으로, 재산적으로 완전히 회복되고, 140년을 더 살며, 복락을 누렸다. 그는 고난 이전보다 갑절의 축복을 받았다. 그는 까닭 없이도 하나님을 경외함으로써 복을 받은 자다. 그것은 "성도가 낙원을 회복하고, 완전한 구원에 이르는 그림자인 것이다"(이상근).

3. 잠언에 나타난 "남은 자" 계시

잠언은 구약의 대표적인 지혜서다. 하나님은 이스라엘 민족을 위하여 제사장, 예언자, 왕들에게 기름을 부어 지도자가 되게 하셨다. 그러나 거기에 더하여 지혜자들도 일으키셔서, 일상생활의 도리를 가르치게 하셨다. "율법서, 예언서, 그리고 시편 등에도 지혜의 말씀이 들어 있지만, 이렇게 지혜의 말씀만을 한 책에 모아놓음으로써 일목요연하게 삶의 지혜를 접할 수 있게 하신 것은 그야말로 지혜 있는 처사이다"(박창환). "지식"은 사물의 현상계에 대한 파악 능력이나, "지혜"는 그 "지식"을 사용하는 삶의 능력(사리를 밝게 다스리는 재능)이다. 하나님은 이 잠언을 통하여 하나님의 백성들이 "지혜로운 자", "남은 자"가 되기를 원하셨다.

그리하여 이 잠언은 신약성서와 밀접한 관계를 맺고 있다. 지혜를 "창조자"로 인격화한 8장(특히 8:22-31), 9장(특히 9:1-6)은 장차 오실 그리스도("여자의 후손")에의 예언이 되고 있으며, 로마서 3:15는 본서 1:16을, 로마서 12:20은 본서 25:21을, 히브리서 12:5-6은 본서 13:11-12를, 야고보서 4:6과 베드로전서 5:5는 본서 3:34를, 베드로후서 2:22는 본서 26:11을 인용하고 있다. 누가복음 14:7-9는 본서 25:6-7을, 마태복음 6:11은 본서 30:8을 인용하고 있다. 예수님은 자신을 "지혜"라고 하셨으며(마 11:19; 눅 7:15; 11:49), 본서에서 지혜를 인격화시킨 곳은 그 자리에 "예수님"을 넣으면 더욱 이해가 빠르다(1:20-33; 8:1-9:12). 바울은 예수님을 "하나님의 지혜"라 했다(고전 1:21, 24, 30; 2:7 등). 이러한 사실은 지혜의 부름에 순종하는 자 곧 하나님을 경외하는 자는 "남은 자"가 되고, 그렇지 아니하는 자, 미련한 자는 멸망자가 된다는 것을 보여준다. 본서에서 "지혜자"는 "남은 자"(여자의 후손)의 다른 이름이며, 본서는 남은 자가 되는 방법에 관한 책이라 할 수 있다. 그것은 **"남은 자의 지혜"**를 보여주는 책이다. 즉 지혜와 남은 자와의 관계를 보여준다. 지혜로운 삶은 곧 남은 자의 삶이다. 지혜는 귀하고 가치가 있으며, 인간으로 남은 자가 되게 한다(2:1-22). 그리하여 잠언의 지혜자는 다음과 같이 말한다. "나 지혜가 악한 길에서 너를 구출할 것이고, 패역한 말을 하는 자들에게서 건질 것이다. 곧은 길을 버리고 암흑의 길을 가는 자들에게서 건질 것이다. 행악을 즐기고 악의 패역을 기뻐하고 굽은 길을 가는 자들에게서 건질 것이다. 네가 지혜를 가지게 되면, 음탕한 여인, 간사한 말을 하는 음녀에게서 구출될 것이다. 즉 젊었을 때의 짝을 버리고, 거룩한 언약을 잊은 여자에게서 구출된다는 말이다. 그 여자의 길은 죽음으로 내려가고, 그늘진 곳으로 내려가기 때문이다. 그 여자에게 가는 자는 결코 돌아올 수 없으며, 생명의 길을 되찾을 수 없다. 그러니까 너는 선한 자의 길을 가고 의로운 자의 길만을 가라. 정직한 자들이 땅에 살아 남고, 무죄한 사람들이 땅에 남아 있을 것이기 때문이다. 반대로 악인은 땅에서 잘리고, 반역하는 자들은 땅에서 근절될 것이다"(2:12-22의 의역). 그리하여 잠언은 여자의 후손, 창조자, 구원자의 지혜를 보여주는 책이다. "여자의 후손"은 창조자며(8:30), 구원자며(8:35-36), 지혜자란 것이다(8:33).

잠언의 주제는 **"여호와를 경외하는 것이 지식**(지혜)**의 근본이라"**는 말씀으로서, "지혜의 예찬" 부분의(1-9장) 중심이 되어 있다(1:7; 9:10). 이 말씀이 처음 부분과(1:7) 마지막 부분에(9:10) 나와 있어, 중간에 있는 모든 교훈이 여호와를 경외함의 빛 아래에서 해석되게 한다. 여기 "지식"('다아트')은 "완전한 지식"을 가리키는 것으로, 이는 "신앙과 일치되는 지식"을 가리키며, "지혜"('호크마')는 가장 높은 의미에서의 바른 삶에 대한 지식, 사물의 본질적인 뜻을 밝히는 지식, 종교적이며 윤리적인 총명을 가리킨다. 아무리 지식과 지혜가 있다 하더라도 여호와를 경외하지 아니하면 그는 지식과 지혜가 없는 자요, 아무리 지식과 지혜가 없다 하더라도 그가 여호와를 경외하면, 즉 남은 자가 되면, 그는 지식과 지혜가 있는 자다. 그러고는 솔로몬의 지혜 격언 모음 1집이 나오고(10:1-22:16), 지혜자의 훈계 2편이 나온 후(22:17-24:22; 24:23-30), 다시 솔로몬의 지혜 격언 모음 2집이 나온다(25:1-29:27). 그러고는 마지막 훈계와 반성(30:1-33, 아굴의 교훈)이 나온다. 이는 앞에 나온 많은 훈시와 지혜의 격언들(10:29)의 총결산으로, 그것들을 다시 요약한 것이며, 31:1-31에서는 대표적인 사례 두 가지를 소개하면서 마감한다(박창환). 그것은 곧 여자와 술을 삼가라는 어머니의 훈시를 소개하고(31:1-9), 모범적인 아내의 모습을 알려주는 것이다(31:10-31). 이는 메시아가 "여자의 후손"이기에, "여자의 후손"을 생각하면서, 모범이 되는 어머니, 모범이 되는 아내의 모습을 보여주는 것이라 본다. 르무엘("하나님께 바친 자")을 솔로몬의 상징적인 이름으로 보고, 르무엘과 솔로몬을 동일시하기도 한다(Rosenmüller, by 이상근).

이런 가운데서 "남은 자" 계시는 "지혜의 예찬" 부분에서(1-9장) 볼 수 있으며, 그중에서도 특히 1:1-3:26에서 볼 수 있다. 이 부분은 서론부로서, "지혜" 자체를 논하기 때문이다(산문체).

가. 서론(1:1-7): 이는 본서의 서론으로서, 본서의 표제와(1절) 목적과(2-6절) 주제가(7절) 나타나 있다. 그 목적은 하나님을 경외케 하며, 지혜롭게, 의롭게, 공평하게, 정직하게 행할 일에 대하여 훈계를 받게 함이다(창 2:17; 3:19). 인간은 죄로 말미암아 타락하였고, 어리석은 자로 전락하고 말았다. 다시 말해서, 멸망 당하게 된 것이다. 그러기에 우리는 하나님께로부터 오는 지혜를 얻는 노력을 꾸준히 해야 한다. 하나님을 믿는 신앙 위에 우리의 지식과 지혜를 쌓아야 한다. 그리해야 인간은 멸망치 않고, 남은 자가 된다. 하나님을 무시하는 자들의 지식과 지혜는 자신과 인간 사회에 화를 끼치거나 멸망을 초래한다.

나. 악한 친구를 멀리하라(1:8-19): 사탄은 많은 하수인을 동원하여 하나님을 대항하며, 하나님의 사람들을 유혹한다. 그 하수인들 가운데 하나가 악한 친구들이다. 그리하여 이는 앞으로 나올 구체적인 교훈을 주기 전에 준비 작업으로 하는 명령이다. 성도는 언제나 우리 주위에 악인이 나를 노리고 있다는 것을 의식해야 한다.

다. 지혜를 가까이하라(1:20-33): 인간은 악한 친구를 멀리함과 동시에, 지혜의 부름에 순종해야 한다. 그는 지혜와 지식의 근원이신 하나님을 영접해야 한다. 하나님을 떠난 지식은 기초 없는 건물처럼 결국은 무너지고 만다. 우리는 지식을 추구해야 한다. 아는 것이 힘이다. 그러나 하나님을 믿는 신앙을 바탕으로 하는 지식을 얻어야 한다. 하나님의 능력이요, 하나님의 지혜가 되는 그리스도(고전 1:21), 여자의 후손을 가까이해야 한다(8-9장을 닮았다).

라. 지혜를 추구하라(2:1-22): 지혜는 귀하고 가치가 있다. "지혜는 너를

악한 길에서 구할 것이며, 패역한 말을 하는 자들에게서 건질 것이다. 곧은 길을 버리고 암흑의 길을 가는 자들에게서 건질 것이다. 행악을 즐기고 악의 패역을 기뻐하고 굽은 길을 가는 자들에게서 건지실 것이다. 그리하여 정직한 자들이 땅에 살아남고, 완전한 자들이 땅에 남아 있을 것이다. 악인은 땅에서 잘리고, 반역하는 자들은 땅에서 근절될 것이다"(의역).

마. **여호와를 경외하라**(3:1-12) : 하나님은 언제나 변함없이 사랑하시고, 언제나 성실하시다. 하나님의 백성을 위해서 하나님은 언제나 사랑과(인자, '헤세드') 성실(진리, '에메트')을 나타내신다. 그가 내리시는 징계도 그의 인자하심의 한 표현이다(11-12절). 이러한 하나님의 사랑과 성실하심을 받는 우리도 하나님께 대해 사랑과('헤세드') 성실함('에메트')을 나타내야 한다 (3절). 하나님을 믿다가 그만두거나, 갈팡질팡하며 충성심이 없다면, 하나님이 우리를 기뻐하실 리가 없다. 여호와 신앙에는 이렇게 하나님을 향한 우리의 사랑과 충성이 요구된다. 그것은 우리가 끝까지 남은 자가 되는 것이다.

바. **지혜의 존귀성을 알라**(3:13-18) : 보통 사람들은 눈에 보이는 재물을 많이 가지면 행복하다고 여긴다. 그러나 생각이 있는 사람은 보이는 물질적 재산보다 더 귀하고 근본적인 재산이 있다는 것을 안다. 그 근본적인 재산이 바로 지혜와 명철이다(13-15절). 이 두 가지의 근원이 바로 여호와를 두려워하고 그의 말씀을 순종하는 것이기 때문이다. 여호와 하나님이 주시는 지혜와 그 지혜를 통해서 얻는 축복과 행복만이 참된 행복임을 알아야 한다. 끝까지 내가 하나님 편에 남아 있는 것, 바로 그것이 진정한 재산이요, 참된 축복이다.

사. **창조의 질서를 따라 살라**(3:19-35) : 하나님은 이 세상을 그의 지혜로 창조하셨다. 그는 지혜로 땅을 만드셨고, 명철로 하늘을 만드셨다. 그의 지식으로 바다를 만들고, 공중의 비를 땅에 내리게 하셨다. 그는 만물 존재의 근원이시며, 창조는 어떤 막연한 힘에 의해 무질서하게 이루어진

것이 아니다. 온 세상은 하나님의 지혜와 명철과 지식에 의해 창조되었다. 따라서 인간도 그의 지혜와 명철과 지식을 본받아야 한다. 하나님은 인간을 그의 형상과 모양으로 창조하셨다(창 1:26). 그를 닮은 존재가 되라고 만드셨기에, 인간은 하나님의 지혜와 명철과 지식을 얻어서 제구실해야 한다. 그는 아담처럼 하나님과 같아지려 하거나, 하나님에게서 독립하여 자기 왕국을 이루기 위한 반란 운동을 해서는 안 된다. 어디까지나 하나님을 두려워하는 마음, 하나님을 절대자로 공경하는 마음을 늘 지켜야 한다. 그는 언제까지나 "인간"으로 남아 있어야 한다. 그것이 하나님이 인간을 창조하신 본래의 목적이기 때문이다. 그는 완전한 지혜와 근신을 지키고 그것들로 그의 눈앞에서 떠나지 말게 해야 한다(21절). 여기서 "지혜"는 "근신"과 같은 의미로, "분간하는 것", 즉 "사리의 시비와 가부를 바르게 판단하는 것"을 뜻한다. 즉 자기 본분을 다하는 것을 가리킨다. 그리할 때 인간은 염려 없이 안전하게 살 수 있게 된다(22-26절). 남은 자의 복을 이 세상에서도 누리게 된다.

4. 룻기에 나타난 "남은 자" 계시

룻기는 한글 성경에서는 칠십인역 성경의 위치를 따라, 사사기 다음에 위치하지만, 히브리어 성경에서는 성문서의 넷째 책이고, "다섯 두루마리"('므길롯')의 첫 책으로 나와 있다. 칠십인역 성경의 번역자들은 룻기를 하나의 역사로만 생각하여, 그들이 이스라엘의 역사를 한곳에 모으면서, 사사기와 사무엘서 중간에 놓았다. 그것은 "이스라엘에 왕이 없었다"(삿 21:25)고 한 혼란한 상황을, 룻의 이야기를 통하여, 다윗이라는 성군(聖君)에게로 연결해 주려고 한 것이다(박창환). 그러나 히브리어 성경을 편찬하는 사람들은 룻기를 구약성경의 제3부에 넣었을 뿐 아니라, 5축('므길롯',

이스라엘의 명절에 읽는 다섯 두루마리들)의 하나로 취급했다. 그것은 그 나름의 의미가 있기 때문이었다. 바벨론 포로에서 돌아와, 이스라엘을 재건하는 시대, 즉 주전 6-5세기에 성경을 편찬한 자들의 생각에는 룻기가 그냥 하나의 역사가 아니라, 그 이상의 의미를 지닌, 즉 명절 때마다 과거를 회상하며, 또 미래를 내다보면서 의식(儀式)적으로 읽어야 할 책들의 하나였던 것이다. 에스라와 느헤미야는 이스라엘 회복운동의 주역으로서 이방 여자와의 결혼을 극렬히 반대했는데(스 10:10-12; 느 13:1-3; 23-24), 룻기는 그와 반대로, 이방 여자로서 다윗왕의 할머니가 된 이야기를 싣고 있는 것이다. 그러니까 뜻있는 사람의 눈에는 룻기가 이스라엘 백성의 편협한 국수주의에 항의하는 내용의 책으로 읽힌 것이다. 이러한 책이 성경에 들어가 있다는 사실은 이 책이 가진 영감성과 하나님의 섭리와 그것이 지닌 중요한 진리들 때문이다. 그것은 아브라함에게 주신 약속, "땅의 모든 백성이 너를 인하여 복을 받으리라"는 것과(창 12:3), 여자의 후손이 "만왕의 왕"이 되리라는 시편의 예언을 이루기 위한 것이다(시 2:12). "우리는 일보 더 나아가 하나님의 아들 예수의 족보에까지 룻의 이름이 들어 있는 사실을 통하여 하나님 안에서는 국경과 민족의 차별이 없다는 진리를 깨닫게 되고 하나님의 묘한 섭리를 알게 된다"(박창환). "그러나 하나님은 그 이야기를 적은 책을 성경에 넣게 하시고, 특히 연중행사로 가지는 오순절마다 읽게 하는 작업을 하셨고, 룻의 후손에서 다윗왕이 나왔다는 말을 첨가하면서, 편협한 국수주의적 사상을 깨뜨리게 하신 것이다"(박창환).

그러나 룻기는 이런 진리 외에 중요한 다른 진리들을 우리에게 말해준다. 룻기는 첫째로, **"원래대로의 회복"을 강조하는 책**이다. 룻기는 85절로 된 짧은 책인데, 거기에는 "무르다"('가알', "속상(贖償)하다")는 동사와 "무름"('고엘', "속상[贖償]")이라는 명사가 20회 이상 나온다. 따라서 이 책의 중심은 이 "속상"의 정신에 있다고 보아야 한다. 하나님께 받은 조상 전래의 가문의 땅이 가난 때문에, 또는 어떤 이유로 인해 다른 가문으로 넘어갔을 때, 그것을 물러서 다시 찾아야 하는 것이다. 즉 원주인에게 가장 가까운 친척이 그 땅을 사서 원주인 명의의 땅으로 회복시켜야 한다는 말이다. 베들레헴 에브랏에 땅을 가지고 있던 엘리멜렉이 기근 때문에 아내 나오미와 아들 말론과 기룐을 데리고 이방 땅 모압으로 이주하였는데, 거기서 엘리멜렉은 죽고, 아들 둘도 다 죽고, 거기서 얻었던 이방 여인 며느리 둘과 나오미만 남았다. 기근이 멎었기 때문에 나오미가 고향으로 돌아가려 하자 이방 여인 룻이 결사적으로 나오미를 붙좇았다. 베들레헴으로 돌아왔을 때, 엘리엘렉의 가장 가까운 친척 보아스는 넓은 아량으로 스스로 "무르는 자"가 되어, 엘리멜렉의 집안을 재건하고, 이어서 다윗 왕가의 조상이 되었다. 이 "무름"의 정신을 강조하는 책이 바로 룻기다. 나오미의 지혜로운 처사와 룻의 성실성을 통하여 보아스와의 관계가 생기고, 마침내 제일 가까운 친척 보아스를 통하여 "무름"이 이루어진 아름다운 이야기이다. 마침내 그 집안에서 하나님의 아들 예수가 탄생하신다. 보아스는 바로 십자가의 대속적인 죽음을 통하여 인류의 구속을 이루실 예수 그리스도의 그림자가 된 것이다. 그리스도를 믿는 자는 천국을 회복받는다. 그리하여 룻기는 "남은 자의 회복"을 보여주는 책이다.

　룻기는 둘째로, **남은 자의 구원을 보여주는 책**이다. 본서는 이방 여인 룻이 나오미와 더불어 "남은 자"가 되어, 가정을 회복시키고, 가문을 회복시킨 이야기이다. 유다 지파 중에 베들레헴 지역에 사는 에브랏 가문에 엘리멜렉이란 사람이 있었다. 그의 아내는 나오미, 첫 아들은 말론, 둘째 아들은 기룐이었다. 이스라엘 땅에 임한 심한 기근을 피하여 네 식구가 모압으로 이주했다. 거기서 아들 둘이 결혼할 나이가 되어 모압 여자들과 결혼을 했다. 첫째 며느리가 오르바, 둘째 며느리가 룻이었다. 어쩌다가 가장인 엘리멜렉이 죽고, 두 아들도 죽고, 나오미는 이국 땅에서 과부가 되었다. 이주 생활 10년이 되었을 때 여호와께서 이스라엘을 백성을 생각하셔서 기근을 멈추시고 양식을 주시기 시작하셨다는 소식을 들은 나오미는 고향으로 돌아가는 것이 지금의 어려움을 벗을 수 있는 길이라고 생각하여, 두 며느리와 함께 보따리를 싸서 귀향길에 올랐다. 그러나 나오미는 다시 생각하였다. 두 며느리를 데리고 가는 것이 옳은가 하는 것이었다. 두 며느리를 돌려보내는 것이 좋겠다고 생각하여, 나오미는 같이 가던 길을 멈추고, 두 며느리를 타일렀다. 본가로 돌아가 다른 남편을 얻어 살라는 것이었다. 두 며느리는 이구동성으로 떠나가지 않겠다고 했다. 나오미는 다시 타일렀다. "여호와의 손이 나를 치셨으므로 너희보다 내가 더 마음이 아프다"고 하며, 앞으로도 그럴 것이니 더 이상 지체하지 말고 돌아가라고 재차 독촉했다. 그러자 첫째 며느리는 즉시 어머니에게 입맞추고 돌아갔다. 그러나 룻은 그냥 나오미에게 매달렸다. "어머니를 떠나며 어머니를 따르지 말고 돌아가라 강권하지 마옵소서 어머니께서 가시는 곳에 나도 가고 어머니께서 머무시는 곳에서 나도 머물겠나이다. 어머니의 백성이 나의 백성이 되고, 어머니의 하나님이 나의 하나님이 되시리니, 어머니께서 죽으시는 곳에서 나도 죽어 거기 묻힐 것이라 만일 내가 죽는 일 외에 어머니를 떠나면 여호와께서 내게 벌을 내리시고 더 내리시기를 원하나이다"고 했다. 이는 룻이 오르바와는 달리, "남은 자"가 된 것을 가리킨다. 오르바와 룻은 정반대의 선택을 했다. 오르바는 합리적인 행동을 했고, 룻은 무모한 행동을 했다. 오르바가 택한 길은 인간적으로 볼 때는 당연한 것이고 실용적인 것이다.

이에 비해, 룻의 선택은 무모하고 감정적인 것처럼 보인다. 그러나 **룻의 하나님 선택, 과부 시어머니에 대한 효성심**은 하나님으로 하여금 룻에게 엄청난 복을 내리시게 했다. 즉 하나님의 선택의 은혜가 작용한 것이다. 룻은 이방인으로서, 이스라엘 최고의 왕 다윗의 조상이 되었고, 인류를 구속하신 예수 그리스도("여자의 후손")의 조상이 되었다(메시아 시대의 역리). 룻과 보아스의 결혼은 교회와 그리스도의 혼인의 그림자가 되며, 보아스의 기업 무름은 장차 그리스도로 말미암아 교회가 누릴 천국의 회복의 그림자가 된다. 남은 자는 하나님을 보화로 여겨, 하나님을 붙좇는 자(룻)요, 잘못 생각하여 하나님을 떠났다가도, 다시 하나님께로 돌아오는 자다(나오미). 끝까지 남은 자가 되는 것이 중요하다. "남은 자"는 합리적이고 이해타산적인 행동보다, 비합리적이고 무모한 행동을 취하는 자다. "남은 자"가 구원을 받는다. 예수를 믿다가 고난과 환난이 와도, 계속 "믿는 자"가 구원을 받는다.

5. 아가에 나타난 "남은 자" 계시

아가(雅歌)의 히브리어 원제목은 '쉬르 하쉬림'으로서, "노래 중의 노래", "최고의 노래"란 뜻이다. 이는 솔로몬과 술람미 여인(6:13) 간의 사랑의 노래로서, 구약 시대에는 하나님과 이스라엘의 사랑을, 신약 시대에는 그리스도와 교회("남은 자")의 사랑을 모형론적으로 노래한 것으로 해석되어 왔다. 본서에서 말하는 사랑은 단순히 남녀 간의 사랑을 넘어서, 아가페의 사랑을 보여주고 있기 때문이다. 그 사랑은 육체적으로 볼 때는 검은 얼굴이요, 별로 볼품없는 얼굴이지만, 영적으로 볼 때 솔로몬의 휘장과 같다고 보는 사랑이며(1:5), 죽음 같이 강하고, 많은 물로도 끄지 못하며, 홍수라도 삼키지 못하는 사랑이다(8:6-7). 이 노래에서 우리는 남은 자와 그리스도와의 사랑을('에로스'가 아닌, '아가페'), 그리스도와 그의 몸 된 교회의 사랑을, 신약 시대 그리스도인들, 곧 남은 자들의 신앙생활을 읽을 수 있다. 아가는 **재림을 앞에 둔 교회가 특히 읽을 성경이다.** 어린 양의 혼인 기약이 재림 이후에 이루어지기 때문이다(계 19:7). 유대인들은 유월절 마지막 날에 읽는 책이고, 또 어떤 전통에서는 매주 안식일이 시작되기 전에 읽는 책이다. 총 주제는 **"남은 자의 사랑"**, 구체적으로는 "남은 자와 여자의 후손의 사랑"으로서, 대체로 크게 4부로 나뉜다.

가. 구애(求愛, 1:1-3:5)

(1) 술람미 여인(1:1-8)

1) 술람미 여인이 솔로몬에게(1:2-4): 술람미 여인은 솔로몬의 사랑을 갈
망하고, 솔로몬은 그녀를 침궁으로 인도하여 포도주 이상의 즐거움을 나
눈다. "내게 입 맞추기를 원하니"(2절): 히브리 성경의 정확한 번역은 "입
맞춤으로 입 맞추기를 원하니"이다. 영어 흠정역(AV)은 "Let him kiss me
the kisses of his mouth"로, 표준새번역은 "나에게 입맞춰 주세요 숨 막힐듯
한 임의 입술로"라고 번역했다. 여인의 간곡한 "선수적인 사랑"에 대한
기원(祈願)이다. "이는 하나님의 사랑을 갈망하는 것을 표시하는 것이다"
(이상근). 아가가 이런 말로 시작하는 것은 아가가 말하는 사랑이 그리스도
("여자의 후손")와 그의 성도 간의 사랑임을 보여준다. 인간은 범죄하였기에,
하나님의 사랑이 절대 필요한 가운데 있다. 하나님의 선수적인 자비와
용서가 절대적으로 필요하다. 그러기에 **하나님의 선수적인 사랑이 없이
는 살아날 길이 없다**("Oh, how I love Jesus, because he first loved me"). 이런
가운데서 우리는 하나님 자신의 입술이 우리에게 닿기를 갈망해야 한다.
범죄한 인간에겐 "주 음성 외에는 더 기쁨이 없다." "나에게 당신은 호흡
과 같아서, 당신 없이는 살 수 없다"는 것이다(I need Thee, Oh I need Thee,
Every hour I need Thee. No tender voice like dine can peace afford!). "네 사랑이
포도주보다 나음이로구나." "포도주는 세상적인 즐거움의 대명사다. 술람
미 여인은 솔로몬의 사랑이 세상의 즐거움에 비할 수 없다고 한다. 그리
스도인에게 그리스도의 사랑이 그런 것이다"(이상근). "주께서 내 마음에
두신 기쁨은 저희의 곡식과 새 포도주의 풍성할 때보다 더하니이다"(시 4:7).
"비록 무화과나무가 무성치 못하며 포도나무에 열매가 없으며 감람나무에
소출이 없으며 밭에 먹을 것이 없으며 우리에 양이 없으며 외양간에 소가
없을지라도 **나는 여호와를 인하여 즐거워하며 나의 구원의 하나님을 인하여**

기뻐하리로다"(합 3:17-18). "네 기름이 향기로와 아름답고. 네 이름이 쏟은 향기름 같으므로 처녀들이 너를 사랑하는구나"(3절). 그리스도는 하나님의 기름 부으심을 받았고(사 61:1-2; 행 4:27), 그것은 그가 성령을 받으신 것과 또 성도에게 성령을 주실 것을 가리킨다(요 3:34; 7:38). 그는 왕으로(계 19:16), 제사장으로(히 4:14), 선지자로(행 3:22-23) 기름부음을 받으셨다. 그리하여 모든 성도는 그리스도를 사랑하고 따르는 것이다. "왕이 나를 침궁으로 이끌어 들이시니"(4절). 인간은 자기 스스로 하나님께 나아갈 수가 없다. 하나님이 먼저 우리를 이끌어 주셔야 한다. 그리하여 주님은 먼저 우리를 선택해 주셨다. "너희가 나를 택한 것이 아니요 내가 너희를 택하여 세웠나니"(요 15:16). 성도는 하나님께로 인도되어 그분과 깊고 신비로운 영교를 가지는 즐거움을 경험한다. 이는 성도가 은밀한 골방에서 하나님을 만나는 즐거움을 가리키는 것이다(마 6:6).

2) 술람미 여인이 예루살렘 여인들에게(1:5-7): "내가 비록 검으나 아름다우니." 술람미 여인은 예루살렘 여자들에게 자신의 검은 얼굴을 변명한다 (5-7절). 그녀의 얼굴은 햇볕에 그을려 게달의 검은 장막 같으나, 속은 솔로몬의 휘장같이 아름답다는 것이다(5절). 이는 성도의 미를 말한 것이다. 성도는 원래 게달의 장막처럼 조잡하고 흉했으나, 그리스도 안에서 거듭나고, 하나님의 자녀로 새사람이 되고 아름답게 되었다(外貧內華). 술람미 여인은 빨리 왕이 쉬고 있는 곳에 달려가겠다고 한다(7절).

3) 예루살렘 여인들이 술람미 여인에게(1:8): "네가 알지 못하겠거든 양 떼의 발자취를 따라 목자들의 장막 곁에서 너의 염소 새끼를 먹일지니라." 앞선 술람미 여인의 말(5-7절)에 대해 예루살렘 여인들이 하는 말이다. 그 길을 모른다면 양떼의 발자취를 따라가서 목자이신 왕의 곁에 가서 같이 지내며, 너의 염소 새끼를 먹이라는 것이다. "이는 성도들이 조용하게 은혜의 발자취를 따라 그리스도에게 접근해 가고, 그리스도와 같이 하는 즐거움의 그림자다"(이상근).

(2) 솔로몬(1:9-2:7)

솔로몬과 술람미 여인과의 관계를 이번에는 솔로몬 편에서 말한다.

1) 솔로몬이 술람미 여인에게 말함(1:9-11) : "내 사랑아 내가 너를 바로의 준마에 비하였구나." 솔로몬은 술람미 여인을 바로의 병거의 준마에 비한다(9절). 이는 "아름답고, 씩씩하고, 용감스러운" 그녀의 미를 말한 것이다. 이는 그리스도께서 그의 교회를 사랑하시어 아름답게 보시는 것을 가리킨다. 솔로몬은 술람미 여인의 머리털과 목을 찬미한다. 그러고는 굉장한 장식품을 만들어 주겠다고 한다(11절). "이는 그리스도께서 성도들에게 그의 성령의 은사를 더해 주실 것을 말하는 것이다 성도가 가진 신앙의 미에 성령의 은사가 더할 때 참으로 아름다운 모습이 되는 것이다"(이상근).

2) 술람미 여인이 솔로몬에게 말함(1:12-14): 술람미 여인은 그의 애인을 그의 가슴에 있던 몰약 향낭에 비한다(13절). 과연 그리스도는 우리의 향낭이요, 죄와 허물로 죽은 우리를 살리시는 이시다(엡 2:1). 술람미 여인은 또한 그의 애인을 향기로운 고벨화에 비한다(14절). 고벨화는 3m 이상의 높은 관목으로 애굽이 원산지이며, 강한 향기가 있는 꽃이다. 그리스도는 과연 성도의 향기이시다. 추한 죄인의 죄를 사유하시고, 아름답게 하시는 고벨화이신 것이다.

3) 솔로몬이 여인에게 말함(1:15) : 솔로몬은 술람미 여인이 어여쁘고 어여쁘며, 그 눈이 비둘기 같다고 한다. 그것은 그녀의 눈빛이 소박하고 신뢰에 찬 것을 말한다. 그리스도는 성도(교회)가 그를 신뢰하는 미를 칭찬하신다.

4) 여인이 솔로몬에게 말함(1:16-2:1): 술람미 여인은 왕과 만나는 침상은 푸르고, 집은 백향목 들보, 잣나무 석가래라고 한다. 이는 그리스도와 만나는 교회의 평화롭고 안정된 분위기를 그림자로 보여주는 것이다(이상근). 여인은 또한 자신을 샤론의 수선화요 골짜기의 백합화라고 한다. 수

선화나 백합화는 성지에서 볼 수 있는 흔한 들꽃들이다(Ginsburg, Lange). 이는 그녀의 겸손을 나타낸 것이다. 그리스도 앞에 나오는 성도는 겸손해야 한다.

5) **솔로몬이 여인에게 말함**(2:2) : 솔로몬은 술람미 여인을 가시나무 가운데 백합화라 한다. 술람미 여인은 자신을 골짜기의 백합화라 하는데, 솔로몬은 술람미를 더욱 높여 "가시나무 가운데 백합화"라 한 것이다. 왕은 그녀를 더욱 높여 말한 것이다. 내가 내 자신을 주 앞에서 낮출수록, 주님은 우리를 높여주신다.

6) **술람미 여인이 솔로몬에게 말함**(2:3-7): 술람미 여인은 솔로몬이 "수풀 가운데 사과나무" 같다고 한다(3절). 이는 솔로몬의 탁월성을 노래한 것이다. 이는 그리스도의 초연성의 그림자다. "피차가 사랑의 찬미를 경쟁하는 것 같다"(Delitzsch). 여인은 또한 솔로몬을 향해 자기를 인도하여 잔치집에 들어갔다고 하며, 솔로몬을 자신의 깃발이라 한다(4절). 그리스도는 성도를 영교의 연회장으로 인도하신다. 그리고 그는 성도들의 영예와 보호가 되신다. 여인은 왕을 너무나 사랑하여 사랑병에 걸렸다고 한다(5절). 그리하여 건포도로 자기 힘을 돕고, 사과로 자기를 시원케 해달라고 한다(5절). 이는 성도들이 그리스도를 열렬히 사모하는 것을 말하고, "건포도와 사과"는 그의 은혜를 가리킨다. 여인은 또한 솔로몬이 왼손으로 자기 머리에 베개하고 오른손으로 자기를 안는다고 한다(6절). 이는 신랑과 신부의 사랑의 포옹을 가리킨다. 여인은 또한 예루살렘 여자들(궁녀들)을 향해 "내가 노루와 사슴으로 너희에게 부탁한다 내 사랑이 원하기 전에는 흔들지 말고 깨우지 말지니라"고 한다(7절). 노루와 들사슴은 우아하고 아름다운 동물들로, 여기서는 사랑에 빠진 두 사람을 상징하면서, 궁녀들에게 부탁하여 서약시키는 대상물이 되어 있다. "이는 그리스도와 성도 간의 깊은 사랑을 아무도 깨울 수도, 단절할 수도 없는 것을 가리키는 것이다"(롬 8:31-39, 이상근).

(3) 술람미 여인의 독백(2:8-3:5)

이는 술람미 여인이 혼자서 그의 애인인 왕을 사모하며 독백한 것이다. 첫 번 만났을 때를 회상한 것이라 본다.

1) **술람미 여인의 독백**(2:8-14): 이는 술람미 여인이 고향집에서 솔로몬과의 첫 만남을 회상한 것이다(Lange, Redford, by 이상근). "나의 사랑하는 자의 목소리로구나 보라 그가 산에서 달리고 작은 산을 빨리 넘어 오는구나"(8절). "본 절은 재림하시는 그리스도를 고대하는 교회의 모습을 그림자화하는(그림자적으로 보여준다) 것이다"(이상근). "나의 사랑하는 자는 노루와도 같고 어린 사슴과도 같아서 우리 벽 뒤에 서서 창으로 들여다보며 창살 틈으로 엿보는구나"(9절). 술람미 여인은 자기를 찾아온 왕을 "노루와 사슴"에 비유한다. 왕은 노루와 사슴처럼 달려와, 자기를 몰래 엿보았다는 것이다. 인간이 하나님을 보기 전, 하나님이 먼저 인간을 보신 것이다(요 1:48; 15:16). "이와 같이 주의 오심을 고대하는 모든 성도들에게 그리스도는 빨리 오사 지극한 사랑으로 성도들을 맞아주시는 것이다"(이상근). 술람미 여인은 자기가 솔로몬을 처음 만났을 때, 솔로몬이 했던 첫 번째 말을 잊지 않는다. "나의 사랑하는 자가 내게 말하여 이르기를 나의 사랑 나의 어여쁜 자야 일어나서 함께 가자"(10절). 이는 연인과의 동행을 말한 것으로, 주님을 맞이하고, 주와 같이 사는 하늘 나라의 즐거움을 예표하는 것이다(이상근). 인생은 예수와 더불어 시작해야 바르게 시작하는 것이다(빌 1:6). 첫째 아담은 실패했지만, 둘째 아담은 승리했기 때문이다. "겨울도 지나고 비도 그쳤고 지면에는 꽃이 피고 새의 노래할 때가 이르렀는데 반구의 소리가 들리는구나"(11절) "겨울과 비"는 밖에 나가는 것을 방해하는 2대 요소인데, 이것이 제거되었음은 천국의 생활인 것을 그림자로 보여준다. "무화과나무에는 푸른 열매가 익었고 포도나무는 꽃이 피어 향기를 토하는구나"(13절). 기화요초 만발한 하늘나라의 정경을 그림자로 보여준다. 솔로몬은 술

람미를 "바위틈 낭떠러지 은밀한 곳에 있는 나의 비둘기"라 하면서, 그녀를 큰 바위 및 안전한 곳으로 숨긴 것을 말한다(14절). 이는 "성도가 피난처 되신 하나님의 보호를 받는 것과 성도들이 비둘기처럼 아름답고, 또 부드럽고 온유한 말을 할 것을 가르친 것이다"(이상근).

2) 술람미 여인의 소원(2:15-17) : 술람미 여인은 이어, "우리를 위하여 포도원을 허는 작은 여우를 잡으라"고 한다(15절). 포도가 꽃을 피우는 시기에 여우는 포도원을 해치는 큰 적이었기 때문이다. 그러나 여기서는 문자적인 여우를 가리키기보다, "우리를 위하여"란 말을 보아서, 술람미 여인과 솔로몬 사이를 방해하는 상징적인 여우를 가리킬 것이다. "포도원은 교회의 그림자"이고(사 5:1-7; 렘 2:21; 시 80:8-16; 요 15:1), "여우"는 사탄 또는 이단의 그림자다. 사랑에는 언제나 방해꾼이 있으며, 그러기에 연인 사이는 말 한마디도 조심해야 한다. 술람미 여인은 또한 "나의 사랑하는 자는 내게 속하였고 나는 그에게 속하였구나 그가 백합화 가운데서 양 떼를 먹이는구나"라고 한다(16절). 술람미 여인이 솔로몬왕을 목자로 비유하면서 그에게 찬사를 보내는 이 말은 6:2에도 나타난다. 왕이 소박한 목자인 그녀를 사랑하므로 그녀도 왕을 목자로 비유하여 양을 치는 왕의 모습을 상상하는 것이다(Reinford). 그녀는 "나의 사랑하는 자는 내게 속하였고 나는 그에게 속하였구나"(16절)고 한다. "애인(부부) 사이는 피차 소유하고, 피차 속하며, 피차 자신을 맡기는 것이다. 그것은 둘이면서 하나요, 하나이면서 둘인 신비로운 존재인 것이다. 그것은 바로 그리스도와 교회(성도)의 관계를 말한다"(이상근). 그리스도는 교회의 것이며, 교회는 그리스도의 것으로(시 16:5; 요 10:14; 롬 14:8; 고전 6:19-20). 그 관계는 아무도 단절할 수 없다("한 몸", 사 43:12; 요 15:4; 롬 8:35-39). "나의 사랑하는 자야 날이 기울고 그림자가 갈 때에 돌아와서 베데르 산에서의 노루와 어린 사슴 같아여라"(17절). 이를 의역하면, "날이 서늘하고, 그림자가 없어질 때 돌아와서 향목이 있는 산에서 나와 같이 노루와 사슴처럼 노사이다"이다. 술람미 여인은 왕을 목

자로 비유하였고(16절), 여기서는 그 목자가 저녁 무렵에 돌아오기를 소원한다. 이는 교회(성도들)가 그리스도의 재림을 사모하며, "아멘, 주 예수여 오시옵소서! 하는 소원을 그림자로 보여주는 것이다"(이상근).

3) **술람미 여인의 환상**(3:1-5): 이는 사랑하는 왕을 찾아 만나는 술람미 여인의 꿈이요 환상이다. 술람미 여인은 솔로몬을 얼마나 고대했는지, 마음으로도 솔로몬을 찾았다. 그는 찾았으나 만나지 못해 일어나 성 안을 돌아다니며, 거리에서나 큰길에서 찾았으나 만나지 못했다. 순행하는 자들을 만나서도 물어보았으나 찾지 못했는데, 그들을 떠나자마자 사랑하는 왕을 찾았다. 이 환상은 교회가 그리스도의 오심을 고대하는 모습을 보여준다. 그리스도를 갈망하여 교회를 찾고, 교회의 사역자들에게 물어보기도 하나, 즉각 그리스도를 만나는 것은 아니다(시 127:1; 사 21:11; 52:8; 겔 33:7; 단 13:17). 그러나 그들을 떠나자마자 여인은 마음으로 솔로몬을 만났다. 이는 성도들이 그리스도를 만나기 위해 교회를 찾고, 교회의 사역자들에게 묻고 하면서도, 즉각적으로는 만나지 못하지만 결국은 주님을 만나게 되는 것을 가리킨다. 간절히 주를 찾는 자들에게 주님은 결국 만나 주신다(눅 11:8-10; 18:7). 왕을 만난 술람미 여인은 그를 붙잡고 자신의 어머니 집으로, 그를 잉태한 자의 방으로 가기까지 놓지 아니하였다고 한다(4절). 그리고는 2:7의 말을 또다시 한다. 두 사람 사이의 깊은 사랑은 아무도 깨울 수도, 단절할 수도 없다는 것이다.

나. 결혼(3:6-5:1)

솔로몬왕과 술람미 여인 간의 사랑은 성숙하여 마침내 결혼식을 올리게 된다.

(1) **결혼의 행렬**(3:6-11): "연기 기둥과도 같고 몰약과 유향과 장사의 여러 가지 향품으로 향기롭게도 하고 거친 들에서 오는 자가 누구인고"(6절). 이는

솔로몬왕이 신부를 데리고, 예루살렘으로 입성하는 그 행렬의 위용이다. 그 호화로운 연기(煙氣)며, 그 연(가마)을 옹위하는 용사들의 모습이 묘사되고, 솔로몬의 기쁜 모습이 돋보인다(6-10절). 솔로몬의 행렬은 몰약과 장사의 여러 향품을 연기 기둥처럼(출 13:21) 피우면서 술람미 여인의 고향에서 거친 광야를 지나 예루살렘으로 행진한다. 이는 장차 그리스도께서 그의 성도들과 같이 재림하실 때의(살전 3:13; 유 14) 영화롭고 향기로운 모습의(고후 2:14-15) 그림자이다. "용사 중 육십 인이 옹위하였는데"(7절). 여기 "60"은 한 지파에 5명씩, 이스라엘 열두 지파에서 선발된 전위대의 수라고 본다.

이런 전위대의 옹위는 신부가 솔로몬에게 얼마나 소중한 신부인지를 말해준다. 또한 그리스도께서 마귀의 급작스러운 시험에서 완전하게 보호하신다는 것과 주님께서 재림 시 주님과 성도들을 옹위할 천군과 천사들의 모습을 예표한 것이다. 9-10절은 솔로몬의 가마에 대한 설명이다. 그것은 레바논 백향목으로 만든 것으로, 그 기둥은 은이고, 바닥은 금이며, 담은 자색 담이었다. 이는 "그리스도께서 성도를 위해 예비하신 처소가 이와 같이 아름답고, 풍부할 것을 말하는 것이다"(이상근). 솔로몬에게 씌워진 면류관은(11절) 그리스도와 성도의 혼인날의 신랑 신부의 영화로운 모습을 그림자로 보여주는 것이다(계 19:7-8).

(2) **신랑과 신부**(4:1-5:1): 신랑은 신부의 육체의 아름다움을 찬미하며(4:1-15), 신부는 신랑을 자신에게로 초대하여 자기의 향기를 날리라고 한다(4:16). 신랑은 신부의 초대에 응하여 마음껏 즐거움을 누렸음을 말하고, 친구들과 사랑하는 사람들을 다시 초대한다(5:1).

다. 사랑의 시련(5:2-6:14)

이는 술람미 여인이 꾼 꿈의 내용이다. 술람미 여인이 잠든 사이 신랑에게 문을 열어주지 않아 신랑은 떠나갔고, 그리하여 여인은 신랑을 찾느라 고생한다(5:2-8). 여인은 예루살렘의 궁녀들에게 남편의 소재를 알려주기를 부탁하고, 예루살렘 궁녀들이 솔로몬의 무엇이 그렇게도 좋은지를 물어보자, 거기에 대해 여인은 남편의 잘난 점들을 찬미한다(5:9-16). 이에 궁녀들은 솔로몬왕의 소재를 알아볼 것이라 한다. 그러다가 여인은 솔로몬을 솔로몬의 동산에서 만나게 된다(6:2-3). 솔로몬은 아내의 아름다움을 다시 찬미하고(6:4-10), 신부는 이에 화답하면서 자신이 잠시 호도 동산에 내려갔던 일을 해명한다(6:11-12). 그때도 예루살렘 궁녀들은 신부에게 돌아오라고 권면했던 것이다(6:13-14). 그 이유는 술람미 여인이 호도 동산(솔로몬 동산)을 떠나, 왕궁으로 가려 했기 때문이다. 이 꿈은 3:1-5과 더불어 술람미 여인이 솔로몬을 지나치게 사모한 나머지, 신랑이 떠나갔을 경우 어떻게 할지를 생각함에서 나온 꿈이다. 그것은 일종의 사랑의 시련이라 할 것이다.

라. 사랑의 성숙 (7-8장)

"사랑의 시련을 극복한 남편과 아내의 부부관계는 깊어지고 성숙해진다"(이상근).

(1) 남편과 아내 (7:1-8:4)

1) 남편이 아내에게(7:1-9a) : 여기 남편은 아내의 미를 다시 한번 그리고 마지막으로 육체의 각 부분을 따라 찬미한다. 이러한 아내에 대한 찬미는 성숙한 사랑이 아니고는 불가능한 것이다. 부부간의 결혼 생활에서 행복한 가정이 되려면, 남편은 언제나 아내만을 사랑해야 하며, 아무리 못생긴 아내일지라도 아내가 제일 아름답다고 해야 한다.

2) 아내가 남편에게(7:9b-8:3) : 아내는 남편의 사랑을 받으면서(7:1-9a), 그

녀의 입으로 잠자는 자를 깨워 말하게 하기를 원한다(7:9b). 이는 교회가 전하는 복음을 통하여 자던 영혼들이 깨어 하나님을 찬미하게 된다는 것이다. 그녀는 진정한 사랑이란 피차 사랑하고, 피차 속하며, 피차 절대 필요로 사모하는 것이라 생각한다(7:10). "성도의 신앙도 자신이 하나님을 사랑하는 동시에 하나님도 자신을 사랑하심을 인식해야 하는 것이다"(이상근). 그녀는 남편에게 같이 포도원으로 가서 사랑을 나누고자 한다(7:11). 사랑은 어디에서나 나눌 수 있는 것인데, 하필 포도원으로 가서 나누자고 하는 것은 그들의 사랑이 원래 시골에서(술람미 여인의 옛집) 일어났기 때문이다. 사람은 저마다 은혜받았던 장소와 시절이 있다. 그리하여 신부는 새봄을 맞이하여 처음 만났던 시골 동네에서 신랑이 말했던 신혼여행을 (2:10-13) 갖기를 원하는 것이다. 시골에서 유숙한 신혼부부는 아침에 일찍 일어나서 들로 나가 봄의 즐거움에 잠기자고 한다(7:12). 거기서 신부는 즐거워 그녀의 사랑을 표시하며, 그녀의 애무를 그에게 주리라고 한다 (7:12). "이는 성도가 조용한 장소로 나가 주와 영교를 갖고자 하는 것의 그림자이다"(이상근). 신부는 자신이 신랑을 위하여 준비했던 것들을 공개한다. 임신을 촉진하는 합환채, 새것, 묵은 것의 각종 귀한 실과 등이다. "이는 성도들이 그리스도의 향기로서, 성령으로 말미암은 각종 열매를 맺어 주를 기쁘시게 하는 것을 예표하는 것이다"(고전 12:4-7; 갈 5:22-23, 이상근). 신부는 왕이 자신의 오라비였더라면 밖에서 입을 맞추어도 남들에게 혐오감을 주지 않았을 것이라고 한다(8:1). 신랑에 대한 신부의 지극한 애정을 표현한 것이다. 성도는 교회 밖에서도 자신이 예수 믿는 자임을 나타내야 한다. 신부는 또 "내가 너를 이끌어 내 어미 집에 들이고 네게서 교훈을 받았으리라 나는 향기로운 술 곧 석류즙으로 네게 마시웠겠고 너는 왼손으로 내 머리에 베개하고 오른손으론 나를 안았으리라"고 한다(8:2-3). 신부는 어미의 집 밖에서도 신랑에게 입을 맞추었을 것이고, 안에서도 신랑으로부터 교훈을 받았을 것이며, 신부는 신랑에게 "석류즙"(사랑의 술)

을 주어 마시게 했을 것이고, 그러면 너는 나를 포용했을 것이라고 한다. 어미의 집에서 "솔로몬이 간직한 무한한 지혜를 통하여 교훈을 받음은 하나님 나라에서 성도들과 그리스도 사이에 있을 거룩한 즐거움의 그림자일 것이다"(이상근).

3) **아내가 궁녀들에게**(8:4): 이는 2:7, 3:5에도 나온 것으로, 사랑을 주고받은 후에 오는 깊은 잠에서 깨우지 말란 것이다. 이는 다시 무대가 예루살렘의 궁으로 옮겨 갔음을 보여준다.

(2) 사랑의 성숙 (8:5-14)

이는 본서의 결론부로서, 솔로몬과 술람미 여인의 사랑의 절정을 보여준다. 시골 사람들, 남편과 아내, 아내와 남편 간의 대화극으로 진행된다.

1) **시골 사람들의 질문**(8:5a): 이는 예루살렘에서 신부의 고향으로의 신혼여행 하는 행렬을 두고 한 말로서, 신부는 솔로몬의 연을 타고 오기는 했지만(3:7), 먼 길을 오느라고 지쳐 있었고, 또 신랑을 너무 사랑함으로 그의 품에 의지하여 멀고도 거친 광야 길을 행진하여 온 것이었다. "이는 성도들이 그리스도를 의지하여 거친 세상을 살아가는 것을 가리킨다"(이상근).

2) **남편이 아내에게**(8:5b): 이는 신랑의 추억으로, 솔로몬이 술람미 여인을 처음 만났을 때, 그녀는 자신의 어머니가 그녀를 낳은 사과나무 아래서 잠자고 있는 것을 솔로몬이 깨운 것이었다. 여기 "사과나무"는 인류의 죄를 상징하고(유대의 전설은 아담과 하와가 따먹은 선악과는 사과였다고 한다), 그 죄를 대속하신 그리스도의 십자가를 상징한다. 또 어미의 산고 역시 그리스도의 고난을 가리키므로, 여기 그리스도가 십자가의 고난을 통하여 인류를 사망의 잠에서 깨우쳐 구원하신 속죄의 그림자를 볼 수 있다(이상근).

3) **아내가 남편에게**(8:6-7): 아내는 남편을 향하여 자기를 인같이 마음에

품고 도장같이 팔에 두라고 한다. 즉 자신을 인장과 같이 소중하게 간직해 줄 것을 원한다. 자신을 가장 소중한 사람으로 알아달라는 것이다. 부부는 한 몸이기에 이는 남편이 아내에게 하는 말도 될 것이다. 성숙한 부부는 서로를 중히 여기고 서로를 소중하게 여겨야 한다. "사랑은 죽음 같이 강하고 투기는 음부같이 잔혹하며 불같이 일어나니 그 기세가 불과 같으니라"(6절). 신부는 신랑에게 자신을 인과 같이 소중하게 간직해 줄 것을 청하고는, 그들 사이의 사랑이 얼마나 강한지를 고백한다. 사랑은 죽음 같이 강하다는 것이다. 그것은 생명을 건 사랑이란 것이다. "투기"는 사랑의 다른 표현으로서, 자기 남편의 사랑을 다른 사람에게 뺏기지 않겠다는 것이다. 여기에 부부간의 죽음 같이 강한 사랑이 나타난다. 남은 자는 죽음을 각오하고 하나님을 사랑해야 한다. "그것은 그리스도와 교회(성도)간의 사랑의 모형인 것이다. 과연 그리스도는 십자가의 죽음으로 성도에 대한 사랑을 나타내셨으니 성도들도 생명을 건 사랑으로 응답해야 할 것이다"(롬 5:6-8, 고후 5:14, 이상근). 여인은 또 "이 사랑은 많은 물이 꺼치지 못하겠고 홍수라도 엄몰하지 못하나니 사람이 그 온 가산을 다 주고 사랑과 바꾸려 할지라도 오히려 멸시를 받으리라"고 한다(7절). "사랑은 여호와의 불과 같은 불이므로, 많은 물이나 홍수라도 이를 끄지 못하고, 엄몰하지도 못한다. 사랑은 가장 고귀한 것이기 때문에, 세상의 어떤 보화와 바꾸려 해도 되지 않고, 오히려 멸시를 받는다는 것이다"(이상근). 여기에 사랑의 성숙이 나타난다. 성숙한 사랑에서 나오는 투기는 사랑의 다른 표현이다. "남은 자"는 목숨을 걸고 주님을 사랑하는 자다.

4) 아내의 형제들(8:8-9): 이는 신부의 오라비들이 술람미 여인의 결혼 이전 어릴 때 그녀에게 조롱조로 한 말을 기억해 낸 것이다. 그때 그 오라비들은 술람미 여동생이 아직 어리다고 놀렸고, 그런 누이가 청혼을 받을 때 누이의 순결을 지켜주고 그녀를 행복한 길로 인도하기 위해 "우리는 오라비의 입장에서 어떤 일을 할꼬" 하는 것이다(8절). 여기 오라비들은

그리스도의 승천 이후 처음으로 교회에 들어온 유대인과 이방인들로 해석된다(Beza, Hengstenberg, by 이상근). 이 오라비들은 "그가 성벽일진대 우리가 은망대를 그 위에 세울 것이요 그가 문일진대 우리는 백향목 판자로 두르리라" 한다(9절). "성벽"은 여자의 처녀성을 상징하고, "은망대"는 그 처녀성을 지켜주는 망대를 가리킨다. "그가 문일진대 우리는 백향목 판자로 두르리라"는 것은 누이가 개방적이어서 그녀의 순결에 위험성이 있으면, 우리는 백향목 판자로 그 문 앞을 안전하게 보호하겠다는 것이다. 여기 "성벽"은 견고성(순결을 지키려는)을, "문"은 나약성을 상징한다(Delitzsch, 이상근). 그리스도의 교회가 신앙의 순결을 지키기 힘들어할 때, 이스라엘의 교회(유대적 그리스도교)가 그들의 보호자가 된다는 뜻이다.

5) **아내가 모든 자에게**(8:10-12): 이는 술람미 여인이 모든 자들 앞에서 자신의 순결함을 천명하며, 자신의 부요함을 선언한 것이다. "나는 성벽이요 나의 유방은 망대 같으니"(10절). 술람이 여인은 오라비들의 우려의 말을 받아 대답하며 모든 자에게 해명한다. 자기는 순결 문제에 있어 "성벽"과 같으며, 어리다는 문제에 대해서는 자신의 유방이 성숙해졌음을 알린다. "그러므로 나는 그의 보기에 화평을 얻은 자 같구나"(10절). 그녀가 성숙한 여성이 되었으므로 솔로몬왕은 그녀를 사랑하고, 그 사랑에서 평안을 누린다는 것이다. 이는 교회가 성숙함으로 그리스도에게 기쁨과 평안을 드리는 것을 말하는 것이다(이상근). "솔로몬 너는 일천을 얻겠고 실과 지키는 자도 이백을 얻으려니와 내게 속한 내 포도원은 내 앞에 있구나"(12절). 솔로몬은 소작인들이 바치는 은 1천을 얻겠고, 왕은 포도원 지기에게 2백을 준다. 그러나 술람미 여인은 그 포도원 자체를 소유하는 것이다. 신부의 부요함을 말한 것이다(엡 1:18). "아무것도 없는 자 같으나 모든 것을 가진 자로다"(고후 6:10).

6) **남편이 아내에게**(8:13): "너 동산에 거한 자야 동무들이 네 소리에 귀를 기울이니 나로 듣게 하려무나." 이는 14절과 더불어 본서의 행복한 결론으

로, 신랑은 신부에게 노래를 청하는 것이다. 이는 그리스도께서 교회의 찬미나 복음 전도의 소리를 듣기를 원하시고, 교회의 친구들(구약의 성도들이나 천군 천사들)도 원한다는 것이다.

7) **아내가 남편에게**(8:14) : "나의 사랑하는 자야 너는 빨리 달리라 향기로운 산들에게 노루와도 같고 어린 사슴과도 같아여라." 이는 술람미 여인이 부른 노래의 내용으로서, "신랑은 빨리 달려오라"는 것이다. 아가는 술람미 여인의 말에서 시작하여 그녀의 노래로 끝을 마치며, 간절한 사랑의 갈구에서 시작하여(1:1) 재림의 간절한 대망으로(8:14) 마친다. 술람미 여인의 노래는 솔로몬이 빨리 달려 자신에게로 오라는 것이다. 이와 같이 아름다운 결론은 성도들이 그리스도의 재림을 고대하는 모습을 그림자로 보여준다(빌 3:20-21). "'향기로운 산들'은 하나님의 나라, 신천신지의 모습을 가리키고(계 21:1,10), '빨리 달리라'는 신부의 소원은 '아멘, 주 예수여 오시옵소서'(계 22:20) 하는 성도들의 기도의 그림자인 것이다"(이상근).

6. 전도서에 나타난 "남은 자" 계시

전도서(傳道書)는 히브리 성경에 있는 '코헬렛'의 우리말 책명이다. 히브리어 '코헬렛'은 "회중"을 뜻하는 명사 '카할'에서 온 것으로, "회중(會衆)을 인도하는 자"란 뜻이다. 그것은 회중을 위해 설교하는 자, 회중을 가르치는 교사를 뜻한다. 이 책은 한 교사가 지혜자로서, 이스라엘 백성에게 "남은 자의 삶"을 가르친 책이다. 이 책엔 "헛되다"는 말이 38회나 사용되고 있어, 인생의 무상함, 불가지성, 믿을 수 없음을 거듭 강조하고 있는 점이 특색으로 되어 있다. 구약시대는 그리스도가 지상에 오시지 아니하고, 하늘이 닫혀 있는 시대이기에, 즉 예언(약속)이 많고, 묵시(성취)가 적은 시대이기에, 종말론과 내세론이 약한 가운데 있는 것이다(1-6장). 그리하여 어떤 자들은 이 책을 허무주의를 말하는 책이라 한다(Heine). 그러나 또 어떤 사람들은 오히려, 그런 허무를 느낄 수밖에 없는 상황 속에서도 기쁨을 찾는 끈질긴 낙관론을 보여주는 책으로 간주한다(Delitzsch). 이 둘은 다 옳다. 그리하여 우리는 이 책에서 그런 허무성 속에서 남은 자는 어떤 삶을 살아야 하는지, "남은 자" 계시를 볼 수 있다. 이 책의 주제는 12:13, "하나님을 경외하고 그의 명령을 지킬지어다"라 할 수 있으며, 그 주지(主旨)는 "남은 자"는 허무성으로부터 해방된 자(1-6장), 곧 "야웨를 경외하며, 분복을 누리는 자(7-12장)이다"는 것이다. "남은 자"는 해 아래 세계는 허무한 것을 인정하고, 해 위의 지혜를 따라 하나님을 경외하며 살아가는 자다. 우리는 이 책에서 "남은 자"는 어떻게 살아야 하는지, **남은 자의 삶**을 읽을 수 있다. 신약 시대, 메시아 시대의 "역리"를 예견할 수 있다.

전도서는 크게 나누어, "해 아래의 허무성"과(1-6장) "해 위의 지혜의 말씀(7-12장)"으로 볼 수 있다(Deane, by 이상근). 전자에서는 이 땅에서의 허무성을 주로 논하고, 후자에서는 참 지혜의 길(7장), 왕명을 지킬 것(8장), 역리에서의 축복(9장), 우매한 길을 삼갈 것(10장), 현재의 중요성(11-12장) 등 지혜 그 자체를 논하고 있기 때문이다. 인생의 허무함을 논한 전도자는 7장에서부터는 보다 엄숙하고 진지해져서, 죽음을 생각하고 준비하는 것이 지혜임을 밝히며, 참 지혜가 무엇인지를 논한다. 인생의 허무함을 논하고, 그 해결책을 제시한다. 남은 자는 "공허"와 "혼돈"과 "허무"와도 싸워야 한다(창 1:2-3). 해 위의 지혜로서 해 아래의 허무성을 극복하라는 것이다. 그리하여 7장과(7:16-18) 9장에는(9:11) 메시아 시대의 역리가 나와 있다. 전도서는 단지 허무를 논한 책만이 아니다. 전도서까지도 메시아 시대를 예견시키고 있다.

가. 해 아래의 허무성(1-6장)

(1) 새것이 없음(1:2-11)

"이는 인생의 허무성을 전반적으로 논한 것으로, 본서의 서론이요, 주제다. 만물과 인간사 만사가 끝없이 유전하고 허무하다는 것으로 본서 전체에 흐르고 있는 사상이다"(이상근). "헛되고 헛되며 헛되고 헛되니 모든 것이 헛되도다"(2절). "이미 있던 것이 후에 다시 있겠고 이미 한 일을 후에 다시 할지라"(9절). 이 세상에는 양적인 "새것"('네오스')만 있을 뿐, 질적인 "새것"('카이노스')은 없다는 것이다. 만물은 이 무의미한 반복에 지쳐 있다(8절). 이는 남은 자의 삶은 "새것을 추구하는 삶"인 것을 보여준다.

(2) 해 아래의 허무성(1:12-2:26)

"전도자의 인생 탐구와 그 결론이다. 즉 전도자가 이스라엘의 왕으로 부귀와 권력과 지혜를 총동원하여 인생을 탐구한 결과는 "허무"였던 것이다"(이상근). 남은 자가 되지 않은 인생은 죄악의 인생이요, 따라서 허무한 인생이다.

1) **인간 지혜의 허무성**(1:12-18): "전도자는 먼저 그의 탁월한 지혜로 인생을 탐구하나 대답은 허무였다"(이상근). "지혜가 많으면 번뇌도 많으니 지식을 더하는 자는 근심을 더하느니라"(18절). 남은 자는 참 지혜를 가진 자다.

2) **향락의 허무성**(2:1-11): "인생 문제를 지혜로 해결하는 데 실패한 전도자는 다음으로 향락의 길을 택하였고 또 사업을 크게 벌였으나 그것 역시 허무한 것이었다"(이상근). "나는 내 마음에 이르기를 자 내가 시험적으로 너를 즐겁게 하리니 너는 낙을 누리라 하였으나 본즉 이것도 헛되도다"(1절). 그러기에 남은 자는 "참 향락을 추구하는 자"이다. 이 참 향락은 5장에서 설명된다.

3) 지혜의 허무성(2:12-17): 1:12-18에 이어, 지자(知者)와 우자(愚者)가 다 같은 일을 당하고, 다 같이 죽음으로 가기에, 지자가 우자보다 나은 것이 없고, 지혜도 허무한 것이다. "지혜자는 눈이 밝고 우매자는 어두움에 다니거니와 이들이 당하는 일이 일반인 줄을 내가 깨닫고"(14절). 그러기에 남은 자는 "참 지혜를 추구하는 자"이다.

4) 수고의 허무성(2:18-23): "일생에 수고한 모든 수고의 열매는 뒤에 오는 자에게 넘겨주는 것이 되므로 인생의 수고하는 것도 허무하다는 것이다"(이상근). 그러기에 남은 자는 "참 수고를 추구하는 자"다. "참 수고"는 썩지 않는 양식을 위해 일하는 것이다(요 6:27).

5) 하나님으로 말미암은 행복과 죄인의 헛된 수고(2:24-26): 사람이 먹고 마시며 수고하는 가운데서 심령으로 낙을 누리는 것은 하나님의 축복이다. 그러나 하나님은 죄인에게는 노고를 주시고 저로 모아 쌓게 하사 하나님을 기뻐하는 자에게 주게 하신다. 이것도 헛되어 바람을 잡는 것이다. 남은 자는 하나님으로 인하여 먹고 마시며 수고하는 가운데서 심령으로 낙을 누리는 자다.

(3) 하나님의 예정 아래의 인생(3장)

천하만사가 하나님의 예정 아래에 있다는 것이다.

1) 만사에 때가 있음(3:1-9): 천하에 범사가 기한('크로노스')이 있고, 모든 목적이 이룰 때('카이로스')가 있다. 전자는 연대기적 시간을, 후자는 사건이나 내용적 시간을 가리킨다. 사건이나 내용이 없는 시간은 아무리 오랜 시간이어도 소용이 없다. 현재는 한정되어 있고, 내용이 없는 시간은 무의미하기 때문이다. 주어진 시간에 어떤 일을 하느냐는 인생의 의미를 위해 아주 중요하다. 이 사실을 알고 그때 맞게 일을 해야지, 그렇지 아니하면, 인간의 모든 수고는 헛되게 된다(9절). "주의 궁정에서의 한 날이 다른 곳에

서의 천날보다 나은즉 악인의 장막에서 사는 것보다 내 하나님의 성전 문지기로 있는 것이 좋사오니"(시 84:10). 남은 자는 하나님의 이런 섭리를 알아서, 그 섭리에 맞게 순종하며 사는 자다.

2) 때를 정하신 하나님(3:10-15): 이는 "전도서 중에서 가장 위대한 신앙고백적인 기록일 것이다. 이는 회의와 허무의 늪에 핀 아름다운 장미꽃과도 같다"(이상근). 이 신앙고백에는 일곱 가지 사실이 나타나 있다. 첫째는 하나님이 모든 것을 아름답게, 때를 따라 창조하셨다는 것이고, 둘째는 이 세상이 허무한 것은 하나님께서 사람에게 영원을 사모하는 마음을 주기 위함이라는 것이다. 셋째는 인간의 지식에는 한계가 있다는 것이고, 넷째는 사람이 사는 동안에 기뻐하며 선을 행하는 것보다 나은 것이 없다는 것이다. 다섯째는 사람마다 먹고 마시는 것과 수고함으로 낙을 누리는 것이 하나님의 선물이라는 것이고, 여섯째는 하나님의 행하심은 절대적이며 사람이 거기에 가감할 수 없다는 것이며, 일곱째는 하나님은 이미 지난 일을 다시 찾아 재현시키신다는 것이다. 이는 남은 자들의 신앙고백이라 할 것이다.

3) 인간의 종국은 죽음(3:16-22): 이는 3:1-9의 "만사에 때가 있음"과 대응하는 항목으로, 3:1의 "죽을 때"를 설명한 것이다. 인간은 반드시 죽으며, 사람의 죽음은 그 속에 악이 있기에(16절), 짐승의 죽음과 일반이나, 다만 다른 점은 인생의 혼은 올라가고, 짐승의 혼은 내려가는 것이다. 죽음은 인간을 허무케 하며, 짐승과 동일하게 하는 제일의 요소다(18-19절). 그러나 인간의 혼은 올라가기에 짐승과 달라지는 길을 생각해 보게 된다. 올라간 인간의 혼은 다시 천국과 지옥으로 나뉘지며, 천국에 간 혼이(하나님을 경외하는 일을 한 자, 즉 자기 일을 한 자, 22절: 12:13) 영원한 생명을 누리는 것이다(신약의 계시). 그리하여 인간은 짐승과 다를 수가 있게 되고, 허무에서 영원히 해방된다. 이는 참 지혜(그리스도)만이 가르쳐 줄 수 있는 것이다. 여기에 남은 자의 구원사상이 있게 된다. 허무성과 하나님 예배(남은 자)를

대조하기 위함이다. 남은 자의 빛 하에서 허무성을 보고, 허무성의 빛 하에서 남은 자를 보라는 것이다.

(4) 허무한 인간사 (4-6장)

이 부분은 다시 인간고의 허무성(4장) 행복의 추구와(6장) 부귀의 허무성(6장)으로 구분된다. 허무성과 하나님 예배(남은 자)를 대조시키기 위함이다. 남은 자의 빛 하에서 허무성을 보고, 허무성의 빛 하에서 남은 자를 보라는 것이다.

1) **인생고의 허무성**(4장): 이는 1:12-2:26의 "해 아래의 허무성"과 대응하는 단락으로서, 3장의 "하나님의 예정 하의 인생"은 양 인생고의 허무성 단락 사이에 삽입되어 있다. 이러한 샌드위치 구조(ABA')는 샌드위치 시킨 부분과 샌드위치 된 부분을 서로 연관지어(대조하여) 읽으라는 것이다. 즉 인생고의 빛 아래에서 남은 자들을 보고, 남은 자들의 빛 아래에서 인생고를 보라는 것이다.

이 부분은 다시 "인간고의 허무성"(4장)과 "행복의 추구"(5장)와 "부귀의 허무성"(6장)으로 구분된다. 허무성과 하나님 예배(남은 자)를 대조시키기 위함이다. 남은 자의 빛 아래에서 허무성을 보고, 허무성의 빛 아래에서 남은 자를 보란 것이다.

2) **행복의 추구**(5장): 여기 "행복의 추구"는 하나님 예배(1-7절), 사회 부조리의 극복(8-17절), 분복의 즐거움(18-20절)으로 나누인다.

① **하나님 예배에서**: 세상적인 생활에서 사람은 행복과 만족을 얻지 못하고, 허무감을 느낄 따름이다. 그리하여 진정한 행복을 하나님 예배에서 찾는다는 것이다. 하나님 예배는 허무를 극복하는 해독제(antidote)다. 남은 자들은 하나님께 예배하는 자들이다. 이 "하나님 예배"는 다음에 나오는 "해 위의 지혜의 말씀"에 속할 수 있으나, 여기서는 4장이 허무성과

대조를 이루게 하려고 이곳에 있다.

② 사회 부조리의 극복에서: 하나님 예배를 장려한 전도자는 이제 사회의 부조리를 관찰한다. 즉 빈민을 학대하는 불의와(8-9절) 부를 모으고(10-12절) 지키려는(13-17절) 헛된 노력을 지적하면서, 이를 극복함으로 행복을 얻도록 가르치는 것이다. 남은 자들은 이러한 사회 부조리들을 멀리하며, 극복하고자 한다.

③ 분복의 즐거움에서: 위와 같은 과욕을 버리고, 수고하여 얻은 것으로 평안히 먹고, 생을 즐기는 것이 행복의 길이며, 남은 자들의 삶이다.

3) 부귀와 인간지의 허무성(6장): 전도자는 부귀의 허무성과(1-9절) 인간지의 허무성(10-12절)을 지적한다.

① 부귀의 허무성(1-9절): 인간의 모든 부귀의 허무성(1-2절), 많은 자녀와 장수의 허무성(3-6절), 인간 욕망의 허무성(7-9절)이 나와 있다. 남은 자들은 이 모든 허무성에서 해방된 자다.

② 인간지의 허무성(10-12절): 사람은 자신의 미래에 대해 전연 알지 못하나, 하나님은 그것을 예정하고 계신다. 미래는 사람이 알 수도 없고, 어떻게 할 수도 없는 일이므로, 현재에 최선을 다하는 것이 지혜 있는 길이다. 남은 자는 현재에 최선을 다하는 자들이다.

나. 해 위의 지혜의 말씀(7-12장)

7장부터는 지금까지의 허무성이 나타나지 않고, 지혜에 대한 깊은 철학이 전개된다. 즉 참 지혜가 무엇인지를 논한다. 그리고 서술적인 기술들이 갑자기 잠언적인 어투들로 바뀐다. 지혜를 생각하도록 하기 위해서다. **해 아래의 허무성을 인정하고, 해 위의 지혜로서 극복하라는 것**이다. 7:1-14는 6:12의 질문, "사람에게 무엇이 낙인지를 누가 알며 그 후에 해 아래서 무슨 일이 있을 것을 누가 능히 그에게 고하리요"에 대한 대답이다(Murphy,

WBC). 그 잠언들은 하나님으로부터 오는 지혜요, 땅에서부터 오는 타락한 인간의 지혜가 아니다. 이 지혜만이 해 아래 허무성을 극복할 수 있다. 그 지혜는 하나님을 경외하는 지혜이다. "남은 자"는 하늘 아래의 허무성을 하늘 위의 지혜("그리스도", 고전 1:24)로 극복하는 자다.

(1) 참 지혜의 길(7장)

1) **지자의 기본적 자세**(7:1-7): "이 부분은 그 형식이나 내용이 잠언과 흡사하다. 내용은 사람은 최선에 대한 확실한 지식은 없으나, 지혜로 말미암아 생의 기본적인 자세는 알 수 있다는 것이다"(이상근). 남은 자는 바로 이 참 지혜를 가진 자들로서, 이 지혜를 가질 때에 그들은 허무에 굴복하지 아니할 수 있다.

① **연락보다 슬픔을 택할 것**(1-3절): 참 지혜는 기쁠 때보다 슬플 때 얻는다. 기쁠 때는 하나님을 찾지 않지만, 슬플 때는 하나님을 생각하고, 죽음을 생각하기 때문이다. 그러기에 잔칫집에 가는 것보다 초상집에 가는 것이 나으며, 죽는 날이 출생하는 것보다 낫다. 사람의 결국은 누구든 죽는 것이므로, 초상집에 가서 미리 죽음을 생각하고, 준비하는 것이 잔칫집에서 뜻 없이 즐기는 것보다 낫다는 것이다. 알렉산더 대왕의 부왕 빌립(Philip)에게는 매일 정시에 와서 왕이 무엇을 하든 상관없이 "폐하는 돌아가십니다"라고 일러 주는 시종이 있었다고 한다. "슬픔은 사람의 내면을 알게 하여 배우고 얻는 바가 있고, 웃음은 인생의 외면을 스쳐 지나가고 남는 것이 없기 때문에 전자가 나은 것이다"(이상근). "고통하는 것은 배우는 것이다"(헬라 격언). 인간은 엄숙해질 때 지혜에 가까워진다. 죽음을 생각할 때, 내세를 생각하게 된다. 내세를 생각할 때 허무함을 극복할 수 있다(3:11).

② **우매자의 노래보다 지혜자의 책망을 택할 것**(5-7절): 지혜자의 책망을

듣고 순종하는 것은 복을 받는 길이고(잠 13:1; 17:10), 우매자의 웃음소리, 잔칫집의 연락에서 부르는 노래 같은 세속적인 노래는(욥 21:12; 암 6:5) 솥 밑에서 가시나무의 타는 소리 같은 소음이다. 하나님을 경외하지 않는 우매자의 웃음소리나 노래는 소음인 것뿐이지, 아무 유익도, 뜻도 없다는 것이다(시 58:9; 120:4).

2) 더 나은 길(7:8-14): 더 나은 길 세 가지를 열거하고(8-10절), 그것에 결부시켜 지혜의 아름다움을 높인다(11-14절).

① 더 나은 길 세 가지(8-10절): 일의 끝이 시작보다 낫고, 참는 마음이 교만한 마음보다 나으며, 오늘이 옛날보다 낫다. 모두 "오래 참음"을 장려 하는 말이다. 다시 말해, "오늘이 옛날보다 낫다"는 것이다. 남은 자는 마 지막을 중요시한다. 끝이 잘되어야 하고, 끝에 가서 이겨야 하고, 끝까지 참아야 한다. 미래를 바라보는 자는 허무를 극복할 수 있다.

② 지혜를 찬양함(11-14절): 지혜는 유업(돈)과 더불어 인간의 생명을 보 존케 한다. 돈에 지혜가 보호받아 안전하게 되고, 지혜에 돈이 보호받아 안전하게 보존된다(11-12). 그러나 지혜는 사람의 생명을 지켜주기 때문에 (잠 3:18), 돈보다 더 아름다운 것이다. 성자와(요 5:21) 성령께서(요 6:63) 사람 의 생명을 지켜주시기에, 지혜(지식)는 여기서 "성령의 그릇으로 표현되어 있다"(이상근). 남은 자들은 언제나 성령과 함께하는 자들이다. 하나님의 지혜와 능력은 헤아릴 수 없다(13-14절). 그가 굽게 하신 것을 아무도 곧게 할 수 없다. 하나님은 인간에게 형통한 날과 곤고한 날을 주셨다. 그리하 여 인간으로 하여금 장래 일을 헤아릴 수 없게 하셨다. 이는 인생으로 하여금 하나님께 전적으로 의지하게 하기 위해서다.

3) 절제할 것(7:15-22): 하나님은 예외적으로 선인에게 고난을 주고, 악인 에게 복을 주는 일을 하시기에, 무엇이든 지나친 것을 경계하라는 것과 (15-18절), 실생활에서의 지혜를 말한 것이다(19-22절). 이는 동양의 중용지 도(中庸之道)나 과유불급(過猶不及)에 해당하는 것으로서, 남은 자의 삶을 언

급한 것이다. 욥은 하나님을 경외함으로, 상선벌악의 원칙을 벗어나는 하나님의 섭리를 이해하는 자가 될 수 있었다. 이런 자는 허무한 세상 속에서도 하나님의 영원한 세계를 믿을 수 있다.

① 지나친 것을 경계하고 절제를 권함(15-18절): "자기의 의로운 중에서 멸망하는 의인이 있고 자기의 악행 중에서 장수하는 악인이 있으니 지나치게 의인이 되지 말며 지나치게 지혜자도 되지 말라 어찌하여 스스로 패망케 하겠느냐"(15-16). 메시아 시대(하나님의 은혜 방출 시대)를 두고 한 말씀 같다. 바리새인들은 자기 의를 지나치게 주장하는 자들이고, 세리와 죄인들은 지나치게 자기 죄를 비관하는 자들이었다. 전자는 유대인들이고, 후자는 이방인들이다. 유대인이나 이방인이나 다 죄 아래 있다. 자기 의를 지나치게 주장한다고 그 의로 구원을 받는 것이 아니고, 자기 죄를 지나치게 비관한다고 구원받지 못하는 것이 아니다. 유대인이나 이방인이나 다 믿음으로, 하나님을 경외함으로 구원을 받는다. 상선벌악의 원리를 지나치게 주장하지 말 것이다. 욥의 세 친구는 이를 지나치게 주장하다가 하나님으로부터 꾸지람을 받았다(욥 42:7). "너는 이것을 잡으며 저것을 놓지 마는 것이 좋으니 하나님을 경외하는 자는 이 모든 일에서 벗어날 것임이니라"(18절). 욥처럼, 하나님을 두려워함으로, 양극을 극복하라는 것이다. "전도자에 있어 중용지도(中庸之道)는 하나님을 두려워함으로 양극을 극복하라는 것이다"(이상근). 하나님을 경외하면, 양극으로 나가는 것을 막을 수 있다는 것이다. "하나님을 경외하는 것은 결코 지나쳐 잘못되지 않는다"(St. Gregory). 하나님을 경외하는 자는 자신의 의에 교만하지 않고, 자신의 죄에 낙망하지 않는다. 이 구약 시대 "하나님 경외"는 신약 시대 "예수를 믿는 것"에 해당한다. 그리스도인은 흔히 "사함받은 죄인"이라 한다. 그것은 지나치게 의로운 자도 아니요, 지나치게 불신자도 아니란 것이다. 그리스도인은 그리스도의 죄 용서를 받고, 다시는 죄 안 지으려고 애쓰는 자이다. 그리하여 이 말씀은 신약의 "의인이면서 죄인, 즉 사함받은 죄인"을

그림자로 보여주는 것이라 할 수 있다. 지나치게 자기 의를 주장하지도, 지나치게 자기 죄를 비관하지도 말라는 것이다.

② **실생활에서의 지혜를 말함**(19-22절): "지혜가 지혜자로 성읍 가운데 열 유사보다 능력 있게 하느니라"(19절). 여기 "지혜"는 "하나님 경외"를 가리키며, 하나님 경외는 양극을 피하게 하고, 열 유사(권력자)의 보호를 받는 것 이상으로 그의 지혜가 그를 보호한다는 것이다. 하나님을 경외하는 것이 지혜의 근본이다(잠 1:7; 9:10; 15:33; 시 111:10; 욥 28:28; 사 11:2). 이유는 선을 행하고 죄를 범치 아니하는 의인은 세상에 없기 때문이다(20-22절). 즉 인간은 누구나 완전치 못하기에, 언제나 하나님을 경외하고, 그로부터 받는 지혜로 살아야 한다. 인간은 언제나 부족한 존재이기에, 지나치게 자신을 의인시하거나 죄인시하여, 남들이 하는 말이나 여론에 너무 신경을 쓰지 말라는 것이다(삼하 16:5-8; 시 38:13; 고전 4:3-4 참조). 이 세상은 인간의 타락으로 인해 어떤 미치광이가 쇼윈도에 진열해 놓은 물건 정가표를 거꾸로 매겨 놓은 것과 같은 곳이다.

③ **지혜의 무궁성**(23-29절): 전도자는 마음을 다하여 지혜를 궁리하였으나 지혜에 미치지 못했다(23절). 하나님의 지혜는 일반 사람들에게는 감춰진 지혜이기에, 사람들의 노력으로는 깨달을 수가 없는 것이다. "전도서에서는 '지혜와 의(義)'가 동일시된다. 완전한 의인이 없으므로(20절) 근본적인 지혜자도 없는 것이다"(이상근). 만물의 이치가 숨겨져 있는 것이다(24절). "하나님의 모든 행사를 살펴보니 해 아래서 하시는 일을 사람이 능히 깨달을 수 없도다 사람이 아무리 애써 궁구할지라도 능히 깨닫지 못하나니 비록 지혜자가 아노라 할지라도 능히 깨닫지 못하리로다"(8:17). "하나님의 모든 행사"는 하나님께서 인간 역사와 개인의 일생을 섭리하시는 일들이다. 그 일들을 아무리 깊이 연구하여도 연구하면 할수록 점점 알지 못하게 된다. 전도자는 하나님의 실재와 인간 만사가 그의 섭리 아래에 있는 것을 믿으나, 그 내용은 불가지라는 것이다(3:11; 7:24). "내가 마음을 다하여

이 모든 일을 궁구하며 살펴본즉 의인과 지혜자나 그들의 행하는 일이나 다 하나님의 손에 있으니 사랑을 받을는지 미움을 받을는지 사람이 알지 못하는 것은 모두 그 미래임이니라"(9:1). 그가 궁구하여 알아낸 것은 고작 인간의 타락에 있어 여자가 남자보다 더 타락하였다는 것이다. 온전한 남자는 드물고, 온전한 여자는 없다는 것이다. 하나님은 원래 사람을 정직하게 만드셨으나, 사람은 여러 가지 악한 꾀를 내므로 부정직하게 되었다(29절). 이런 가운데서 신약의 남은 자된 교회는 구약의 성도들이 알지 못하는 하나님의 행사들, 율법의 세계를 지나 은혜의 세계를, 미래에 일어날 일들을 알고 있는 것이다. 이 얼마나 큰 축복인지 모른다. 지혜의 무궁함을 알 때, 해 아래의 허무성을 극복할 수 있다.

(2) 왕명과 하나님의 명령을 지킬 것(8장)

8장은 지혜의 말씀의 둘째로, 왕명을 지키라는 것과 하나님의 명령을 지키라는 것이다. 왕명을 지키라는 내용이 나오고(1-8절), 역리 속에서 하나님을 경외함으로 축복을 누릴 것을(9-17절) 말한다.

1) **왕명을 지킬 것**(8:1-8): 여기 "왕"은 하나님의 선택과 하나님을 가리켜 한 서약으로 세운 자이기에, 또한 땅에서 하나님 같은 권세를 가진 자요, 또 기름부음을 받은 자이기에(삼상 24:7; 삼하 1:14; 16:9; 잠 24:23; 전 10:29), 왕과 하나님을 한통속으로 보아, 명령하는 난에 왕과 하나님을 나란히 놓는다. 그리스도는 하나님이 세우신 왕이시다.

2) **역리**(逆理) **속에서 하나님을 경외할 것**(8:9-17): "역리(8:10-12a절) – 하나님 경외(12b-13절) – 역리(14절) – 분복(15절) – 인간의 무지"의 구조로 되어 있다. 역리와 무지의 세상 속에서도 하나님을 경외하며 분복(分福)을 누리라는 것이다. 내게는 역리같이 보일지라도, 하나님께는 역리가 되지 않는 것이다.

(3) 역리 속에서도 역사하시는 하나님 (9장)

전도자는 여전히 인간사 만사가 역리와 불가지의 미궁에 싸인 것을 느끼면서도 몇 가지를 분명히 한다. 그것은 인간사는 역리처럼 보인다는 것(1-6절), 그 역리 속에서도 사람은 분복대로 살아야 한다는 것(7-10절), 세상은 역리투성이라는 것(역리가 판을 친다는 것, 11-18절)이다. 그 이유는 시기 (time)와 우연(chance)이 모든 사람에게 임하기 때문이다. 하나님은 사랑이 너무 크셔서 악인도 사랑하시기 때문이다. 그렇기에 잘한다고 너무 뽐내지도 말고, 못한다고 너무 낙망치도 말 것이다. 이 세상 모든 것이 다 하나님의 손안에 있음을 기억하고, 분복에 만족할 것이다. 3장이 "때와 기한"을 말한 것이라면, 9장은 "때와 기회"를 말한 것이다. 이러한 본서의 "허무"와 "역리" 강조는 메시아 시대의 대사면, 대 역리를 그림자로 보여준다(눅 1:46-56; 4:18-19). 전도서의 세상관은 허무하고 모순투성이의 역리가 판치는 세상이다. 이런 가운데서 하나님은 구원의 역리를 일으키셨다. 그것은 멀리 창세 시의 혼돈과 공허를 배경하여(창 1:2), 인간 범죄와 타락의 결과에서 오는 허무성과, 이를 구하기 위한 하나님의 아들의 성육신(하나님이 사람이 되심) 및 모든 인간의 속죄를 위한 제물이 되심을 믿는 믿음으로 구원을 받는 메시아 시대를 그림자로 보여준다. 메시아 시대는 역리의 시대로서(마태복음 1장의 예수님의 족보, 누가복음 15장의 세 비유 참조), 지혜롭고 슬기로운 자들에게는 자신을 숨기시고 어린아이들에게는 자신을 나타내시며(마 11:25), 포로 된 자가 자유인이 되고, 눈먼 자가 다시 보게 되며, 눌린 자를 자유케 하고 주의 은혜의 해를 전파하는 시대이다(눅 4:18-19). 이러한 사실을 생각할 때, 해 아래의 허무성과 역리를 극복할 수 있다. 이는 7:16의 "지나치게 의인이 되지 말며 지나치게 지혜자도 되지 말라", 7:17의 "지나치게 악인이 되지 말며 지나치게 우매한 자도 되지 말라"와도 관계가 있다.

(4) 우매한 일을 삼갈 것(10장)

이는 9:17의 "우매자" 주제를 확대한 것으로서, 지혜자(의인)가 되고 우매자(악한 자)가 되지 말 것을 경고한다. 남은 자는 지혜자가 되고, 어리석은 자가 되지 말라는 것이다. 우매자의 당돌함을 삼갈 것(1-11절), 우매자의 수다를 삼갈 것(12-20절)의 순으로 나와 있다. 하나님을 경외치 않음은 우매한 일이다.

(5) "현재"의 중요성(11:1-12:8)

"전도자의 마지막 권면"(Barton)이라 불리는 이 부분에서 그는 "현재"에 충실할 것과(11:1-8) 청년기에 창조자를 기억할 것을(11:9-12:8) 권면한다(이상근). "현재"는 사람으로 말하면 "청년"과 같은 시기이고, "청년"은 시간으로 말하면 "현재"와 같은 인간이다. 허무하고 미래를 알 수 없는 인생을 사는 가운데서, 현재는 너무도 중요한 시간이다. 남은 자는 현재를 중요시하는 자들이다.

1) 현재에 충실할 것(11:1-8): 장래 일은 알지 못하고 헛된 것이기 때문에 현재 일에 충실하고, 적극적이기를 권한다. 미래와 주위를 너무 따지다 보면, 현재를 놓치고 만다. 풍세를 너무 살피다 보면 파종하지 못하고, 구름만 바라보는 자는 거두지 못한다. 비만 기다리고 있다 보면 농사를 하지 못한다. 잘 될는지, 못 될는지 모르는 가운데서도 현재에 일하라. 모험하라. 그것이 바로 지혜로운 삶이다. 너무 미래를 계산치 말고, 현재에 과감하게 투자하란 것이다. 하나님의 섭리를 알지 못하니, 결과는 하나님께 맡기고, 현재에 최선을 다하라는 것이다. 최선을 다하는 것은 현세를 오래 살고 또 즐겁게 사는 것이다. 즉 살아 있는 동안 몸이 건강해서 먹고, 마시고, "분복"을 즐기는 것이다(6:6). 그 분복은 그 심령에 낙이 족하며, 영혼이 만족하며, 그 몸이 매장됨, 즉 "끝이 잘 되는 삶"을 가리킨다(6:3).

그렇지 않으면, 천년을 산다 해도 다 헛된 것이다.

2) **청년기에 창조자를 기억할 것**(11:9-12:8): 청년기는 시간으로 말하면 "현재"와 같은 시기이기에, 청년기에 창조자를 기억하라고 한다. 그것도 "어릴 때와 청년의 때"에 그렇게 하라고 한다. 어릴 때와 청년의 때(youth and the dawn of life)는 "어린 청년기"로서, 청년의 때 중에서도 할 수만 있으면 일찍 기억하라고 한다. 인간은 미래를 알 수 없기 때문이다. 분복을 누리고(2:24; 3:12; 5:17-19; 7:14; 8:15; 9:7-9), 여호와를 경외하는 것은(5:7; 8:12-13; 12:1-8, 13 등) 본서가 애써 강조하는 주제이다. 하나님은 모든 행위와 모든 은밀한 일들을 심판하시기 때문이다(11:9; 12:14). 세상 끝에 상벌 간에 "심판"이 있다는 사실은 인간으로 하여금 모든 허무성을 극복하게 한다(3:11).

(6) 결론(12:9-14)

이는 본서의 결론으로, 전도자의 지혜 예찬과(9-12절) 결어(13-14절)이다. "하나님을 경외하고 그 명령을 지키는 것"은 "영원불변한, 사람의 전부요, 의무요, 또 위하는 길인 것이다"(이상근). **"남은 자"는 허무하고**(공허), **혼란하고**(혼돈, 역리가 판치는 세상) **미래를 알지 못하는 세상이지만, 하나님을 경외하고 그의 명령을 지키며, 하나님의 분복대로 사는 자들이다.** 그들은 지나치게 의인도 아니고, 지나치게 악인도 아닌 자, 즉 사함 받은 죄인들이다. 그들은 해 아래의 허무함을 깨달아, 해 위의 지혜롭고 경건한 삶을 사는 자들이다. **그들은 이 세상의 역리들 속에서 메시아 시대의 대사면, 대 역리를 바라보는 자들이다.** "이 놀라운 책은 구약성서의 어느 곳에도 그렇게 밝게 나타나지 않은 진리를 선포함으로 끝을 맺는다. 그리고 이와 같이 하여 복음의 계시로 밝혀질 미래의 두려운 사실에 대해 보다 분명한 빛을 비춰주는 것이다"(Deane, by 이상근).

7. 에스더서에 나타난 "남은 자" 계시

성경에 여자의 이름으로 명명한 두 책이 있는데, 룻기와 에스더서가 바로 그러하다. 룻은 이방인으로 유대인과 결혼하여 다윗왕의 조상이 되고, 나아가 메시아의 조상이 되었다면, 에스더는 유대인으로 이방인 왕의 왕비가 되고, 유대민족을 위기에서 구출하게 된다. 본서는 "하나님"이란 말 한마디 없이 하나님(하나님의 섭리)을 증거하는 책이며, 세상의 모든 통치자 뒤에서 자기의 계획을 자기의 충성된 자들을 통하여 이루어 가시는 하나님을 보여준다. 바사 왕 고레스의 유대인 해방령으로 인해 무수한 유대인들이 예루살렘으로 돌아오는가 하면, 여러 가지 형편으로 바사에 그대로 머무는 유대인들이 있었다. 본서는 바로 이런 디아스포라 유대인들(산재한 유대인들) 가운데에서 일어난 일에 대한 기록이다. 그것은 **"남은 자의 살아남"**에 관한 책이다.

바사 왕 아하수에로는 연회석상에서 왕후 와스디에게 왕 앞으로 나오라는 전례 없는 요구를 했다. 왕후가 이에 불응하자 그녀는 폐위를 당하고, 많은 후보자 중에서 에스더라는 유대 여자가 선택되었다. 에스더는 부모가 없이 사촌 되는 모르드개의 양육을 받아 왔으며, 에스더가 왕후된 후로 모르드개도 후궁에 출입하게 되었다. 그 후로 이 모르드개는 왕을 암살하려는 간신들의 모의를 발견하여 왕의 생명을 구한 일도 있었다. 그러나 당시 왕의 총애를 받던 대신 하만은 유대인으로서 자기에게 꿇어 절하지 않는 모르드개를 증오한 나머지, 모르드개뿐 아니라 바사에 사는 그의 족속 유대 민족을 전멸할 계획을 왕의 인허 하에 세웠다. 모르드개가 왕후 에스더에게 이 비보를 통고하자, 에스더는 왕의 자격으로 자기의 민족을 위하여 희생적으로 왕에게 애소하였다. 그 결과 하만의 간계는 실패로 돌아가고 모르드개와 에스더가 득세하여, 하만과 그 일당을 바사 전역에서 일소(一掃)하고 유대인들은 구원을 받게 되었다(역전). 고대 바사에서 왕에게 꿇어 절하는 것은 신적 경배의 표였다고 하며(Herodotus), 모르드개가 그런 경배를 거부한 것은 여호와 한 분만을 경배의 대상으로 믿는(제1계명) 신앙 때문인 것으로 해석된다(Josephus, Keil-Delitzsch, Schultz). 모르드개와 에스더는 하나님 외에는 절하지 말라는 하나님의 계명을 선택한 남은 자들이었고(saved remnant), 동시에 유대인들을 구하는 남은 자(saving remnant)가 되었다. 그리고 유대인들은 구원받는 남은 자(saved remnant)가 되었다. "이 달 이 날에 유다인들이 대적에게서 벗어나서 평안함을 얻어 슬픔이 변하여 기쁨이 되고 애통이 변하여 길한 날이 되었으니 이 두 날을 지켜 잔치를 베풀고 즐기며 서로 예물을 주며 가난한 자를 구제하라 하매"(에 9:22). 이 승리를 기념하기 위하여 "부림절"이 발단된 것이다.

세상의 모든 통치자 뒤에서 자기의 계획을 자기의 충성된 자들을 통하여 이루어 가시는 하나님의 섭리를 본다. 하나님의 백성을 없애고자 하는 인간들의 계획은 수포로 돌아갔다. 죽을 수밖에 없던 민족이 살아나게 되었다. **하나님의 은혜로 남은 자가 된 것이다.** 에스더와 모르드개의 활약으로 죽을 수밖에 없었던 민족이 살아난 것은 예수 그리스도의 구속 사역으로 죽을 수밖에 없었던 인류가 살아나게 된 것의 모형이라 할 것이다. 유대인을 죽이려고 제비 뽑은 날이 그들의 원수들을 죽이고 도리어 승리한 날이 되었다. 독일의 히틀러가 유대인 600만 명을 가스실(gas chamber)에 넣어 죽였지만, 영적인 유대인은 죽이지 못했다. 남은 자는 죽을 뻔했다가 하나님의 은혜로 살아난 자들이다. 오늘도 하나님의 남은 자는 세상이 죽이지를 못한다. 남은 자는 끝까지 인내함으로서도 되지만, 하나님의 은혜로도 된다.

8. 예레미야애가에 나타난 "남은 자" 계시

예레미야애가는 선지자 예레미야가 예루살렘의 멸망의 참상을 보고 슬퍼한 것으로서, "민족을 대표하는 죄악의 고백을 내포하고 있으며, 역대의 선지자들의 교훈과 예언의 말씀을 정당화하는 신앙의 읍소가 있다. 그것은 이 슬픔에 대한 피상적인 표현이 아니라, 민족의 공동적 비참에 전 영혼을 경주하는 심오하고 진실한 애가이다. 저자는 대중이 당하는 고통을 친히 자기의 몸 위에 지우고 절실한 비탄을 느끼며 이를 본서 위에 토로하고 있다"(김윤국). 그것은 예수 그리스도의 슬픔을 예표하며(눅 19:41-44), **남은 자**(예레미야)**의 슬픔**을 보여주는 것이라 할 수 있다.

이 애가는 **첫째**, 하나님의 징벌의 기관이 되는 원수에게 항복하고, 그 굴욕을 감수하는 것이 하나님의 뜻을 순종하고 새로운 소망을 견지할 수 있는 이스라엘 유일의 길임을 교훈한다. "여호와께서 야곱의 사방에 있는 자들에게 명령하여 야곱의 대적들이 되게 하셨으니 예루살렘은 그들 가운데 있는 불결한 자가 되었도다 여호와는 의로우시도다 그러나 내가 그의 명령을 거역하였도다"(1:17-18). 예레미야는 예루살렘의 멸망과 폐허가 바벨론이 아닌, 하나님의 행위라고 한다. 즉 범죄한 백성에 대한 하나님의 심판이라는 것이다. 그리하여 그 회복도 하나님으로부터 온다. "패배를 당한 민족이 전승자의 신을 섬기는 것은 빠지기 쉬운 당대의 민족적 시련이었다"(김윤국). 이런 가운데서 예레미야는 여호와 유일하신 참 하나님을 충성으로 섬길 것을 분명히 한다. 징벌의 기관인 원수가 분수에 넘친 악독을 이스라엘에게 행하였을지라도, 이스라엘은 인고(忍苦)로 그 보복을 역사의 주관자이신 하나님에게 맡기라는 것이다. **둘째**, 이 애가는 "구구절절 민족을 대표하는 죄악의 고백을 내포하고 있으며, 역대의 선지자들의 교훈과 예언의 말씀을 정당화하는 신앙의 읍소(泣訴)가 있다"(김윤국). "그의 선지자들의 죄들과 제사장들의 죄악들 때문이니 그들이 성읍 안에서 의인들의 피를 흘렸도다"(4:13). 예레미야는 예루살렘이 그와 같이 뜻밖에 함락된 원인은 "선지자들과 제사장" 즉 종교적 지도자들의 죄 때문이었다는 것이다. "선지자들"의 죄는 저들이 하나님의 계시를 받지 않고, 마음대로 거짓 예언을 한 것이며(애 2:9, 14), "제사장들의 죄"는 저들이 제물을 탐하여 형식적인 제사를 드린 것이다. "의인의 피를 흘림"은 이들이 진정한 예언자를 박해하며 죽인 것이다. **셋째**, 이 애가는 "회개"와 "회복"에 대한 진심에서 우러나오는 결의를 보여준다. "여호와여 우리를 주께로 돌이키소서 그리하시면 우리가 주께로 돌아가겠사오니"(5:21). "이는 기원과 결의로, 이스라엘 백성의 회개의 기도다"(김윤국). "기원"이란 하나님께서 저들을 돌이켜 달라는 것이고, "결의"란 저들이 하나님께 돌아가겠다는 것이다. 회개에는 인간의 결의가 필요하다. 그러나 인간의 결의만으로는 안 된다. 하나님의 인도가 있어야 한다. 하나님께서 먼저 인간의 죄를 사유하시고, 인간의 마음을 주께로 돌이키게 해주셔야 되는 것이다(렘 31:18-22). **넷째**, 이 애가는 "절망의 국가적 위기에서 국민적인 죄과와 그 결과로 온 무참한 심판을 애절히 받아들이는 동시에, 장래의 소망을 하나님에게서 찾아내는 선지문집의 극치이다"(김윤국). 이 노래는 소망을 잃지 않는 선지자의 노래이다. 그것은 "남은 자의 슬픔"을 노래한다. "이것을 내가 내 마음에 두었더니 그것이 오히려 나의 소망이 되었사옴은 여호와의 인자와 긍휼이 무궁하시므로 우리가 진멸되지 아니함이니이다 이것들이 아침마다 새로우니 주의 성실하심이 크시도소이다 내 심령에 이르기를 여호와는 나의 기업이시니 그러므로 내가 그를 바라리라 하도다 기다리는 자들에게나 구하는 영혼들에게 여호와는 선하시도다 사람이 여호와의 구원을 바라고 잠잠히 기다림이 좋도다"(3:21-26). 모든 선지자가 그러하듯이 예레미야는 죄와 심판과 회개의 저편에 소망이 있음을 확신하고 있다. 이스라엘의 장래가 하나님의 장래에 근원해 있는 것일진대, 우주의 대주재이신 하나님의 사랑은 반드시 승리를 이스라엘에게 가져온다는 것이다. 이상(以上)은 남은 자 된 하나님의 백성이 고난과 슬픔을 당할 때 가져야 할, 생의 자세이다.

9. 다니엘서에 나타난 "남은 자" 계시

다니엘서는 구약성서 가운데 가장 신약적이며, 묵시적인 예언서다. "그리스도교의 묵시적인 종말론은 다니엘서로부터 시작된다"고 할 것이다(마 24:15). 천사론(천사의 출현이 빈번함), 하나님의 나라와 메시아관(2:44; 7:13-14, 22; 12:1-2), 성도들(7:16, 21-22; 12:7 등), 부활과 심판(12:2-4), "영생"(12:2), "인자"(7:13; 10:16) 등 종말론에서(9:24; 11:32; 12:4,11-12) 현저히 신약적이며, 신상(神像)의 네 부분(2장), 네 짐승(7장), 숫자의 상징(7:25; 8:14, 25), 적그리스도(7:8; 8:9, 신약 시대와 가까운 주전 2세기경의 사건들을 기록하고 있음) 등, 구약의 예언과는 다른, 묵시적인 색채를 보여준다. 그리하여 히브리어 구약성경은 다니엘서를 일반 예언서들과는 달리, "성문서"로 취급하고 있다. "묵시"('아포칼립시스')는 "계시"('파네로시스'), "예언"('프로페테이아')을 지나, 가장 발전된 형태의 계시(신약의 계시들, 히 1:1, "하늘이 열리고"[마 3:16; 막 1:10; 눅 3:21; 행 7:56; 계 19:11])를 가리킨다. 그것은 신약의 하나님 나라 사상에 대표적인 전거 본문(proof text)이 되고 있다("New-Eschatology", Russel). 유대인들이 다니엘서를 예언서로 보지 않음은 "묵시"가 "예언"과 다른 부류의 계시임을 보여준다. 이 모두 "여자의 후손"의 출현이 가까왔음을 보여준다. 포로기에 기록된 에스겔서, 스가랴서, 다니엘서가 묵시서의 특징인 상징적이고도 비전적인(esoteric) 성격을 가진 것은 묵시의 시대가 될 메시아 시대를 준비하기 위함일 것이다(9:24). **묵시**는 **예언**과 그 내용이 다르다. 후자는 현세적, 지상적, 공개적인데 반해, 전자는 천적, 내세적, 비전적이다. 후자는 답습적, 통일적, 주관적인데, 전자는 독창적, 단편적, 객관적이며, 후자는 원리를 구현하나, 전자는 원리를 천명한다. 후자는 "말"을 주로 하나(들음), 전자는 "글"을 주로 한다(봄). 그러기에 묵시는 "새로운 표현 방식"으로서의 예언(prophecy in a new idiom)도, "예언의 총아"도 아니다. 그것은 그 나름의 독자적이고도 고유한 영역이 있다. 그것은 "그리스도교 신학의 모체이다"(Käsemann). "내가 주께 대하여 듣기만 하였사오나, 이제는 눈으로 주를 뵈옵나이다"(욥 42:5).

본서는 그 구조상 역사 편과(1-6장) 계시 편으로(7-12장) 양분된다. 전편은 다니엘(주전 606년경 10대의 소년 포로로 잡혀감)을 중심으로 한 역사로, 그와 그의 세 친구가 포로지 바벨론에서 확고한 여호와 신앙을 수호하고, 하나님이 주시는 특별한 지혜로 위기를 극복하며, 또 나라에서 총리로 중용(重用)이 된다는 내용이다. 후편은 다니엘이 본 환상을 통하여 그리스도가 오시기 전 이 세상 나라들의 미래를 예언하고, 메시아 왕국의 실현을 보여준다. 전편에서는 네 나라가 합하여 하나의 신상의 모습으로 나타나고(금, 은, 동, 철), 후편에서는 네 짐승의 모습으로 나타난다(바벨론, 메데-바사, 헬라, 로마, 8:20 참조). 전자에서는 공중에서 떨어지는 돌이 신상을 완전히 부수고, 후자에서는 "인자 같은 이"(창 1:15의 "여자의 후손"을 가리킨다)가 내려와서 넷째 짐승에게서 나온 작은 뿔을 쳐부순다. 전편에서는 다니엘("하나님은 나의 심판자")의 이름이 3인칭으로 불리고, 후편에서는 다니엘의 이름이 1인칭으로 불린다. 대체로 전편은 후편의 준비 역할을 한다. 전편에서는 다니엘과 세 친구의 신앙절개를 보여주고(여호와 신앙과 우상숭배 거부 신앙), 후편에서는 다니엘이 본 환상을 통하여 세계 역사의 미래를 예언하며, 성도(남은 자)와 적그리스도(작은 뿔)의 싸움을 통해(노골적인 성도 핍박, 대환난) 그 후의 메시아("여자의 후손") 왕국(영생 천국)의 실현을 보여준다. 후편에서는 "작은 뿔"(공권력을 가진 박해자)에 대한 언급이 많이 나온다(7:8, 11, 20, 24; 8:5, 9, 23, 26; 11:21-45 등). 다니엘서는 전체적으로 "여호와 신앙의 견지"를 강조하며("끝까지 견디는 자는 구원을 받으리라", 막 13:13), 구약 신학에서 신약 신학으로 가는 가교의 역할을 하고, 구약의 대표적 계시(묵시) 문학으로서 신약의 요한계시록의 배경이 된다. 다니엘서의 주제는 **"남은 자의 신앙과 천국"**이다.

가. 변하지 않는 신앙인 (남은 자, 1-6장)

다니엘과 그의 세 친구 사드락, 메삭, 아벳느고는 유다 귀족으로서 포로가 되어 바벨론 왕궁에서 봉사하고 있었다. 그들은 양육 훈련을 받는 동안에 왕이 베푸는 진미와 포도주로 몸을 더럽히지 아니하고 채소와 물을 마심으로 하나님의 축복하심을 받아 바벨론 지혜자들보다 총명이 열배나 더하였다. 얼마 후 느부갓네살왕은 이상한 꿈을 꾸었으나 그 해석을 전국 바벨론 지혜자들에게서 얻지 못하고, 유다에서 데려온 포로 다니엘을 통하여 알게 되었다. 이에 왕은 크게 감동하여 다니엘이 섬기는 하나님을 예찬하고 다니엘을 전국을 다스리는 총리로 임명하였으며, 그의 세 친구는 보좌관으로 등용하였다. 다니엘과 세 친구는 바벨론에서 국무를 집행하는 중 충성으로 하나님을 봉사하여 이방 민족 중에서 여호와 하나님의 능력 있는 역사를 증거하였다. 특히 다니엘의 세 친구 사드락, 메삭, 아벳느고가 왕이 만들어 놓은 금 신상에게 경배하지 아니하여, 강한 풀무불 가운데 던져졌다가, 하나님의 기적으로 구원받은 사실은("그 넷째의 모양은 신들의 아들 같도다"[단 3:25]. 이는 "하나님의 아들 그리스도"[여자의 후손]를 가리키는 것으로 보인다[Hippolitus, Chrysostom 등]. 구약에서 성자 그리스도는 "여호와의 천사"라는 칭호로 불린다[창 16:7]) 후대 신앙인을 격려하는 유일무이한 사실이다. 그들의 믿음은 "그리 아니하실지라도"의 신앙이었다. 즉 하나님께서 자신들을 보호하지 않으실지라도 하나님만을 섬기겠다는 것이었다. 까닭 없이 하나님을 경외하는, 욥의 신앙을 닮았다. 세월은 흘러, 바벨론의 마지막 임금 나보니두스(Nabonidus, 556-539 B.C.)가 등위하였다. 역사에 의하면 그는 아들 "벨사살"과 왕권을 분할하여 집무하고 있었다. 이 벨사살은 거만하여 예루살렘 성전에서 가져온 기명으로 주연을 베푼 결과로 죽임을 당하고, 메대 사람 다리오가 나라를 얻게 되어 바벨론 지방은 바사의 주권 하에 들게 되었다(단 5:31).

다리오왕은 전국에 지방 장관 120명을 세워 나라를 통치하게 하고, 그들 위에 총리 셋을 두었는데, 다니엘은 그중에 하나였고, 왕은 더욱 그를 들어 전국을 다스리게 하기를 원하고 있었다. 그러나 다른 총리들과 장관들은 다니엘을 시기하여 그를 해치고자 했다. 그들은 공모하여 왕으로 하여금 칙령을 내리게 꾸미고, 일 개월간은 왕 이외의 어떤 신에게도 기도함을 금하도록 하여, 이에 불복하는 자는 무서운 사자굴에 던지도록 하였다. 다니엘은 이 무서운 칙령을 알았으나, 일상과 다르지 않게 하루 세 번씩 예루살렘을 향하여 하나님에게 기도하기를 그치지 않았다. 이를 발견한 원수들은 다니엘을 고소하여 다니엘은 결국 사자 굴에 던져졌다. 그러나 하나님께서는 충성된 다니엘을 버리지 않으시고, 이적으로 구출하사 그의 능력과 무한한 영광을 이방에 널리 펼치셨다. "실로 다니엘은 세대를 통하여 변치 않는 신앙의 용사이었으며, 본서는 그것이 충성된 신앙인에게 하나님께서 어떻게 보응하심을 만대에 알려주는 역사의 기록이다"(김윤국). 사드락, 메삭, 아벳느고는 신상에게 절하지 아니하면 풀무불속에 던져질 것을 알면서도 신상에게 절하지 아니하였고, 다니엘은 여호와께 기도하면 사자굴 속에 던져질 것을 알면서도 기도 시간을 변치 않고 기도했다. 실로 변치 않는 신앙인들이요, 하나님께 충성한 자들이었다.

나. 하나님의 나라 (영생천국, 7-12장)

7장부터는 다니엘이 본 인류 역사에 관한 환상이 기록되어 있다. 특히 7장에는 네 짐승으로 상징된 4대 제국을 묘사하고 있는데, 이는 2장에 나타난 신상의 4대 왕국을 달리 표현한 것으로서, 이는 예수님으로 시작되는 하나님의 나라 이전에 있던 인간 정권의 대표라고 본다(바벨론, 메대바사, 헬라, 로마제국). 그러나 그리스도를 알고, 성경의 전체를 일관된 계시의 말씀으로 믿는 입장에서는 재림을 앞에 둔 인류 역사에 관한 환상들로도 볼 수 있을 것이다. 2장의 신상이 하늘에서 떨어지는 뜨인 돌에 부서지고 영원히 수립될 하나님의 나라가 임하는 것과 같이, 7장에서도 인자 같은 이가 하나님으로부터 받으시는 영원한 권세의 나라는 재림을 통해 이루어질 영원한 하나님의 나라로 볼 수 있다. 그것은 창세기 3:15가 말하는, 여자의 후손이 뱀(사탄)의 머리를 파쇄함으로 인해 이루어지는 하나님의 나라다. 다니엘서는 구약에서 유일하게 신약적인 "하나님의 나라"를 보여 주는 책이다.

본서에는 이 **"하나님의 나라"**가 영원한 나라인 것이 강조되어 있다. "이 여러 왕들의 시대에 하늘의 하나님이 한 나라를 세우시리니 이것은 영원히 망하지도 아니할 것이요 그 국권이 다른 백성에게로 돌아가지도 아니할 것이요 도리어 이 모든 나라를 쳐서 멸망시키고 영원히 설 것이라"(2:44). "참으로 크도다 그의 이적이여, 참으로 능하도다 그의 놀라운 일이여, 그의 나라는 영원한 나라요 그의 통치는 대대에 이르리로다"(4:3). "이에 내가 지극히 높으신 이에게 감사하며 영생하시는 이를 찬양하고 경배하였나니 그 권세는 영원한 권세요 그 나라는 대대에 이르리로다"(4:34). "그에게 권세와 영광과 나라를 주고 모든 백성과 나라들과 다른 언어를 말하는 모든 자들이 그를 섬기게 하였으니 그의 권세는 소멸되지 아니하는 영원한 권세요 그의 나라는 멸망하지 아니할 것이니라"(7:14). "땅의 티끌 가운데에서 자는 자 중에서 많은 사람이 깨어나 영생을 받는 자도 있겠고 수치를 당하여서 영원히 부끄러움을 당할 자도 있을 것이며 지혜 있는 자는 궁창의 빛과 같이 빛날 것이요 많은 사람을 옳은 데로 돌아오게 한 자는 별과 같이 영원토록 빛나리라"(12:2-3). 이러한 사실은 4대의 이 세상 나라들은 모두 다 망하는 나라인데 반해, 여호와의 나라만이 영원한 나라임을 강조하기 위한 것이라 할 수 있다. "본서가 요긴하게 강조하는 바는 하나님의 나라는 영원한 것이요 그의 통치하심은 무궁하시다는 것이다. 비록 세상에서는 악이 흥하는 것 같고, 공의가 무너지는 것 같으나, 하나님의 공의는 결국 완성되는 것으로서, 그의 주권은 결코 침해되지 않는다. 세상의 왕국과 제국은 일어났다가 쇠락하고, 또 일어났다가 떨어지는 것이지만, 하나님의 통치하시는 주권은 지상의 제국과 같이 변천되는 것이 아니다"(김윤국). 세상의 주권자는 때로 성도를 박해하고 하나님의 나라를 파괴하고자 수다한 계책을 강구 할 것이나, 끝까지 신앙을 견지하는 성도들, 다니엘과 사드락, 메삭, 아벳느고 같은 충성되고, 남은 자들을 하나님께서 반드시 구원하신다. 그들에겐 이 세상에 일어났다가 망하는 이 세상 나라들과는 달리, "영원한 나라", "진동치 않는 나라"(히 12:28)를 허락하신다. "세상 나라들은 멸망 받으나 예수 교회 영영 왕성하리라." 이 나라는 다윗적인(삼하 7:12 이하), 세상적인, 정치적, 군사적, 민족적 하나님의 나라(유대교)가 아닌, 부활 인류가 들어가는, 우주적이고, 묵시적이고, 영적인 하나님의 나라다. 유대 역사의 절정에 오는 나라가 아니고(유대교가 바라는 나라), 인류 역사의 종말에 오는 나라, **영생천국**이다(8:17-18). 그것은 예수께서 말씀하시고 사도들과 그리스도교가 말하는 하늘의 나라다. 하나님은 이 중요한 하나님 나라 계시를 다니엘에게 하신 것이다. "하나님께서는 지금까지 충성된 종들을 저버리신 적이 없다. 이와 같이 미래에도 하나님께서는 충성된 성도들의 방패가 되시고, 구원자가 되셔서, 끝까지 그 거룩하신 뜻을 이루시고야 마실 것이다. 그런 고로 성도는 천지의 운영자이신 대 주재 하나님에게 전부를 맡기고, 오직 힘을 다하여 그를 섬길 것이라고 본서는 교훈한다"(김윤국).

구약성경에 다니엘서와 같이 "하나님의 나라"를 강조하는 책은 없다. 유대교는 다윗 전승의 이 세상적인 "하나님의 나라"를 주장하나(삼하 7:31 이하; 대상 28:5; 대하 13:8 등), 그리스도교의 다니엘 전승의 천상적인 "하나님의 나라"가 성경적인 하나님의 나라다. 지상의 모든 나라는 예수 재림시에 다 깨어져 사라진다(계 6:12-17). 사무엘하 7:12 이하의 "영원히"는 다윗 자손 되시는 예수 그리스도를 두고 하신 말씀이다. 이 나라는 하나님을 잘 섬기고 경외하며, 메시아 시대를 멀리서 바라보고 환영하는 구약

성도들에게, 그리고 그리스도를 믿는 모든 신약 성도에게 주어지는 나라다(시 23:6; 133:3; 히 11:13). 그 외의 모든 사람은 메시아의 재림 전에는 그들의 영혼만이 "음부"(지옥)에 가 있다(눅 16:23).

다. 전투하는 교회(Church Militant)

다니엘서는 박해당하는 교회를 위한 책이다. 그것은 상징을 사용하여 박해자가 자기 말을 이해하지 못하게 한다. 그래서 본서에는 환상과 상징들이 많다. 주석을 보지 않고는 이해하지 못한다. 성도끼리는 통하나, 박해자는 무슨 말인지 모르게 되어 있다. 저자 당시에는 박해자가 있었기 때문이다. 그리하여 본서에는 주전 2세기경에 유대인들을 박해하던 헬라인 안티오쿠스 에피파네스(175-164 B.C.)에 대한 언급이 두 군데나 나와 있다(8:9-12' 11:21-45). 그리고 넷째 짐승은 로마제국을 가리키는데도, 안티오쿠스 에피파네스를 네 번째 짐승에서 나오는 "작은 뿔"이라 한다(7:8, 11, 20, 24; 8:9, 23; 9:26-27; 11:20-45 참조). 이는 "작은 뿔"을 안티오쿠스 에피파네스의 정신을 가진 "네로"로 보았기 때문이다. 그만큼 이 사건이 안티오쿠스 에피파네스의 일과 같으며(로마의 네로[A.D. 54-68]의 전신이 안티오쿠스 에피파네스라 봄), 중요하며, 그리스도교를 박해했다는 점에서는 헬라나 로마가 다 같다는 것이다. "안티오쿠스 에피파네스의 폭정은 미래의 적그리스도가 성도들을 박해할 그림자로 보인 것이다"(이상근). 예수님도 이를 재림 때까지 일어날 징조 가운데 하나로 보셨다(마 24:15). 또한 본서는 성도들을 "싸우는 성도들"로 나타낸다. "내가 본즉 이 뿔이 성도들과 더불어 싸워 그들에게 이겼더니 옛적부터 항상 계신 이가 와서 지극히 높으신 이의 성도들을 위하여 원한을 풀어주셨고 때가 이르매 성도들이 나라를 얻었더라"(7:21-22). 그것은 창세기 3:15의 여인의 후손과 뱀의 싸움, 여인의 남은 자손과 뱀의 후손의 싸움을 생각나게 한다. 그리하여 본서는 요한계시록과 같이(계 2:24; 12:15-17), 남은 자들을 "전투하는 교회"로 보여주며, 성도들 즉 남은 자들을 향하여, 순교를 각오하도록 격려한다. "세상에서는 너희가 환난을 당하나 담대하라 내가 세상을 이겼노라"(요 16:33). 다니엘서는 요한계시록처럼, 남은 자의 순교를 격려하는 책이다(12:11-13). 그것은 "**남은 자의 충성**"을 격려하는 책이다.

10. 에스라-느헤미야서에 나타난 "남은 자" 계시

에스라-느헤미야서는 한 권으로 된 두 권의 책이다. 이 두 권의 책은 히브리어 성경에서는 한 권으로 되어 있으면서, 역대기 앞에 놓여 있는데, 칠십인역 성경에서는 역대상하 다음에 두 권으로 놓여 있다. 역대기는 천지창조로부터 바벨론 포로에 이르는 이스라엘의 정통사이며, 에스라서와 느헤미야서는 포로 귀환기의 역사를 상세히 전해준다. 폐허가 된 성전과 성곽을 다시 건축하며, 이스라엘 백성이 70년간의 포로 생활에서 잊어버린 율법을 다시 가르치고, 희미해진 여호와 신앙을 다시 고취하며, 그러기 위해 백성들의 이교도적 요소를 제거하는 회개를 촉진하는 것이다. 한편 에스라는(주전 458년 귀환) 종교개혁을 하고(스 9-10장; 느 8-10장), 느헤미야는(주전 444년 귀환) 전 민족의 개혁을 한다(느 11-13장). 이 전 민족의 개혁 속에는 에스라의 종교개혁이 포함되어 있다(느 13:23-31; 스 7:10). 에스라서가 성전건축과 율법 낭독을 보여준다면(느 8장), 느헤미야서는 성곽건축과(느 3-6장) 거주민의 조정(느 11장), 귀환한 제사장과 레위인(느 12장), 종교개혁을(느 13장) 보여준다. 에스라가 귀환민의 정신세계를 개혁했다면(software), 느헤미야는 육신 세계를 개혁했다 할 것이고(hard ware), 에스라가 성전을 건축했다면, 느헤미야는 성곽을 건축했던 것이다. 그렇기에 에스라서와 느헤미야서는 함께 한 권으로 읽어야 한다.

에스라라는 사람을 생각하면 중요한 사건이 떠오른다. 그것은 학사 에스라가 수문 앞 광장에서 율법을 낭독해 준 장면이다. 이스라엘 백성들이 율법 말씀을 너무나 듣고 싶어서 당시 학사 에스라를 찾아왔다. 에스라는 너무 기뻐서 예루살렘 수문 앞에 가서 새벽부터 저녁까지 열심히 성경을 읽어주었다. 에스라가 수문 앞에 서서 성경을 펴자마자 백성들은 감격 감동해서 경청했지만, 들은 말씀을 이해하지는 못했다. 그래서 주변에 서 있었던 레위인들이 이스라엘 백성들이 이해할 수 있는 언어로 설명해주고 깨닫게 해주었다(느 8장). 그리하여 이스라엘 백성들이 깨닫게 되자, 그들은 울면서(느 8장), 통회하며 자복하고(느 9장), 말씀대로 살아보자고 결심을 했던(자기 이름을 기록하고 인을 치는, 느 10장) 이야기가(에스라의 종교개혁) 느헤미야 8-10장에 기록되어 있다. "그러므로 에스라서를 읽은 후에는 느헤미야서를 읽어야 에스라서를 온전히 이해할 수 있다"(민경진). 에스라-느헤미야서의 주제는 **"남은 자의 개혁"**이다.

가. 성전 재건(스 1-6장)

이는 예레미야 선지자의 예언을 이룬 사건으로(렘 25:11-14), 이스라엘 백성이 70년간의 포로 생활을 마치고 본국으로 돌아와, 학개와 스가랴의 예언을 통해 촉발되고 스룹바벨과 여호수아의 착수로 이루어진 감동의 드라마다(시 126편에는 "꿈꾸는 것 같다"고 표현되어 있다!). "하나님은 하나님의 때에 고레스라는 이방 왕을 도구로 놀라운 일을 이루어내신 것이다"(민경진). 그들은 이 같은 하나님의 예기치 못한 은혜에 대한 응답으로 대적들의 방해 등 어려운 일이 있었음에도 하나님을 예배하는 성전 건축을 시작했다. "하나님께 예배하는 예배 중심의 새 이스라엘이 탄생한, 감동의 드라마를 연출했다"(민경진). 남은 자는 언제 어디서나 하나님께 예배할 곳을 생각한다.

나. 남은 자 에스라(스 7:6)

에스라에게는 하나님의 말씀이 있었다. 그는 모세의 율법에 능통했다. 익숙했다. 그는 성전도 없는 바벨론 땅에서 하나님의 율법에 대해서 무관심하게 살아왔던 사람들과는 달랐던 한 사람으로, 모세 율법을 연구한 준비된 사람이었다. 이 에스라를 하나님이 유다의 개혁자로 불러내셨다. 그는 율법을 연구하고 준행했던(율법을 머리로만이 아니라 손과 발로 읽었던) 사람이고, 이 율법을 백성들에게 가르치고자 하는 열망이 있었던 사람이었다(스 7:10). 시간이 왔을 때, 하나님이 그를 유다로 부르신 것이다. 에스라서에 나오는 성전건축과 율법 강조는 후일 유대교의 시작에 큰 힘을 실어준다. 그는 이 일을 느헤미야와 함께 하기도 했다(느 8:9).

다. 이스라엘 백성들의 삶(스 9장)

포로 생활에서 귀환한 이스라엘 백성들의 삶은 한마디로 실망 그 자체였다. 에스라 6장과 7장 사이엔 57년의 간격이 있다. 중단되었던 성전 재건이 다시 시작되어, 주전 515년에 성전 완성이 이루어지고, 에스라 7장에 나오는 에스라의 귀환은 주전 458년의 일이었다. 그런데 에스라서는 이 57년 동안에 무슨 일이 있었는지를 전혀 알려주지 않는다. 그러나 7장 이후의 내용을 거슬러서 반추해 미루어 보면, 그것은 이스라엘 사람들의 총체적 타락이었다. 그들은 이방 여자들을 취하여 아내를 삼았다(스 9장). 70년 동안의 그 고된 포로 생활도 이스라엘의 죄를 없이 하지 못했다. 그렇게 하나님으로부터 매를 맞았어도, 그들은 돌아와, 57년 동안 이방 여인들과 결혼했다(스 9:11-15). 일반 백성들은 물론이고, 방백들, 두목들 모두 이방 여인을 데려와서 살고 있었다(스 9:2). 이 죄는 에스라 시대로 끝나지 않고, 느헤미야 시대까지도 지속되었다(느 13:23). 하나님을 배반하고 죄에 빠진 이스라엘이었음을 다시금 보여준다.

라. 성전 건축이 중요한 것이 아니라, 그 다음이 중요하다(스 9:3-15)

하나님은 예레미야를 통해서 70년 전에 약속했던 그 약속을 기억하고 계셨다. 그리고 성전이 건축될 때까지 하나님은 열심히 일하셨다. 하나님은 성전을 통해서 이스라엘 백성들이 거룩한 백성이 되고 이스라엘이 하나님의 거룩한 제사장 나라가 되기를 소원하신 것이다. 그러나 그 기간에 백성은 이방 여인들과 통혼했다. "성전 짓기 전 구심점이 없던 때가 아니라, 성전 재건 후의 이야기이다"(민경진). 통혼에 꾸짖을 만한 신앙의 지도자가 없었던 것도 아니다. 에스라 2장의 귀환 명단을 보면, 제사장만 4,289명이었다. 하지만 에스라가 오기까지 장장 57년간을 통혼한 상태로 그냥 살았다. "성전 건축 그 자체가 목적이 아니었다. 성전 재건의 그 감격, 그 후에 해야 할 당연한 책임은 어디 가고, 통혼의 현상만 남은 것이다"(민경진). 그 어려운 성전 건축을 하고서도, 이방인과 57년간이나 통혼을 한 것이다. 귀환민의 타락상, 뿌리 깊은 죄의 구성을 본다. 눈에 보이는 성전 건축이 중요한 것이 아니라, 마음의 성전 건축이 중요하다. 즉 "회개"가 중요하다. 남은 자는 회개하는 자다. 제거해야 할 것은 과감히 제거해야 한다. 에스라는 이런 가운데서 무리를 비난하거나 공격하지 않고, 다만 하나님께 한 번만 기회를 달라고 기도했다. 속옷과 겉옷을 찢고, 머리털과 수염을 뜯으며, 기가 막혀서 애통하였다(스 9:6). 그는 더 나아가 공동체의 죄악을 자신의 죄로 끌어안고 "하나님의 사랑을 한 번만 더 보여주소서"라며 하나님께 간절히 용서를 구하였다(스 9:7-15). "남은 자의 회개"를 보여준다.

11. 역대상하에 나타난 "남은 자" 계시

"본서는 종교적 목적을 위한 종교적 정통사다. 오랜 포로 생활에서 돌아온 이스라엘 백성에게 그들이 하나님의 선민인 것을 밝히며, 과거에 여호와 신앙에 충성했을 때 번영하였고, 불충실했을 때 징계를 받은 사실을 가르침으로, 그들에게 바른 여호와 신앙을 고취하려는 목적이었던 것이다. 그러므로 바른 신앙의 표준으로 다윗을 미화하여 그의 비행을 간과하고, 유다 왕국의 정통성을 내세우며, 사울과 북왕국은 불충 때문에 무시해버리고, 유다 왕국에 관련된 부분만 언급하는 것이다. 전체적으로 성전 봉사와 종교적 기사가 많고, 열왕기와 본서는 같은 시기를 전하면서도 열왕기가 예언자적 입장인데 대해, 본서는 제사장 입장에서의 이스라엘 역사인 것이다"(이상근).

역대상하는 에스라-느헤미야서처럼, 두 권으로 된 한 권의 책이다. 이 두 책은 제사장의 입장에서, 정확한 역사 기록보다, 다윗과(대상 10-29장) 솔로몬을(대하 1-9장) 미화하여 유다의 역사를 기록한 것으로, 다윗과 솔로몬 시대를 장차 올 메시아 왕국의 그림자로 보고, 그 부와 영광을 중심으로 기록한 역사서이다. 북이스라엘 왕국을 무시하고, 남유다 왕국의 정통성을 강조한다. 특히 다윗의 성전 건축 준비와 솔로몬 성전의 위엄과 법궤, 레위인의 조직에 관해 자세하게 전하며, 여호와 신앙의 절대성을 강조한다. 북이스라엘은 사라졌기에, 남유다가 남은 자 되었음을 알린다. 이는 70년 포로 생활을 마치고 귀환한 유대인들에게 용기와 희망을 전하기 위한 것으로, 과거의 화려했던 다윗 왕국과 솔로몬 왕국을 회상케 함으로, 앞으로 과거의 다윗 왕국과 솔로몬 왕국을 초월하는 메시아의 천년왕국을 대망토록 하기 위함이다. 즉 **"남은 자의 꿈"**을 보여주기 위한 것이다. 앞으로 올 메시아("여자의 후손")의 나라는 하나님을 섬기는, 다윗과 솔로몬의 왕국을 초월하는 제사장 나라라는 것이다.

가. 열 고조의 족보(대상 1:1-4)

"역대기는 그 맨 초두에 아담부터 노아까지의 열 고조와(주해 없이 사람의 이름만 나열한 부분) 노아의 세 아들의 이름만을 주해 없이 게재한다. 열 고조는 근 천년씩이나 살아, 종말적인 천년왕국의 그림자로 보인다"(이상근). 노아는 제2의 아담으로, 인류의 조상이 됨을 알리기 위한 것이다. 그리고 중간 열 고조는(대상 1:24-27, 주해 없이 사람의 이름난 나열한 부분) 그냥 열 고조(대상 1:1-4, 아담의 족보)와 대응하면서, 특히 선민의 족보를 알리기 위함이다. 2장부터의 이스라엘의 역사를 소개하기 전에 이스라엘의 방계(傍系)들의 역사를 소개한 것은 "세속 문화에서 경건한 세계로"의 패턴을 따름이요 (창 4-5장 참고), 이하 9장까지의 족보는 유다의 정통성을 보여주기 위함이다. 그것은 유대인들이 선민의 자손이며, 아브라함과 유다와 다윗의 자손임을 자부심을 가지고 나타내기 위함이다. 책 맨 앞에, 그것도 9장까지 족보가 나와 있어, 역사서를 마치 다윗과 솔로몬의 전기처럼 보이게 한다. 족보는 하나님이 자기 계획을 이루시는 혈통에 관심을 둔 것이다. 창세기 3:15의 "여자의 후손"이 주된 관심이기에, 그 혈통을 중요시하는 것이다.

나. 야베스의 기도(대상 4:9-10)

역대기 기자는 앞에서 유다 족속들과 다윗의 가문들을 밝힌 후에(대상 2-3장), 다시 기타 유다 자손들을 밝힌다(대상 4:1-23). 그러는 가운데, 그는 유독 야베스에 이르러서는 야베스에 대한 소개를 싣고 있다. "야베스는 그의 형제보다 귀중한 자라 그의 어머니가 이름하여 '야베스'("수고로움"이란 뜻)라 하였으니 이는 내가 수고로이 낳았다 함이었더라 야베스가 이스라엘 하나님께 아뢰어 가로되 원컨대 주께서 내게 복에 복을 더 하사 나의 지경을 넓히시고 주의 손으로 나를 도우사 나로 환난을 벗어나 근심이 없게 하소서 하였더니 하나님이 그 구하는 것을 허락하셨더라" 아담부터 포로 생활에서 돌아오기까지의 족보를 소개하면서(대상 1-9장), 야베스에 이르러서는 야베스를 특별히 소개하고 그의 기도가 응답되었음을 밝히는 이유는 무엇보다 다윗을 소개하기 위함이라 본다. 다윗과 야베스는 서로 상당히 닮았다. 둘은 다 어릴 때 부모로부터 인정을 받지 못했다(삼상 16:11; 대상 4:9). 둘은 다 형제들보다 존귀한 자가 되었다(대상 4:9). 둘은 다 지경을 넓히는 데 관심이 있었다. 다윗은 통일왕국 시절 블레셋과 아말렉 등 일곱 민족을 정복하고 국경을 넓혔다(대상 13:5, 왕상 8:65). 둘은 다 "주의 손으로 나를 도우사 환난을 벗어나 근심이 없게 하소서"라고 기도했다(시편에 나오는 많은 시들, 시 3편 등). 둘은 다 하나님께 응답을 받았다. 역대기 기자는 이만큼 친(親) 다윗적이다.

다. 오르난의 타작마당 (대상 21:15-22:1)

다윗의 죄와 실수를 미화하는 저자가 다윗이 인구조사를 한 것은 생략하지 않고 기록하고 있다. 그러나 하나님을 미화하기 위하여 사무엘서 기자와는 달리(삼하 24:1-25), "사탄"이 다윗을 충동했다고 한다. 인구조사로 범죄한 다윗이 선지자 갓의 지시에 따라 오르난의 타작마당을 친히 돈 주고 사서, 그곳에서 하나님께 번제를 드려, 자신의 잘못을 고백함으로, 하나님은 번제단 위에 불을 내려 응답하시고, 천사에게 칼을 칼집에 꽂으라고 하셨다. 그리고 다윗은 이 오르난의 타작마당을 하나님의 성전이요 이스라엘의 번제단이라 선언했다. 역대기 기자는 이곳을 모리아 산이라 부른다(대하 3:10). 그곳은 하나님의 지시에 의해 아브라함이 독자 이삭을 바친 곳이었다(창 22:2, 12). 그리하여 이 오르난의 타작마당은 솔로몬의 성전 터가 된다. 이는 그리스도("여자의 후손")가 성전 됨을(요 2:19-21) 예표로 보여준 것이다(Braun, WBC).

라. 므낫세의 회개와 치세(대하 33:10-17)

역대기는 그 악한 므낫세왕이 환난을 당하여 여호와 하나님께 기도하고, 하나님께서 그 기도를 들으사 그가 다시 예루살렘에 돌아와 다시 왕위에 앉게 하신 사실과 내치에 힘써 국방을 튼튼히 함과 우상을 제하는 일종의 종교개혁 같은 일을 한 것을 기록한다. 이는 역대기에만 있는 기사로서, 유다 왕국을 미화한 것이다.

마. 70년 포로 기간의 해석(대하 36:21)

"이에 토지가 황폐하여 땅이 안식년을 누림 같이 안식하여 칠십 년을 지냈으니 여호와께서 예레미야의 입으로 하신 말씀이 이루어졌더라." 이는 역대상 1:1-4과 대응되는 기사(열 고조)로서, 역대기 기자는 70년 포로 기간을 "폐허 기간"으로 보지 않고, "안식년 기간"으로 본다. 죽고, 불타며, 포로가 되어, 가나안 땅은 완전히 황무지가 되었다. 그것은 7년에 한 번씩 안식년 때 토지를 경작하지 않을 때의 모습과 같았다. 이런 황무한 상태가 7년이 아니라 70년간 계속된 것이었다. 그것은 안식년을 열 번이나 거친 것과 같았다(무한히 기름진 땅). 그것은 예레미야가 미리 예언한 바가 응한 것이었다(렘 25:12; 29:10; 단 9:2). 즉 예레미야는 유다 백성들이 범죄의 결과로 바벨론에 포로가 될 것을 예언하였으나, 70년의 징계의 기한 끝에 다시 본국에 돌아올 것도 분명히 한 것이 되었다. 그리하여 바벨론 포로 생활은 범죄한 유대인들에 대한 단순한 형벌이 아니라, 처음부터 계획된 하나님의 징계의 기간인 것이 드러났다. 그리하여 저자는 이 포로 기간 70년을 안식년 70년으로 본다. 이는 앞으로 무한한 황금 시기가 온다는 것이다(사 65:17-25). 그래서 저자는 성전 재건에 관한 고레스의 조서를 기록함으로써 역대기를 마무리한다. 열왕기의 결말에는 바벨론으로 포로로 잡혀간 여호야긴이 37년 만에 석방되고, 음식을 받으며, 왕의 상에 배식하는 등 우대받은 사실이 부록으로 소개되지만, 역대기에는 바사 왕 고레스가 바벨론을 멸망시키고(유다의 원수를 대신 갚음), 그곳에 포로가 된 이스라엘 백성을 석방하여 귀국하게 하며, 하나님의 성전을 재건하는 조서를 내리는 것으로 끝을 맺는다. 여기의 성전 재건은 앞으로 있을 번영과 부와 영광의 시대를 미리 보여주는 것이다(저자는 성전 건축은 번영과 부와 영광을 가져오는 사건으로 생각한다). 이는 고레스의 생각이기도 하다. "바사왕 고레스는 말하노니 하늘의 신 여호와께서 세상 만국으로 내게 주셨고 나를 명하여 유다 예루살렘에 전을 건축하라 하셨나니"(대하 36:23. 즉 고레스는 여호와께서 자신을 세우사 열방을 정복하여 대제국을 건설케 하신 것과 또 예루살렘에 성전을 재건할 사명을 내리신 것 사이에는 밀접한 관계가 있음을 믿고 있는 것이다). 이는 폐허가 된 땅에 돌아와 울적한 가운데 있는 유대인들로 하여금 앞으로 제2의 다윗-솔로몬 왕국("제사장 나라")의 재현을 예견케 한다. 그리하여 유다의 남은 자들은 꿈꾸는 자들이 된다.

VII

중간사 시대에 나타난 "남은 자" 계시

...

여기 "중간사"라 함은 말라기 선지자 이후 예수 탄생 시까지의 역사를 가리키는 것으로, "중간사 시대"는 말라기 선지자로부터 예수님이 오시기 전 400년 동안의 시대를 가리킨다. 이 시기는 이스라엘의 죄악으로 인해, "영"이 끊어진 시대요(행 19:2), 선지자들이 사라진 시대였다(시 74:9; 암 8:11-12; 마카비1서 4:46; 9:27; 14:41 등). 그것은 이스라엘의 죄 때문이었다. 그리하여 하나님은 단지 "자신의 음성의 메아리"('바트 콜')를 통하여 말씀하셨는데, 이는 단지 열등한 대체물이었을 뿐이었다(Billerbeck). 이 시대의 중요한 사건들로서는 마카비 전쟁(혁명), 쿰란 공동체의 형성, 세례 요한의 출현 등을 들 수 있다. 마카비 가문의 하스모니안 왕조는, 그러나, 주전 63년 로마의 폼페이가 예루살렘을 함락함으로써 막을 내리고, 팔레스타인은 로마의 속국이 된다. 그것은 "빛이 있기 전의 혼돈과 공허처럼"(창 1:2; 사 34:11; 렘 4:26), 메시아 왕국 이전의 어두움이었다(마 1:17).

1. 마카비 독립운동 (혁명)

바사 왕 고레스에 의해 본토로 귀환한 유대인들은 주전 516년 스룹바벨 성전을 재건하고, 주전 458년에는 에스라의, 주전 446년에는 느헤미야의 귀환을 맞이하게 된다. 본국으로 귀환한 에스라는 율법을 강조함으로 이스라엘의 민족정신을 공고히 했으며, 느헤미야는 무너진 예루살렘 성을 재건했다. 그러던 중 유대민족은 알렉산더의 원정으로 인해 주전 333년부터는 헬라의 지배를 받게 되고, 알렉산더 사후에는 애굽의 톨레미 헬라 제국과 수리아의 셀류키드 헬라 제국의 지배를 받게 된다. 수리아의 셀류키드 왕조의 임금 안티오쿠스 에피파네스 4세(175 B.C.-163 B.C.)는 애굽의 톨레미 군대와의 전쟁에서 뜻을 이루지 못하고 돌아가는 길에 예루살렘으로 진군했고, 예루살렘에 들어간 안티오쿠스는 유대민족에 대해 온갖 만행을 자행했다. 그는 하나님을 모독하고, 제사를 금지하며, 예루살렘 성전에 들어가 제우스의 신상을 세우고, 돼지를 잡아 제사를 드리며, 유대인들로 하여금 그 앞에 경배토록 했다. 율법을 읽는 일과 구약성경을 소유하는 일, 안식일과 절기를 지키는 일, 할례를 베푸는 행위가 금지되고, 많은 집과 건물들이 훼파를 당하며, 심지어 성전 경내에서 "신성한 매춘"(sacred prostitution)이 자행되기까지 했다. 이러한 에피파네스의 유대교 박해는 에스겔 38-39장(곡과 마곡), 다니엘 8:9-11, 11:20-45, 히브리서 11:36-37, 마카비2서 6-7장에 나와 있다. 이때 여호와 신앙을 위하여 순교한 유대인들은 "남은 자"라고 할 수 있다. 이러한 가운데, 주전 167년 유대 모데인 지방의 한 제사장 마타디아스와 그의 다섯 아들(요한, 시몬, 유다, 엘르아자르, 요나단)은 다른 몇 사람의 동조자들과 함께 혁명(독립운동)을 일으켰다. 그들은 산속에 숨어 들어가 헬라 군대에 대항하여 게릴라전을 시작했다. 이것이 바로 마카비(다섯 아들 중 하나인 유다에게 붙여진 별명, "망치"란 뜻) 혁명(전쟁)의 기원이다.

유다 마카비는 계속되는 게릴라전에서 승승장구했으며, 마침내 주전 164년 그가 이끄는 유대인들은 수리아 군대와의 격전에서 수리아를 대패시켰다. 싸움에서 승리한 유대인들은 잃어버린 하나님의 성전을 되찾고, 더러워진 성전을 수리하여, 그해 12월 25일 하나님께 봉헌하는 수전절('하누카, 요 10:22)을 지켰다. 남은 자는 마귀의 권세와 싸워야 한다. 온갖 박해와 핍박을 이겨야 한다.

2. 쿰란 공동체

팔레스타인을 정복하고 예루살렘에 주둔한 수리아 군대를 그들의 성전으로부터 몰아낸 마카비 형제들은 유대의 완전한 독립을 위해 수리아 군대와 싸움을 계속했다. 주전 160년 유다 마카비가 전투에서 쓰러지자, 이미 대제사장이 되어 있던 그의 동생 요나단이 군 통수권을 이어받았다. 그러나 주전 142년 수리아 장군 트리포에 의해 모살되었고, 지도권은 다시 마카비의 형인 시몬에게 넘어갔다. 바로 그때 수리아 왕 데메트리우스 2세는 드디어 유대인들에게 완전한 정치적 독립을 허락했다. 시몬의 이름이 새겨진 주화들이 제조되었으며, 독립 계약서에는 "유대인들의 대제사장이요 지휘자요 지도자인 시몬 원년에"라고 날짜가 기록되었다(마카비1서 13:42). 이리하여 주전 63년까지 약 80년간 유대 나라는 이른바 '하스모니아 왕조'('하스모니아'는 맛다디아의 조상의 이름)를 맞게 된다. 마카비 형제들은 이 왕조에서 저마다 제멋대로 대제사장이 되고, 왕이 되었다. 그들은 대제사장직을 돈 받고 팔기도 했다. 이러한 부패한 성전제도에 항의하여 유대의 일부 경건한 자들이 유대 광야로 나아가, 사해 근처 쿰란이란 곳에 마을을 형성하여 살게 되었다. 이들이 바로 쿰란 공동체이다. 그들은 자신들을 에세네파라 불렀다. '에세네'란 이름은 히브리어 '하시딤'에서 온 것으로, "경건한 무리"란 뜻이다. 그들은 예루살렘 성전 제도의 부패를 주장하며, 진정한 대제사장 메시아는 장차 자신들이 사는 광야에 임할 것이라 기대했다. 그들은 왕적 메시아와 대제사장적 메시아의 도래를 기다렸으며, 그 준비로 엄격한 종교적 훈련을 실행했다. 그들은 매일 종교적 의미의 목욕(ablution)을 하였으며, 결혼하지 않고, 기도와 노동, 성서 연구에

몰두했다. 그들은 그 시대의 경건한 유대인, 남은 자였다.

3. 세례자 요한

그는 예수님의 선구자로, 예수님 직전의 남은 자였다. 그는 선지자가 사라진 지 400년 만의 선지자였다. 그리하여 그는 예수님으로부터 "여자가 낳은 자 중에서 제일 큰 자"라는 칭찬을 받았다(마 11:11). 그는 사람들로 하여금 죄 사함을 얻게 하는 회개의 세례를 전파했으며, 사람들로 예수를 믿도록 마음을 준비하는 세례를 베풀었다. 다시 말해, 죄 사함은 메시아가 오셔서 주시는 것이고, 요한은 다만 그 예수를 사람들이 영접하도록 회개케 하는 일을 했다는 것이다. 이것은 요한의 세례가 회개의 상징으로서의 세례였음을 보여준다. 그것은 물속으로 들어갔다가 나오는 행위(immersion)로서, 회개의 한 표시였다. 그것은 다만 죄를 사해주시는 메시아가 장차 베풀 성령세례의 한 그림자였다. 그리스도교의 물세례는 하나님의 은혜를 받은 자가 그리스도를 믿을 때(성령세례를 받은 자) 베푸는 세례다.

VIII

인류 최대의 "남은 자" 예수

...

바벨탑이 무너진 후 아브라함이 출생했고, 바벨론 포로가 끝나고 전인류가 하나님을 배반하고 죄에 빠져 있을 때, 유일하게 죄가 없으신 참 "여자의 후손", 그리스도가 탄생하셨다. 아담 이후, 홍수 전후 타락(창 6:5-6; 11:1-9), 가나안 진입 후 타락(사사기-열왕기하), 포로 귀환 후 타락(에스라 -느헤미야서, 말라기서)이 있은 후, 더 이상의 인류 구원의 희망이 없다고 생각될 때, 메시아가 탄생하신 것이다. 사사들도, 왕들도, 죄를 다스리지 못했는데, 이 "죄"를 다스릴 "여자의 후손"이 나신 것이다. "아들을 낳으리니 이름을 예수라 하라 이는 그가 자기 백성을 저희 죄에서 구원할 자이심이라"(마 1:21). 성부 하나님은 아브라함 가문, 유다 지파 다윗의 혈통에서 동정녀 마리아의 몸을 빌어 성자 하나님이 출생토록 하셨다. 혼돈과 공허와 흑암만이 깊음 위에 있는 가운데 하늘로부터 빛이 임한 것이다(창 1:2-3). 그림자, 모형, 약속의 시대가 지나고(구약), 실체, 원형, 성취의 시대가 온 것이다(신약). "오래전 선지자 꿈꾸던 복을 만민이 다 같이 누리겠네"(Hastings). "여자가 낳은 자 중에 세례 요한보다 큰 이가 일어남이 없도다 그러나 천국에서는 극히 작은 자라도 그보다 크니라"(마 11:11). 성탄일은 인류의 유일하신 구주가 탄생하신 날이다. "예수"는 그 이름의 뜻이 "여호와는 구원이시다"는 것으로, 예수께서 "여자의 후손"이 되심을 암시한다(마 1:21; 히 9:22). 창세기 3:15와 12:1-3의 하나님의 구원 계획과 합치하기 때문이다. **"하나님이 세상을 이처럼 사랑하사 독생자를 주셨으니 이는 저를 믿는 자마다 멸망치 않고 영생을 얻게 하려 하심이라"**(요 3:16). 여기 "독생자"는 하나님의 "유일하신 아들", 성육신하신 예수를 가리킨다. 사도 요한은 예수께서 "여자의 후손"임을 강조한다. 하나님이 예수를 "여자의 후손"으로 주셨다는 것이다. 요한의 예수님은 그의 어머니를 향해 "여자여 나와 무슨 상관이 있나이까?"(요 2:4), "여자여 보소서 아들이니이다"(요 19:26)라고 하신다. 그는 어머니 마리아를 향해, 한 번도 "어머니"라고 하지 않고, 언제나 "여자"라고 하신다. 자신이 창세기 3:15의 "여자의 후손"임을 알리기 위해서다.

그는 자신에 대해, "그리스도"라는 칭호보다 "인자"(人子)라는 칭호를 사용하기를 좋아하셨다. 이 칭호는 재세 시의 자신(막 2:10, 27; 마 8:20 등), 수난받는 자신(막 8:31; 9:9, 12, 31 등), 심판을 위하여 재림하실 자신(막 8:38; 14:26 등)을 가리킬 경우 사용하셨다. 자신은 창세기 3:15가 말하는, "여자의 후손", "사람의 아들"이라는 것이다. "인자"라는 칭호는 마태복음에 30회, 마가복음에 15회, 누가복음에 25회, 요한복음에 12회 나온다. 이 칭호는 본래 성부 하나님 우편에 앉아 계신 성자 하나님('메타트론')을 가리키는 말이었으나(욥 16:21; 19:25; 시 80:17; 단 7:13; 10:16), 신약에서는 성육하신 성자 하나님("하나님으로서, 사람이 되신 자"), 곧 창세기 3:15의 "여자의 후손"을 가리키는 말이 되었다. 그것은 언제나 예수 자신의 자칭호였고, 남들의 그를 부르는 타칭호는 아니었다. 그것은 그만큼 예수님의 자기 비하를 가리키는 칭호였기 때문이다. 예수님은 자신이 "여자의 후손"임을 알리기 위해, 그 단락이 자기 비하와 승리, 고난과 심판과 관련해서 해석되도록 하기 위해, 이 칭호를 의도적으로 사용하셨다고 본다. 창세기 3:15의 구원의 프로그램 선언이 이루어질 때가 되었다는 것이다. 시편 80:17의 "인자"

는 연대적인 의미에서 하늘에 앉아 계신 성자 하나님을 지상의 이스라엘과 동일시한 이름이다(Tate, WBC). 예수님은 자신을 "여자의 후손"으로 생각하실 때마다 "인자" 칭호를 사용하셨을 것이다. 그는 자신의 "때"를 알고 있었고(요 2:4) "그 때"는 자신이 고난을 받음으로써 뱀의 머리를 "파쇄하는 때"였다. 그는 니고데모를 향해 "모세가 광야에서 뱀을 든 것 같이 인자도 들려야 하리니 이는 그를 믿는 자마다 영생을 얻게 하려 하심이라"라고 하셨다(요 3:14-15). 이는 그가 십자가에 달렸다가 사흘 만에 부활하실 그 사건이, 여자의 후손이 뱀의 머리를 파쇄하는 사건임을 알려주시는 것이다. 또한 요한계시록의 저자 요한은 12장에서 "여자와 아이", "용과 여자의 싸움", "용과 여자의 남은 자손과의 싸움"을 환상으로 보여준다. 이는 모두 예수를 창세기 3:15의 "여자의 후손"으로 강조하기 위함이다. 에베소서 6:10-20의 "마귀를 대적하는 싸움"도 창세기 3:15의 뱀과 여자의 싸움을 연상시킨다. 복음서에 나오는 그 많은 예수님의 수난 예고와 침묵 명령들도 사람들이 자기를 "여자의 후손"으로 알아주기를 바라서였다.

신약성서는 구약성서보다 더 구체적으로 "여자의 후손"을 밝힌다. 신약성서는 창세기 3:15를 더 구체적으로 설명하고, 구약성서는 창세기 12:1-3을 더 구체적으로 설명한다. 그러면서 구약성서는 신약성서의 그림자가 된다. 이런 점에서 예수님은 창세기 3:15의 "여자의 후손"도 되시고, 창세기 12:1-3의 "아브라함의 후손", 즉 "구주"도 되신다. 그는 인류를 죄로부터 구원하시기 위해 여자의 후손이 되셨다(마 1:21). 이 "여자의 후손"은 창세기 1:3의 세상의 모든 혼돈과 공허와 어둠을 물리칠 "참 빛"으로 실제가 되고, 억조창생 가운데 유일한, "남자의 후손"이 아닌, "여자의 후손"으로서(동정녀 탄생), 율법이 제시하는 모든 사물, 사건, 제도, 절기들을 만족시키는, 실체가 되는, "참 남은 자"이시다. 그는 여자의 후손으로 나시어, "예수 구원하시려고 보혈 흘려 주셨다". "구원"은 창세기 12:1-3을 이루기 위한 것이고("구원"), "보혈 흘림"은 창세기 3:15를 이루기 위한 것이다("승리").

이 그리스도의 "승리"와 "구원"을 실제로 보여주는 것이 신약성서다. 지금까지는 그림자적으로 이루었으나, 그리스도는 창세기 3:15와 12:1-3을 실체적으로 이루신 분이다. 그는 "승리"와 "구원"을 동시에 이루셨다. 그의 생애는 "승리"와 "구원"의 생애였다. 고난을 통하여 승리하신 그리스도는(창 3:15) 창세기 12:2의 "너는 복이 될지라"와 12:3의 "너를 축복하는 자를 내가 축복하고 너를 저주하는 자를 내가 저주하리니"와 관계가 있다. "작은 복음" 요한복음 3:16의 "이는 저를 믿는 자마다 멸망치 않고 영생을 얻게 하려 하심이라"(구원)에 해당한다. 이 구원은 사탄을 깨뜨림, 즉 죄를 다스림과 관련이 있다(창 4:7).

　마태는 특별히 예수가 "참 남은 자"임을 보여준다. 마태복음에는 예수의 피난과 헤롯의 유아 학살이 기록되어 있다(마 2:13-18). 이는 마태복음에만 있는 기사로서, 누가는 예수의 가족들이 베들레헴에서 살다가 나사렛으로 간 것으로 보도하나(눅 2:39), 마태는 예수의 가족들이 베들레헴에서 있다가 애굽으로 갔다가 나사렛으로 간 것으로 보도한다. 이는 예수를 "뱀과 싸우는 자", 헤롯으로부터 구원받은 "남은 자"(saved remnant), 구원하는 "남은 자"(saving remnant), "새 이스라엘"(New Israel)로 보게 하려 함이다. 그리하여 마태는 예수의 애굽으로의 피난을 호세아 11:1의 "애굽으로부터 내 아들을 불러내었다"의 예언 성취를 이루기 위한 것으로 보며(마 2:15), 예수를 제2의 출애굽을 인도할, 새로운 모세, 제2의 모세(구원자 예수)로 본다. 즉 예수께서 모세처럼, 아기 시절에 고난을 당하였으나, 하나님의 기적적인 보호하심으로 구원을 받았음을 보여주려 한다. 모세의 이름은 "건져냄"이란 뜻인데, 예수의 이름 역시 "구원"이라는 뜻을 가지고 있으며, 모세가 출생했을 때 바로가 애굽의 사내아이들을 죽이라는 명령을 내렸는데, 예수가 탄생하셨을 때에도 헤롯이 베들레헴의 사내아이들을 죽이라는 명령을 내렸다. 모세는 아기 시절 바로의 명령으로 죽을 뻔했는데, 예수 역시 아기 시절 헤롯의 명령으로 죽을 뻔한다. 모세는 출애굽을 인도했는데, 예수는 영적인 출애굽을 인도하신다. 모세는 이스라엘 백성에게 율법을 주었는데, 예수는 그의 백성에게 산상보훈을 주셨으며, 모세는 오경을 하나님의 말씀으로 주었는데, 마태의 예수는 다섯 그룹으로(마 5-7장, 10장, 23장, 18장, 24-25장) 하나님의 말씀을 주신다. 모세는 시내산에 올라갔을 때 그 얼굴 꺼풀에 광채가 났다고 했는데(출 34:29), 예수도 변화산상에서 얼굴이 해 같이 빛났다고 한다. 모세는 하나님의 백성의 대표였는데, 예수도 하나님의 새 백성 곧 교회의 머리이시다. 마태는 이로써 예수를 모세와 같은 이, 아니 모세보다 더 크신 이로 증거하려 했다. 마태는 다른 복음서 기자들과는 달리, "세례 요한보다 크신 예수"(마 11:11), "요나보다 크신 예수"(마 12:42), "성전보다 크신 예수"(마 12:6), "솔로몬보다 크신 예수"(마 12:42), "다윗보다 크신 예수"(마 22:41-46)를 언급한다. 이는 예수가 남은 자 가운데 "참으로 남은 자", 죽음의 권세를 유일하게 이기신, "남은 자 중에 남은 자"임을 보여준다. 그리하여 예수님은 자신의 유일성(절대성)을 "에고 에이미"(I am) 선언으로 나타내신다. "내가 곧 길이요 진리요 생명이니"(요 14:6), "나는 부활이요 생명이니"(요 11:25).

예수님은 구약 남은 자 계열의 제일 마지막 정점에 서 계신 분이시다. 그의 부활은 남은 자 사상의 종점(the end)이다. 그는 의로우신 남은 자로서, 인류 최대의 재앙인 죽음을 부활로 이겨내신 분이시다. 즉 그는 창세기 3:15의 예언을 성취하신 자다. 그는 여인의 후손으로서 일생동안 사탄(뱀)과 대결하시고(마 4:1-11과 그 병행, 눅 10:17-18; 13:32; 마 12:29와 그 병행; 히 2:14 등, 구약에는 귀신을 쫓아내었다는 기사가 어디에도 없다!), 죽음을 통하여 죽음의 세력을 잡은 자 곧 마귀를 멸하시며, 또 죽기를 무서워하므로 한평생 매여 종노릇하는 모든 자들을 놓아주시기 위해, 일반 사람들과 똑같이, 여자의 후손으로, 혈과 육을 지니신 분이다(히 2:14-15).

그는 바리새인들과 서기관들을 향하여 "뱀들아 독사의 새끼들아"라고 하시면서, 자신이 "여자의 후손"임을 분명히 하셨다(마 12:34; 23:33). 그는 창세기 3:15를 언제나 염두에 두셨다. 그는 어머니 마리아가 가나 혼인 잔치집에서 포도주가 떨어졌다고 자신에게 그 문제를 해결해 달라고 할 때, 어머니를 향해 "여자여 나와 무슨 상관이 있나이까 내 때가 아직 이르지 아니하였나이다"라고 했다(요 2:4). 이는 예수께서 자신이 창세기 3:15의 바로 그 "여자의 후손"임을 아시고, 그런 가운데서 하신 말씀이다. 자신이 뱀의 머리를 상하게 하려 이 세상에 왔는데, 아직 그 일을 행할 때가 아님을 말씀하신 것이다. 그러다가, 예수님은 십자가에서 자신의 운명(殞命)을 앞두고, 십자가 곁에서 자기를 쳐다보는 어머니를 향해 "여자여 보소서 아들이니이다"라고 하셨다. 자신이 바로 창세기 3:15의 뱀의 머리를 상하게 할 그 "여자의 후손"이란 것이다. 이는 예수님은 언제나 창세기 3:15를 마음에 기억하고 계셨음을 보여준다. 그는 자신의 임무가 사탄을 결박하는 것임을 언제나 기억했으며(막 3:27과 그 병행), 자신을 믿는 자는 자신과 더불어 마귀들과 싸워야 함을 말씀하셨다(마 10:34-36; 12:30; 눅 12:51-53; 14:26-27 등). "나와 함께 아니하는 자는 나를 반대하는 자요 나와 함께 모으지 아니하는 자는 헤치는 자니라"(마 12:30). 그는 십자가의 죽음을 앞에 두고 제자들을 향해, 전대와 배낭과 검을 가지라고 하셨다(눅 22:36). 십자가는 여자의 후손이신 예수가 뱀의 머리를 상하게 하는 사건이므로, 예수가 세상을 떠나가시는 이제부터는 사탄이 최후의 발악을 할 것이기 때문이다. 그리하여 바울은 예수님을 "군사로 모집한 자"로 보며(딤후 2:4), 디모데를 "그리스도의 좋은 군사"라 한다.

예수님은 자신의 일생을 마귀와의 전쟁으로 규정하셨다. "내가 세상에 화평을 주러 온 줄로 생각하지 말라 화평이 아니요 검을 주러 왔노라 내가 온 것은 사람이 그 아버지와 딸이 어머니와 며느리가 시어머니와 불화하게 하려 함이니 사람의 원수가 자기 집안 식구니라"(마 10:34-36). "사람이 먼저 강한 자를 결박하지 않고는 그 강한 자의 집에 들어가 세간을 강탈하지 못하리니 결박한 후에야 그 집을 강탈하리라"(막 3:27). 예수님은 자신의 생애를 강한 자와의 전투로 생각하셨다. 그는 메시아 사역을 시작하시기 전, 맨 먼저 광야에서, 여자의 후손으로, 둘째 아담으로, 마귀에게 시험을 받으시면서, 첫 아담이 이기지 못한 시험들을("육신의 정욕, 안목의 정욕, 이생의 자랑" [요일 2:16], "먹음직도 하고, 보암직도 하고, 지혜롭게 할 만큼 탐스러운지라"[창 3:6]) 이기시고(눅 4:1-13), 축귀 이적, 자연 이적(풍랑을 귀신의 소행으로 보심, 막 4:29, "꾸짖음"), 질병 이적(질병을 귀신의 소행으로 보심, 눅 4:39, "꾸짖음")을 행하셨다. 이 모든 것은 그가 앞으로 십자가 위에서 사탄의 머리를 파쇄할, 사탄과의 전쟁에서의 승리를 예견시키신 것이다. "내가 오늘과 내일 귀신을 쫓아내며 병을 낫게 하다가 제 삼일에는 완전하여지리라"(눅 13:33). 이는 "내 일생 동안 귀신 쫓아내며 병을 낫게 하다가(구원) 마침내는 십자가와 부활을 통해 나의 임무를 완료하리라(승리)"는 것이다. 즉 그의 축귀 이적, 자연 이적들은 모두가 그의 십자가 상에서의 최후 대결의 시작들로서, 결국엔 사탄의 머리를 까부수시겠다는 것이다(창 3:15). 그는 사탄의 소행인 죄를 사하시는 선포를 중풍병자 고치는 일보다 더 먼저 하셨으며(막 2:5), 선교를 나갔다 돌아온 칠십 문도가 기뻐서 "귀신들도 우리에게 항복하더이다"라고 했을 때, 예수님은 "사탄이 하늘로서 번개같이 떨어지는 것을 보았노라"고 하셨다(눅 10:18). 이는 싸움과 분열을 일으키고 왔다는 말이다(눅 12:51-53). 여자의 후손과 뱀의 싸움을 연상시킨다(히 2:14). 그는 십자가에서 죽고 부활하심으로, 인류 최대의 적인 사탄의 머리를 파쇄하신 자요(창 3:15), 사망 가운데서도 오직 유일하게 살아남으신 분이시다. 그는 사역 초기에 "새 이스라엘"(마 4장), "새 아담"(눅 4장)으로서 사탄과 대결하여 승리하셨으며(사탄의 광야에서의 시험), 병 고침(그는 이 세상을 사탄이 통치하는 곳으로 보시고, 축귀 이적, 치유 이적, 자연 이적 등을 사탄과의 싸움에서 오는 승리로 이해하셨다), 귀신 쫓아내는 일들로 사탄과 대결하셨고, 돌아가실 때도 "큰 소리를 지르심으로"(막 15:37), "사탄에게 능력을 행사하셨다"(Evans, WBC). "그것은 마지막으로 사탄의 머리를 파쇄하려고 내리치는 소리였다"(Anderson). 여리고 성을 무너뜨리려고 마지막 날 성을 일곱 번 돈 후에 이스라엘 백성이 외친 소리와도 같다(수 6:20). 예수께서 십자가 위에서 흘리신 보혈은 사탄의 세력을 결정적으로 패퇴시켰다. 그가 "정사와 권세들을 벗어버려 밝히 드러내신" 것은(골 2:14-15) 바로 십자가 위에서였다. 사탄은 예수의 보혈을 생각하는 것만으로도 몸서리를 치며, 십자가는 그의 두려움의 대상이다. 나아가 "사탄은 예수의 보혈로 구원 받은 모든 영혼을 두려워한다. 사탄의 근거는 예수의 보혈에 의해 파괴되기 마련이다"(Wagner). 예수님은 자신을 모세가 높이 올려 들었던 "구리 뱀"에 비유하셨다. "모세가 광야에서 뱀을 든 것 같이 인자도 들려야 하리니"(요 3:14). 불뱀에 물려 죽어가던 이스라엘 사람들이 모세가 만든 구리 뱀을 보고 살아난 것은 장차 있을 여자의 후손과 뱀과의 전쟁에서 여자의 후손이 뱀의 머리를 상하게 할 것과 그것을 믿는 자들은 구원받을 것임을 예견한 것이다(민 21:4-9). 그 "구리 뱀"은 "죽은 뱀"이요(사탄의 멸망을 상징), 예수가 장차 여자의 후손이 되어 십자가의 고난을 받음으로 사탄의 머리를 파쇄할 것을(창 3:15) 미리 보여주는 뱀이었다.

그는 세 차례나 제자들에게 자신의 십자가에서의 죽음을 예고하셨으며(막 8:31; 9:31; 10:33-34와 그 병행), 사람들이 자신을 오해하지 않도록 자주 침묵 명령을 내리셨다("메시아 비밀", 막 1:44; 3:12; 5:43; 7:36; 8:30; 9:9 등). 그렇게 함으로 자신이 "최초의 복음 선언"에서 밝힌 "여자의 후손"임을 사람들에게 짐작시키셨다. 그러나 이를 독사의 자식들에겐 보아도 보지 못하며, 들어도 듣지 못하며, 깨닫지 못하게 하셨다(마 13:13과 그 병행; 고전 2:9). 이유는 그들이 알았다면 예수를 십자가에 못 박지 않았을 것이기 때문이다(고전 2:8). 그는, 아니 그만이 인류 역사상 진정한 남은 자이시다("메시아 승리"). 그만이 유일한 "길"(the Way), "진리"(the Truth), "생명"(the Life)이시다(요 14:6). 그만이 "부활"(the Resurrection)이시요, "생명"이시다(요 11:25). 그만이 유다 지파의 사자(Lion), "다윗의 뿌리"(Root)로서 이기신 자다(계 5:5).

그만이 인류의 구원자요, 의지할 바위가 되신다("All other ground is sinking sand"). 그리하여 그는 다니엘서 7:14가 예언한 대로 만고불변의 "하나님의 나라"를 세우셨다. 바른 신앙 생활은 "전투하는 신앙 생활"이요, 바른 교회는 "전투하는 교회"이다(딤후 4:7).

또한 그는 창세기 12:1-3의 아브라함에게 주신 축복의 약속을 이루신 자다. 그는 인류를 구속하여 하늘의 가나안에 이르게 하신 자요(창 12:1; 눅 9:31; "별세"[Exodus: 출세상]), 많은 민족이 그를 인하여 천국의 복을 받게 하신 자다(창 12:3, "메시아 구원"). 그는 죄가 없으시며, 그만이 하나님으로부터 "너는 내 사랑하는 아들이요 내 기뻐하는 자"란 소리를 들으셨다(막 1:11과 그 병행). 그는 아기 시절, 헤롯의 칼날을 피하여 남은 자가 되셨으며 (saved remnant), 장성해서는 인류를 구원하는 남은 자가 되셨다(saving remnant). 그는 병자들이 요구하지 않았는데도, 죄 사함을 선포하셨으며(막 2:5와 그 병행), 병자들을 고치셨다. 남녀노소 빈부 귀천을 막론하고 그를 믿는 자들에게 천국을 선포하시고 하나님의 자녀로 삼으셨으며, 하나님의 자녀가 되는 권세를 주셨다(요 1:12; 14-17장). 그는 십자가에 못 박혀 인류의 죄를 대속하셨고, 죽은 자 가운데서도 살아나심으로 생명을 유지하셨으며, 하나님의 임재와 왕권이 그 안에 나타나게 하고, 그에게 결속되게 하셨다.

그리하여 그는 "참 구원자"가 되시었다. 그가 탄생하셨을 때 하늘의 천군천사는 "지극히 높은 곳에서는 하나님께 영광이요 땅에서는 기뻐하심을 입은 사람들 중에 평화로다"라고 찬송했다(눅 2:14). 이 "영광"은 "성자의 성육신과 속죄에서 하나님의 사랑과 공의는 다 같이 완성되고, 그럼으로 해서, "빛나는 영광"이다"(이상근). 그리고 이 "평화"는 "여자의 후손이신 그리스도가 인류의 죄를 대속하기 위하여 십자가에서 흘리신 피로 인해 생겨나는 평화", "죄의 용서로부터 오는 평화"이다(마 1:21). 이 평화로 인해 생겨난 구원이 "참 구원"이다. 이를 증명하는 것이 예수님의 "부활"이다. "부활은 그의 남은 자들에게 있어 하나님의 목적을 이루도록 하는 하나의 속도 조절 바퀴(fly-wheel)였다"(Davies, by Richardson). 그리스도께서 세상을 구원하러 오셨고, 십자가와 부활을 통하여 "참 남은 자"가 되셨으며, 하늘과 땅의 모든 권세를 받으셨기에, 그는 제자들을 명하여 "모든 족속으로 제자를 삼으라" 하시었다. 그리하여 이때부터 "남은 자"의 수는 불어나기 시작했다. "그러나 이제 그리스도께서 죽은 자 가운데서 다시 살아나서 잠자는 자들의 첫 열매가 되었도다"(고전 15:20). "첫 사람 아담은 생령이 되었다 함과 같이 **마지막 아담**은 살려주는 영이 되었나니"(고전 15:45). "첫 사람은 땅에서 났으니 흙에 속한 자이거니와 **둘째 사람**은 하늘에서 나셨느니라"(고전 15:47). 여기에 "마지막 아담", "둘째 사람"은 예수 그리스도로 말미암아 새로운 인류의 라인(line)이 생겨났음을 보여준다. 이 하늘에 속한 자, 이 새로운 생명에 참여하는 자들이 바로 새 이스라엘이며, 하나님의 나라 상속자이며, "은혜로 택하심을 따른 남은 자들"이다(롬 11:5). 하나님께서 아브라함에게 하신 축복의 약속 가운데, 구약시대에는 이루어지지 못한 약속이 하나 있었다. 그것은 "땅의 모든 족속이 너를 인하여 복을 받을 것이니라"였다(창 12:3). 구약시대에는 율법(옛 언약) 아래서는 예수 한 분만 남도록 남은 자의 수가 줄어들었지만, 은혜(새 언약) 아래서는 "땅의 모든 족속이 너를 인하여 복을 얻으리라"가 이루어지도록 남은 자의 수가 불어났다. "교회"는 예수님처럼, "구원받은 남은 자"(saved remnant)이면서, "구원하는 남은 자"(saving remnant)이다.

신약성서에 "남은 자"란 어휘가 드물게 나타나는 현상은 그리스도의 부활이 "남은 자"를 지금까지의 구약 시대 경향과는 역(逆)으로 돌리게 하였음을 보여준다. 지금까지의 경향은 구원받는 대상을 축소하는 것이었다. 그리하여 예수 오시기 전 중간기 시대에는 성령이 끊어진 시대였다. 마지막 정경 선지자 학개, 스가랴, 말라기의 죽음과 더불어 "영이 끊어졌는데"(Tosefta Sotah 13:2), 그것은 이스라엘의 죄 때문이었다(Billerbeck). 그때 이후로 하나님께서는 단지 "자신의 음성의 메아리"('바트 콜')를 통하여 말씀하셨는데, 이것은 열등한 대체물(poor substitute)이었다(Billerbeck). 그리하여 요한의 제자들은 "성령이 있음도 듣지 못했다"고 했다(행 19:2). 이는 성령의 존재가 다시금 현재화되었음을 듣지 못했다는 뜻이다(Jeremias). "영이 끊어졌다는 것은 현재의 때가 하나님으로부터 소원(疏遠)케 되었다는 의식을 표현한다. 영이 없는 때는 심판 아래 놓여 있는 때이다"(Jeremias). 가나안 땅에 들어간 이스라엘은 그들의 범죄로 인해 낙원 생활을 하지 못하고, 나라가 망하여 바벨론에서 70년간 포로 생활을 했으며, 돌아와서도 타락 생활을 하고 있었다(말라기). "하나님을 배반하고 죄에 빠진 우리를." 이런 사실은 이 땅 위의 가나안은 원래 하나님께서 아브라함에게 주시려고 한 땅이 아님을 보여준다. **이런 가운데서 예수님이 오신 것이다.** 예수님이 오시어서, 하나님이 뱀에게 하신 선포, 아브라함에게 하신 약속을 다 이루신 것이다.

예수님이 이 세상에 오신 사건은 남은 자 사상에 분수령(turning point)이 되는 사건이다. 예수님이 오심으로 성령은 다시 임하셨으며, 세례 요한은 선지자가 되었고, 예수님은 남은 자를 다시 모으시게 되었다. 그리하여 그리스도가 참 남은 자가 되시고, 참 구원자가 되시며, 하늘 부활 인류의 시조(始祖)가 되신 이 신약 시대부터는 구원받는 대상을 확대하는 쪽으로 나아가게 되었다. 왜냐하면, 그는 구원하는 자가 되시기 때문이다. 그리하여 신약 시대 그리스도인들은 "남은 자" 대신에, "믿는 자"(요 1:12; 행 2:44; 4:32 등), 혹은 "제자"(마 8:23; 10:1 등)라 불린다. 그들은 "참 남은 자"이신 예수님을 본받아, 죽어도 다시 살아나게 되는 "남은 자"인 것이다. 이러한 남은 자의 무리가 "교회"이며, 주님은 이 교회를 남은 자의 수를 확대하는 기구로 삼으셨다.

교회는 그리스도의 몸으로, 메시아 시대와 교회 시대에 예수로 말미암아 탄생한 교회가 땅끝까지 남은 자의 수를 확대하는 하나의 "속도 조절 바퀴"라 할 것이다(엡 1:23; 3:10 등). "그리스도인 남은 자의 사명은 구원받는 자의 범위를 축소하는 것이 아니고, 마태복음 7:13-14의 경고를 기억하면서 구원받는 자의 범위를 확대하는 것이다"(Davies). 구약에서는 율법이 지배하고, 신약에서는 은혜가 지배한다. 그리하여 교회의 사명은 하나님께서 아브라함에게 약속하신 대로 그 자손을 하늘의 별같이 바닷가의 모래 같이 많게 하는 것이다(창 13:16; 15:5; 17:6; 22:17). 예수님은 자신을 창세기 3:15의 "여자의 후손"으로 보셨다. 그리하여 요한은 이렇게 기록하고 있다: "여자여 보소서 아들이니이다"(요 19:26). "장로인 나는 택하심을 입은 부녀와 그의 자녀에게 편지하노니"(요이 1:1). 그는 요한계시록에서도 이를 암시한다. "용이 여자에게 분노하여 돌아가 그 여자의 남은 자손 곧 하나님의 계명을 지키며 예수의 증거를 가진 자들과 더불어 싸우려고 바다 모래 위에 서 있더라"(계 12:17).

1. 남은 자의 형성

이러한 배경에서 예수님은 "거룩한 남은 자"(holy remnant)를 형성하셨다. 이 "거룩한 남은 자"는 "교회"로 불리며(마 16:18), 이 교회는 그리스도로 말미암아 생겨난, 구원을 받고 그러면서 또한 세상을 구원하는 자들의 집합체이다. 지금까지 복음을 전파하시던 그리스도는 "전파되는 분"이 되시고(The Proclaimer became the Proclaimed), 교회는 보혜사 성령을 받아 "전파자"(Proclaimer)가 된다(The Church became the Proclaimer). 그것은 유대교의 "회당"(synagogue)과는 다른 것이다. 구약 시대에 "남은 자"는 여호와를 경외하는 자, 여호와 편에 있는 자, 오실 메시아를 대망하는 자를 뜻했지만, 신약 시대에 "남은 자"는 예수를 믿는 자, 예수 안에 있는 자, 예수도 믿고 하나님도 믿는 자, 성령의 도우심을 받는 자, 현세에서 이미 천국을 누리는 자(요 5:24; 엡 2:6)를 뜻한다. 그것은 예수를 "인류의 구속을 위해서 뱀(사탄)의 머리를 상하게 한 여자의 후손"으로 "믿는 자"를 뜻한다. 그리하여 "교회"는 "부녀"('퀴리아', "귀부인")로 불리며(요이 1:15), "여자의 남은 자손"(계 12:17), 혹은 "여자", "신부"("처녀")로 불린다(사 54:4-6; 렘 3:6-10; 호 2:14-18; 마 25:1-13; 막 2:19; 엡 5:29; 고후 11:2-3; 계 12:1; 19:7 등). 구약 시대에는 잘 나타나지 않던 "사탄"이란 단어가(대상 21:1; 욥 1:6; 슥 3:1) 신약 시대 이렇게 많이 나타나는 이유는(마 4:10; 12:26; 막 1:13; 3:26; 4:15; 눅 10:18; 13:16; 22:3, 31 등) 뱀(사탄)이 신약 시대에 주로 발악했음을 보여준다. 그리하여 교회는 "그리스도의 좋은 군사"로 불린다(딤후 2:3). 그들은 십자가의 은혜로 남은 자들이 되었으며, 뱀의 후손들(마귀들)과 싸우는 자들이기에, "십자가의 군병들"이라 칭하기도 한다. 이들은 예수(여자의 후손)를 위해 싸우는 여자의 후손들로서, 창세기 3:15를 생각나게 한다. 이 여자와 뱀과의 싸움은 교회 시대에는 여자의 후손과 뱀의 후손과의 싸움으로 계속되어, 사탄은 그 분풀이를 교회에 행사한다(행 5:3; 20:29; 롬 7:23; 고전 5:5; 7:5; 고후 2:11; 10:3-4; 11:14-15; 12:7; 빌 1:30; 딤전 1:18; 6:12; 딤후 4:7; 히 10:32; 12:4; 살전 2:18; 살후 2:9; 딤전 1:20; 5:15; 유 1:3; 약 4:1; 벧전 2:11; 계 2:16; 12:7, 17; 13:4, 7; 19:11; 20:8 등). 유대교는 "하나님만 믿으라"고 하지만, 예수님은 "하나님을 믿으니, 또 나를 믿으라"(요 14:1)고 하셨다. 예수님은 구원의 조건으로서, 아브라함이 추구했던 "믿음"을 조건으로 정하셨다(창 12:3; 갈 3:9). 구약 시대에는 하나님께서 주신 율법을 지켜야 하나님의 백성이 되는 것이었지만, 신약 시대에는 예수님의 말씀을 지키고, 예수님을 떠나지 않는 자가 "남은 자"인 것이다. 그는 "예수의 선포 가운데 나타난 하나님의 뜻을 행하는 자"이다(마 7:21; 12:50과 그 병행; 요일 2:17 등). 그는 산상보훈에 있는 말씀을 따라 살아야 한다(마 5:20). 이 "행함"은 "믿음"을 입증한다. 하나님의 아들 예수님이 육신을 입고 오셔서 인간을 대신하여 십자가에 죽으심으로 인간의 죄를 대속하시고, 죽은 지 삼 일 만에 다시 살아나심으로, 하나님께서 만천하에 예수님의 속죄 사역을 만족하다고 공포하셨다. 그래서 인간은 예수님이다 해 놓으신 것을, 예수를, 믿기만 하면, 예수 안에 있기만 하면, 그 혜택(favor)을 누리도록 하셨다. 그렇게 하나님은 신약 시대 남은 자의 수가 많아지게 하셨다. 이 "믿음"은 아브라함이 최고로 추구했던 가치로서(창 15:6; 롬 4장), 영적으로 아브라함의 자손이 된(갈 3:7) 신약의 성도들이 무엇보다 추구할 가치이다(요 8:39). 이 "믿음"은 그 안에 "순종"을 포함하고 있으며(창 22장; 롬 1:5), "소망"도 내포하고 있다(히 11:1, 16). 율법이 무능하여 행할 수 없는 하나님의 뜻을(히 7:19), 은혜는 감격하여 진심으로 행하게 한다. 아브라함은 표준적인 축복의 인물이기에, 그가 가졌던 "믿음"과 "순종"과 "소망"을 본받고, 사랑하는 것이 곧 아브라함을 축복하는 것이며, 그런 것들을 미워하는 것이 아브라함을 저주하는 것이다(창 12:3).

2. "남은 자"와 "구원"의 의미 변화

그리스도께서 형성하신 남은 자는 지금까지의 남은 자와는 구별되는 남은 자였다. 바리새인들과 쿰란 공동체는 경건, 율법에의 복종, 정결례의 엄격한 준수, 그리고 금욕주의 등과 같은, 하나님의 백성들에 속할 자격이 있는 소수의 무리만을 남은 자들로 받아들였다. 그러나 예수님은 그런 바리새인들과 쿰란 공동체로부터 버림받은 자들까지 남은 자들로 받아들이셨다. 그는 세례 요한과도 달랐다. 요한은 비록 죄인들이라 할지라도 받아들이기는 했지만(open remnant), 그들은 반드시 회개할 준비가 되어 있어야 했다(눅 3:12, 14; 7:29 이하). 즉 세례 요한은 죄인들이 새로운 삶을 영위할 것을 선언한 이후에 그들을 받아들인 반면에, 예수님은 죄인들이 회개하기도 전에 그들에게 구원을 제공하셨다(눅 7:36-50; 19:1-10). 세례 요한은 하나님의 "심판"을 선포했지만, 예수로 말미암아 생겨난 남은 자, 곧 교회는 하나님의 "은혜"를 선포했다. 지금까지의 남은 자들은 외적, 민족적 남은 자였지만, 예수로 말미암아 생겨난 남은 자들은 내적, 실제적 남은 자들이다(개별 심사). 지금까지의 남은 자들은 육신의 속박, 재앙, 고통 등 외적이고 육적인 세력들로부터 살아남은 자들이지만, 예수로 말미암아 생겨난 남은 자들은 영적인 속박, 죄와 율법과 사망으로부터 살아남은 자들이다. 지금까지의 남은 자들은 율법으로 남은 자들이 된 자들이지만, 예수로 말미암아 생겨난 남은 자들은 은혜를 따라 남은 자가 된 자들이다(롬 11:5). 그들은 세례 요한의 남은 자들보다 더 은혜를 따라 남은 자들이다(open remnant).

이 남은 자들을 중심으로 예수님은 구원의 때에 하나님의 백성들을 모으고자 하셨다. 지금까지의 남은 자들은 다 영적인 죽임을 당한 자들이지만, 예수로 말미암아 생겨난 남은 자들은 영적, 육적 죽음을 모두 극복한 자들이다. 그들은 앞으로 장차 부활 인류가 되도록 남은 자들이며, 물과 성령으로 거듭난 자들이다(요 3:5). 이는 구약 시대 남은 자들과는 완전히 다른 남은 자들이다. 그들은 영적인 인공 호흡을 받은 자들이다(창 2:7; 겔 37:9). 그들은 그리스도로부터 성령을 받아(요 20:22), 그 속에 그리스도의 말씀이 거하시며(요 15:7), 그들 속에 그리스도의 영(보혜사, 예수님의 또 다른 '자아')이 거하시는 자들이다. 마음과 귀에 할례를 받아(신 10:16; 렘 4:4; 9:25-26; 행 7:51; 롬 2:28-29; 골 2:11), 마음을 새롭게 함으로 변화를 받아, 하나님의 기뻐하시고 온전하신 뜻이 무엇인지를 알아(롬 12:2), 인생관, 가치관, 세계관이 이 세상 사람들과는 질적으로 다른 자들이다(롬 8:9). 그들은 "산 자 같으나 죽은 자"(불신자, 계 3:1)가 아니고, "죽은 자 같으나 산 자"들이다(고후 6:9). "누구든지 그리스도 안에 있으면 새로운 피조물이라 이전 것은 지나갔으니 보라 새 것이 되었도다"(고후 5:17). "교회 다니는 사람은 "교인"이고, 예수를 믿는 자는 "성도"이고, 하나님의 뜻대로 살려고 하는 사람은 "자녀"이고, "관광객이 따로 있고 주관자가 따로 있듯이" 전능하신 하나님을 "내 아버지", 예수 그리스도를 "나의 주"라고 하는 것은 생각으로 되는 것이 아니고, 교회 다닌다고 되는 것이 아니다(마 16:17). "교회를 다니는 사람"하고, "예수를 믿는 사람"하고, "성령을 받은 사람"하고, "성령을 충만히 받은 사람"은 차원이 다르다"(허봉락). 그들은 예수님이 가르치신 "산상보훈"을 따라, 그들의 믿음을 행함으로 입증하는 자들이며, 주님의 말씀에 순종하는 자들이다(마 7:21; 13:1-19; 25장; 롬 1:5; 3:31; 살후 1:8; 약 2:14 등). 그들은 믿음이 성장하여, 그리스도의 장성한 분량이 충만한 데까지 이르는 자들이다(엡 4:13; 롬 1:5; 고전 11:1 등: "성화"[聖化], "행함", "그리스도를 본받음"). 이제는 더 이상 어린아이가 되어서는 안 된다(엡 14:14). 교회 일 열심히 하고, 십일조 열심히 드리고, 주일성수 열심히 하고, 새벽기도 열심히 다닌다고(종교생활) 해서, 자동적으로 성화되는 것이 아니다. 그리스도의 장성한 분량에 이르도록 노력해야 된다(눅 13:24; 롬 14:19; 엡 4:3; 딤후 2:15; 히 4:11; 벧후 1:5; 3:14 등). 의도적인 헌신이 필요하다. 신앙생활에서 중요한 것은 "종교 생활"(to do)보다는 "성화"(to be)이다(마 23:23). "영적으로 성장하기를 원하고, 성장해야겠다고 결정하고, 성장을 위해 노력하고, 성장을 위해 몸부림쳐야 한다"(릭 워렌, 『목적이 이끄는 삶』). "오직 사랑 안에서 참된 것을 하여 범사에 그에게까지 자랄지라 그는 머리니 곧 그리스도라"(엡 4:15).

지금까지의 남은 자들은 가능한 구원의 수를 줄이려 하는 자들이지만, 예수로 말미암아 생겨난 남은 자들은 가능한 구원의 수를 늘리려 하는 자들이다. 예수님은 "참 남은 자"(the Remnant)가 되심으로 인류의 신기원을 이룩하셨고, 예수의 남은 자들은 이 예수와 합하여 한 몸을 이루었다. 다시 말해 그들 역시 예수로 말미암아 신(新)인류, 영원히 남은 자, 참 신자가 된 것이다. 이들이 바로 교회의 핵이다. 그러기에 이들은 신약 시대 남은 자이고, 구약 시대 남은 자가 아니다. 그들은 본질적인 남은 자이고, 현상계적인 남은 자가 아니다. 율법의 시대가 지나고 복음의 시대가 온 것이다. 전자는 메시아를 기다리는 시대이기에, 남은 자의 수는 점차 줄어들었지만, 후자는 메시아가 오셔서 모퉁이 돌이 되시어, 하나님의 새 백성을 모아 하나님의 집을 세우시는 은혜와 성령의 시대이기에, 남은 자의 수는 점차 늘어나게 되었다. 이스라엘 역사의 전성기(절정기)가 온 것이다. 지상의 가나안은 그간 "낙원 – 타락"의 상태에 있었다. 그런데 예수로 말미암아 이제는 절정의 낙원 상태가 된 것이다. 마태가 예수님의 족보를 열네 대씩 세 번 구분한 것은(마 1:17) 바로 이 "낙원 – 타락 – 절정의 낙원"을 연상케 한다. 14는 7의 배수로서, 14대씩 세 번의 구분은 6주에 해당한다. 이러한 6주(42일=하나님의 백성의 수난 기간, 계 13:5)가 지난 뒤에 오는 제7주는 완전과 성취의 시대를 상징한다. 예수는 이스라엘 역사의 절정기를 가져오신 메시아이시라는 것이다.

이 세상 전쟁 가운데 가장 큰 전쟁은 여자의 후손과 뱀과의 전쟁이며, 이 세상 구원 가운데 가장 큰 구원은 여자의 후손이 뱀의 머리를 상하게 하기 위해 흘린 발꿈치의 피로 인한 구원이다. 이 "구원"은 선지자들이 예언한, 메시아가 주는, "참 구원"으로서, "참 남은 자"만이 주실 수 있는, 구원의 완성이다. 그것은 창세기 12:2에서 약속한 아브라함의 "복"으로서(갈 3:14), 창세기 3:15의 "여자의 후손"이 뱀의 머리를 파쇄함으로 인해 생겨난, 고난을 받음으로 오는 "복"이다. 이 "복"은 구약의 물질적이고도 현세적인 복(창 1:22; 신 33:11; 삼하 6:11 등)과 달리, 영적이며 내세적인 복이다. 곧 "천국"의 복이다(막 1:14-15; 마 5:3-10 등). 이 "천국"은 구약에는 한 번도 나타나지 않는 단어이다. 그것은 "이같이 큰 구원"으로서(히 2:3), 그 기원에 있어 특별하고, 그 전달에 있어서 유별나며, 그 효과에 있어서도 특수한 구원이다(히 2:3-4). 그것은 "죄로부터의 구원"(마 1:21), 즉 아브라함의 구원(창 14:1-16), 모세의 출애굽(출애굽기), 다윗의 구원(삼상 30:1-20), 고레스의 해방령(스 1:1-4)의 실체가 되는 구원이다. 그것은 구약의 성도들이 누리지 못했던 구원이며(히 11:40), 다만 멀리서 보고 환영했던 구원이다(히 11:13). 하등 생명(목숨)이 아닌 고등 생명이며, 천사들도 살펴보기를 원하는 구원이다(벧전 1:12). "육신"의 구원이 아닌, "영혼의 구원"(벧전 2:9), "죄

사함", "죽은 영의 살아남"("거듭남"), "성령", "하나님의 자녀가 됨", "부활", "신령한 몸"(하늘에 있는 영원한 집, 고전 15:36-44; 고후 5:1), 열두 진주 문, 황금길, 열두 가지 보석으로 세워진 새 예루살렘(계 21:9-21), 생명 강과 생명나무가 있는 새 에덴동산(계 22:1-5), "영생 천국", 썩지 않고, 더럽지 않고, 쇠하지 않는 기업(벧전 1:4) 등. 이들은 인류를 하나님 나라로 인도하는, "밭에 감춰진 보화"처럼(마 13:44), 또 "값진 진주"(마 13:45)처럼, 생명보다 귀한 것들이다(빌 3:7-8). 그것은 약속의 시대에 살던 구약 시대 성도들에게는 약속만 되었고 성취는 이룰 수 없었던 것들이다. "더 좋은 언약"(렘 31:31), "더 좋은 나라"(창 13:15), "더 좋은 제물"(시 40:1), "더 좋은 피"(사 53:10) 등. 그런데 성취의 시대에 사는 신약 시대 성도들에게는 이 모든 것은 이미 성취를 하는 것들이 되었다: "더 좋은 언약"(히 7:22), "더 좋은 나라"(히 12:22; 11:16), "더 좋은 제물"(히 9:23), "더 좋은 피"(히 12:24), "더 좋은 소망"(히 7:19) 등. 요한복음의 표현으로는 "참 은혜"("은혜와 진리", 요 1:15-17) 즉 "참 결례"(요 2:1-11), "참 성전"(요 2:13-22), "참 이스라엘인이 됨"(요 3:1-15), "참 예배"(요 4:18-26), "참 안식일"(요 5:1-18), "참 유월절"(요 6장), "참 초막절"(요 7-9장), "참 수전절"(요 10장) 등.

그리하여 구약 시대 성도들은 신약의 성도들 때문에 그들의 약속을 성취하는 셈이 된다. 구약 시대의 약속이 이루어지는 것은 예수 그리스도가 오신 신약 시대를 통해서이므로, 신약 시대 성도들이 아니면, 구약 시대 성도들이 소망했던 약속들은 이루어지지 못하는 것이다. 신약 시대 그리스도인 성도들의 전도를 통하여 구약 시대 성도들은 비로소 온전케 (완성을 보게) 되는 것이다(히 11:40). "멀리 보고 환영함"(히 11:13)은 "율법을 묵상함"으로도 이루어진다(시 1:2). 구약 시대 성도들이나 신약 시대 성도들이나 다 같이 동일한 하나님의 권속이요 자녀들이지만, 신약 시대 성도들은 실현된 하나님의 나라 시대에 살고 있으므로 구약 시대 성도들을 능가한다. 그들은 이미 하늘나라에 올라가 있다(엡 2:6).

그렇기에 신약에서는 육적으로 살아남은 자가 남은 자가 아니고, 죄로부터, 율법으로부터, 사망으로부터 해방된 자, 사탄을 이기는 자, 심령 천국을 이루어, 좁은 길을 걸으며, 밤낮 기뻐하는 자가 진정으로 남은 자이다. 그들은 "무명한 자 같으나 유명한 자요 죽은 자 같으나 살아있고 … 근심하는 자 같으나 항상 기뻐하고 가난한 자 같으나 많은 사람을 부요하게 하고, 아무것도 없는 자 같으나 모든 것을 가진 자들"이다(外貧內華, 고후 6:5-10). 그들은 불신자(탈락자)가 누리지 못하는 구원을 현세에서 누린다. "우리가 사방으로 욱여쌈을 당하여도 싸이지 아니하며 답답한 일을 당하여도 낙심하지 아니하며 박해를 받아도 버린 바 되지 아니하며 거꾸러뜨림을 당하여도 망하지 아니하고"(고후 4:8-9). 그리하여 주님은 구약의 성도인 세례 요한을 말하면서, "여자가 낳은 자 중에 세례 요한보다 큰 이가 일어남이 없도다 그러나 천국에서는 극히 작은 자라도 그보다 크니라"고 하셨다(마 11:11). "영생"의 문제가 해결되었기 때문이다. "천국"은 그만큼 좋은 곳이라는 것이다. 예수께서 "참 남은 자"가 되심은 "남은 자"와 "구원"의 의미 자체도 이렇게 달라지게 했다. 지금까지의 "남은 자"는 하나님을 경외하고 하나님 편에 서 있는 자들을 가리켰지만, 이제부터는 거기에서 더 나아가 예수님을 믿고 예수 안에 있는 자들을 가리키는 말이 된 것이다. "하나님을 믿으니 또 나를 믿으라"(요 14:1). 이것이 유대교와 그리스도교의 차이이다.

3. 남은 자의 "전파"와 "구원"

"참 남은 자"가 되신 주님은 "너희는 온 천하에 다니며 만민에게 복음을 전파하라"고 하셨다(막 16:15). 이는 창세기 12:3("땅의 모든 족속이 너를 인하여 복을 받을 것이라")과 다니엘서 2:36(우상을 친 돌이 태산을 이룸)을 성취한 것으로, 전파의 스타일과 내용을 달리 하라는 말씀이다. 그리스도의 부활은 교회로 하여금 전파의 범위를 넓게 하였다. 지금까지는 선민이란 의식속에서 이기적이고 교만한 이스라엘이었지만(이스라엘의 그 많은 선지자 중에다른 나라에 가서 전한 자는 요나뿐이며, 그것도 마지못해, 할 수밖에 없어서 한 것이다), 이제부터는 직접 찾아가 나눠주는 이스라엘이 되라는 것이고, 지금까지는 어두운 데서 전하는 것이었으나, 이제부터는 광명한 데서 전하라는 것이고, 지금까지는 귓속말로 전했지만, 이제부터는 집 위에서 전파하라는 것이고, 지금까지는 골방에서 전했지만, 이제부터는 지붕 위에서 전파하라는 것이다(마 10:26-27; 눅 12:2-3). 지금까지는 현세적인 지상천국(다윗 전승의 하나님의 나라, 삼하 7:12 이하)을 전부로 알았지만, 이제부터는 내세적인 천상천국을 전하라는 것이다.

복음을 전파하는 것은 본질적으로 선한 일이며, 싸울만한 가치가 있는 싸움이다(딤후 1:8, 12; 2:9-10; 3:11). "우리의 씨름은 혈과 육에 대한 것이 아니요 정사와 권세와 이 어두움의 세상 주관자들과 하늘에 있는 악의 영들에게 대함이라"(엡 6:12). 전도는 성도가 "예수의 이름", "예수의 보혈", "하나님의 말씀"을 가지고 악한 영들의 항복을 받아내는 것이다(눅 10:17). 그것은 사탄의 나라에 침노하여 사탄을 결박하고 그 세간을 강탈하는 것이다(막 3:27). 바울은 일생 동안 이 선한 싸움을 싸우고 달려갈 길을 마치고 믿음을 지켰다(딤후 4:7). 교회 시대는 전파하는 시대다. "전파"는 곧 "싸움"이다. 전파하지 않으면, 주님을 해치는 자가 된다(마 12:30; 고전 9:16).

그리하여 신약의 모든 글은 남은 자 되신 예수 그리스도를 중심으로 남은 자의 전파("땅의 모든 족속", 창 12:3)와 구원("너를 인하여 복을 얻을 것이라", 창 12:3)을 보여주는 글들이다. 그것은 마치 구약의 "남은 자의 수"와 "남은 자 됨"을 강조하는, 민수기("남은 자의 수"에 관심)와 신명기("신신당부"에 관심)와 같다. 신약성경은 남은 자의 전파를 강조한다(마태복음, 사도행전, 로마서, 에베소서 등: 믿는 자의 수에 관심). 그리고 신약성경은 남은 자의 구원을 강조한다(마가복음, 히브리서, 베드로전서, 요한계시록 등: 예수 안에 머물러 있도록 신신당부함).

신약 시대 남은 자들은 예수를 믿고, 예수의 말씀대로 행하고, 이 큰 구원을 맛보고, 예수를 전파하며, 죽을 때까지 예수를 떠나지 않는 자들이다 ("참 민수기", "참 신명기"). "끝까지 견디는 자는 구원을 받으리라"(막 13:13; 마 10:22; 눅 21:19). "누구든지 나를 위하여 제 목숨을 잃으면 찾으리라"(마 16:25; 막 8:35). 신약의 남은 자들은 "참 남은 자"이신 예수님을 본받아서, 죽어도 다시 살아나게 되는 남은 자들인 것이다. 그것은 알곡 신자를 가리킨다. 그것은 고난이 성도에게 있어, 선택사항이 아니라 필수사항임을 보여준다. 아브라함(창 22:12), 요셉, 모세, 다윗 모두 시련을 거친 사람들이었다. "그러나 인자가 올 때에 세상에서 믿음을 보겠느냐?"(눅 18:8).

신약 시대는 여자의 후손인 예수께서 십자가의 죽음을 통하여, 사탄의 머리를 파쇄한 시대이기에, 신약 시대 남은 자들은 사탄이 주는 박해와 핍박을 면할 수 없다. "너의 후손은 여자의 후손과 원수가 되게 하리니"(창 3:15). 사탄은 자신에 대한 분풀이로 최후의 발악을 하며, 지상에 남아 있는 예수를 믿는 성도들에게 환난과 핍박을 행사한다. "그러므로 하늘과 그 가운데에 거하는 자들은 즐거워하라 그러나 땅과 바다는 화 있을진저 이는 마귀가 자기의 때가 얼마 남지 않은 줄을 알므로 크게 분내어 너희에게 내려갔음이라 하더라 용이 자기가 땅으로 내쫓긴 것을 보고 남자를 낳은 여자를 박해하는지라"(계 12:12-13). 그리하여 신약 시대는 구약 시대보다 더 박해가 심한 때이다. 그리하여 예수께서는 "누구든지 나를 따라오려거든 자기를 부인하고 자기 십자가를 지고 나를 좇을 것이니라"고 하셨다(막 8:34). "장차 형제가 형제를 아버지가 자식을 죽는 데에 내주며 자식들이 부모를 대적하여 죽게 하리라 또 너희가 내 이름으로 말미암아 모든 사람에게 미움을 받을 것이나 끝까지 견디는 자는 구원을 얻으리라 이 동네에서 너희를 박해하거든 저 동네로 피하라 내가 너희에게 이르노니 이스라엘의 모든 동네를 다 다니지 못하여 인자가 오리라 제자가 그 선생보다 또는 종이 그 상전보다 높지 못하나니 제자가 그 선생 같고 종이 그 상전 같으면 족하도다 집 주인을 바알세불이라 하였거든 하물며 그 집 사람들이랴”(마 10:21-23). “누구든지 그리스도 안에서 경건하게 살고자 하는 자는 핍박을 받으리라”(딤후 3:12). 예수님이 가져오신 하나님의 나라는 현세적이고, 지상적이고, 정치적이고, 군사적이고, 민족적인 다윗 전승의 하나님의 나라가(삼하 7:12ff) 아니라, 내세적이고, 천상적이고, 초자연적이고, 영적이고, 우주적인 다니엘 전승의 하나님의 나라다(단 7:13-14). 이 다니엘 전승의 하나님의 나라는 고난을 통과한 후에 누리게 되는 나라다. “내가 본즉 이 뿔이 성도들과 더불어 싸워 그들에게 이겼더니(이는 헬라 제국이나 로마제국이 그리스도가 오시기 전, 성도들을 박해한 것을 가리킨다) 옛적부터 항상 계신 이가 와서 지극히 높으신 이의 성도들을 위하여 원한을 풀어주셨고 때가 이르매 성도가 나라를 얻었더라”(단 7:21-22). 그것은 인자 같은 이가 하늘 구름을 타고 와서, 성도들과 싸워 이긴, 뿔과 싸워 이김으로(창 3:15의 여자의 후손이 뱀의 머리를 상하게 함을 가리킴) 얻게 해준 나라다(단 7:13). 그러기에 그리스도인은 누구든지 고난을 통과하지 않고는 구원에 이를 수가 없다(No Cross, No Crown). “우리가 하나님의 나라에 들어가려면 많은 환난을 겪어야 할 것이라”(행 14:27). “끝까지 견디는 자는 구원을 받으리라”(막 13:13). “남은 자”는 열심히 전도해야 한다. “나와 함께 아니하는 자는 나를 반대하는 자요 나와 함께 모으지 아니하는 자는 헤치는 자니라”(마 12:30). “누구든지 이 음란하고 죄 많은 세대에서 나와 내 말을 부끄러워하면 인자도 아버지의 영광으로 거룩한 천사들과 함께 올 때에 그 사람을 부끄러워 하리라”(막 8:38). 남은 자의 길은 십자가의 길이다. “생각하건대 현재의 고난은 장차 우리에게 나타날 영광과 비교할 수 없도다”(롬 8:18). 그리스도교는 “영원”을 위해서 “고난”을 자취하는 종교다(행 5:41). “네가 그리스도 예수의 좋은 군사로 나와 함께 고난을 받을지니 군사로 다니는 자는 자기 생활에 얽매이는 자가 하나도 없나니 이는 군사로 모집한 자를 기쁘게 하려 함이라”(딤후 2:3-4). 그리스도께서 여자의 후손, 곧 여호와의 군대 장관이시기에(수 5:14), 모든 그리스도인은 그리스도가 사탄과 싸우시느라고 피를 흘리신 십자가의 군병이 되어야 한다(엡 6:10-20). 전파자(Proclaimer)가 되어야 한다. 예수님이 전사(戰士)이시니, 우리도 전사가 되어야 한다. "단번에 주신(delivered once for all) 믿음의 도를 위하여 힘써 싸우라"(유 3). "죽으면 죽으리이다"(에 4:16)의 결사 각오를 해야 한다. 성도는 늘 군사적인 자세로 살아야 한다.

이하에 남은 자의 전파와 남은 자의 구원을 강조하는 신약의 책들을 차례로 하나씩 살펴보고자 한다.

IX

마태복음에 나타난 "남은 자" 계시

...

마태복음은 주제가 **"예수의 그리스도 되심과 하나님의 새 백성"**으로서, "남은 자의 전파(확대)"에 관심을 가진 복음서다. 그것은 "아브라함과 다윗의 자손 예수 그리스도의 계보"라는 제목으로 시작해서(1:1), "너희는 가서 모든 족속으로 제자를 삼아 아버지와 아들과 성령으로 세례를 주고 내가 너희에게 분부한 모든 것을 가르쳐 지키게 하라 볼찌어다 내가 세상 끝날까지 너희와 항상 함께 있으리라"로 끝마친다(28:19-20). 여기 "모든 족속"은 창세기 12:3, 18:8, 22:15-18의 "모든 족속"을 생각나게 한다. 이 "모든 족속"은 유대인과 이방인 모두를 가리킨다. 마태복음은 유대적이면서 이방적인 복음서다. "아브라함과 다윗의 자손"은 예수께서 유대인의 구주이면서(다윗의 자손), 이방인의 구주이심을 보여준다(아브라함은 열방의 조상도 됨). 나아가 마태복음은 예수가 다윗의 자손이면서(이스라엘의 메시아: 1-13장), 아브라함의 자손이심을(전 인류의 메시아: 14-28장) 보여준다. 마태는 1장의 족보(1:2-17)를 통하여 예수를 "아브라함과 다윗의 자손"으로, 예수의 탄생담(1:18-25)을 통하여 예수를 "여자의 후손"으로 소개한다. "예수"는 "여호와는 구원이시다"는 뜻으로서, 만민의 죄를 속량하시고 구원하실 메시아의 사명을 예표한 이름이며, "여자의 후손"을 가리킨다.

마태는 그리스도교는 유대적인 종교이며, 예수는 "새로운 모세"로서, 새로운 "토라"를 주신 분임을 강조한다. 그는 예수의 교훈을 한데 모아 다섯 그룹으로 보여주며(5-7장, 10장, 13장, 18장, 24-25장), 각 그룹에는 시편의 5권 구분 표식 같은 종결 후렴 문구가 붙어 있다(7:28; 11:1; 13:56; 19:1; 26:1). 이는 모세 오경에 준하는 예수 오경을 의식했다고 볼 수 있다(Bacon). 그는 예수님의 출생을 모세의 탄생 이야기의 빛 아래에서 기록하고 있으며(출 1:22; 마 2:16), 예수의 산상보훈을 모세의 십계명과 병행시킨다(5:21-48). 남은 자(그리스도인)의 윤리는 비(非)남은 자(유대인)의 윤리보다 나아야 한다는 것이다. 마태복음 8-9장의 예수의 열 가지 이적은 모세의 열 가지 이적을 배경으로 하고 있으며, 예수의 변모기사(17장)는 모세의 시내산 기사(출 34:29-35)를 배경으로 하고 있다. 이는 예수께서 제2의 출애굽을 인도하실 메시아인 것을 보여주며, 제1의 출애굽은 제2의 출애굽의 그림자임을 보여준다. "아들을 낳으리니 이름을 예수라 하라 이는 그가 자기 백성을 저희 죄에서 구원할 자이심이라"(1:21). 마태의 예수님은 자신을 새 이스라엘로 보며(하향식 족보, "애굽으로부터 내 아들을 불러내었다"[2:15], 광야에서 이스라엘이 받은 세 가지 시험을 예수가 이기심[4:1-11] 등), 새 하나님의 백성을 형성하신다("교회").

그런가 하면, 마태는 그리스도교는 유대교를 넘어서는 종교임도 보여준다. "내가 너희에게 이르노니 너희 의가 서기관과 바리새인보다 낫지 아니하면 결코 천국에 들어가지 못하리라"(마 5:20). 서기관과 바리새인들은 유대교의 중심 사람들인데, 그리스도인들(남은 자)의 의가 그들보다 나아야 천국에 들어간다는 것은 유대교인은 "탈락된 자들"이라는 것이다. 그들은 자신들의 특권을 상실했다. 이러한 그리스도의 산상보훈은 이 요절 말씀의 구조로 구성되어 있다: "서기관보다 나아야 함"(5:21-5:48), "바리새인보다 나아야 함"(6:1-18), "그리스도인들의 의에 관한 여러 가지 지시 사항"(6:19-7:27). 그는 누가와 달리 예수의 족보에 여인들의 이름을 등장시킨다. 이는 유대인의 비위를 거스르는 것이다. 그들이 자랑하는 다윗의 혈통도 순수치는 못하다는 것이다. 마태는 특히 동방박사의 경배 기사를 싣고 있다. 유대인의 왕이 나시어 저 먼 이방 나라의 점성가들까지 찾아와 경배했는데도, 나라의 본 백성들은 경배하지 않았다는 것이다. 마태는 악한 포도원 농부 비유에서(21:33-46), 유대인의 버림받음을 강조한다(43-44절). 그는 8:12에서도 유대인들이 특권을 빼앗길 것을 기록했다. 심판 날에 그들은 두로와 시돈 사람들보다 더 무서운 심판을 받을 것이다(11:22). 마태는 유대인들을 "독사의 자식들"로 공격하고 있으며(3:7; 12:34; 23:33), 바리새인과 서기관들에 대한 예수의 긴 저주 설교를 기록한다(23장). 바리새인과 서기관들은 천국에 들어가지 못한다(5:20). 그들은 외식하는 자들이며(6:1-18), 지옥의 자식이며(23:15), 우맹이요 소경들이다(23:17). 그들은 백성의 소경된 인도자이며(23:24), 외식과 불법이 가득한 자들이다(23:28). 그들은 예수의 죽음에 전적으로 책임이 있는 자들이다. 그들은 그들 스스로 기득권을 포기한 것이다(27:25).

마태는 그의 복음서에서 구원의 보편성(universalism)을 강조한다. 세례 요한의 피체(被逮) 소식을 듣고 유대 선교를 시작하신 예수님은(4:12) 세례 요한의 사망 소식을 듣고 이방 선교를 시작하신다(14:13). 마태는 이방인 백부장의 믿음을 두 번이나 기록하고 있으며(8:10; 27:54), 모든 족속으로 제자를 삼으라는 그리스도의 선교 명령을 기록하고 있다(28:19). 그는 마가나 누가와 달리, 안식일에 손 마른 자를 고친 기사 뒤에 이사야 42:1-4(칠십인역)를 인용하면서, 마지막 절, "또한 이방들이 그의 이름을 바라리라"를 인용한다(12:21). 가나안 여인의 딸을 고치신 이야기를 싣고 있으며(15:21-28), 악한 농부 비유와(21:33-43), 혼인 잔치 비유와(22:1-10), 이방 선교 후에 재림이 있을 것을 기록한다(24:14). 그는 "자녀들의 떡을 개들에게 던지는 것이 합당치 않다"는 예수님의 말씀과는 달리(15:26), 오병이어의 이적과(유대인의 땅에서, 14:13-21) 칠병이어 이적(이방인의 땅에서, 15:32-39)을 나란히 기록한다.

마태는 이렇게 함으로써, "교회"를 "하나님의 새 백성(참 이스라엘)"으로 강조한다. 그리스도교는 유대적이면서, 반유대적이란 것이다. 마태의 예수는 부활의 권위로 모든 족속으로 제자를 삼아 아버지와 아들과 성령의 이름으로 세례를 주라 하신다(28:19). 여기 "세례를 줌"은 하나님의 종말론적인 새 백성을 형성함을 의미한다. 마태의 예수는 이스라엘에게만 보내심을 받았지만(10:5-6), 이스라엘의 거절의 결과로, 이방인들이 하나님 나라에 속한 이스라엘의 자리(위치)를 차지하게 된다(8:11-12; 21:33-45). 바로 이 "남은 자의 무리", 우주적인 공동체가 "교회"이다. 마태의 예수님은 다른 복음서에 없는 "교회"란 낱말을 세 번이나 사용하고 있으며(16:18; 18:17), 교회의 권위와 질서에 관한 예수의 말씀들을 보여주려 한다. 18장에는 교회 내의 윤리에 대한 말씀들이 모여 있다(겸손, 소자 존중, 범죄한 신자 처리 문제, 용서에 관한 교훈). 그는 교회의 사죄권에 관한 말씀을 특별히 기록해 놓고 있다. "진실로 너희에게 이르노니 무엇이든지 너희가 땅에서 매면 하늘에서도 매일 것이요 무엇이든지 땅에서 풀면 하늘에서도 풀리리라"(18:18). 그는 교회의 권위를 높이기 위해 마가복음에 나타나는 부정적인 제자상을 긍정적인 제자상으로 수정해 놓는다. 제자들은 믿음이 없는 자(막 4:40; 9:19)가 아니고, 믿음이 적은 자며(8:26; 17:20), 예수의 말씀을 깨닫지 못하는 자(막 8:21)가 아니라, 결국은 깨달은 자임을 밝힌다(16:12). 비유를 깨닫지 못하는 제자들에 대한 책망(막 4:13)이, 마태복음에서는 그들에 대한 축복으로 대치되고 있으며(13:16-17), 예수께 영광의 권리를 요구한 요한과 야고보가(막 10:35-37) 마태복음에서는 그들의 어머니로 대치된다(20:20-28). 마태에 의하면, 베드로는 교회의 대표적 지도자이다. 마태는 열두 제자 명단에서 베드로 앞에 "첫째는"이란 부사를 첨가함으로써, 베드로를 수제자의 위치로 그 지위를 높인다. 베드로로 대표되는 지상의 교회는 이 세상에서 유일하게 천국을 앞당겨 드러내는 곳이다. "내가 천국 열쇠를 네게 주리니 네가 땅에서 매면 하늘에서도 매일 것이요 네가 땅에서 풀면 하늘에서도 풀리리라"(16:19). 그것은 예수의 이름으로 모인 제자 공동체이며, 예수는 이 공동체에게 자신의 권세를 위임해 주셨다(10:1; 28:18-20). 예수는 언제나 교회와 함께 하시며(18:20), 교회는 예수의 권세를 물려받아 세계 선교를 이룩하고, 교회 안의 성도들을 천국 복음과 가치관 및 삶으로 가르치고 치리해야 한다. 그러나 그 자체가 천국은 아니다. 그 것은 천국을 향하여 가는 도상의 공동체이다. 그것은 지상에서 천국 생활 을 미리 예행 연습하는 곳이다. 그러므로 교회 안에는 알곡과 가라지, 양 과 염소, 좋은 고기와 나쁜 고기, 참 신자와 거짓 신자가 혼합되어 있다 (corpus mixtum, 25장). 이는 구약 시대 하나님의 백성 사이에서도 남은 자와 탈락자가 함께 있었음과 같다. 이리하여 예수님은 교회를 남은 자의 수를 확대해 나가는 기구로 생각하신다. 교회는 남은 자의 수를 확장해 나가는 속도 조절 바퀴라는 것이다. 하나님은 이 교회를 통해 남은 자의 수를 확대해 나가신다. 신약의 때는 이 교회가 남은 자의 수를 확대해 나가는 시대이다. 교회는 재림 시까지 남은 자의 수를 확대해 나가야 한다. 교회 가 이 사명을 감당한 것을 보여주는 책이 사도행전이다.

X

사도행전에 나타난 "남은 자" 계시

...

예수님은 십자가를 지시기 전날 밤, 그의 다락방 강화에서 제자들에게 이런 말씀을 하셨다. "나를 믿는 자는 나의 하는 일을 저도 할 것이요 또한 이보다 큰 것도 하리니 이는 내가 아버지께로 감이니라"(요 14:12). 아들의 일은 유일한 것으로, 그 무엇에 의해서도 능가될 수 없다. 어떠한 위대한 행위도 그의 죽음과 부활을 따를 수 없다. 그의 기적들보다 더 위대한 기적을 행할 수 없다. 그러나 성령의 충만, 그것에 의한 복음의 세계적인 전파와 능력의 역사들은 예수 시대를 능가하는 증거들이라 할 것이다. "이러므로 너희가 어두운 데서 말한 모든 것이 광명한 데서 들리고 너희가 골방에서 귀에 대고 말한 것이 지붕 위에서 전파되리라"(눅 12:3).

누가는 복음서 저자들 가운데 교회의 선교를 통한 복음의 전파를 예수의 생애와 죽음과 부활만큼이나 중요한 것으로 본 유일한 기자다. 그는 "남은 자의 전파" 주제를 위하여 "사도행전"이라는 책을 따로 기록했다. 그는 누가복음에서 예수를 그의 탄생 이야기를 통하여, 온 세상의 구주로 나타내기를 원했지만(눅 2:10-11), 사도행전에서도 예수를 온 세상의 구주로 나타내기를 원했다. 그는 예수를 "제2의 아담"(Adam)으로 보고, 족보도 아담까지 상향식으로 기록하며(눅 3:23-38), 광야에서의 시험도 아담이 받은 시험 순서대로 기록한다(눅 4:1-13). 예수는 새로운 인류의 "라인"(line)을 시작한 "둘째 아담"이라는 것이다(고전 15:47). 그것은 창세기 12:3을 특별히 염두에 두었기 때문일 것이다. 그리하여 그는 예루살렘에서 시작하여 로마에까지 이르는 교회의 복음 전파 이야기를 누가복음의 후편으로 기록했다. 그는 자신의 복음서에서 예수 그리스도의 구속 사역을 기술했지만, 사도행전에서는 교회의 선교를 통한 구속 사역의 효과와 그 효과의 확장을 기술한다. 전자는 예수 시대를 기술하지만, 후자는 교회 시대를 기술하고 있으며, 전자는 어둠 가운데서 말하던 시대지만, 후자는 광명한 데서 말하는 시대이며, 전자는 귓속말로 말하던 시대지만, 후자는 집 위에서 전파하는 시대이다(마 10:27). 사도행전에서 복음은 예루살렘과 유대 지방만 아니라, 사마리아와 땅끝까지 전파된다. 사도행전 전반부에서는 베드로와 열한 사도들에 의해 복음이 주로 예루살렘과 유대 지방을 중심으로 유대인들을 대상으로 전파되지만(1-7장), 스데반의 순교 이후에는 흩어진 그리스도인들에 의해서 사마리아에(8:1; 4-24; 9:31), 다메섹에(9:1-3), 베니게와 구브로와 안디옥까지(11:9) 복음이 증거되면서, 안디옥에서는 최초로 헬라인들에게도 복음이 전파되기 시작한다(11:20). 그러고는 드디어 본격적인 이방인 선교가 바울과 바나바에 의해 시작된다(13장 이후). 바울과 바나바는 이방인에게만 복음을 전하지 않고, 유대인들에게도 전한다(13:46-47; 18:6-7; 28:28).

그리하여 사도행전은 **"교회의 시작과 땅끝까지의 전도"**란 총 주제로, 두드러지게 활동한 사도들을 기준으로 크게 전반부(베드로의 활동, 1-12장)와 후반부(바울의 활동, 13-28장)로 나뉜다(2중 구조). 이를 다시 사도행전의 요절을 따라 나눠보면, 1-7장은 "예루살렘에서의 전도", 8-12장은 "유대와 사마리아에서의 전도", 13-28장은 "땅끝까지의 전도"로 구분할 수 있을 것이다(3중 구조). 이를 다시 사도행전에 나오는, 교회 성장을 언급하는 여섯 요약문(6:7; 9:31; 12:24; 16:5; 19:20; 28:31)을 근거로 나누어 보면, 1:1-6:7은 교회의 예루살렘에서의 성장, 6:8-9:31은 교회의 유대와 사마리아에서의 성장, 9:32-12:24는 교회의 안디옥에서의 성장, 12:25-16:5는 바울의 제1차 선교여행, 16:6-19:20은 바울의 제2·3차 선교여행, 19:21-28:31은 교회의 로마까지의 성장으로 나눠질 수 있다(6중 구조). 이와 같이 사도행전은 대체로 "땅끝까지의 전도"에 관심을 보이고 있다. 그리하여 "교회는 중단 없는 전진을 한다"는 언급으로 끝을 맺는다. "담대히 하나님의 나라를 전파하며 주 예수 그리스도에 관한 것을 가르치되 금하는 사람이 없었더라"(28:31).

XI

로마서에 나타난 "남은 자" 계시

...

바울은 로마서 9-11장에서 유대인의 구원 문제를 취급한다. 하나님께서 이같이 죄인 하나하나를 개별적으로 그리스도에 대한 믿음에 근거해서 의롭게 하신다면, 전체로서의 그의 백성 이스라엘에게 주었던 그의 약속들은 어떻게 되었는가? 그 **하나님의 의**"(로마서의 주제)는 이스라엘의 불순종으로 인해 폐해졌는가? 아니면 이스라엘의 불순종에도 아직 살아 있는가? 유대교 전도문제는 어떻게 되는가? 바울은 이에 대해 다음과 같은 결론을 내린다. "형제들아 너희가 스스로 지혜 있다 함을 면키 위하여 이 비밀을 너희가 모르기를 원치 아니하노니 이 비밀은 이방인의 충만한 수가 들어오기까지 이스라엘의 더러는 완악하게 된 것이라 그리하여 온 이스라엘이 구원을 얻으리라"(롬 11:25-26). 이 구절에서 바울은 이스라엘 백성 전체가 구원을 받으리라 하지 아니하고, 이스라엘의 예수 거절이 부분적이며, 일시적임을 말한다. 그리하여 결국에 가서는 온 이스라엘이 구원을 받으리라고 한다. 기득권은 상실되었지만, 개별적으로는 문이 열려 있다는 것이다. 여기 "온 이스라엘"은 유대인의 전부를 가리키지(박형용, Davies) 않고, 유대인 중에서 택함 받은 자 전부를 가리킨다(Bengel, Olshausen). 바울은 이 남은 자들을 "은혜로 택하심을 따라 남은 자"(롬 11:5), "그리스도 안에 있는 자"(롬 16:3, 7, 10, 13 등)라 부른다. 여기 "남은 자"는 이방인의 충만한 수가 들어오기까지 이스라엘의 대중이 완악하여져서 예수를 믿지 않을 때, 신앙의 지조를 지켜, 예수를 믿는 소수의 유대인 남은 자를 말한다. 바울은 이 남은 자에게 그의 동족에 대한 기대를 걸고 있다. 그는 자신이 이 남은 자이며, 자기 백성의 거룩한 씨이며, 그루터기인 것을 감사히 생각한다(롬 11:13). 그는 유대인으로서, 땅끝까지의 이방 전도를 했으며, 그가 기록한 서신들은 후일 그리스도교의 성경이 되었다. 이 예수로 말미암아 남은 자가 된 자들은, 그러기에, 어떤 일이 있어도 예수 안에, 믿음 안에 머물러 있어야 한다. 세속에 물들지 말고, 거룩함을 지켜야 한다.

바울은 또한 로마서 11:3-5에서 고난을 극복하고 남은 자가 된, 바알에게 무릎을 꿇지 아니한 사람 7천 명의 이야기를 한다. "저에게 하신 대답이 무엇이냐 내가 나를 위하여 바알에게 무릎을 꿇지 아니한 사람 칠천 명을 남겨 두었다 하셨으니 그런즉 이와 같이 지금도 은혜로 택하심을 따라 남은 자가 있느니라." 이 남은 자들은 자신들의 행위가 아니라, 오직 하나님의 은혜로 택하심을 입은 자들이다. 그들이 "남은 자"가 될 수 있었던 것은 그들의 노력이 아니라, 하나님께서 자신의 주권으로 그들을 "남겨두셨기" 때문이다. 믿음은 자기 마음대로 되는 것이 아니다. 그것은 하나님의 선물이다(엡 2:8). "남은 자"는 자기 뜻대로 되는 것이 아니라, 하나님의 뜻대로 된다.

XII

에베소서에 나타난 "남은 자" 계시

...

에베소서는 일종의 회람서로서(골 4:16; 오래된 사본들에는 1:1에 "에베소에 있는"이란 말이 없다!), 바울이 주후 60년경 로마 옥에서 소아시아 교회들 내의 유대인과 이방인의 화해를 도모하기 위해 기록한 글이다. 에베소서, 골로새서, 빌레몬서 등 세 서신은 동시에 기록된 편지들이다. 이 서신들은 모두 두기고라는 사람에 의해 전달되었으며(6:21; 골 4:7, 9), 같은 아시아 지역에 보내진 편지들이다. 당시 아시아 지방은 안디옥과 더불어 유대인과 이방인이 함께 섞여 살았고, 따라서 교회의 구성원들도 유대인과 이방인이었을 것이며, 그들은 오랜 민족적 인종적 편견 때문에 하나가 되기 어려웠을 것이다. 그리하여 바울은 본서를 통하여 "하나 됨"(통일)을 강조하고 있다. 본서의 주제는 **그리스도 안에서의 통일**(화해)"이며(1:10), 이는 바울 신학의 총주제라 할 것이다(Weiss, Ridderbos, Stuhlmacher, Manson, Martin 등). 그만큼 에베소서는 교회론적인 서신이다. 그것은 남은 자의 통일, 즉 교회의 통일성과 보편성을 설명하는 하나의 고유한 신학적 논문(treatise)이다. 에베소서의 모든 교리는 이 한 주제에 집중해 있다. 그것은 하나님의 창세 전의 계획이 무엇이며, 어떻게 그가 그 계획을 이루시며, 그리스도인이 이 계획을 위해 해야 할 일이 무엇인가를 보여준다. 1장은 하나님의 우주 통일의 장엄한 계획을, 2장은 이 계획 속에서의 그리스도의 역할을, 3장은 이 계획을 위한 도구로서의 교회를, 4-6장은 그리스도인의 생활에서의 통일을 다루고 있다. 또한 1-3장의 각 장은 다음과 같이 하나님 - 그리스도 - 교회의 패턴으로 구성되어 있다: 1:3-6(하나님의 계획), 1:7-12, 20-21(그리스도의 역할), 1:22-23(교회의 도구성); 2:1-10(하나님의 계획), 2:11-18(그리스도의 역할), 2:19-22(교회의 도구성); 3:1-6(하나님의 계획), 3:7-21(교회의 도구성). 그리하여 모든 교리는 이 큰 주제와 신학의 빛 아래에서 이해하도록 구성되어 있다. 바울은 이 "통일"을 "충만"('플레로마': "갈라진 틈이 채워진 것", 막 2:21; 마 9:16 참조)이라 부른다.

  본서에 의하면, 언젠가 이 세계에는 "대분열"(The Great Rift)이 있었다. 하늘에서는 "정사"와 "권세"와 "이 어두움의 세상 주관자들"과 "하늘에 있는 영들"이 하나님을 대적하고(6:12), 땅에서는 인류의 죄로 인하여 하나님과 인간, 인간과 인간 사이에 큰 증오가 있었다(2:15-16). 하늘에서의 분열은 "초역사적 분열"(transcendental rift), 땅에서의 분열은 "역사적 분열"(historical rift)이라 할 수 있다. 이 외에 또한 거룩한 분열(sacred rift)이라 불리는 유대인과 이방인 간의 분열이 있었다(2:12). 하나님은 이 모든 분열된 세계를 통일시킬 원대한 계획을 가지셨고, 그리스도께서 바로 그 계획을 실천하셨으며, 그 결과 탄생한 것이 "교회"이다. 교회는 지상에서 그리스도의 통일 사역을 지속해서 전개해 나갈 사명이 있다는 것이다. 에베소서는 이 남은 자들의 확대 사역을 그리스도를 머리로 한, 우주적인 교회를 이루는 사역으로 본다. 교회는 바로 그러한 그리스도의 통일 사역의 결과로서 생겨난 하나의 '플레로마'(통일체)이며, 이 통일체는 그리스도를 머리로 하는 우주적 교회로서(엡 1:22-23), 천상 교회의 그림자가 되고 있다. 이 유대인과 이방인의 통일체로서의 "교회"는 스바냐 선지자가 예언한, "하나님이 그로 인해 기쁨을 이기지 못해 하시는" 기구이다(습 3:17). 바울이 말하는 에베소서 6:10-20에 나오는 그리스도인의 영적인 투쟁은 창세기 3:15의 "뱀과 여인의 남은 자손(교회)"의 싸움을 두고 말한 것이다. 마귀는 그리스도께서 이룩하신 통일을 깨뜨리기 위해 노력하는 최대의 적이기에(엡 2:2; 6:12), "전투하는 교회"가 바로 여자의 후손의 교회다. 그리하여 바울은 디모데를 자기와 함께 고난받는 "그리스도의 좋은 군사"라 한다(딤후 2:3). 그는 자신을 여자의 후손의 영적인 전사(戰士)로 본다(딤후 4:7).

　이같이 볼 때 에베소서에는 남은 자의 전파와 구원이 동일시되어 있다고 할 수 있다. 남은 자의 집합체가 교회이고, 교회는 자신이 하나님의 통일 계획, 그리스도의 통일 사역으로 생겨난 기구이지만(구원받은 공동체), 동시에 그리스도가 이루신 통일 사역을 확대할 사명을 가진 기구이기에(전파하는 공동체), "통일"(화해)은 남은 자의 전파도 되고, 구원의 내용도 되는 것이다. 그리하여 에베소서는 남은 자의 전파와 구원을 둘 다 보여준다고 할 것이다. 남은 자는 통일을 이루어야 한다.

XIII

마가복음에 나타난 "남은 자" 계시

...

마가복음은 복음서 가운데 가장 짧은 복음서로, 그 메시지는 "촌철살인"처럼, 강하고 분명하다. 그것은 예수님의 종 되심을 강조한 복음서로, "송아지 복음서"라 불린다(성경보감). "송아지는 하늘나라 네 생물 중 둘째 짐승의 모습이다(계 4:7). 그것은 희생과 섬김을 상징한다. "인자가 온 것은 섬김을 받으려 함이 아니라 도리어 섬기려 하고 자기 목숨을 많은 사람의 대속물로 주려 함이니라"(막 10:45, "여호와의 고난 받는 종"). 마태복음이 "왕"되신 그리스도를 강조한다면, 마가복음은 "제사장"되신 그리스도를 강조한다고 볼 수 있다. 마가복음은 "확대된 서론이 붙어 있는 수난 사화"라고 불릴 만큼(Kähler), 그리스도의 수난을 강조한다. "신약에서 최고의 십자가 신학자들은 마가와 바울이다"(Luz). 마가는 예수님의 마지막 한 주간인 수난 주간에 된 일들을 전체 지면의 3분의 1가량이나 보도해 주고 있으며, 그 외에도 그리스도의 수난이 군데군데 강조되어 있다(1:12-13; 2:20; 3:6, 19, 21; 6:1-6; 8:31; 9:31; 10:33-34, 45 등). 그리하여 수난 주간의 기사가 본론이고, 그 이전의 기사들은 마치 수난을 위한 서론적인 성격을 띠고 있는 것처럼 보인다. 마가는 예수를 이사야가 예언한 "여호와의 고난 받는 종"(사 42:1)으로 나타내기를 원했다. 그는 복음서를 열기가 무섭게 선지자

이사야의 글(그것도 사 40:3)을 인용하고 있으며, 순교한 세례 요한을 예수의 선구자로 나타내기를 원한다(막 1:14; 3:13; 8:31; 9:31; 10:33 등). 세례 요한이 넘겨진 것처럼 예수님도 넘겨지고, 우리도 넘겨져야 한다는 것이다. 마가의 예수는 세례받을 때는 그가 이사야가 예언한 수난의 종임을 확인받으며("내 기뻐하는 자라", 사 42:1; 52:14), 자신이 섬김을 받으려는 것이 아니라 섬기려 하고 자기 목숨을 많은 사람의 대속물로 주기 위해(사 53:10-11) 오셨음을 공언하신다. 그리하여 마가복음에는 족보도, 동정녀 탄생 이야기도, 유년 시절에 관한 역사도 없다. 종에겐 다만 "섬김"만 있을 뿐이라는 것이다.

마가가 이같이 예수님의 수난을 그의 복음서에서 강조함은 무엇보다, 제자들의 수난을 강조하기 위함이다. 즉 남은 자의 제자도를 교훈하기 위함이다. 마가는 예수님의 수난 예고가 있은 후에는 언제나 제자들의 무지를 기록하고, 그러한 다음에는 제자도에 대한 교훈을 기록한다: 제1차 수난 예고(8:31) – 제자들의 무지(8:32-33) – 제자도에 대한 교훈(8:34-9:1); 제2차 수난 예고(9:30-31) – 제자들의 무지(9:32) – 제자도에 대한 교훈(9:33-37); 제3차 수난 예고(10:32-34) – 제자들의 무지(10:35-41) – 제자도에 대한 교훈(10:41-45). 이 "제자들의 무지"는 예수의 신분에 대한 무지이며, 마가가 강조하는 예수의 신분은 "십자가에서 고난 받는 하나님의 아들"이다. 마가는 제자들의 무지를 어느 복음서 기자들보다 강조한다(1:37; 4:13; 6:52; 7:19; 8:17-21, 32-33; 9:5, 32; 10:38 등). 예수가 "십자가에서 고난받는 하나님의 아들"이심을 몰랐던 제자들은 그들의 무지로 인해 예수를 버리고 도망갔다는 것이다(15:50). 이는 예수님의 수난 예고를 제자들의 수난 예고로 보도록 하기 위함이다. 즉 제자들도 예수님처럼 고난을 받아야 한다는 것이다. 이는 제자도를 말씀하시는 13장과 예수님의 수난을 기록한 14-15장을 병치한 데서도 알 수 있다. 마가는 예수님의 수난 사화를(14-15장) 제자들에게 주는 경고적 설교문인 13장 바로 뒤에 위치시킴으로써(마태, 누가, 요한과 달리), 예수를 제자들의 장래 수난의 모범으로 소개하려 했다(Lightfoot). 예수는 제자들이 장차 공회에 넘겨지듯이(13:9, 11-12), 이미 공회에 넘겨지셨으며(14:53), 제자들이 심문당하듯이(13:9), 이미 심문받으셨고(14:55-65), 제자들이 채찍을 맞듯이(13:9), 이미 채찍을 맞으셨다(15:15). 제자들이 가족들의 밀고로 죽음에 넘겨지듯이(13:12), 예수도 사랑하는 제자의 배신으로 죽음에 넘겨지셨으며(14:45-46), 제자들이 모든 사람에게 미움을 받게 되듯이(13:13a), 예수는 지나가는 모든 사람으로부터 미움을 받으시고 (15:29-32), 제자들이 구원을 위해 끝까지 견디듯이(13:13b), 예수는 이미 끝까지 승리하셨다는 것이다(14-15장). 그는 13장에서 "그러므로 깨어 있으라 집주인이 언제 올는지 혹 저물 때일는지 밤중일는지 닭 울 때일는지 새벽일는지 너희가 알지 못함이라 그가 홀연히 와서 너희의 자는 것을 보지 않도록 하라"(13:35-36)고 하시며, "깨어 있으라"고 하셨는데, 과연 그는 저물 때 자기를 팔 자와 함께 저녁을 잡수시고(14:17-21), 밤중에 악당들에게 체포되시며(14:43), 닭 울 때 공회에 서서 재판받으시고(사랑하는 제자로부터 배신당하심, 14:53-72), 새벽에 빌라도에게 넘겨지셨다(15:1). 예수는 이런 고난이 찾아온 때에 깨어 있어, 사탄의 시험에서 승리하셨으나, 제자들은 이 고난의 시간에 깨어 있지 못하고 시험에 들어, 베드로는 주를 부인했으며 (14:66-72), 그 외 제자들은 모두 도망했던 것이다(14:50). 예수님은 13장에서 그가 "홀연히 와서 너희의 자는 것을 보지 않도록 하라"고 하셨는데, 제자들은 예수의 경고를 망각하고 무시해서, 겟세마네 동산에서 깨어 있지 못하고, 세 번이나 자는 것을 예수가 보시게 한다(14:32-42). 이러한 13장과 수난사화의 병행은, 마가복음에서 예수의 수난은 그리스도인의 수난을 위한 하나의 본보기요 모델이란 것을 보여준다. 우리는 예수처럼 깨어 있어야 하고, 제자들처럼 되어서는 안 된다는 것이다. 마가는 그의 수난사화를 경고적 설교문 바로 뒤에 놓음으로 13:1-2에서 말한 성전 멸망에 관한 선고가 예수의 처형 이유가 되었음도 보여준다. 예수는 그의 반

성전 사역으로 인해 처형되셨다는 것이다. 14:58에서 예수는 무리로부터 성전을 훼방했다는 죄목을 듣게 되며, 15:38에서 예수가 운명하셨을 때 성전 휘장이 위로부터 아래로 찢어진다. 그리하여 마가는 이 수난사화로 써 13장의 메시지를 전하고자 했다. 마가의 수난사화는 마가복음 13장의 빛 아래에서 해석되어야 한다는 것이다.

마가복음은 주후 70년 예루살렘이 멸망한 직후, 가장 최초로 기록된 복음서이다. 주후 70년의 예루살렘 멸망은 숱한 문제를 야기했다. 성전의 멸망, 전쟁과 난리, 거짓 선지자의 출현, 유대교와 로마의 박해 등(막 13장 참조). 그리하여 마가는 공동체를 위로하고, 거짓 선지자와 적그리스도의 출현을 경계하며, 박해에 의연히 대처할 것을 교훈하기 위해 본서를 기록했다. 거짓 선지자들은 성전 멸망을 기회로 "재림은 이미 이루어졌으며, '내가 그리스도'"라고 했다. "너희가 사람의 미혹을 받지 않도록 주의하라(13:5b) … 보라 그리스도가 여기 있다 저기 있다 하여도 믿지 말라 … 너희는 삼가라 내가 모든 일을 너희에게 미리 말하였노라"(13:21-23).

마가복음의 총 주제는 **"그리스도인의 모범으로서의 하나님의 아들 예수 그리스도"**이다. 마가는 주후 70년대 초대교회가 전파하는 케뤼그마(복음의 내용)의 기원('아르케', paradigm)을 30년대 예수의 생애에서 찾았다(1:1). 마가는 이런 총 주제 아래에서 그의 복음서를 통하여 구속사의 세 드라마를 보여준다. 세례 요한이 전파하다가 넘겨지고(1:14), 예수께서 전파하시다가 넘겨지시며(9:31), 그리스도인이 전파하다가 넘겨진다(13:9). 그러나 제자들은 깨어 있지 못하다가 다 주를 버리고 도망갔다. 그러므로 그리스도인은 언제나 깨어 있어야 한다. 그렇지 않으면 우리는 제자들처럼 되어, 영원히 부활하신 예수를 만나지 못한다(16:8로 끝남). 제자들은 우리가 본받아서는 안 될 자들의 모범이다. 그리하여 마가복음은 공동체를 경고하기 위해 기록되었다. 마가는 그의 복음서를 통해 다음의 메시지를 준다: "그리스도인은 예수를 알되, 밝히 알아야 한다. 그리스도인은 예수를 따른다는 일이 언제나 수난을 내포한다는 사실에 유의해야 한다. 예수는 세례 요한과 더불어, 그리스도인의 모델이다. 그리스도인은 예수를 따라가야 한다. 그들은 예수의 신분에 대한 바른 지식을 가져야 한다. 그런 지식이 없이는 모두가 예수를 버리고 도망가 버리고 만다. 예수의 정체성에 대한 바른 지식은, 그가 "고난받는 하나님의 아들"이라는 것이다. 그를 따라가는 데에는 어떤 편안하고 쉬운 길이 없다. 십자가의 길만이 영광에 이르는 유일한 길이다. 그러나 성도는 그러한 수난 뒤에 하나님 나라에서 기쁨을 맛볼 것이다. 따라서 그들은 참고 끝까지 인내해야 한다"(13:9-13). "고난"은 그리스도인이 지상에서 반드시 이수해야 할 필수과목이다(16:8).

XIV

히브리서에 나타난 "남은 자" 계시

...

히브리서는 얼핏 보면, "그리스도의 제사에 관한 설교" 같지만 가만히 들여다보면, 공동체에게 배교를 하지 말라는 일종의 권면 설교라 할 수 있다(13:22). 그것은 "히브리" 즉 유대인 신자들(그리스도교로 개종한 유대인 제사장들?, 행 6:7)에게 주는 설교인 것이다. 히브리서는 성도들에게 "믿음에 계속 머물러 있을 것"을 권고하는, 초대교회의 훌륭한 설교문이란 점에서 가치를 지닌다. "그것은 수필처럼 시작하여 설교처럼 진행하고, 편지처럼 끝맺는다"(Rees). 그리스도가 지상에 계신 때로부터 저자가 본서를 기록하기까지 상당한 시간이 지나갔다(2:2). 수신자들은 직접 예수께 복음을 받은 것이 아니고, 그의 제자들에게서 받은 것이었다. 그들은 신자가 된 지 오래되었으나, 아직 완전한 신앙과 건실한 덕성을 체득하는 데 이르지 못했다(5:11-14). 그리스도께서 재림하신다고 믿던 처음의 소망이 점차 약해지기 시작했다(10:37). 그들은 핍박받고, 가진 재산들을 모두 잃는 경험을 했다(10:32-34). 그들에게는 앞으로의 박해가 예상되기도 했다(12:4). 그들은 이런 고난의 이유가 무엇인지 궁금하게 여겼다(12:7). 한편 그들은 단조로운 기독교의 예배보다 유대교 성전 예배에 더 매력을 느끼고 있었다. 그들이 성전과 맺은 밀접한 관계, 특히 성전의 우아함과 존중시하던 의식들과의 관계로 인해서, 이미 어린 시절부터 유대교에서 자라났던 그들에게 유대교와의 단절이란 지극히 괴로운 사실이 되고 있었다(행 6:7 참고). 그리스도교에 정교한 제사 제도가 없다는 것도 그들이 아무런 근거도 없는 열심에 이끌려 가고 있는 것이 아닌가 하는 회의를 일으키게 했으며, 급기야 그들은 그리스도교를 버리고 옛 유대교로 돌아가려는 배교의 위험 아래에 놓여 있었다(2:1-3; 3:12-13; 6:1-6; 10:26, 38). 그들 중에는 집회열이 식어, 모이기를 폐하는 자들도 있었으며(12:5), 환난을 당하여 점점 뒤로 물러가는 자도 있었고(10:32-39), 여러 가지 이단 사상에 끌려 담대한 신앙을 잃은 자도 있었다(13:3-9).

이런 가운데서 저자는 멜기세덱의 반차를 좇은 이데아 급의 대제사장 예수 그리스도의 십자가상에서의 제사는 이데아 급의 제사로서, 이데아 급의 죄악들을 사하는 제사임을 논증함으로, 수신자들을 그들의 믿음이 떨어지지 않도록 권고하고(2:1; 3:6; 4:14; 10:23, 35; 12:1, 12), 배교하지 않도록 경고하며(6:4-6; 10:26-29; 12:15-17), 어떤 일이 있더라도 뒤로 물러가지 않도록(10:39, No turning back) 권하려 했다. 총 주제는 "**그리스도교의 우월성과 믿음의 견지**"이며, 주후 90년경 알렉산드리아에서 기록되지 않았나 여겨진다. 저자는 그리스도가 유대교가 자랑하는 선지자보다(1:1-3), 천사보다(1:4-2:18), 모세보다(3:1-4:13), 아론보다(7:1-10:18) 우월함을 논증하며, 특히 아론보다 우월함을 제사장직(7:1-28), 성소(8:1-5), 언약(8:6-13), 제사(9:1-10, 18)의 면에서 논증한다. 그리고 마지막 10:19-12:29에서는 지금까지의 상론해 온 것을 근거하여 다시 권면과 격려를 한다. 먼저 새롭고 산 길이신 예수를 통하여 하나님께 나아갈 것을 권하고(10:19-25), 배교를 경고한 후(10:26-31), 공동체의 신실성을 칭찬하고(10:32-39), 믿음과 오래 참음으로 약속들을 기업으로 받은 믿음의 선진들을 제시한 후(11:1-40), 다시 믿음에 머물러 있을 것을 격려한다(12:1-49). 특히 저자는 믿음의 선진들을 언급하면서, 순교하였던 구약 성도들, 특히 마카비 시대의 성도들이 받았던 잔인무도한 형벌들과 박해자가 사용했던 형구들과 그들이 받았던 고난들을 열거한다(11:35-38). "그러므로 우리는 들은 것에 더욱 유념함으로 우리가 흘러 떠내려가지 않도록 함이 마땅하니라"(2:1). "우리가 시작할 때에 확신한 것을 끝까지 견고히 잡고 있으면 그리스도와 함께 참여한 자가 되리라"(3:14). "너희에게 인내가 필요함은 너희가 하나님의 뜻을 행한 후에 약속하신 것을 받기 위함이라 잠시 잠깐 후면 오실 이가 오시리니 지체하지 아니하시리라 나의 의인은 믿음으로 말미암아 살리라 또한 뒤로 물러가면 내 마음이 그를 기뻐하지 아니하리라 하셨느니라 우리는 뒤로 물러가 멸망할 자가 아니요 오직 영혼을 구원함에 이르는 믿음을 가진 자니라"(10:36-39). 모두가 "남은 자가 되라"는 말씀이다. 이 히브리서는 하나님께서 아브라함에게 지시하신 땅이(창 12:1) 땅에 있는 가나안 땅이 아니라, 하늘에 있는 천국임을 분명히 한다(11:16).

XV

베드로전서에 나타난 "남은 자" 계시

...

    "소망의 서신" 혹은 "용기의 서신"으로 알려진 베드로전서는 환난 중에 있는 교회가 어떤 신분을 지닌 존재이며, 환난에 대해 어떻게 해야 하며, 가정생활에 있어, 그리고 사회에 대해, 국가에 대해, 어떻게 처신해야 할 것인가를 보여주는 일종의 "박해 토라"(persecution Torah), 즉 박해 아래에 있는 교회에 주는 그리스도교 권고문(박해당할 때의 신앙생활 지침서)이다. 그것의 관심은 "교회(남은 자)"론에 있다. 수신자가 여러 교회로 되어 있어(1:1), 회람의 성격을 지닌 서신이다.

    본서의 수신자들은(유대계 그리스도인) 자기 나라가 아닌, 남의 나라에서 아무런 권리도 보장받지 못한 채, 천대와 멸시를 받으며, 빈대처럼 원주민에게 붙어('파레피데모스'["행인"]; '파로이코스'["나그네"], 1:1), 기생충(parasite)처럼 살아가고 있었다. 그들은 예수를 믿는다는 이유로 불신자들로부터 악평과 고소를 당하고, 증오와 박해를 받고 있었다(2:12, 15; 3:14-17; 4:4-15). 이런 박해는 한 지방에 한정된 것이 아니었고, 그들이 사는 전 지역(본도, 갈라디아, 갑바도기아, 아시아, 비두니아)에 걸쳐 일어났기에(5:9), 이 시대는 마치 심판이 시작된 것 같은 시대였다(4:7, 17).

    이런 가운데서 저자는 수신자들이 얼마나 하나님으로부터 큰 은혜를 받았으며, 얼마나 하나님 앞에서 존귀한 존재인지, 이러한 고난의 상황에서 어떻게 처신해야 할지를 알리려 했다. 그는 수신자들을 위로하고, 격려하고자 했다. 그들이 비록 이 세상에서는 나라 없이, 노숙자처럼 남의 노예에 불과한 존재들이지만, 하늘에서는 어엿한 하나님의 권속이요 썩지 않고 더럽지 않고 쇠하지 않는 기업을 잇게 될(1:4) 남은 자 백성임을 알게 함으로, 긍지와 자부심을 품고 그들에게 오는 모든 핍박을 극복하도록 권면했다. "현재의 고난은 장차 올 영광과 족히 비교할 수 없기 때문이다"(롬 8:18). 그리스도의 재림은 임박했으며(1:5; 4:7), 현세는 단지 나그네 길에 지나지 않고(2:7), 이 모든 시험은 그리스도인의 신앙을 시험하기 위해 주신 일종의 시련의 불이니(1:6; 4:12-13, 19), 끝까지 낙심치 말고 믿음으로(1:5) 인내하며 내세를 바라볼 것을 강조하려 했다. "이 남은 자의 은혜에 굳게 서라"고 권면했다(5:12). 본서에는 그리스도의 구원하심에 대한 증거가 있긴 하지만(1:3-12; 2:6-10 등), 그 주된 관심은 권면에 있다: "하나님 안에서 집을 발견하라", "그러한 상태로 계속 머물러 있으라", "나그네로서의 삶을 하나님이 부르시는 소명의 자리로 삼아라", "하나님을 경외하고 따르는 삶을 살 기회로 삼아라."

본서의 총 주제는 **"이 은혜에 굳게 서라"**(5:12)로서, 대략 1-2장에서는 그리스도인이 누리는 은혜를 설명하고, 3-5장에서는 특히 사회생활과 가정 생활과 교회 생활에서 "이 은혜에 굳게 설 것"을 교훈하고 있다. 전체적으로 보아, 저자는 중요한 지점들에서 앞에 나온 주제들을 회고하며(reiteration), 앞으로 나올 주제들을 미리 예견하는(anticipation) 기법을 사용하고 있다. 1:1-2의 하나님의 백성의 정체성은 1:3-12의 큰 구원과 2:1-10의 "택하신 족속"에서, 1:13-25의 새로운 삶의 길과 2:9의 특권을 주신 목적은 2:11-4:11의 "하나님의 백성의 책임"에서 좀 더 명확히 설명된다. 그리고 4:12-19는 이미 나왔던 고난의 주제들을(1:6-7; 2:11-4:6) 회상하며, 4:7-11의 종말의 때에 그리스도 공동체의 할 일은 4:12-5:11의 "교회 생활에서의 책임"임을 예견하게 한다. "구원"의 주제는 1:5-9-10; 2:3b에서 계속 나타나며, 거듭남의 사상은 1:3, 22-23; 2:2-3에서 반복되어 나타난다. 본서는 주후 73년 이후, 92년 이전에 기록된 것으로 추정된다. 저자는 베드로로 되어 있으나(1:1), 확실치는 않다. 기록 장소는 "로마"로 보는 설이 유력하다.

XVI

요한계시록에 나타난 "남은 자" 계시

...

요한계시록은 신약성경의 제일 끝에 있고, 신·구약성경의 제일 끝에 있어, 성경의 전 구속사를 종합하고 결론 내리는 중요한 책이다. 신·구약성경의 제일 마지막에 있는 요한계시록은 신·구약성경의 제일 앞에 있는 창세기와 대칭관계에 있다(서론 참조). 이러한 사실은 독자로 하여금 창세기를 가지고 요한계시록을 해석하고, 요한계시록을 가지고 창세기를 해석해야 함을 알게 한다. 창세기 3:15를 가지고 요한계시록 12-13장을 해석할 때 바른 해석이 나온다는 것이다. 그만큼 요한계시록은 여자의 후손과 뱀의 후손 간의 투쟁을 보여주는 책이다. 창세기 3:15가 창세기에서 시작하여 예수님을 거쳐 요한계시록에까지 해석의 열쇠가 되는 것은 창세기 3:15가 신·구약성경을 연결하는 핵심적인 구절임을 보여준다. 요한계시록은 창세기 12:1-3과도 관계가 있다. "땅의 모든 족속이 너를 인하여 복을 받을 것"(창 12:3; 계 21:24)과, "순교자의 수를 채움"을 위해(계 6:11), 승천하신 예수님은 재림하시어 역사를 종결하시고(계 1:8), "천국의 빛"이 되신다(창 1:3; 계 21:23).

소아시아의 일곱 교회는 고난 중에 있는 교회(ecclesia pressa)였다(1:9; 2:10, 13; 3:10; 6:9; 7:14; 11:9; 13:10, 18; 14:12 등). 그들은 밖으로는 로마제국으로부

터 황제 예배를 강요받고(13:15), 안으로는 영지주의 이단의 위협(니골라당, 발람의 교훈, 이세벨) 아래에 있었다(2:2, 6, 14, 20; 13:11-14; 22:18-19). 여기에 또한 유대교의 박해가 있었다(2:9, 3:9). 영지주의 이단자들은 그들의 그릇된 교리로 황제 예배를 은근히 선동하고 있었다(13:12, 14). 로마제국은 황제 예배 불참자들을 죽이며, 생존권을 박탈했다. 교회를 목회하던 요한은 붙잡혀 밧모섬에 귀양을 가 있었다(1:9). 이것은 아시아 일곱 교회로서는 보통 큰 문제가 아니었다. 그리하여 이 박해 아래에 있는 교회들을 위로하고 격려하여, 끝까지 황제 예배를 거부하고 죽도록 충성하는 "이기는 자"가 되도록, 주님은 요한에게 환상을 보여주셨고, 요한은 그 본 것을 일곱 교회에게 묵시문학 형식으로(상징과 암호를 사용해서 적은 알지 못하게 하고, 자기들끼리는 알 수 있게 하는 기법) 기록하여(다니엘서 참조) 각 교회에 보냈다. 요한은 이 편지를 주후 95년경 밧모섬에서 기록했다.

요한계시록의 구조는 전체적으로 보아, **"경고적 설교문"**의 구조이며, 권면(2-3장)+이유(4-22장)로 구성되어 있다. 즉 2-3장은 소아시아 입곱 교회에 보내는 권면(예언)들이며, 4-22장은 그 권면들을 보다 더 구체적으로 설명해 보여주는 이유(묵시)들이다. 전자는 땅에서 받은 계시이고(1:9), 후자는 하늘로 올라가 받은 계시이다(4:1). 그리하여 2-3장의 편지들은 요한계시록 나머지 장들(확대경)을 읽고 해석하는 하나의 "창"(window)이 되고 있다. 그것들은 요한계시록이라는 경고적 설교문의 권면부를 이루고 있다. 그 중심 강조는 대체로 "황제 예배를 거부하라", "죽도록 충성하라", "네 믿음을 끝까지 견고히 지키고 있으라", "니골라당, 발람의 교훈, 이세벨을 멀리하라", "배교나 배신, 변절, 타협하지 말라", "세속화되지 말고 영적인 미지근함에서 탈피하라"는 것이다. 그리하여 **2-3장의 권면의 요점은 두 가지, 곧 "승리하는 자가 되라"는 것과**(서머나교회와 빌라델비아교회처럼) **"회개하라"는 것이며**("귀 있는 자는 들으라"), **회개하지 않는 교회는 심판**(복수)**하시겠다는 것이다.** 그들은 그냥 두면 안 믿는 자들과 꼭 같은 "땅에 거하는 자들”이 된다는 것이다(3:10; 6:10; 8:13; 9:4; 11:10; 13:8, 12; 14:6; 17:2, 8). 이 “승리”와 “심판”(“복수”)은 1:7-8, 2-3장, 6:9-11에 나타나는 주제로, 4:1-22:21의 주제다. **4:1-22:21는 2-3장의 권면의 이유를 말한 것으로서, “하나님은 현세는 심판하시고 성도는 구원하시기 때문”**이라는 것이다. 그리하여 계시록은 그 주제가 **“현세의 심판과 성도의 구원”**으로서, 다음과 같은 메시지를 전하는 책이다: “승리하는 자, 회개하는 자가 되어라. 하나님은 현세는 심판하시고 성도는 구원하시기 때문이다.” 이런 “경고적 설교문” 구조는 “남은 자”가 될 것을 특별히 강조하는 것이며, “환상과 예언” 구조는 메시아 시대의 특징이다(단 9:24). 이를 좀 더 구체적으로 보면 다음과 같다.

1. 주제의 선포 (1:7-8)

이는 요한계시록의 주제를 선포한 것으로서(Ladd, Hendriksen, Bousset, Beasley-Murray 등), “구름을 타고 오시리라”(7절)는 다니엘 7:13의 반영이다. 다니엘은 네 짐승을 본 후 인자 같은 이가 구름을 타고 오는 것을 보았다. 거기서 인자 같은 이는 영원한 나라를 보좌에 앉으신 이로부터 받는다. 따라서 “구름을 타고 오신다”는 것은 통치를 위해 오시는 그리스도의 영광스러운 승리와 재림을 가리키는 말이다. 이 말 속에 악한 자의 정복(성도의 원수를 신원해 주심)과 그리스도의 죽음(순교)과 부활과 승천이 함축되어 있다. “각 사람의 눈이 그를 보겠고 그를 찌른 자도 볼 것이요 땅에 있는 모든 족속이 그를 인하여 애곡하리라”(8절)는 “복수”와 “심판”을 뜻한다. 그리하여 요한계시록의 주제는 “순교와 복수”, “승리와 회개”, “구원과 심판”이다. 이 셋은 동일한 사실의 다른 표현들이다.

2. 일곱 교회로 보내는 편지들 (2-3장)

이는 소아시아 일곱 교회로 보내는 편지로서, 매 편지에는 “이기는 자에 대한 상급"(순교)과 "귀 있는 자들에 대한 경고"(복수)가 언급되어 있다. 전자는 투쟁하여 승리하라는 것이고(순교, 승리, 구원) 후자는 회개하지 아니하면 심판하시겠다는 것이다(복수, 회개, 심판).

"두아디라에 남아 있어 이 교훈을 받지 아니하고 소위 사탄의 깊은 것을 알지 못하는 너희에게 말하노니"(2:24)의 정확한 번역은 "두아디라에, 남아 있어, 이 교훈을 받지 아니하고 소위 사탄의 깊은 것을 알지 못하는 너희 남은 자에게('토이스 로이포이스') 말하노니"이다. 그리하여 여기 "남은 자"는 두아디라 교회의 성도들을 가리키는 독립적인 어구로, 앞에서는 "죽도록 충성하는 자"(2:10)와 뒤로는 "네가 가진 것을 굳게 잡아 아무도 네 면류관을 빼앗지 못하게 하라"(3:11)와 관계가 있다. 그루터기 신앙은 어떤 상황에서도 흔들리지 않고 끝까지 믿음으로 굳게 서는 것이다.

3. 현세의 심판과 성도의 구원(4-22장)

이 두 주제는 요한계시록의 총 주제로서, 다른 말로 나타낸다면, "순교와 복수"(6:9-11)이다. 본서의 주제 배열은 다음과 같다.

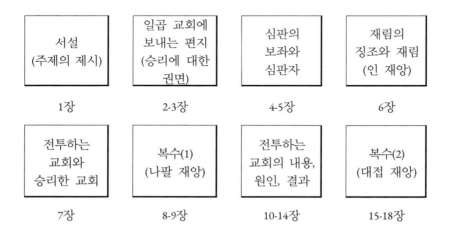

서설 (주제의 제시)	일곱 교회에 보내는 편지 (승리에 대한 권면)	심판의 보좌와 심판자	재림의 징조와 재림 (인 재앙)
1장	2-3장	4-5장	6장
전투하는 교회와 승리한 교회	복수(1) (나팔 재앙)	전투하는 교회의 내용, 원인, 결과	복수(2) (대접 재앙)
7장	8-9장	10-14장	15-18장

재림 (현세의 멸망)	심판과 구원 (지옥과 영원한 내세)	후기 (승리에 대한 권면)
19장	20:1-22:5	22:6-21

　이 배열에서 "복수"는 순교하게 한 것에 대한 복수이고, "전투"는 순교를 위한 전투다. "순교와 복수"는 "승리와 회개", "심판과 구원"의 다른 표현으로서, 요한계시록의 두 가지 큰 주제이다("현세의 심판과 성도의 구원"). 이 두 주제는 2-3장의 일곱 교회에 보내는 편지의 두 주제이면서(일곱교회에 보내는 편지들의 후렴구임), 일곱 인의 주제("심판과 구원의 재림 징조"), 다섯째 인의 두 주제이다(6:9-11, 순교-복수-순교). 요한계시록은 "반복"의 책이며, 이 "반복"은 "강조"를 나타내기 위함이다(나선형의 점진적 반복 구조, 천지 상호작용의 변증법적 구조, 본경과 삽경의 상호교차적 구조, 교차대구법적 구조[10:11], 예견-성취 구조, 관용적 표현의 반복 구조로 되어 있어, 독자의 주의를 요[要]한다). "순교와 복수"의 샌드위치 구조는 "성도는 순교할 것이며(승리), 성도를 순교케 한 현세는 반드시 심판받는다(복수)"는 것이다. 여섯 번째 인(6:12-17) 다음에 "전투하는 교회"(7:1-8)와 "승리한 교회"(7:9-17) 환상이 나온 것은(7장) 여섯 인 가운데 다섯째 인(순교)의 주제가 아주 중요한 주제임을 보여주는데, 그것은 6:17의 질문, 즉 "누가 능히 서리요?"에 대한 대답이다. 즉 "순교하는 자는 설 수 있다"는 것이다. 그리하여 저자는 이 주제의 내용을 "작은 책"이라고 한다(10:9). 7장, 10-14장의 삽경들은 전자(순교)를, 8-9장(일곱 나팔), 15-18장(일곱 대접)은 후자(복수)를 보여준다. 7장은 다니엘 7:21("내가 본즉 이 뿔이 성도들과 더불어 싸워 그들에게 이겼더니", 전투하는 교회)과 다니엘 7:22("옛적부터 항상 계신 이가 와서 지극히 높으신 이의 성도들을 위하여 원한을 풀어 주셨고 때가 이르매 성도들이 나라를 얻었더라", 승리하는 교회)를 보여주고, 10-14장은 창세기 3:15의 여자의 후손과 여자와 뱀의 싸움(12장), 여자의 남은 자손과 뱀의 후손의 싸움(13

장)을 자세히 보여준다. 요한계시록은 일곱 인(6장)을 중심으로, 나선형의 점진적인 반복 구조로 배열되어 있기에, 심판과 복수에 관한 일곱 인, 일곱 나팔, 일곱 대접 재앙들이 본경(本景)이 되고, 구원과 순교에 대한 계시들은 삽경(揷景)이 된다. 일곱 나팔(8-9장), 일곱 대접 재앙(16장)은 불신자들에 대한 복수 재앙들로서, 출애굽기의 열 재앙을 닮았다(괴롭히고 죽임의 재앙). 즉 이마에 어린 양의 인을 맞지 아니한 불신자들은 멸망시키시고, 성도들은 하나님의 나라에 들어가도록 하시는 재앙이란 것이다.

이 중 11:1-14(두 증인에 대한 환상)는 요한계시록의 중심부로서, 10:9-10의 "작은 책"의 내용을 풀어 보여주면서, 교회가 마지막 환난의 시기에 해야 할 임무와 교회의 운명을 말해준다. 이 계시가 "아주 중요한 계시"라는 것은 10:1의 "힘센 다른 천사"가 독자가 오인할 정도로 그리스도를 닮아 있으며, 용의 부하인 두 짐승이 나오는 바다(로마제국)와 땅(소아시아 지역)을 밟고 있다는 데서 확인된다. 그의 메시지는 곧 "작은 책"의 내용, 즉 "교회는 그리스도를 증거해야 하며, 그 결과 순교를 당하나, 결국엔 부활, 휴거한다"는 것이다. 그것은 2-3장의 교회들을 생각하며, 7:1-8의 "전투하는 교회"를 보여준다. 먼저 11:1-2는 "성전 측량"에 관한 환상으로서, 천사는 요한에게 지팡이 같은 갈대를 주며 하나님의 성전과 제단과 그 안에서 경배하는 자들을 측량하되 성전 밖 마당은 측량하지 말고 그냥 두라 하신다. 여기 "하나님의 성전"은 "교회"를 상징한 것이며(고전 3:16; 6:10), 성도들을 상징한다. 측량은 재건(슥 2:2-4), 파괴(삼하 8:2), 보존(삼하 8:26) 시에 하는 것인데, 이 경우는 보존을 위한 것이다. 그리하여 성전과 제단과 그 안에서 경배하는 자들을 측량하라는 것은 성도의 영혼을 보존하라는 의미이다. 그리고 성전 밖 마당은 측량치 말라는 것은 성도들의 육체는 방치하란 뜻이다. 그것은 곧 순교를 의미한다. 그리하여 이는 성도의 영혼은 보존하되, 성도의 육체는 방치하시겠다는 것이다. 고난과 순교가 하나님의 뜻인 것을 보여준다. 하나님은 남은 자의 순교를 그 수가 차기까지 원하신다(6:11). 순교는 여자의 후손(남은 자)이 뱀의 후손과 싸워 이기는 것이다. 남은 자는 뱀과 뱀의 후손을 물리쳐야 한다. 창세기 3:15는 신약 시대 "전투하는 교회"의 강령이다.

다음 11:3-13은 "두 증인"에 관한 환상인데, 이는 모세와 엘리야를 배경으로 하여, 선지적, 제사장적, 왕적 기능을 가진 "교회"를 가리킨다. 이 교회는 증인의 사명을 감당했다는 이유로, 마귀적인 로마제국으로부터 죽임을 당해 거리에 그 시체가 방치되지만 되살아나고, 이어 하늘로 승천한다(부활과 휴거). "삼일 반"은 7(완전수)의 절반으로서, "불안정과 환난의 기간"을 나타낸다. 42개월, 1260일, "한 때와 두 때와 반 때" 모두 "삼일 반"의 다른 표현들이다. "2(둘)"는 증인의 수로서, "두 감람나무", "두 촛대" 모두 모세와 엘리야, 대제사장 여호수아와 총독 스룹바벨의 기능을 하는 "교회"를 가리킨다. 고난과 순교는 로마제국이(바다에서 올라온 짐승) 교회를 미워함으로 인해 이루어진 것임을 보여준다. 그리하여 12-13장은 이 짐승(로마제국)이 왜 두 증인(교회)을 미워했으며(12장), 어떻게 죽였는지를 보여준다(13장). 이 두 증인은 "두 감람나무"(대제사장 여호수아와 총독 스룹바벨을 배경으로 함, 슥 3-4장), "두 촛대"(요한계시록에서 "촛대"는 교회를 가리키고, "둘"은 증인의 수임)로도 불린다. 요한계시록은 순교를 권장하는 책이다. 하나님이 순교를 원치 않으시면 어떤 경우에도 기적을 행하시어 빼내신다(행 12장, 옥에 갇힌 베드로의 경우). 그러나 원하시면, 그대로 순교토록 내버려 두신다(11:2, 8-9).

다음으로 12장은 용이 왜 여자와 여자의 후손과 여자의 자손들을 핍박하는지를 보여준다(계시록은 11:15-19[일곱째 나팔]을 중심으로, I부와 II부로 나뉜다[10:11, 교차대구법적 구조]). "그것은 상상 가능한 가장 격렬한 영적인 전쟁 이야기 가운데 하나이다"(Wagner). 12:5, 7-9는 "여자의 후손(남은 자)이 십자가에서 뱀(용)의 머리를 상하게 한 것"을 아이가 하늘로 들리어 간 것과 미가엘과 그의 사자들이 용과 싸워 이긴 것으로 보여준다. 미가엘과 그의 천사들은 용과 그 무리들에 대항하며, 싸움을 벌인 끝에 결국은 "어린 양의 피"로 승리를 거둔다(12:11). 미가엘은 인자를 돕는 천사장이다(단 10:21). 이 용의 이야기는 요한계시록 20장에서도 다시 나타난다. 용은 천 년 동안 무저갱에 갇히게 되고(20:1-3), 풀려났다가 다시 불과 유황 못에 던져져 영원히 고통을 받는다(20:10). 그리하여 "최초의 복음"인 창세기 3:15의 완전한 성취를 보여준다. 요한계시록에서 "승리"는(2:7, 11, 17, 26; 3:5, 12, 21) 황제 예배를 거부함(순교, 인내)을 의미한다(2:26; 3:10, 21; 12:11; 14:12; 15:12 등). 그리하여 구원과 심판, 승리와 회개, 순교와 복수는 모두 같은 사실의 다른 표현이다. 요한계시록의 주제(1:7-8)의 점진적인 반복을 보여준다.

12:13-17은 용이 땅으로 쫓겨나, 그 분풀이로 여자의 후손들을 박해하는 것을 보여준다. 교회 시대의 모든 핍박은 사탄의 그리스도에 대한 증오심, 즉 자신의 참패와 그리스도의 승리에서 오는 것이다. 그리하여 순교하는 그리스도인은 패하는 것 같아도 승리한 것이다. 그리하여 요한계시록은 "순교자"를 "이기는 자"라 한다(2-3장; 5:5; 12:11; 15:2; 17:14; 21:7 등). "사람들 이 나를 핍박하였은즉 너희도 핍박할 터이요 내 말을 지켰은즉 너희 말도 지킬 것이라"(요 15:20). 에스겔 골짜기의 마른 뼈들이 생기로 말미암아 큰 군대가 된 것(겔 37:1-10)은 포로에서 돌아온 유대 그리스도 교회가 뱀과 싸우는, 전투하는 교회가 될 것을 예언한 것이다(Allen, WBC). 그리하여 예수님은 교회가 "전대를 가지라", "주머니를 가지라", "검을 사라"고 하셨다(눅 22:35-36).

13장은 교회 시대, 11:7의 "짐승", 그리고 12:17의 "용과 여자의 남은 자손과의 싸움"을 보다 상세히 설명한 것으로, 11:7의 짐승이 누구며, 12장의 용의 부하(후손)가 누구인지, 어떻게 생겼으며, 어떻게 박해하는지를 보여준다. 11장에서 본 짐승은 여기서는 바다에서 나오는 짐승(11:1-10)과 땅에서 올라오는 짐승(11:11-18)으로 이분되어, 이 둘이 합세하여 무저갱에서 올라오는 그 짐승(11:7), 즉 교회를 핍박하는 용(12:17)의 일을 감당하고 있다. 전자는 로마제국을, 후자는 영지주의 이단("니골라 당", "발람의 교훈", "이세벨")을 가리킨다. 그들은 그릇된 교리로, 성도들을 미혹시켜 황제 예배를 하도록 강요한다(12:13-18).

14장은 교회 시대의 메시지, 어린 양의 예배자와 짐승의 예배자들에 대한 일곱 환상들을 보여주는 장으로서, 성도의 구원(14:1-5), 불신자의 심판 선언(14:6-12), 성도의 구원(14:13), 알곡 추수(14:14-16), 진노의 포도송이(14:17-20) 순으로 엮어진다. "짐승의 우상에게 경배하지 않는 자는 어린 양과 함께 시온산에 서게 되고, 짐승의 우상에게 경배한 자는 유황불 속에 던져져 영원히 고난을 받게 된다"는 것을 분명히 한다. 2-3장의 권면과 대칭되는 박해 시의 "행동 지침", "삐라", "전단지"라 할 것이다(10:11; 14:6).

15장은 본서에서 가장 짧은 장이다. 그러나 재앙에 대한 서론 치고는 가장 긴 장이다. 이는 앞으로 올 일곱 대접 재앙의 성격을 가늠하게 하는 장이다. 즉 앞으로 올 일곱 대접 재앙에 관한 준비장으로서(무대 설정), 일곱 대접 재앙의 성격을 예견하게 한다. 나팔 재앙이 애굽에서의 재앙이라면, 대접 재앙은 홍해에서의 재앙이며, 나팔 재앙이 애굽에서의 미련을 떨쳐 버리는 재앙이라면, 대접 재앙은 애굽을 완전히 탈출한 가운데서의 재앙이다. 즉 일곱 대접 재앙은 불신자들을 홍해에 장사 지내고, 성도들을 세상으로부터 탈출시키는 출애굽적인 재앙이며(15:1-4, 제2의 출애굽 모티프), 성도들의 원수들을 철저히 보복하는 재앙이란 것이다(15:5-16:1).

마지막으로 16:17-18:24("일곱 번째 대접과 그 삽경")은 일곱 번째 대접의 결과로서, 바벨론의 멸망을 보여준다. 하나님은 용의 하수인이요(13:4), 여자의 후손의 원수인 바벨론(로마)을 멸망시키시고, 여자의 후손들의 원수에게 복수하신다. 하나님은 이 바벨론이 로마인 것을 삽경(17-18장)을 통해 알리신다. 짐승은 한 때 음녀를 등에 태웠으나(17:3, 이는 로마 백성이 한 때 강한 국력 때문에 호강했음을 나타내는 말임), 급기야는 음녀를 미워하여 망하게 하고,

벌거벗게 하며, 그의 살을 먹고 불로 아주 살라버린다(17:18). 이는 네로가 로마시를 불태우고, "재생한 네로"라 불리는 도미티안과 훗날의 분봉왕들이 로마 제국을 멸망시킬 사실을 가리킨다(주후 476년). 모든 세상 권력은 그 자체 안에 자멸력을 가지고 있는 것이다. 그리하여 6:10의 순교자들의 호소는 완전히 이루어진다. 요한계시록의 반(反) 바벨론 '모티프'(motif)는 유브라데강의 전쟁(9:18), 천사의 선언(14:8), 바벨론의 멸망(16-18장), 아마겟돈 전쟁(17:18; 19:17-21)에서 볼 수 있다. "유브라데강의 전쟁"은 파르티아와 로마 간의 전쟁으로서(주후 62년), 로마의 그리스도교 박해에 대한 보복으로 로마의 군대 1/4을 죽인 전쟁이며(그리하여 여섯째 나팔 재앙 다음에 순교의 환상이 나와 있다[10:1-11]), "아마겟돈 전쟁"은(16:12-16) 가까이는 동방에서 오는 왕들(반 바벨론 왕들)과 바벨론 왕들("온 천하 왕들", 16:14)의 전쟁이요, 멀리는 이 세상 왕들과 하늘 군대의 전쟁이다(19:19). 그것은 인류 최후의 결전장을 상징하는 명칭이다.

19장은 **어린 양의 혼인 잔치와**(19:1-10), **재림**(19:11-16) 및 **짐승의 멸망을** 보여주고(19:17-21; 16:16, 아마겟돈 전쟁), 20장은 **천년왕국과**(20:4-6), 사탄의 결박과 석방(20:1-3, 7a), 곡과 마곡의 미혹(20:7b-9), **사탄의 멸망**(20:10), **최후의 심판**을 보여주며(20:11-15), 21:1-22:5는 **신천신지**를 보여준다. 19:11에 "하늘이 열렸음"은 19:11 이하의 계시들이 본서가 제시하는 계시들의 절정임을 보여준다. 즉 계시의 완전한 실현은 그만큼 깊고 철저하게 보인다는 것이다. 4:1에서는 "하늘에 한 문이 열렸"고, 11:19, 15:5에서는 "하늘의 성소가 열렸"으며, 이제는 "하늘 자체가 열린 것"이다. 그리하여 19:11-22:5가 주는 계시는, "구원" 중에 최고의 "구원"은 "천년왕국"과 "신천신지"에 들어가는 것이며, "심판" 중에 최고의 "심판"은 "불못에 들어가는 것"이라는 것이다. 천년왕국은 "내세가 현세적으로 나타나는 왕국"으로, 신천신지(천국)와는 다른 곳이다. "곡과 마곡"(겔 38-39장)은 에스겔서에서는 초림시의 "하나님의 나라" 대적자로, 요한계시록에서는 재림시의 "하나님의 나라" 대적자로 나타나며, 여기서는 하늘의 "악령적 군대"를 가리킨다. 21:1-22의 신천신지는 에덴동산 이상이다. 후자는 지상에 있었으나, 전자는 하늘에 있으며, 후자엔 사탄의 유혹이 있었으나, 전자엔 유혹이 없으며, 후자엔 생명강이 없었으나, 전자엔 생명강이 있는 것이다. 그만큼 천국은 구원이 보장된 곳이다. 그곳에서의 삶은 영생(永生)으로서, 무궁한 삶이다. 그곳은 성전도(21:22), 시온산도(14:1) 아닌, 참 하늘(히 9:24)이다. 성도들은 열두 보석으로 세워진, 수정같이 맑은 아름다운 본향에서 신령한 몸을 입고(고후 5:1) 고등 생명을 가지고 주님과 함께 영원무궁토록 살 것이다. "아담 안에서 행위 언약의 조건에 순종하지 못함 때문에 도달하지 못했던 이 지복 상태에 그리스도의 은혜로운 구속의 먼 길을 돌아서, 지금 도달한 것이다"(박형용). 그리하여 끝까지 견디는 자는 구원을 얻게 된다(막 13:13과 그 병행들). 요한계시록은 이를 "예수를 증언함과 하나님의 말씀 때문에 목베임을 당한 자들", "짐승과 그의 우상에게 경배하지 아니하고, 그들의 이마와 손에 그의 표를 받지 아니한 자들"이라 한다(20:4). 지금까지는 숨겼다가 이제 와서 비로소 밝히는, "남은 자"의 최후 계시 형태이다. "그날에 하늘이 불에 타서 풀어지고 물질이 뜨거운 불에 녹아지려니와 우리는 그의 약속대로 의가 있는 곳인 새 하늘과 새 땅을 바라보도다"(벧후 3:12-13).

요약하자면, 요한계시록은 "전투의 책"이다. 2-3장에는 "이기는 자"란 어구가 모든 일곱 교회 편지 끝에 나오며, 7장은 "전투하는 교회"(7:1-8)와 "승리하는 교회"(7:9-17)를 보여준다. 10-11장은 "작은 책"과(10장) 작은 책의 내용, 즉 "두 증인과 짐승"의 싸움을(11장) 보여주며, 12-13장은 여자와 용의 대립(12:1-4), 아이의 승리(12:5), 여자의 도망(12:6), 미가엘과 용과의 전투(12:7-12), 여자와 용과의 전투(12:13-17), 여자의 후손과 용의 후손과의 전투(13:1-18)를 보여준다. 그리고 20장은 용의 결박과(20:1-3) 패망을(20:7-10) 보여준다. 교회는 언제나 사탄에 대해서, 세상에 대해서 전투적 태세를 취해야 한다. 전투하는 교회(church militant)가 되어야 한다. 황제 예배를 거부하고 순교해야 한다. 주님이 싸우셨기에, 우리도 싸워야 한다(창 3:15). 성도에게는 누구에게나 "자기가 질 십자가"가 있다(마 16:24). 구레네 시몬은 이를 잘 보여준다. 주님이 지셨는데 나는 지지 않으면, 나는 주님의 제자가 아니다. 주님만이 지실 십자가가 있고, 내가 져야 할 십자가가 있다. "나와 함께 아니하는 자는 나를 반대하는 자요 나와 함께 모으지 아니하는 자는 헤치는 자니라"(마 12:30). "마귀를 대적하라 그리하면 너희를 피하리라"(약 4:7). "성도들의 인내가 여기 있나니 그들은 하나님의 계명과 예수에 대한 믿음을 지키는 자니라"(계 14:12). 신신당부하는 의미에 있어서, 요한계시록은 신명기를 닮았다.

XVII

결론

...

　이상의 연구들은 예수님이 자신을 그렇게도 많이 "인자"라 하신 이유, 마리아를 한 번도 "어머니"라 하지 않고 "여자"라 하신 이유, "내 때"를 강조하신 이유(요 2:4; 7:30; 8:20; 13:1; 17:1), 놋뱀을 만들어 쳐다보게 하신 이유, 이스라엘 백성들을 "군대"라 부르신 이유, 에녹과 엘리야가 승천한 이유, 선지자 에스겔을 "인자"라 부르신 이유, "자기 비하", "수난", "심판"("승리")을 말씀하실 때에 언제나 자신을 "인자"라 하신 이유들을 알게 하고, 신·구약의 차이, "남은 자, 인자, 구원"의 의미, 성경이 말하는 "아브라함의 복"의 의미(갈 3:14), "곡과 마곡"의 정체, 그리스도교의 기원, "전파와 순교"의 중요성(신·구약의 통일성), 성경의 핵심 주제, 하나님의 두 인류 구원 프로그램, 성경을 저류하는 구속사, 성경의 맥 등을 알게 한다. 구약은 "남은 자의 축소와 멸절"을, 신약은 "남은 자의 전파와 견지"를 보여주며, 이 둘이 합하여 "성경의 맥"을 이룬다.

　구약성경과 신약성경은 두 권으로 된 한 권의 책이다. 그것의 주제는 **"그리스도와 그의 구원"**이고(요 5:39), 구약은 그 모형을, 신약은 그 원형을 계시한다. 구약은 약속이고, 신약은 그 성취이다. 우리는 성경을 일반사(一般史)로 읽지 말고, 구속사(救贖史)로 읽어야 한다(딤후 3:15). 예수를 중심으로 읽어야 한다. **하나님께서 뱀에게 하신 선언**(창 3:15), **아브라함에게 하신 약속**(창 12:1-3)은 하나님의 인류 구원의 두 프로그램으로서, **신·구약성경의 대요**(大要)이며, 근간(根幹)이다. 전자는 "**최초의 복음**"이고, 후자는 "**최초의 복 선언**"이다. 성경은 "그리스도가 누워 있는 구유"이며(요 5:39) 그것의 내용은 "메시아의 승리"(창 3:15)와 "메시아의 구원"이다(창 12:1-3), 전자는 "구원자"에 대한 것이고, 후자는 "구원"에 대한 것이다. 일반적으로 말해서 구약은 창세기 12:1-3을 해설한 책이고(딤후 3:15), 신약은 창세기 3:15를 해설한 책이라 할 수 있다(요 2:4; 3:16; 19:26; 롬 16:20; 히 2:14; 계 12장; 20:10 등). 그러면서 구약은 신약의 그림자가 되고, 신약은 구약의 실체가 된다. 구약은 "메시아의 승리"와 "메시아의 구원"을 그림자로 보여주고, 신약은 "메시아의 승리"와 "메시아의 구원"을 실체적으로 보여준다. 그리하여 이 둘의 구도가 같다. 창세기는 이 둘의 공통된 주제, "메시아의 승리"와 "메시아의 구원"을 제시하고, 출애굽기에서 신명기까지는 "출애굽"을(승리와 구원), 여호수아서부터 말라기서까지는 "출애굽의 결과, 가나안 땅에서의 낙원 상태와 타락상"을 보여주는데, 신약의 사복음서들은 예수님의 "하나님의 나라"(승리와 구원)를, 사도행전부터 요한계시록까지는 "하나님 나라의 결과, 구원과 땅끝까지의 전파"를 보여준다. 출애굽기에서 신명기까지는 "남은 자"(출) – "구원"(레) – "남은 자"(민) – "구원"(신)의 주제를 보여준다. 모세가 오경을 기록한 것은, 창세기 3:15와 12:1-13의 두 "하나님의 인류 구원 계획"을 그림자적으로 시행했음을 보여주기 위한 것이다. 인간의 범죄로 인해 여자의 후손과 뱀 사이에 싸움이 일어났고, 여자의 후손(그리스도)의 승리로 끝을 맺었다. 여자의 후손이 고난을 통해 사탄의 머리를 파쇄함으로 인류를 구원하게 되었다는 것이다. **크게 말해서, 모세오경과 사복음서는 "그리스도"**(창 3:15)**를, 그 외의 책들은 "그리스도의 구원"**(창 12:1-3)**을 보여준다.**

크게 보아서, 인간 청소를 하는 노아 홍수 후에도 바벨탑을 쌓는 인간들이었고, 이스라엘의 가나안 입주 같은 은혜 속에서도 이스라엘이 죄로 멸망하여 70년간 포로 생활을 하는 일이 있었으며, 바벨탑을 쌓은 사건 후에 아브라함의 이야기가 나오고, 이스라엘의 포로 생활 후에 예수님의 이야기가 나온다. **성경의 핵심 주제는 "십자가"와 "구원", 즉 "싸워 구원함"이다.** "십자가와 구원"은 신·구약을 연결하는 성경의 맥이다. 모세의 고난(히 11:26)과 다윗의 고난(시 22편)은 "십자가"의 그림자이고, 출애굽(제1 출애굽), 출바벨론(제2 출애굽)은 "구원"의 그림자이다. 제1 출애굽보다 제2 출애굽이 그 규모와 강도에 있어서 크다. 육신의 구원보다 영혼의 구원, 죄와 세상으로부터의 구원이 훨씬 더 중요하다. 이 세상 구원 가운데 가장 참된 구원은 "십자가를 통한 구원"이다. 인간으로 하여금 "영원한 남은 자"가 되게 하는 구원이다. 구약성경은 이를 그림자로 보여주고(사물, 인물, 사건, 제도, 절기 등), 신약성경은 이를 실체적으로 보여준다. "십자가 없이는 자유가 없고, 십자가 안에는 정죄가 없다. 십자가가 빠지면 성경도 캄캄한 책이 되고, 십자가가 세워지면 골고다도 소망의 동산이 된다"(박종열). 이 책은 성경의 십자가의 맥, 구원의 맥을 밝힌 것이다. 그리스도교의 "십자가"와 "구원"이 하루아침에 이루어진 것이 아니란 것이다. "그런즉 모든 대 수가 아브라함부터 다윗까지 열네 대요 다윗부터 바벨론으로 사로잡혀 갈 때까지 열네 대요 바벨론으로 사로잡혀 간 후부터 그리스도까지 열네 대라"(마 1:17). 진흥기 – 쇠퇴기 – 참 진흥기의 순서이다. 창세기 3:15와 창세기 12:1-3은 "작은 복음"이라 일컬어지는(Luther) 요한복음 3:16의 구조를 많이 닮았다. "하나님이 세상을 이처럼 사랑하사 독생자를 주셨으니"는 "메시아의 승리"를 풀이한 것이며(창 3:15), "이는 저를 믿는 자마다 멸망치 않고 영생을 얻게 하려 하심이니라"는 "메시아의 구원"을 풀이한 것이다(창 12:1-3). 이런 의미에서 창세기 3:15와("최초의 복음") 창세기 12:1-3은("최초의 복 선언") 신·구약성경의 핵심 구절이라 할 수 있다. 창세기 3:15, 12:1-3은 신약 시대에 이루어질 사실만을 예언한 것이 아니라, 출애굽 시대부터도 그림자로 이루어질 사실들이라 볼 수 있다("사탄"이란 말이 욥 1:6; 대상 21:1; 슥 3:1에도 나오고, 애굽의 군대를 "용들의 머리", "리워야단[악어]의 머리"라 한다[시 74:13-14]). 따라서 창세기 3:15와 12:1-3은 성경에서 앞으로 나올 일들에 대한 하나의 "프로그램 선언들"(programmatic statements)이다. 이를 예수님 자신이 보여주신 말씀이 요한복음 3:14-16이다. 요한복음 3:16은 "작은 복음"을 지나, "하나님의 인류 구원 계획"(master plan)의 기본이라 할 것이다. 즉 "남은 자의 구원"인 것이다. 예수님은 요한복음 3:16으로써, 이 두 프로그램을("때가 찬 경륜"[엡 1:9], "은혜의 경륜"[엡 3:2], "비밀의 경륜"[엡 3:9], 엡 1:11; 골 1:26; 2:2; 딤전 1:4 등) 나타내셨다. 이 프로그램들은 하나님의 인류 구원의 프로그램(경륜)들로서, 경륜적인 신·구약성경 해석의 중요한 기둥들이 된다. 바울서신에 나오는 "경륜"이란 말, '오이코노미아'는 "계획"(master plan), "프로그램"(arrangement), "비밀"(mystery)을 뜻하고, "시대", "관할", "청지기"를 뜻하지 않는다(Lincoln, WBC). 그러기에 "세대주의 신학"이나, "경륜주의 신학"이란 말은 맞지 않는다. "창세기"는 성경 전체의 주제를 암묵적으로 보여주는 책으로, 우리는 구약성경 출애굽기 이하를 해석할 때 창세기 3:15와 창세기 12:1-3을 염두에 두면서 해석하고("예수 구원하시려고[구원], 보혈 흘려 주셨네"[십자가에의 승리]), 사사기 이하를 해석할 때 창세기 12:3을 염두에 두면서 해석해야 한다("하나님을 배반하고 죄에 빠진 우리를"[복과 저주]). 즉 창세기를 가지고 출애굽기 이하를 해석하고, 신명기를 가지고 여호수아서 이하를 해석하는 것이다. 그렇게 하지 아니하면 성경을 잘못 해석하게 된다. "하나님을 배반하고 죄에 빠진 우리를"(노아 홍수 이전이나, 포로 생활 이전, 아브라함을 저주함: 죄악론[구약]), "예수 구원하시려고"("구원": 구원론) 보혈 흘려 주셨네"("십자가에의 승리": 그리스도론[신약]). 이는 찬송가 28장 2절의 가사이면서, 로마서의 구조다([죄악론], 1:18-3:20; [구원론], 3:21-4:25). 구약성경은 이를 그림자로 보여주고, 신약성경은 이를 실체적으로 보여준다.

성경은 구원자 – 구원 받은 자 – 구원받지 못한 자; 아브라함 – 아브라함을 축복하는 자 – 아브라함을 저주하는 자; 구원자 – 남은 자 – 탈락자의 3자 구도로 되어 있다. 성경의 주제는 "십자가"(승리) – "구원" – "멸망"; "십자가 승리"(창 3:15) – "신자 구원"(창 12:3) – "불신 지옥"(창 12:3)이라 할 것이다. "메시아의 승리"와 "메시아의 구원"이 합하여, "남은 자(승리한 자)의 구원"을 이룬다. 성경의 제일 첫 복음도, 성경의 제일 첫 축복도, 남은 자에 대한 것이다. 신·구약을 관통하는 굵은 맥은 바로 "십자가와 구원", 즉 "남은 자의 구원"이다. 예수께서 남은 자가 되셨으니, 우리도 남은 자가 되어야 한다. 아브라함, 모세, 다윗은 특별히 "예수"의 모형이 되는 인물들이며, 아브라함, 모세, 예수는 남은 자의 대표들로서, 하나님의 인류 구속사에 있어 동일한 구도를 보여주는 인물들이다. 그들은 모두 인류의 구원을 위해 고향을 떠나, 가나안 땅으로 갔고, 인류를 그리로 인도하였다. 아브라함은 개인적으로 실천했고, 모세는 민족적으로 실천했으며(first Exodus), 예수는 실체적으로 이를 실천하셨다(second Exodus). 모세는 이스라엘 민족을 애굽의 노예 생활로부터 해방했고, 예수는 전 인류를 그들의 죄악들로부터 해방하셨다. 성경은 "탈출"의 책이다. 애굽으로부터 나오고, 바벨론으로부터 나오고, 죄악으로부터 나오고, 세상으로부터 나오라는 것이다. "저 새장에 새가 날듯 곧 벗어 나오라." 그 방법은 "십자가"와 "구원"을 "믿는 것"이다. 즉 "남은 자가 되는 것"이다. 성경은 "탈출의 책"이다. "애굽의 노예 생활, 바벨론의 포로 생활, 죄와 세상으로부터 탈출하여 그들의 죄에 참여하지 말고, 그들이 받을 재앙들을 받지 말라"는 것이다. **성경의 대요(大要)는 "예수께서 십자가로 '승리하실 것이니'(구약), '승리하셨으니'(신약), 이를 믿는 자는 누구든지 애굽에서 나오고, 바벨론에서 나오고, 죄로부터 나오고, 세상으로부터 나와서, 즉 "남은 자"가 되어서, 예수께서 지시하시는 '하나님의 나라', '영생천국'으로 들어가라"는 것이다.** 한마디로 말해서, "죄로부터 나와서, 영생으로 들어가라"는 것이다. "남은 자"는 추수 때에 바람에 날아가지 아니하고 끝까지 남아 있는 알곡이다. 그는 "천국"에 착념하고, 껌딱지처럼 집착하는 자다(렘 31:21; 시 84:5; 마 6:33; 딤전 4:13). 남은 자는 자기가 구원받은 후, 자기도 남을 구원한다. 구약 시대에는 "하나님 편에 있는 자", "하나님께 순종하는 자", 신약 시대에는 "예수를 끝까지 믿는 자", "예수 안에 있는 자"가 "남은 자"이다. 예수께서 마귀와 싸우셨으니, 우리도 마귀와 싸워야 한다. 여자의 후손을 멀리서 바라본 자(구약 성도), 끝까지 여자의 후손 안에 남아 있는 자(신약 성도)가 구원을 받는다. 세속에 물들지 않고, "남아 있는 자"가 구원을 받는다(약 1:27). 죄와, 자기와, 세상과, 마귀와 싸워 이기고, 구원받자!

참고도서

Allmen, J. J. *Vocabulary of the Bible*. Lutterworth Press, 1958.

Bright, J. *The Authority of the Old Testament*. London: SCM Press, 1967.

Groningen, G. V. *Messianic Revelation in the Old Testament*. Eugene: Wipf and Stock Publisher, 1997(=유재원, 류호준 공역. 『구약의 메시아사상』. 서울: CLC, 1997).

Käsemann, E. *Die Anfang der christliche Theologie*. 1960.

Keil, C. F. and Delitzsch, F. *Commentary on the Old Testament*. Grand Rapids: Eerdmans, 1952.

Richardson, A. *A Theological Word Book of the Bible*. London: SCM Press, 2012.

Russell, D. S. *The Method and Message of Jewish Apocalyptic*. 1964.

Strack, H. & Billerbeck, P. *Kommentar zum Neuen Testament aus Talmud und Midrash*, I. Ashland: Faithlife Corporation, 2021.

Wagner, C. Peter. *Engaging the Enemy*. 1991.

Word Biblical Commentary, 53 vols. 1987-1998.

김윤국. 『구약성경입문』. 서울: 기독교 교문사, 1957-1967.

김정준. 『시편 명상』. 서울: 대한기독교서회, 1980.

박수암. 『신약주석(전집)』. 서울: 대한기독교서회, 2001-2018.

_____. 『신약신학주제사전』. 서울: 장로회신학대학교출판부, 2012.

_____. 『신약성서신학(신약사상의 맥)』. 서울: 장로회신학대학교출판부, 1999.

박창환. 『구약성경에서 듣는 하나님의 말씀』. 서울: 다다비주얼, 2016.

이상근. 『구약주해(전집)』. 서울: 성등사, 1991.

강사문. 나채운 감수. 『청지기 성경사전』. 서울: 청지기, 2002.

대한성서공회 편. 『(관주 해설) 성경전서(독일성서공회판)』. 서울: 대한성서공회, 2004.

김응조. 『구약성서 강해집』. 서울: 대한성결교회출판부, 1961.

한국미디어선교회. 『바이블 아카데미』(한국미디어 선교회)